ALLE ZEIT WACH
1842

Psychologie – Reprint

Herausgegeben von Georg Eckardt (Jena), Eckart Scheerer (Oldenburg) und Lothar Sprung (Berlin)

Rudolph Hermann Lotze

Kleine Schriften zur Psychologie

Eingeleitet und mit Materialien zur Rezeptionsgeschichte versehen von Reinhardt Pester

Springer-Verlag Berlin Heidelberg New York
London Paris Tokyo Hong Kong

Reinhardt Pester
Ernst-Moritz-Arndt-Universität Greifswald
Institut für Marxistisch-Leninistische Philosophie
Domstraße 11
DDR-Greifswald, 2200

Nach den Exemplaren der Universitätsbibliothek Greifswald

Reprintausgabe für den Springer-Verlag Berlin Heidelberg New York
London Paris Tokyo Hong Kong
Vertrieb in allen nichtsozialistischen Ländern

ISBN 3-540-51095-8 Springer-Verlag Berlin Heidelberg New York
ISBN 0-387-51095-8 Springer-Verlag New York Berlin Heidelberg

CIP-Titelaufnahme der Deutschen Bibliothek
Lotze, Hermann: Kleine Schriften zur Psychologie / Rudolph Hermann Lotze.
Eingeleitet u. mit Materialien zur Rezeptionsgeschichte vers.
von Reinhardt Pester. – Reprintausg. – Berlin ; Heidelberg ;
New York ; London ; Paris ; Tokyo ; Hong Kong : Springer, 1989
(Psychologie-Reprint)
ISBN 3-540-51095-8 (Berlin ...) Gb.
ISBN 0-387-51095-8 (New York ...) Gb.
NE: Lotze, Hermann: [Sammlung]

Printed in the German Democratic Republic
Satz und Druck: (52) Nationales Druckhaus Berlin,
Betrieb der VOB National
Bindearbeiten: K. Triltsch, Würzburg
2126/3140-543210

Rudolph Hermann Lotze (1817–1881)

VORBEMERKUNG DER HERAUSGEBER

Seit den 60er Jahren erfreut sich die Geschichte der Psychologie des kontinuierlichen Interesses nicht nur von Psychologen, sondern auch von Vertretern der Nachbarwissenschaften sowie von Philosophen, Historikern, Wissenschaftshistorikern und Wissenschaftstheoretikern. Die Psychologie scheint mittlerweile einen Entwicklungsstand erreicht zu haben, der Rückblicke auf früher Geleistetes nahelegt, um zugleich Orientierungshilfen für künftige wissenschaftliche Arbeit zu gewinnen. Offenbar wird in unserer Zeit der heuristische Nutzen, den historische Rückbesinnung für die Gewinnung theoretischer, methodologisch-methodischer und empirischer Einsichten zu erbringen vermag, zunehmend erkannt. Die Einbeziehung der Psychologiegeschichte in die studentische Ausbildung und postgraduale Weiterbildung, die Aufnahme «historischer Kapitel» in Lehrbücher, die publizistische Sensitivität für Jubiläen und Gedenktage sind nur einige Indikatoren für diesen Trend. Der Ausprägung eines fachspezifischen Geschichtsbewußtseins dient auch die Entdeckung oder Wiederentdekkung von «Klassikern» der Psychologie. «Klassiker» pflegen nicht zu veralten; um ihre unmittelbare Wirksamkeit hier und heute zu entfalten, müssen sie jedoch gelesen werden. Anregung und Hilfe für die Lektüre der «Klassiker» der Psychologie zu geben, ist Anliegen der vorliegenden Reprint-Reihe. Um die Lektüre zu erleichtern, wird jedem Text eine kommentierende wissenschaftliche Einleitung vorangestellt. Materialien zur Rezeptionsgeschichte und gegebenenfalls bibliographische Daten runden die Editionen ab.

INHALT

I. EINLEITUNG

Der Mann, aus dessen Werk mit der vorliegenden Ausgabe einige kleine psychologische Schriften einer erneuten kritischen Lektüre zugänglich gemacht werden sollen, gehörte im 19. Jahrhundert lange Zeit zu den viel gelesenen, mannigfach rezipierten, aber auch höchst umstrittenen und widerspruchsvoll wirkenden deutschen Gelehrtenpersönlichkeiten. Als Mediziner und Philosoph wurde Rudolph Hermann Lotze zu einem der geistigen Wegbereiter der «Neuen Psychologie», die sich um die Jahrhundertmitte in Gestalt mehrerer, miteinander konkurrierender Konzeptionen herauszubilden begann. Mit gleicher Berechtigung hat sein Schaffen auch in der Geschichte der Physiologie, der Pathologie, der Ästhetik und der Logik einen Platz. Dem heutigen Leser wird sich Lotzes wissenschaftliches Anliegen leichter erschließen, wenn er es aus jener Zeit, in der es sich herausbildete, zu verstehen versucht.

Lotzes Werk entstand an einem folgenreichen Wendepunkt in der Geschichte der Wechselbeziehungen zwischen philosophischer und einzelwissenschaftlicher Forschung. Um die Mitte des 19. Jahrhunderts hatte eine Glanzperiode der Naturwissenschaften und der Medizin in Deutschland begonnen. Auf verschiedenen Gebieten vollzogen sich Neu- und Umbildungen von Disziplinen, in denen der Zusammenhang zum zeitgenössischen philosophischen Denken und dem der Vergangenheit in oft kontroverser Weise zur Sprache kam. Das betraf die naturwissenschaftlichen und die medizinischen Disziplinen ebenso wie die Sprachwissenschaften und die Geschichtswissenschaften. Sprunghaft entfalteten sich die Chemie und die benachbarten Wissenschaftsgebiete. Einschneidende Wandlungen bahnten sich in den Grundlagendisziplinen Physik, Logik und Mathematik an. Wissenschaftsgebiete wie die Archäologie, die Ethnographie, die Anthropologie oder die Urgeschichtsforschung erhielten nach und nach ihr typisches Profil. Das psychologische Werk Lotzes ist von diesen Prozessen beeinflußt, ebenso kommt in ihm der sich generell abzeichnende Funktionswandel der Philosophie gegenüber den einzelnen Wissenschaftsdisziplinen zum Ausdruck. Die großen naturphilosophischen Systementwürfe waren offensichtlich an die Grenzen ihrer Leistungsfähigkeit geraten, neue naturwissenschaftliche und medizinische Wege der Forschung hypothetisch anzuregen und theoretisch zu begründen. «Nach den dreißiger Jahren begann man die Naturphilosophen mit Spott zu überhäufen; der Chemiker J. Liebig richtete gegen sie seine schonungslosen Angriffe, der Philosoph H. Lotze untergrub ihre allgemeinen Lehren und der Physiker und Physiologe G. Th. Fechner machte sich über die Naturphilosophen in seinen Erzählungen lustig.»[1] Die hieraus erwachsenden weltanschaulichen und ideologischen Auseinandersetzungen vollzogen sich im Zusammenhang mit spürbaren sozialen, ökonomischen und technischen Umwälzungen, sie berührten die Gesamtheit der Beziehungen von Philosophie und Politik, von Wissenschaft und Religion.

Die Zeit zwischen den europäischen bürgerlich-demokratischen Revolutionen von 1830 und von 1848 war die Periode des Ausgangs der klassischen deutschen Philosophie und der Herausbildung des Marxismus. Die im wissenschaftlichen Leben Deutschlands wirksame Philosophie brachte von der offenen Spaltung der Hegelschen Schule bis zum «Materialismusstreit» der fünfziger Jahre und den nachfolgenden Kontroversen um Darwins Lehre eine Vielzahl einander widerstreitender Formen und Richtungen des theoretischen Denkens hervor; sie wurden durch neue Fragen der Wissenschaftsentwicklung auf erkenntnistheoretische Untersuchungen gelenkt und leiteten die Debatte um «Welträtsel» ein, die am Ende des Jahrhunderts ihren Höhepunkt erreichte. Sich selbst verstanden diese Philosophen meist nicht mehr als die Vertreter einer «Wissenschaft der Wissenschaften»; sie begriffen ihr Fach als eine Forschungsdisziplin, die anders als vorher in das erfahrungswissenschaftliche Modell der Erkenntnis und der Aneignung der Wirklichkeit einbezogen werden muß. Treffend schrieb einer der Schüler Lotzes nach dem Ableben des Denkers: «Der Mann, den das Geschick so tragisch hinwegnahm, hatte an der wechselreichen philosophischen Bewegung unseres Jahrhunderts hervorragenden Antheil. Wenn die Mahnung Schiller's an Naturforscher und Philosophen: ‹Feindschaft sei zwischen euch; noch kommt das Bündnis zu frühe› in unseren Tagen nicht mehr gilt, wenn jenes Bündnis zum Heile Beider geschlossen ist, so danken wir dies neben Fechner vorzugsweise Lotze.»[2]

1. Rudolph Hermann Lotze – Stationen und Perioden des Lebens und Schaffens

Rudolph Hermann Lotze wurde am 21. Mai 1817 als Sohn eines Militärarztes in Bautzen geboren. Er besuchte von 1828 – 1834 das für seine vorzügliche Ausbildung in den alten Sprachen bekannte Gymnasium in Zittau, aus dem seinerzeit auch der Philosoph Ernst Friedrich Apelt und der Philologe Moritz Haupt hervorgegangen sind. Der Direktor dieser Lehranstalt, Friedrich Lindemann, Verfasser mehrerer verdienstvoller Arbeiten und Lehrbücher[3], vermochte es, seine Schüler für das Studium der Dichter und Denker der Antike zu begeistern. Viel gelesene und von den jungen Leuten eifrig diskutierte neuere Autoren waren u. a. Johann Heinrich Voß, Friedrich Rückert, Adelbert von Chamisso, Karl Leberecht Immermann, Willibald Alexis. Goethes Tod im Jahre 1832 bewegte die Gemüter der Gymnasiasten. Im Stil des «Wilhem Meister» versuchte sich Lotze an mehreren novellistischen Entwürfen.[4] Es entstanden in dieser Zeit zahlreiche Gedichte, von denen später ein Band herauskam.[5] Lotze entwarf in den Jugendjahren eine Vielzahl ehrgeiziger literarischer Pläne, die er mit seinen Freunden Heinrich Julius Kämmel und Ernst Adolf Willkomm mündlich und brieflich erörterte. Ersterem, der übrigens später auf dem

Gebiet des Schulwesens und als Kulturhistoriker gewirkt hat[6], übersandte Lotze 1833 seine dichterischen Produktionen «Helena» sowie den «Tautelmann; oder das romantische Moment der Physik» und stellte ihm dabei den Umriß eines literarisch-philosophischen Kompendiums vor, das bereits viele Motive seiner späteren Schriften enthielt. «Eine lebhafte Neigung zu Poesie und Kunst war das Erste, was mich zur Philosophie trieb», bemerkte er dazu später.[7]

Lotze verließ das Gymnasium mit ausgezeichneten Ergebnissen und dem ausdrücklichen Wunsch, «Philosophie und Naturwissenschaften» zu studieren.[8] Bereits 1829 war sein Vater verstorben, wodurch die Familie über Jahre in eine schwierige materielle und finanzielle Lage geriet. Lotze begriff sein Medizinstudium, das er von 1834 bis 1838 in Leipzig absolvierte, auch als Voraussetzung, den Lebensunterhalt abzusichern. Obwohl tief religiös erzogen und empfindend, entfiel für ihn von vornherein ein Studium der Theologie, nicht zuletzt deshalb, weil er sein Leben lang kirchlich institutionalisiertem Glauben gegenüber skeptisch war; diese Haltung läßt sich bis in seine religionsphilosophischen Vorlesungen hinein verfolgen.[9]

Lotze ist in einer Zeit und unter Verhältnissen aufgewachsen, in denen sich Züge des Biedermeier, des Vormärz und der Restaurationsperiode miteinander verbanden. Das Bedürfnis nach neuen Formen der Bildung sowie die Notwendigkeit erweiterter wissenschaftlicher Kommunikation und Information fanden im geistig-kulturellen Leben vielfältigen Ausdruck. Mit E. F. Apelt debattierte Lotze in jugendlicher Begeisterung über den Plan eines Almanachs, mit dem sie die Naturforscherversammlung im Herbst 1837 begrüßen wollten. Die von Lorenz Oken 1822 begründeten Versammlungen deutscher Naturforscher und Ärzte hatten sich als ein unersetzliches Forum des wissenschaftlichen Gedankenaustauschs von hoher öffentlicher Ausstrahlungskraft erwiesen. Derartigen Zusammenkünften begegneten die Regierungen in den deutschen Staaten oft mit Mißtrauen. «Als sich 1838 die klassischen Philologen in Nürnberg zum ersten Male versammeln wollten, erteilte der bayrische Innenminister von Abel die Genehmigung ... nur unter der Bedingung, daß kein Wort über Politik gesprochen würde.»[10] Es war für die ganze in der Tradition der «Kunstperiode» ausgebildete «deutsche bürgerliche Intelligenz des Vormärz nichts Außergewöhnliches, sich selbst in allen literarischen Genres zu versuchen und neben fachspezifischen Arbeiten literatur- und kunstkritische Studien zu betreiben.»[11] Das gilt auch für Lotze, seine psychologischen Schriften zeugen von dieser Herkunft. Bekanntlich war jene bürgerliche Bildungstradition eine wichtige Grundlage für den raschen Fortschritt und die schöpferischen Leistungen in der Wissenschaftsentwicklung im zweiten Drittel des 19. Jahrhunderts. Wichtig wurde es für Lotzes spätere Laufbahn, daß ihn Moritz Haupt frühzeitig in den Kreis des Verlegers Salomon Hirzel einführte.

Während des Studiums wurde er spürbar von dem ebenfalls aus Zittau stammenden fünf Jahre älteren Freund Ernst Friedrich Apelt beeinflußt. Der in Jena als Dozent wirkende, mathematisch und astronomisch versierte Philosoph korrespondierte mit Lotze über Arithmetik, Algebra, Integralrechnung und Naturphilosophie, beide debattierten über die wissenschaftstheoretischen Positionen von Jakob Friedrich Fries und verglichen sie mit den unter den Leipziger Naturforschern vorherrschenden Auffassungen. In Leipzig hörte Lotze Physiologie bei Ernst Heinrich Weber. Von Gustav Theodor Fechner wurde er in die Physik, von Alfred Wilhelm Volkmann in die Vergleichende Anatomie eingeführt. Diese Gelehrten haben ihn vom Wert exakter naturwissenschaftlicher Forschung und Begriffsbildung auf den von ihnen vertretenen Gebieten überzeugt; mit Fechner und Volkmann war Lotze auch späterhin freundschaftlich verbunden. Den philosophischen Kurs belegte Lotze nicht bei den Leipziger Herbartianern, sondern besuchte die Veranstaltungen von Christian Hermann Weiße. Dieser Philosoph war ursprünglich ein Anhänger Hegels, ist dann aber ein bedeutender Gegner desselben geworden;[12] er gehörte zu den engsten Freunden Fechners.[13] Weiße vertrat die theistische Auffassung, daß die Philosophie nicht wie bei Hegel mit dem Begriff des Seins, sondern mit der lebendigen Gottheit anzufangen habe. Lotze hörte bei Weiße Geschichte der Philosophie seit Kant, Ästhetik, Religionsphilosophie, Einleitung in die Philosophie sowie Geschichte der deutschen Literatur des 18. und 19. Jahrhunderts. Sein Verhältnis zur Philosophie und Literatur der deutschen Klassik und Romantik wurde in hohem Maße von Weiße geprägt. Lotze verdankte seinem Lehrer eine gründliche Ausbildung und vielfältige Anregungen, ihre wissenschaftlichen Ansichten waren allerdings stets sehr unterschieden. Für Lotze waren hauptsächlich die ästhetischen Arbeiten Weißes Gegenstand kritischer Auseinandersetzung.

Über Lotzes Leipziger Studienzeit geben auch die Briefe an Apelt in Jena nähere Aufschlüsse. Am 30. 10. 1836 schrieb er:

«Ich befinde mich jetzt über alle Naturwissenschaften in einem strudelnden Meere, aus dem ich mir heraushelfen will.» Bemerkenswert sind die kritischen Einwände gegen die von Weiße vorgetragenen naturphilosophischen Lehren. Mit ihm lag er «in beständigem Streite, weil er mir zumutete, über Licht, Farben, Töne und Schwerkraft in dialektischer Weise zu philosophieren; und das kann ich nun einmal nicht. Daher habe ich mich darangemacht, meine Gedanken über Naturphilosophie und ihre Methoden vollständig auszuarbeiten, um mir wenigstens den Zusammenhang meiner eigenen Phantasien klarzumachen.»[14] Am 1. März 1838 wurde Lotze zum philosophischen Magister promoviert[15]; auf Grund seiner Dissertation «De futurae biologiae principiis philosophicis» erlangte er am 17. Juli desselben Jahres den medizinischen Doktorgrad. Im Herbst 1838 ging Lotze nach Zittau zurück und ließ sich dort als praktischer Arzt nieder. Er merkte jedoch bald, daß ihn ein derartiges Berufsleben auf die Dauer nicht zu befriedigen vermochte. «Nun vernehme ich mit einigem Bedauern», antwortete ihm Weiße am 23. 11. 1838, Bezug nehmend auf einen ihm über M. Haupt überbrachten Brief Lotzes, «daß Ihr gegenwärtiger Aufenthalt Ihnen keineswegs das gewährt, was Ihre billigen Wünsche zu Ihrem Wohlergehen fordern; sogar Ihre Gesundheit, muß ich fürchten, wird darunter leiden. Unter diesen Umständen muß ich lebhaft wünschen, daß Ihre Verhältnisse es Ihnen gestatten möchten, Zittau bald wieder mit Leipzig zu vertauschen». Lotze hatte sich bei Weiße nach dessen Auffassung von der systematischen Anordnung der philosophischen Disziplinen erkundigt. «Es ist jetzt meine Ueberzeugung», schrieb Weiße, «daß die spec. Logik in der strengen Ordnung des Systems nicht an den ersten Platz gehört – diesen nimmt vielmehr wie bei Hegel die Metaphysik ein – , sondern einen integrirenden Theil der Philosophie des Geistes ... bildet. Doch kann sie zugleich als Einleitungswissenschaft behandelt werden.»[16]

Der junge Lotze, seit Herbst 1839 Privatdozent an der Leipziger Universität, wurde darin bestärkt, eine eigene «Metaphysik» zu entwerfen, der dann eine «Logik» gefolgt ist. Parallel zu diesen philosophischen Untersuchungen arbeitete er an der wissenschaftstheoretischen Begründung der Pathologie. Im Wintersemester 1839/40 hielt er Vorlesungen über Krankheiten des Nervensystems und über Aristoteles' Schriften physiologischen Inhalts; im Sommersemester 1840 las er allgemeine Pathologie und Therapie sowie Psychologie. Funktionen und Krankheiten des Nervensystems, Naturphilosophie und Anthropologie waren die Themen des Wintersemesters 1840/41. «Außerdem, und dies ist es hauptsächlich, was mich beschäftigt, will ich jedenfalls durch ein größeres selbständiges Werk mir Entrée in der literarischen Welt zu verschaffen suchen», meldete er bereits am 18. 5. 1839 an Apelt.[17] Im Herbst habilitierte sich Lotze an der medizinischen Fakultät, im Mai 1840 auch an der philosophischen Fakultät.[18] An letzterer reichte er die Schrift «De summis continuorum»[19] ein.

1842 wurde Lotze in Leipzig außerordentlicher Professor der Philosophie und wollte dieselbe Position auch in der Medizin erlangen. Da erhoben sich unerwartete Schwierigkeiten. Bereits in seiner medizinischen Dissertation hatte Lotze schwierige theoretische Fragen der zeitgenössischen Pathologie und Therapie erörtert. Er setzte sich mit der weit verbreiteten Verwendung solcher naturphilosophischer Kategorien wie «Polarität», «organische Gravitation», «vitale Osszilation» auseinander. Lotze forderte nachdrücklich, physikalische Betrachtungsweisen endlich auch auf biologische und medizinische Sachverhalte zu übertragen. Die theoretischen Grundlagen der Medizin waren damals in Deutschland wenig entwickelt, sie befriedigten viele der Zeitgenossen nicht.[20] Lotze hatte sich nicht «wie einst Fechner von der Medizin abschrecken lassen, sondern im Gegenteil den von ihm vorgefundenen Zustand dieser Wissenschaften als Aufforderung genommen, an der Neubegründung derselben auf haltbarerer Basis» mitzuwirken.[21] Es verdient hervorgehoben zu werden, daß Lotze bereits 1838 den bedenkenlosen Gebrauch des Begriffs «Lebenskraft» bekämpfte; dieser verderbe alle Wissenschaft und eröffne der mystischen Erdichtung Tür und Tor.[22] Immerhin war das eine Zeit, in der sich der führende deutsche Physiologe Johannes Müller nicht von seinen vitalistischen Positionen zu lösen vermochte – das leisteten erst seine Schüler Emil du Bois-Reymond, Ernst Brücke und Hermann von Helmholtz in den vierziger Jahren des 19. Jahrhunderts. Lotze setzte die Widerlegung der «Lebenskraft» in seinem Werk «Allgemeine Pathologie und Therapie als mechanische Naturwissenschaften»[23] – das bereits im Titel ein ganzes Programm zur exakten Begründung dieser Disziplinen ausdrückte – mit überzeugenden Argumenten fort. Ernst Heinrich Weber, der wie das Haupt der Berliner physiologischen Schule von der theoretischen Entbehrlichkeit einer Lebenskraft nicht zu überzeugen war, fühlte sich dermaßen gekränkt, daß er gegen eine außerordentliche Professur für Lotze in der Medizin opponierte.[24]

Im März 1844 wurde Lotze auf den Lehrstuhl für Philosophie nach Göttingen berufen. Er trat dort die Nachfolge des 1841 verstorbenen Johann Friedrich Herbart an. Um diese Zeit war Lotze bereits vielseitig schriftstellerisch wirksam geworden und galt als ein anerkannter philosophischer Autor. Die «Metaphysik» des Vierundzwanzigjährigen[25] war von dem namhaften Heinrich Ritter in den Göttingischen Anzeigen besprochen worden. Zwei Jahre später hatte Lotze eine «Logik»[26] herausgebracht. Fast vierzig Jahre wirkte Lotze an der Universität in Göttingen als Hochschullehrer. Hier wurde er zu einem der einflußreichsten Philosophen im damaligen geistigen und akademischen Leben in Deutschland, dessen Wort Gewicht hatte; das gilt insbesondere für wissenschaftspolitische Angelegenheiten wie die Berufung Franz Brentanos nach Wien, die Lotze nach Kräften unterstützte.[27] In Göttingen setzte er trotz hoher Belastungen im Lehrbetrieb und mit verschiedenen Ämtern – als Dekan der philosophischen Fakultät, Prorektor, Mitglied der Prüfungskommission für Schulamtskandidaten[28], Verwalter der Gemälde- und Kupferstichsammlung[29] – in produktiver Weise seine literarische Arbeit fort. Lotze hat in *allen* Arbeiten und in *jeder* Phase seines Schaffens Fragen der Philosophie *und* der Naturwissenschaften aufgeworfen, diskutiert und beide Erkenntnisbereiche miteinander zu verbinden gesucht, das prägt seine psychologischen Schriften. Die größeren Werke Lotzes lassen sich im wesentlichen drei Schaffensperioden des Gelehrten zuordnen.

In eine *erste* Periode fällt das langfristig und vielseitig angelegte Vorhaben einer «Encyclopädie der Medicin», wie es Lotze in einem Brief an seinen Freund und Verleger S. Hirzel 1850 einmal formulierte.[30] Diese hatte das Ziel, «dem medicinischen Studium von Seiten philosophischer Betrachtung einige Vortheile zu bereiten».[31] Die Enzyklopädie der Medizintheorie umfaßte die bereits erwähnte «Allgemeine Pathologie und Therapie», die 1848 in zweiter Auflage herauskam, eine «Allgemeine Physiologie des körperlichen Lebens»[32] und eine «Medicinische Psychologie oder Physiologie der Seele»[33]. Lotze befand sich mit diesen Publikationen – dessen war er sich durchaus selbst bewußt – in einer gewissen Außenseiterposition, die es ihm aber gestattete, Problembereichen nachzugehen, für die im fortschreitenden Gang der Fachspezialisierung und -konsolidierung oft wenig Gelegenheit blieb. In der Zeit zwischen der ersten und zweiten Auflage der «Allgemeinen Pathologie» begann Jacob Henles großes «Handbuch der rationellen Pathologie» (1846 – 1853) zu erscheinen[34]. 1845 publizierte Wilhelm Griesinger sein Lehrbuch «Die Pathologie und Therapie der psychischen Krankheiten». 1847 kam der erste Band von Rudolf Virchows «Archiv für pathologische Anatomie und Physiologie und für klinische Medizin» heraus, das bald dazu beitrug, einen tiefgehenden Wandel der theoretischen Grundlagen der Medizin im großen Maßstab herbeizuführen. Die «Cellularpathologie» Virchows von 1858 bildete einen vorläufigen Höhepunkt der naturwissenschaftlich exakten Begründung der Pathologie.[35]

Lotze gehörte zu den «Philosophen, die damals den Naturforschern den denkmethodischen Weg wiesen zur neuen Begründung der Medizin»[36]. Das war bereits «zu seiner Zeit etwas so Untypisches und schwer Einzuordnendes, daß ihn die Physiologen für einen großen Philosophen und die Philosophen für einen großen Physiologen hielten»[37]. Bis 1855 wurde er grundsätzlich «nicht zu den Philosophen, sondern zu den Physiologen gezählt»[38]. In der «Allgemeinen Physiologie» von 1851 läßt sich allerdings in seltener Problemdichte der Übergang von der «naturphilosophischen Schule» der Physiologie – so Lotzes Termini – zur «exakten Physiologie» studieren. Das theoretische Anliegen dieses Werkes war das Problem der *Organisation* der Lebensprozesse, der Prinzipien, Bedingungen, Gesetzmäßigkeiten sowie der materiellen Strukturen, an die sie gebunden sind. Ganz modern klingen die Einsichten über das aktive Funktionieren der Membranen im Stoffwechselprozeß.[39] Lotze läßt sich auch aus heutiger Sicht als Denker der vierziger und fünfziger Jahre des 19. Jahrhunderts verstehen, der höchst befähigt war, eine konsistente theoretische Basis für eine allgemeine Pathologie, eine allgemeine Physiologie und eine medizinische Psychologie zu schaffen.[40] Hervorzuheben ist, daß er «in seinen meisterhaft geschriebenen physiologischen und psychologischen Werken immer auf dem exact naturwissenschaftlichen Boden steht und zur Erklärung der psychologischen Vorgänge von den physiologischen Tatsachen ausging und das Seelenleben als einen physiologischen Mechanismus ansieht.»[41]

In einer *zweiten* Periode seines Schaffens entstanden die drei Bände seines Werkes «Mikrokosmus. Ideen zur Naturgeschichte und Geschichte der Menschheit. Versuch einer Anthropologie», die in erster Auflage 1856, 1858 und 1864 herauskamen. Der «Mikrokosmus» ist ein geistig wie stilistisch höchst anspruchsvoller Versuch, Natur und Geschichte sowie Formen des psychischen Seins und Verhaltens auf idealistischer philosophischer Grundlage als Totalität zu erfassen und zu interpretieren. In diesem Werk begegnet dem Leser die Komplexität und der Wandel weltanschaulich-philosophischer Fragen, die aus der Wissenschaftsentwicklung des zweiten Drittels des 19. Jahrhunderts in ihrer Verbindung zur Kunst, zur Literatur und zur Religion hervorgegangen sind. Der «Mikrokosmus» erlebte sechs Auflagen, wurde 1883 ins Französische, 1885 ins Englische und 1911 – 1916 ins Italienische übertragen; er fand in Ausschnitten Verbreitung durch Zeitschriften in den USA, bereits 1866/67 erschien eine russische Übersetzung, die in den achtziger Jahren des 19. Jahrhunderts in Rußland verboten wurde.[42]

Zu einer *dritten* Periode von Lotzes wissenschaftlicher Arbeit gehören eine bemerkenswerte «Geschichte der Aesthetik in Deutschland»[43] – erschienen als siebenter Band der «Geschichte der Wissenschaften in Deutschland», die durch die Historische Kommission bei der königlichen Akademie der Wissenschaften in München herausgegeben wurde – und sein Entwurf eines «Systems der Philosophie»: als erster Teil eine «Logik»[44] und als zweiter Teil eine «Metaphysik»[45]. Es hat mehrere Versuche gegeben, Lotze für andere Universitäten zu gewinnen. So beriet die Philosophische Fakultät der Berliner Universität am 27. November 1853 über die Besetzung von zwei Ordinarien. Die Teilnehmer dieser Fakultätssitzung brachten das Bedürfnis zum Ausdruck, «auf das die Entwicklung der deutschen Philosophie hindrängte: den in seiner Abkehr von den exakten Methoden und der Naturforschung erstarrten Idealismus mit den Ergebnissen und Forderungen der auf allen Gebieten der Natur- und Geisteswissenschaften siegreich vordringenden Empirie in Einklang zu bringen».[46] August Böckh und Friedrich Adolph Trendelenburg versicherten in der von ihnen verfaßten schriftlichen Eingabe an den Minister: «Gegenwärtig sind in Deutschland solche Männer selten, welche in dieser Richtung hervorragen, und die Fakultät weiß für Ew. Excellenz nur einen Mann zu nennen, der für sich nach dieser Seite bereits eine Gewähr gibt. Es ist der ordentliche Prof. der Philosophie an der Universität Göttingen, Prof. Hermann Lotze.»[47] Dieses über Jahre hinweg mehrfach wiederholte Gesuch blieb zunächst vergeblich. Erst im Zusammenhang mit den Debatten um die Wiederbesetzung der Stelle des 1880 verstorbenen Friedrich Harms gelang es Eduard Zeller, den Gelehrten aus Göttingen nach Berlin zu holen.[48] Rudoph Hermann Lotze verstarb am 1. Juli 1881 an den Folgen einer Lungenentzündung.

2. Ursprünge und Wege der Psychologie Lotzes

Als Lotzes wissenschaftliche Laufbahn begann, lag der Durchbruch der experimentellen Psychologie im Sinne Wilhelm Wundts noch in weiter Ferne; im Jahr seines Todes war Leipzig ein anerkanntes Zentrum moderner psychologischer Forschungsarbeit.

In einer Reihe miteinander konkurrierender philosophischer Richtungen und Schulen wurde in den Jahren von 1830 bis 1848 unter Rückgriff auf die Aufklärung die Psychologie wieder als eine grundlegende Wissenschaft behandelt. Uneinigkeit herrschte darüber, wozu sie denn nun gehören soll: zur Philosophie oder zur Naturwissenschaft oder zur Medizin? Im Mittelpunkt derartiger Erörterungen standen die Namen Herbart, Beneke und Fries, einbezogen wurden Kant, Spinoza und Leibniz. 1833 war Friedrich Eduard Benekes «Lehrbuch der Psychologie» herausgekommen, es erreichte bis 1877 vier Auflagen.[49] Das «Handbuch der psychischen Anthropologie» von Jakob Friedrich Fries aus dem Jahre 1820/21 erschien 1837/39 in neuer Auflage. Daneben wirkten auf psychologischem Gebiet die von der romantischen Naturphilosophie herkommenden Denker, v. a. Gotthilf Heinrich Schubert und Carl Gustav Carus. Selbst Hegel-Schüler profilierten sich mit Schriften zur Psychologie, so Karl Rosenkranz 1837, Johann Eduard Erdmann 1840, später auch Julius Schaller. 1840 erschien Karl Ludwig Michelets «Anthropologie und Psychologie oder die Philosophie des subjektiven Geistes». Leopold George ging von Hegel und Schleiermacher aus. Er betreute den Band «Psychologie» in der Werkausgabe des letzteren; hervorzuheben sind darüber hinaus seine Monographie «Die fünf Sinne» von 1846 und sein «Lehrbuch der Psychologie», das 1854 herauskam. Besonders wirksam wurden die Herbartianer. Herbarts «Lehrbuch zur Psychologie» von 1816 fand erst 1834 eine neue Auflage, der dann bald weitere folgten. Einflußreich wurden die «Grundlegung der Psychologie» und das «Lehrbuch der Psychologie als Naturwissenschaft», die Theodor Waitz 1846 und 1849 herausbrachte. Auch die «Empirische Psychologie» und die «Ersten Grundlehren der mathematischen Psychologie» des Leipziger Mathematikers Moritz Wilhelm Drobisch aus den Jahren 1842 und 1850 haben zur Herausbildung eines neuen psychologischen Denkens im 19. Jahrhundert beigetragen.

Die «Neue Psychologie» beruht auf Entwicklungslinien, die im «Vorfeld» der Wundtschen wissenschaftspolitischen Leistung – der Leipziger Institutsgründung von 1879 – aus verschiedenen Wissenschaftsgebieten hervorgegangen sind.[50] Neben den philosophischen Konzeptionen waren es besonders neue Entdeckungen und Modellvorstellungen der Naturwissenschaften und der Medizin, die das psychologische Denken voranbrachten. Sinnesphysiologie, Neuroanatomie, Neurophysiologie sind hier ebenso zu erwähnen wie die Psychiatrie oder die Pathologie; es wurde versucht, die psychischen Erscheinungen mit veränderten Methoden und Theorien zu erfassen. Die Bedeutung dieser wissenschaftsgeschichtlichen Prozesse läßt sich leichter verstehen, wenn man berücksichtigt, daß die Unterscheidung zwischen der «neuen» und der «alten» Psychologie niemals streng und eindeutig war.[51] Im zweiten Drittel des 19. Jahrhunderts waren es besonders Fechner, Lotze und später auch Brentano, die in jeweils anderer Weise bestrebt waren, den Fortschritt der naturwissenschaftlichen und medizinischen Gebiete mit dem philosophischen Denken der Zeit sinnvoll zu verknüpfen. Diese Gelehrten lassen sich keiner der bereits umrissenen philosophischen Richtungen und Schulen zuordnen; sie rezipierten schöpferisch und phantasievoll ein weitgespanntes Spektrum von Denkansätzen aus der Geschichte der Philosophie und der einzelnen Wissenschaften, um eine Psychologie neuen Typus zu begründen.

Die in diesem Band zusammengestellten Schriften sollen es dem Leser ermöglichen, wesentliche Abschnitte der Herausbildung und Entwicklung der Psychologie-Konzeption Rudolph Hermann Lotzes zu rekonstruieren. Der erste Beitrag zeigt, daß Lotze in der literarischen Öffentlichkeit erstmals mit Beiträgen in den Hallischen Jahrbüchern für deutsche Wissenschaft und Kunst hervorgetreten ist. Diese Zeitschrift wurde von Arnold Ruge und Theodor Echtermeyer seit dem 1. Januar 1838 herausgegeben. Was könnte die beiden Gelehrten bewogen haben, den damals noch völlig unbekannten Lotze mit zwei mehrspaltigen Rezensionen zu Wort kommen zu lassen? Inwiefern hat Lotze die liberale Opposition der Wissenschaftler, Dichter und Schriftsteller, die in den Hallischen Jahrbüchern ein wirksames «Sprachrohr des Fortschritts auf allen Gebieten des Lebens»[52] fanden, repräsentieren können? Diese Rezensionen waren keine gewöhnlichen Buchbesprechungen. Bereits im ersten Beitrag von 1839 wurden in einem frischen und streitbaren Ton der Anspruch und die Programmatik progressiver Naturwissenschaft vorgetragen: «Woher hat die Physiologie ihre bisherigen Bereicherungen gewonnen? Immer durch das Experiment. Und warum langt dennoch, wo dies so klar ist, die Masse der Experimente, so groß sie auch ist, nicht zu, um darauf eine Theorie zu gründen? Weil es den Theoretikern immer bequemer gewesen ist, über die Thatsachen, nachdem sie durch den glücklichen Takt der Experimentatoren gefunden waren, zu räsonnieren, als selbstthätig überlegend, die Stellen anzugeben, wo mögliche Hypothesen durch das Experiment bestätigt oder widerlegt werden müssten.»[53] Lotze erkannte frühzeitig die Notwendigkeit, die Beziehungen zwischen Theorie, Hypothese und Experiment neu und kritisch zu durchdenken. Die auch aus heutiger Sicht bemerkenswerten Schlußfolgerungen formulierte er in seiner Kritik an der 1838 in Leipzig erschienenen «Allgemeinen Pathologie oder allgemeinen Naturlehre der Krankheiten». Deren Verfasser, Karl Wilhelm Stark, gehörte zur naturhistorischen Schule[54] – einer Gruppe von Pathologen, deren extreme Richtung der von Ludwig Feuerbach glänzend attackierte[55], durch Wilhelm Griesinger und Rudolf Virchow gleichermaßen kritisierte Johann Nepomuk von Ringseis verkörperte. Stark war allerdings ein ernster zu nehmender Vertreter der naturhistorischen Schule.[56] Lotze wandte sich gegen dessen Auffassung, «dass die Krankheit ein Parasit sei, und wie dieser ein anderes Leben, einen Mutterorganismus voraussetze, an dem er lebe»[57]. Derartige Analogien, betonte er, bringen die medizinische Erkenntnis um keinen Schritt weiter. Das war eine bemerkenswerte Haltung in einer Zeit, in der oft noch pathologische und physiologische Vorgänge als grundsätzlich verschiedene Lebensformen angesehen wurden. Krankheit und Gesundheit begriff Lotze als Prozesse, die nach gleichen physikalisch-chemischen Gesetzen ablaufen. Er nahm damit entschieden Partei gegen jegliche ontologische Krankheitsauffassung und für eine naturwissenschaftlich begründete Pathologie.

1840 brachten die Hallischen Jahrbücher eine weitere große Rezension Lotzes, die wir in diesem Band erstmals wieder abdrucken. David Peipers hat sie in seiner sonst ziemlich vollständigen Ausgabe[58] nicht berücksichtigt. Unter der Überschrift «Heilmethoden und Heilmaximen» behandelte Lotze die Neuauflage von Curt Sprengels «Versuch einer pragmatischen Geschichte der Arzneykunde», ein Werk, das fortgesetzt durch Burkard Eble in Wien herausgekommen war.[59] Die Rezension ist ein aufschlußreiches Zeitdokument. Gleich eingangs debattiert Lotze Fragen, denen damals breites öffentliches Interesse zukam: Welche Konsequenzen hat das philosophische System Hegels und der «Hegel'schen Schule» für das Verständnis der Entwicklung der Wissenschaften und ihrer Geschichte? In welchem Umfang sollte der Geschichtsschreiber der Medizin die Philosophie und die Naturwissenschaften in die Darstellung seines Gegenstandes einbeziehen? Welchen Einfluß haben der politische Zeitgeist und revolutionäre Ideen auf den Fortschritt naturwissenschaftlicher und medizinischer Forschung und Anwendung? Dem Junghegelianer Ruge waren die progressiven oppositionellen Potenzen der Naturwissenschaften bewußt.[60] Niemand werde mit Bestimmtheit nachweisen können, schreibt Lotze über Ebles Buch, «welches die charakteristischen Eigenschaften einer revolutionären Medicin sind, und wieweit sich factisch eine solche Tendenz der medicinischen Forschungen bemeistert habe». Lotze bewegt die Frage, in welchem Verhältnis sich Politik, soziale Revolutionen und produktive Leistungen in den Wissenschaften und den ihnen zugehörigen Gebieten praktischer Umsetzungen zueinander befinden.[61] Ihm ist klar, daß es sich um verschiedene Tätigkeitsbereiche und Wirkungsgebiete handelt, und er verweist deshalb auf die «Leidenschaftslosigkeit»[62] physikalischer Untersuchungen. Die Natur verhält sich nicht gemäß den Wünschen und Interessen der Menschen, sondern nach den ihr innewohnenden Gesetzen.

Die Rezension veranschaulicht, wie die Elemente einer neuen psychologischen Denkweise im Schoße der Debatten um theoretische Fragen der Medizin und in Auseinandersetzung mit der bisherigen Naturphilosophie heranreiften. Lotze setzt sich mit den vitalistischen Ansichten von Broussais und Hahnemann auseinander. Für letzteren waren Krankheiten Störungen der Lebenskraft, die sich durch solche Arzneimittel beseitigen lassen, die krankheitsähnliche Symptome hervorrufen. Hahnemanns Dosenlehre zeige, «wie sich dieses abergläubische Prinzip der Genauigkeit in die größte Ungenauigkeit ... verwikkelt».[63] Erörtert wird das historische Schicksal der Lehre John Browns und der aus ihr «hervorgegangenen Erregungstheorie». Wenn Lotze die Naturphilosophie in dieser Frage kritisiert, vergißt er jedoch nicht ihre Verdienste. Sie habe nach Gesetzmäßigkeiten gefragt, allerdings müßten erst die empirischen Daten gefunden werden, um derartige Theorien sicher und vollständig auszubilden.[64] Lotze erwartete 1840 entscheidende Fortschritte von einem Gebiet, «was in neuesten Zeiten unter dem Namen der Physik der Nerventhätigkeit ausgebildet worden ist». In bezug auf die Medizin sah er es als wahrscheinlich an, sofern «man Zukünftiges in wissenschaftlichen Dingen voraussagen kann ..., daß das nächste große System seinen Inhalt und seine Eigenthümlichkeit der Verallgemeinerung der bei den Nerven vorgefundenen Formen der Thätigkeit über alle physiologischen Prozesse verdanken wird».[65] Im Blick auf die folgende wissenschaftliche Entwicklung Lotzes ist es wichtig, daß er bereits in dieser Rezension das Psychologische als Moment in einem umfassenderen sozialen und historischen Kontext zu begreifen versuchte.[66]

3. Mechanismus und Instinkt

Von 1842 bis 1853 erschienen sechs Bände eines «Handwörterbuchs der Physiologie mit Rücksicht auf physiologische Pathologie», die von dem Göttinger Physiologen Rudolph Wagner herausgegeben wurden. Dieses Standardwerk vereinte Beiträge bedeutender Vertreter ihres Faches, u. a. Carl Ludwig,

E. H. Weber, A. W. Volkmann, J. E. Purkyně, J. J. Berzelius, G. Valentin. Der von der Psychiatrie herkommende F. W. Hagen schrieb 1844 bezeichnenderweise: «Die Aufnahme eines eigenen größeren Artikels über Psychologie in ein Handwörterbuch der Physiologie ist für die jetzige Stellung dieser Wissenschaft bezeichnend und bedeutend. Es wird dadurch als Thatsache ausgesprochen, daß die Psychologie gegenwärtig aus ihrer bisherigen mehr oder weniger isolierten und unfruchtbaren Stellung herausgetreten ist und sich an die Naturwissenschaften angeschlossen hat.»[67] Lotze schrieb auf ausdrücklichen Wunsch Wagners die Beiträge «Leben. Lebenskraft», «Instinct» und «Seele und Seelenleben», wobei der erstere wegen seiner grundsätzlichen Bedeutung nachträglich an die Spitze des ganzen Wörterbuchs gesetzt wurde. Mit «Leben. Lebenskraft» hat sich Lotze in einem großen Kreis von Naturwissenschaftlern und Medizinern einen Namen gemacht. In einer weit ausholenden und gründlichen begrifflichen Analyse prüfte Lotze eine Vielzahl von Argumenten für und wider die Annahme eines besonderen Erklärungsprinzips für das Leben. Anknüpfend an Schelling und an den durch diesen beeinflußten Reil, die bereits vor 1800 die Annahme von besonderen Lebenskräften als mystisch zurückgewiesen hatten, wandte sich Lotze gegen vitalistische Positionen von J. H. F. Autenrieth, G. R. Treviranus und J. Müller.[68] Ausgangspunkt seiner Auseinandersetzung war die unterschiedliche Verwendung des Kraftbegriffs in Physik und Physiologie.

Lotzes Arbeit erschien 1843. Will man ihren historischen Platz beurteilen, dann ist nicht zu vergessen, daß H. v. Helmholtz' Vortrag «Über die Erhaltung der Kraft» und Joules Vorlesung «Über Materie, lebendige Kraft und Wärme» dem Jahre 1847 angehören. Lotze hatte wie viele seiner Zeitgenossen J. R. Mayers fundamentale Schriften aus den Jahren 1842 und 1845[69] nicht gekannt. Die leitenden Ideen seiner Kraft- und Lebenskraft-Kritik finden sich bereits in der medizinischen Dissertation von 1838 und in der «Allgemeinen Pathologie» von 1842; der Artikel «Leben. Lebenskraft» faßt diese zusammen. E. du Bois-Reymond, dessen glänzende und vernichtende Lebenskraft-Kritik in der Vorrede zum ersten Band der Untersuchungen über tierische Elektrizität von 1848 zu finden ist, bezog sich auf Lotze als einen seiner Vorläufer, noch 1894 verweist er auf ihn im Streit gegen den «Neo-Vitalismus».[70]

Durch alle Schriften Lotzes läßt sich von 1838 bis 1880 eine Leitidee verfolgen, die er mit dem Terminus «Mechanismus» bezeichnet hat. Der «Mechanismus» erweist sich in seinem Verständnis als ein Funktionsprinzip mit Modellcharakter, das der Erklärung und dem wissenschaftlichen Erfassen von Prozeßabläufen in ihrer jeweiligen physiologischen, psychologischen, ästhetischen oder logischen Besonderheit dient. Die neuere Physiologie, schreibt Lotze 1841, sei nach der Zeit eines naturwissenschaftlichen Mystizismus, der sich aus vergangenen Jahrhunderten summiert hatte, zu den Prinzipien des Mechanismus zurückgekehrt. «Die Mannigfaltigkeit der Gestalten hat ihre einfachsten, abstractesten Grundlagen in der Zellentheorie gefunden; die Vielfältigkeit organischer Processe beginnt sich den Gesetzen der Hydrodynamik und anderen

Kategorien der Physik anzupassen, und die allgemeine Tendenz geht auch hier darauf hinaus, die letzten Erscheinungen des Lebens mit ihrem Reichthum an Bestimmungen aus den physikalischen Gegenwirkungen der ersten Theile zu erbauen.»[71] Lotze war sich wie etwas später auch Virchow der Bedeutung der Erkenntnisse von Schwann und Schleiden für die Pathologie und die Physiologie bewußt. Seine Mechanismus-Konzeption zielte von Anfang an nicht auf Mechanizismus oder Reduktionismus.[72] Nötig sei es, die mechanischen Ansichten auch auf das psychologische Gebiet zu übertragen. Herbart hat «das flüchtige Spiel der Vorstellungen zuerst einer Theorie unterworfen, dessen Entdekkung von jeder Philosophie mit Freude hatte begrüßt werden sollen, da sie einen wichtigen, obgleich nur kleinen Theil der Untersuchungen deckt, die in der Psychologie zu führen sind. Es wird sich später zeigen, warum wir nicht glauben können, daß Herbarts mathematische Psychologie mehr als ein untergeordnetes Moment der eigentlichen Psychologie ist, die wir noch suchen.»[73]

Die Natur und die Wirkungsweise der sich im lebenden Körper vollziehenden Kräfte sind nicht prinzipiell von denen des unbelebten physikalischen Geschehens unterscheidbar; es ist jeweils die Anordnung der Angriffspunkte, die dem Erfolg Gestalt verleiht.[74] Wird der lebende Organismus als Mechanismus betrachtet, dann unterscheidet er sich von allen anderen Mechanismen dadurch, daß «in ihm ein Princip immanenter Störungen aufgenommen ist, die durchaus keinem mathematischen Gesetz ihrer Stärke und Wiederkehr folgen».[75] Die Wortwahl und die Problemsicht zeigen die Herkunft Lotzes aus der Leipziger Schule der Physiologie. In dieser hatte im Unterschied zur Berliner Schule Herbarts Psychologie einen unverkennbaren Einfluß.[76] E. H. Weber, der in einer für die damalige Zeit neuartigen mathematisch-physikalischen Art fast alle Gebiete der Physiologie bearbeitet hat, ist durch seine Untersuchungen über den Tastsinn berühmt geworden. Lotze wurde in jungen Jahren auf das theoretisch schwierige Problem des Übergangsbereichs von physiologischen und psychischen Prozessen gelenkt. An dieser Stelle entstand für ihn das Problem, das ihn ein Leben lang beschäftigen sollte: eine Erklärung des psychophysiologischen Zusammenhangs zu finden. Das war mit den ihm zugänglichen philosophischen Theorien der Zeit ebensowenig zu bewältigen wie mit den überkommenen medizinischen Lehrvorstellungen oder mit dem, was seinerzeit als «Psychologie» im Herbartschen Sinne zur Verfügung stand. Herbarts Auffassungen liefen im Grunde auf eine strikte Trennung von Physiologie und Psychologie hinaus.[77] Das bedeutete für Lotze, sich mit seinem Vorgänger im Göttinger Amt auseinanderzusetzen, insbesondere mit dessen Konzept der psychischen Mechanik. Das ist das Thema des hier wieder reproduzierten Beitrages «Instinct».

Dieser 1844 im zweiten Band von Wagners Handwörterbuch erschienene Artikel gibt dem heutigen Leser einen Einblick in die vielschichtige Problemlage auf dem Gebiet der physiologischen Erforschung des Nervensystems. Ch. Bell und F. Magendie hatten mit ihrer Entdeckung der gesonderten Existenz sensorischer und motorischer Nervenfasern die Grundlage für die Erkenntnis des Mechanismus der Reflexbewegung geschaffen. Marshall Hall und Johannes Müller arbeiteten in den dreißiger Jahren des 19. Jahrhunderts jeder auf seine Weise eine Reflextheorie aus. Lotze, der den Mechanismusbegriff zunächst im Sinne einer allgemeinen Physiologie entworfen hatte, übertrug ihn dann auf die vergleichende Betrachtung der Handlungs- und Verhaltensweisen von Tieren und Menschen. Er kritisierte Herbarts Erklärung des Zustandekommens willkürlicher Bewegungen durch Assoziationsbildung und setzte an deren Stelle den Mechanismus der Reflexbewegung. «Hätten die Physiologen nicht empirisch die Reflexbewegungen aufgefunden, so würde man sie psychologisch postulieren müssen.»[78] In Lotzes Abhandlung verbinden sich die neueren naturwissenschaftlichen Forschungsprobleme mit den traditionellen weltanschaulich-philosophischen Fragen nach der Stellung des Menschen in der Welt, nach dem Verhältnis von Naturnotwendigkeit und Willensfreiheit. «Beobachten wir uns selbst, so werden wir finden, dass von allen unseren Handlungen nur der allergeringste Theil wirklich express gewollt worden ist, dass vielmehr die allermeisten aus einem durchaus willenlosen psychologischen Mechanismus hervorgehen. Wir haben allen Grund anzunehmen, dass die Thiere überhaupt *nur* unter dem Einflusse dieses Mechanismus handeln.»[79]

Die Diskussionen zum Thema «Instinkt» fußen auf einem reichen philosophie- und wissenschaftshistorischen Erbe, über das Lotze zweifelsohne in einem anderen Maße verfügte als die auf ihn folgende Generation von Fachspezialisten der Physiologie und der Psychologie. Zeitlebens beschäftigte er sich mit Leibniz, der uns heute als «Entdecker des Unbewußten»[80] in der Psychologie gelten kann. Ausdrücklich zitiert Lotze im vorliegenden Beitrag den Hamburger Philosophen und deistischen Theologen Hermann Samuel Reimarus.[81] Die Mechanismen entlasten den Menschen, führt Lotze aus, und geben den höheren geistigen Leistungen Raum, sich zu vervollkommnen. «Das Instinctartige erscheint daher in der menschlichen Seele nicht vernichtet, sondern nur einen Schritt weiter zurückgedrängt.»[82] Aufmerksamkeit verdient der Hinweis Lotzes auf J. H. F. Autenrieths «Ansichten über Natur- und Seelenleben». In diesen 1836 veröffentlichten Aufsätzen wurde die Möglichkeit einer teleologischen Erklärung des Instinktes bestritten[83] und bezweifelt, daß jede selbsttätig in Bewegung gesetzte körperliche Materie geistigen Ursprungs sein müsse.[84] «Da aber der Instinct weder Verstand ist, noch allein durch Gefühle erklärt werden kann, die Psychologie also unzureichend ist, so wird es Aufgabe der Physiologie, seine Räthsel zu lösen»[85], heißt es bei Autenrieth. In dieser Traditionslinie steht und schreibt Lotze. Von hier aus gehen die Wege seines Denkens und münden im «Mikrokosmus» in bemerkenswerte Einsichten über den Einfluß des Werkzeuggebrauchs[86] auf die Genese der menschlichen Sinnlichkeit und des Intellekts.[87] Der «Mikrokosmus» war das Werk, in dem Lotze versuchte, Alexander von Humboldts «Kosmos» und Herders «Ideen zur Philosophie der Geschichte der Menschheit» in der Verbindung ihrer Denkansätze weiterzuführen. Herder hatte bekanntlich vom Menschen als dem «Mikrokosmus» gesprochen, diesem Schoßkind der Natur, «zu dessen Bildung und Empfang viele Entwicklungen und Revolutionen vorhergegangen sein mußten».[88] Es kann kein Zweifel darüber bestehen, daß sich das wissenschaftliche Verständnis des Instinktgeschehens im Lichte der Darwinschen Lehre und in deren weiteren Ausgestaltung grundlegend gewandelt und vertieft hat. In Darwins Hauptwerk von 1859 handelt das ganze achte Kapitel über dieses Thema. Anläßlich des Erscheinens des ersten Bandes der «Kleinen Schriften» Lotzes im Jahre 1886 schrieb C. Stumpf, daß der Artikel «Instinct» noch mancherlei Anregungen geben könne. Zwar habe die darwinistische Herleitung des Instinkts «die Aufgabe der beschreibenden Analyse augenblicklich in den Hintergrund gedrängt», sie «aber natürlich nicht im mindesten beseitigt».[89] Das ist sicher auch heute überlegenswert, vielleicht sogar deswegen, weil die modernen Verhaltenswissenschaften auf den Instinktbegriff im Grunde ganz verzichten können.[90] Sowohl das Auftreten neuer als auch das Verschwinden alter Begriffe verdienen die Aufmerksamkeit des Wissenschaftshistorikers, beides kann von aktuellem Interesse sein.

4. Theorie des physisch-psychischen Mechanismus

Lotzes Psychologieauffassung bildete sich in engstem Zusammenhang mit seinen Ansätzen zur theoretischen Begründung der Medizin und der Biologie[91] heraus, zugleich war sie ein Beitrag zur weltanschaulich-philosophischen Auseinandersetzung um die Mitte des 19. Jahrhunderts. Viel Beachtung fand seine «Medicinische Psychologie oder Physiologie der Seele», die 1852 erschien. Noch nach fast dreißig Jahren war dieses Buch dasjenige Werk, das Lotze in der Wissenschaftsentwicklung «eine ehrenvolle Stelle sichert»[92]. Die wesentlichen theoretischen Positionen der medizinischen Psychologie hat Lotze in seinen Beiträgen «Instinct» sowie «Seele und Seelenleben» vorbereitet. Als «Physiologie der Seele» bilden sie einen bemerkenswerten Kontrast zur Psychologie «ohne Seele», wie sie F. A. Lange konzipiert hatte.[93] «Seele und Seelenleben», die längste der in diesem Band vorgestellten psychologischen Schriften, stammt aus dem Jahre 1846. Sie gibt einen Einblick in die «Gedankenwerkstatt» Lotzes, d.h. in die Prozesse der Herausbildung und des Ringens mit den Problemen.[94] Breiten Raum nimmt die Auseinandersetzung mit Hegel ein[95]; wir sollten nicht vergessen, daß der wissenschaftliche Meinungsstreit um dessen Philosophie auch Triebkräfte zur weiteren Entfaltung verschiedenster Disziplinen freizusetzen vermochte. Diese Vorgänge gehören zu den noch wenig untersuchten Ursprüngen der «Neuen Psychologie». Lotze ist repräsentativ als ein Denker, der ausgehend von seinem naturwissenschaftlichen Bildungsgang und von den Problemstellungen der Medizin seiner Zeit die klassische deutsche Philosophie nicht generell verwarf, sondern versuchte, ihre wertvollen theoretischen Leistungen zur Lösung einzelwissenschaftlicher Forschungsaufgaben einzusetzen. Lotzes Kritik an Hegel ist vor dem Hintergrund der Wandlungen in den Wissenschaften und ihrer Anwendungsweisen zu sehen, sie ist noch kein Verzicht auf das progressive Erbe der Klassik. Allerdings erscheint bereits bei ihm das eigentlich revolutionäre Element des Hegelschen Denkens, die dialektische Methode, in einseitig verstandener, ja mehr und mehr mißverstandener Gestalt.

Die in diesem Band reproduzierte «Selbstanzeige» Lotzes zur «Medicinischen Psychologie» soll die Entwicklung der Hauptprobleme veranschaulichen und die Wege seiner späteren Wirkung erhellen. Lotze ging es darum – ähnlich wie J. Müller und H. v. Helmholtz – Psychologie als «Psycho-Physiologie» zu konstituieren.[96] Zur zeitlichen Einordnung sei gesagt: E. H. Weber hatte 1846 «Über den Tastsinn und das Gemeingefühl» publiziert, 1855 erschien Bains «The senses and the intellect» – in dem Jahr, in dem Hermann von Helmholtz seinen Vortrag «Über das Sehen des Menschen» zu Ehren von Immanuel Kant hielt. Im Rückblick auf seine wissenschaftlichen Bestrebungen schrieb Lotze 1880 in der «Contemporary Review», es sei «unmöglich, ein Urteil darüber zu bilden, was bei der Berührung eines Objektes mit dem perzipierenden Geist vor sich gehen muß», wenn man nicht vorher die Natur jener zwei Faktoren und die Wechselwirkung als Prozeß begrifflich bestimmt hat.[97] Damit ist die erkenntnistheoretische Begründung der Psycho-Physiologie umrissen. Lotze hatte in diesem Zusammenhang in den Jahren 1842–1852 seine Theorie des physisch-psychischen Mechanismus entworfen. «Seele und Seelenleben» sowie die «Selbstanzeige» bezeugen das an vielen Stellen.

Die Notwendigkeit, den traditionellen Begriff «Seele» aufrechtzuerhalten und weiter zu verwenden, ergibt sich für Lotze aus der Aufgabe, ein Prinzip für die Einheit der Bewußtseinsphänomene und für das Verständnis des Wechselverhältnisses von körperlichen und psychischen Prozessen zu finden. Man mißversteht Lotze, wenn man annimmt, er wolle in überlieferter metaphysisch-philosophischer Manier über das Wesen der Seele räsonnieren, um von da aus ihre Erscheinungen ohne konkrete Untersuchungen abzuleiten. Er sucht nach der dem Gegenstand des Psychischen angemessenen Methode und weiß, daß das Erklärungsmodell der Physik für die Psychologie nicht ausreicht.[98] Wie allerdings Physisches und Psychisches miteinander vermittelt sind, das ist nach Lotze eine schwierige Forschungsaufgabe, zu deren Lösung die jeweilige philosophische Position Orientierungshilfe leisten, nicht aber die Ergebnisse liefern kann. Notwendige Bedingung für das Vorkommen des Psychischen sind physische Vorgänge, erstere lassen sich jedoch nicht aus letzteren ableiten, beide sind gänzlich «disparater Natur», betont er immer wieder, ohne einen gemeinsamen Ursprung gänzlich auszuschließen. Man könne nicht «aus Bewegungszuständen der Materie die mit ihnen unvergleichbaren inneren Zustände der Seele und rückwärts aus diesen jene ... erklären»[99]. Die Unmöglichkeit, diesen Zusammenhang zu begreifen, betont Lotze, hebt allerdings dessen Existenz nicht auf. Die Psychologie befinde sich in einer Lage, die auch in der Naturforschung nicht ungewöhnlich ist. Häufig sehe man sich genötigt, von einer analytischen Herleitung abzusehen, obwohl die tatsächliche Existenz eines «Causalnexus» nicht in Frage gestellt werden dürfe. Auch die chemischen Eigenschaften der Stoffe lassen sich nicht allein mechanisch erklären. «Wir können ... *nicht* angeben, wie es ein materieller Bewegungsreiz, der unseren Körper trifft, anfangen mag, ... einen psychischen Zustand zu erzeugen.«[100] Die Annahme eines physisch-psychischen Mechanismus ist keine «positive Theorie über die Natur des Gegenstandes»; «sie negirt vielmehr dessen Kenntniss, und ist lediglich eine methodologische Theorie darüber, wie man trotz dieser Unkenntniss seine Grundbegriffe auszubilden habe»[101]. Eine derartige Position hat nichts Erkenntnispessimistisches an sich.[102] Vertrat Lotze gegen die Anhänger der «Lebenskraft» eine streng mechanische Position, so war ihm klar, daß mit diesem Mechanismuskonzept die qualitative Besonderheit der psychophysischen Wechselwirkung nicht restlos zu begreifen sein wird.[103] Gibt er seiner Theorie die Bezeichnung «occasionalistisch», so ist dies – eingedenk aller metaphysischen und idealistischen Inkonsequenzen – nicht im ursprünglich dualistischen Sinne[104] zu verstehen. Vielmehr bereitet sich auch bei ihm ein *modernes* Verständnis des Psychischen als *Funktion* des Physischen vor, wenn er von der gesetzlichen Verkettung äußerer einfacher Reize und einfacher innerer Zustände spricht und dafür den Terminus *«Veranlassung»* verwendet. Fechners «Elemente der Psychophysik» – daran sei hier erinnert – erschienen acht Jahre nach Lotzes «Medicinischer Psychologie». Der Verzicht auf den Versuch, die Wechselwirkung zwischen physiologisch und psychologisch darstellbaren Prozessen vollständig erklären zu wollen, überläßt die «Seele» nicht etwa der Religion, sondern gestattet es, ein Denkmodell zu entwerfen, das darauf abzielt, das alte Leib-Seele-Problem naturwissenschaftlich behandelbar zu machen. Lotzes Theorie der Wechselwirkung folgt damit dem gleichen Trend wie der psychophysische Parallelismus, obwohl beide sich sonst stark unterscheiden.

5. Raumwahrnehmung und Lokalzeichentheorie

Was sind die bleibenden Leistungen Lotzes in der Geschichte der Psychologie? Von den Anhängern und den Gegnern des Göttinger Gelehrten gleichermaßen ist stets auf seine Theorie der Lokalzeichen und die Auffassung von der Raumwahrnehmung verwiesen worden. «Das ist der originale Theil der Lotzeschen Psychologie, derjenige, welcher von den grössten Autoritäten angenommen ist, deren Einfluss in allen zeitgenössischen Schriften sich widerspiegelt, und welchen Helmholtz als den ersten entscheidenden Schritt betrachtet, durch den die Physiologen zu der Meinung geführt sind, dass die Anschauung des Raumes nicht angeboren, sondern durch Erfahrung erworben ist.»[105] In Auseinandersetzung mit dem «Gesetz der spezifischen Sinnesenergien», wie es seinerzeit J. Müller[106] formuliert hatte, entwirft Lotze ein Denkmodell[107], das einiges von dem antizipiert, was heute als Psychophysik der Raumwahrnehmung bezeichnet wird.[108] Lotze faßt «Bewußtsein» in diesem Zusammenhang nicht als «ruhenden Spiegel» auf, sondern als Tätigkeit[109]. Diese Ansicht entstand 1846 in «Seele und Seelenleben» und erscheint 1852 in weiterentwickelter Form. Lotze hat eine wesentliche theoretische Position der klassischen deutschen Philosophie in die Neubegründung der Psychologie als methodologische Leitlinie eingebracht.[110] Lotze ging es um ein hinreichendes Verständnis der tätigen, der aktiven Seite, die sich an allen psychischen Erscheinungen beobachten läßt. Er analysiert sie ausgehend von den Empfindungen über Wahrnehmungsvorgänge, Vorstellungsabläufe, Gefühle bis zum Gedächtnis und zu den beziehenden Tätigkeitsweisen der Aufmerksamkeit. Der Beitrag «Seele und Seelenleben» bietet hierüber auch für den heutigen Leser anregende Überlegungen.

Lotze verstand sein Konzept der «Physiologie der Seele» als Kritik am Materialismus, der in den 50er Jahren v. a. mit den Namen Vogt, Moleschott und Büchner verbunden ist. Diese hatten zur Lösung der hier aufgeworfenen psychologischen Fragen keine akzeptableren Theorien anzubieten.[111] «Seele und Seelenleben» zeigt, daß für Lotze, der sich Leibniz anschloß, die mechanisch-materielle Welt nur eine Erscheinung der in ihrem Wesen geistigen Wirklichkeit ist, eine eindeutig idealistische Auffassung. Beachtung verdient Lotzes Auseinandersetzung mit der Phrenologie und der Kranioskopie; sein Tätigkeitskonzept war auch den psychologischen Lehren Herbarts und der Herbartianer theoretisch überlegen.

Den Prozeß der Raumwahrnehmung beschreibt Lotze als Rekonstruktion äußerer Objekte im Bewußtsein.[112] Lotze hat den Begriff des Lokalzeichens eingeführt, um die Entstehung des Raumbewußtseins psychologisch zu erklären. Er versteht unter «Lokalzeichen» eine Art Mittel, das physiologische Sinnesreize in Raumwerte umwandelt. Seiner Auffassung zufolge verschwindet die räumliche Ordnung der die Empfindungen veranlassenden äußeren Objekte im Prozeß der Wahrnehmung und der Weiterleitung über die Nerven. Sie wird als neue innerliche Raumwelt von der aktiven Seele wiedererzeugt. Damit innere und äußere Raumwelt einander entsprechen, braucht die «Seele» gewisse «Merkzeichen», die sie bestimmten Gesichts- und Tastempfindungen zuzuordnen lernen muß. Lotzes Erklärungsversuche stehen am Beginn des Aufschwungs einzelwissenschaftlicher Forschungen zur Wahrnehmungstheorie und vermitteln einen lebendigen Eindruck von den «Geburtswehen» einer Psychologie neuen Typus, die sich aus dem Kategoriennetz der Physiologie zu lösen sucht und nach disziplinärer Selbstverständigung strebt.

Die Theorie der Sinneswahrnehmung wurde im Rahmen der Sinnesphysiologie – so erinnerte sich später W. Wundt – zunächst rein anatomisch-physiologisch aufgefaßt. J. Müllers «Nervenphysik» und E. H. Webers physiologische Theorie der Sinneswahrnehmung waren wichtige Vorstadien auf dem Wege zur neueren Auffassung. Webers Zirkelversuch ermöglichte es, die Feinheit des Ortssinnes zu ermitteln; er sprach von «Empfindungskreisen». Es erwies sich, daß die Wahrnehmung der Raumunterschiede auch von der Übung abhängig ist. Damit war die Umwandlung einer rein anatomischen in eine empiristische Auffassung eingeleitet. «Die Rolle eines eigentümlichen Hilfsbegriffs bei dieser Umwandlung hat dabei ein Wort gespielt, das charakteristischerweise von einem Autor zuerst eingeführt worden ist, der selbst genau eine Mittelstellung zwischen den Physiologen und Psychologen einnahm, nämlich von Hermann Lotze.»[113] Im Anschluß daran bildeten sich verschiedene gegensätzliche Konzeptionen, die Helmholtz grundsätzlich in «nativistische» und «empiristische» einzuteilen versuchte. Allerdings dürfte die eigentliche Leistung der Theorie Lotzes kaum verständlich werden, wollte man sie allein im Lichte der Empirismus-Nativismus-Kontroverse betrachten. Darauf machte Eckart Scheerer überzeugend aufmerksam. Er betont, daß Lotze praktisch dazu genötigt war, eine motorische Lokalzeichentheorie zu entwerfen, da er nicht vermochte, sich die Seele räumlich vorzustellen, und die Dimensionen der Empfindung auf Qualität und Intensität reduziert hatte – beides verbreitete Annahmen der damaligen Philosophie. Lotzes spezifischer Beitrag zur Theoriebildung besteht in der Annahme der reflexartigen Natur der Augenbewegungen, die zur Entstehung der Lokalzeichen führen; dies ergibt sich zwingend aus seiner mechanistischen Konzeption der Lebensvorgänge.[114]

6. Wirkung und Bedeutung der psychologischen Schriften Lotzes

In diesem Band werden kleine psychologische Schriften Lotzes aus frühen Schaffensphasen vorgestellt. Es kann gesagt werden, daß sich in fast allen Arbeiten dieses Gelehrten in jeder Periode seines Schaffens Motive, Hypothesen und Denkmodelle finden lassen, die in der Psychologie des 19. und 20. Jahrhunderts in vielfältiger, oft stark abgewandelter Gestalt zum Tragen gekommen sind. Oft scheinen sie bei näherem Studium Antizipationen späterer Entwicklungslinien dieser Wissenschaft zu sein. Es ist die Frage, ob Lotze Vorläufer und Wegbereiter der neueren Psychologie war oder doch mehr ein Außenseiter und Sonderling. In seinem Werk und in seinem Wirken verbinden sich durchaus derartig widerspruchsvolle Züge. Hermann von Helmholtz und Emil du Bois-Reymond haben Lotze gelesen und geschätzt. Wilhelm Wundts und Carl Stumpfs psychologisches Schaffen ist ohne Lotzes Anregungen schwer vorstellbar. M. Lazarus und H. Steinthal fühlten sich diesem Mann verbunden und haben seine Schriften verarbeitet.[115] Es läßt sich St. Hall durchaus zustimmen, wenn er schreibt: «So sind die eisernen Gesetze des Mechanismus, wie Lotze sie verstand, nicht länger mehr universal und zwingend. Seine Anschauungen von der modernen Psychologie und besonders seine genetischen Ansichten sind längst veraltet. Seine Ideen von der psychischen Evolution waren so roh, daß sie fast wertlos sind, und doch fehlt dem modernen Psychologen, der Lotze nicht gelesen und sich nicht mit ihm auseinandergesetzt hat, nicht nur der weite Blick, sondern er hat unentwickelte Möglichkeiten in sich schlummern, von denen er sich nichts träumen läßt.»[116] Lotzes Psychologie hat das musiktheoretische Schaffen von Eduard Hanslick beeinflußt, jener wiederum die ästhetischen Schriften des Philosophen.[117]

Lotzes Psycho-Physiologie ist keineswegs eine Vorstufe der experimentellen Psychologie im Sinne Wundts, noch weniger kann dies für Brentanos Aktpsychologie, die funktionale Psychologie, Behaviorismus, Gestaltpsychologie oder gar die Psychoanalyse behauptet werden. Sein Werk tendiert nicht auf eine bestimmte künftige Strömung des psychologischen Denkens. Lotze ist vielmehr ein wichtiger Vermittler zwischen der Vergangenheit, der Vorgeschichte und der eigentlichen Geschichte der Psychologie als Einzelwissenschaft, der die in verschiedenen naturwissenschaftlichen, medizinischen und philosophischen Forschungsgebieten vorliegenden Theorien und Modellvorstellungen zur Erklärung psychischer Prozesse auf eigentümliche Weise verbunden hat. Lotze ist als Vorläufer der späteren Vielfalt der psychologischen Konzeptionen zu verstehen. Er vertrat Ansichten, die ein breites Spektrum möglicher Interpretation und Weiterführung boten; sein gesamtes Werk enthält Keime des kommenden Methodenstreits und der Differenzen zwischen den psychologischen Theorien. In beträchtlichem Maße hat Lotze auf seine Zeitgenossen gewirkt, nicht nur in Deutschland, sondern auch in Frankreich, in England, in skandinavischen Ländern und bis heute ganz augenscheinlich in den USA.[118] Wichtige zeitgenössische Reaktionen auf die frühen psychologischen Schriften Lotzes finden sich bei dem Jenenser O. Domrich, der generell dem Wagnerschen Handwörterbuch viel Aufmerksamkeit widmete. Kritische Einwände hatte er v. a. zu «Seele und Seelenleben»[119]. 1853 erschien die vieldiskutierte Studie von Eduard Pflüger über die sensorischen Funktionen des Rückenmarks der Wirbeltiere.[120] Sie enthielt eine scharfe Kritik an Lotzes Artikel «Instinct». Um einen Eindruck von der Problemlage, dem Ton und dem Selbstverständnis der Teilnehmer des damaligen Meinungsstreits zu vermitteln, wird in der vorliegenden Ausgabe ein Auszug aus Pflügers Streitschrift und eine Stelle aus Lotzes Rezension über diese aus den Göttingischen gelehrten Anzeigen beigegeben. Es handelt sich bei jenen Auseinandersetzungen um Differenzen im physiologischen Verständnis der Reflextheorie[121] und ihrer weltanschaulichen Interpretation.[122] Es zeigte sich, daß mit dem Reflexbegriff nicht alle Leistungen des Nervensystems oder das gesamte Verhalten lebender Organismen zu erklären sind. Wissenschaftlich gelöst wurden diese Probleme erst durch die Erkenntnis der Hemmungszentren im Gehirn durch Sečenov.[123]

Im Jahre 1855 waren es v. a. drei Schriften, in denen Lotzes Psychologie zur Sprache kam: Ludwig Büchners «Kraft und Stoff», Karl Vogts «Köhlerglaube und Wissenschaft» und Heinrich Czolbes «Neue Darstellung des Sensualismus, ein Entwurf». Die beiden streitbaren Materialisten Vogt und Büchner sahen Lotzes Auffassungen v. a. im Lichte ihrer literarischen Attacken auf Rudolph Wagner. Lotze wiederum hat sich stets als ausgesprochenen Gegner jedes Materialismus begriffen und sich in diesem Sinne häufig öffentlich erklärt. Allerdings bewertete er das Auftreten seines einstigen Förderers und Göttinger Kollegen Wagner auf der Versammlung deutscher Naturforscher und Ärzte 1854 – wo dieser im sogenannten «Materialismusstreit» den Spiritualismus verfocht – kritisch und mißbilligend.[124] Vogt charakterisierte Lotze als «spekulierenden Struwwelpeter», Büchner sah in seinen Auffassungen über Mechanismus und Zweckmäßigkeit einen Beweis für «die philosophische Haltungslosigkeit und Querköpfigkeit unserer Zeit»[125]. Als theoretische Auseinandersetzung mit dem Materialismus verstand Lotze seine Rezension des Buches von Czolbe in den Göttingischen gelehrten Anzeigen. War es bei den deutschen Philosophen und bei anderen Gelehrten um die Jahrhundertmitte allgemein üblich, daß sie wieder stärker die französische Aufklärung, insbesondere die Materialisten rezipierten, so griff Lotze sogar auf Lukrez zurück, über den er nach dem Erscheinen der Lachmannschen Ausgabe von 1850 eigenständige philologische Untersuchungen publizierte. Sein psychologisches Schaffen erhielt auch davon neue Anstöße.[126]

Neben W. F. Volkmanns Rezeption der psychologischen Schriften Lotzes[127] ist v. a. I. H. Fichtes Werk zu berücksichtigen[128], die vorliegende Ausgabe enthält einen kurzen Auszug aus dessen «Anthropologie». Lotze hat zur Auseinandersetzung mit diesem Denker eigens eine Streitschrift verfaßt. Es ist eine aufschlußreiche Bemerkung zu den allgemeinen psychologischen Auffassungen seiner Zeit, wenn Lotze darin bei aller Anerkennung der neuen Verfahren zur Erforschung der «Antriebe unserer tiefsten Natur» auch auf die Momente verwies, «welche sie im Ganzen der menschlichen Bildung hervorgebracht haben». Ihm scheine «die Philosophie der Geschichte ... die nothwendige Ergänzung der Psychologie» zu sein.[129]

Was macht Lotze heute interessant? Es sind wohl weniger die jeweiligen Theorien und Methoden des Forschens, die oft hoffnungslos veraltet sind. Die Geschichte einer Wissenschaftsdisziplin dürfte sich kaum in der Darstellung der erfolgreichen Lösungen der Probleme erschöpfen, sie schließt ebenso die gescheiterten Forschungsprogramme, die überwundenen, die einseitigen Vorstellungen, Theorien, Versuche und Methoden ein.[130] Die Wissenschaftsgeschichte hat sicher dann eine lebendige Beziehung zur Gegenwart, wenn sie als Kampf um Neues, als Prozeß der Annäherung an die Wahrheit durch fortschreitendes Überwinden von Begrenzungen im Erkennen und Handeln verstanden wird. Lotzes Lokalzeichentheorie hat zweifelsohne der Kritik nicht standgehalten. Verständlicherweise wird von einem entwickelteren Stand der disziplinären Problemlage St. Hall die Lotzesche Lokalzeichenauffassung «für unzutreffend und für wesentlich zusammenhanglos halten»[131] müssen; und Wilhelm Dilthey kann sich gegenüber seinem Briefpartner York von Wartenburg nicht genug darüber wundern, daß «Lotzes windige Theorie der Lokalzeichen» überhaupt jemals einen ernsthaft denkenden Menschen beschäftigte.[132] Eine vergleichende Betrachtung ihrer heuristischen Wirkung sowie ihrer kritischen Fortbildung über H. v. Helmholtz, W. Wundt, C. Stumpf u. a. gibt einen Einblick in den wechselvollen, widersprüchlichen Verlauf der Disziplingenese der «Neuen Psychologie», ausgehend von ihren verschiedenen Ursprüngen aus anderen Wissenschaften.[133] Der vorliegenden Ausgabe wurden deshalb Auszüge aus C. Stumpfs – Lotze gewidmetem – Buch «Über den psychologischen Ursprung der Raumvorstellung» und aus W. Wundts Abhandlung «Zur Theorie der räumlichen Gesichtswahrnehmungen» beigegeben.

ANMERKUNGEN

1 E. Rádl 1915, S. 6 f.

2 C. Stumpf 1881, S. 6

3 vgl. O. Kämmel 1883

4 vgl. M. Wentscher 1913, S. 10 ff.

5 H. Lotze 1840a

6 vgl. O. Kämmel 1882

7 H. Lotze 1857, S. 6

8 vgl. R. Falckenberg 1901, S. 18

9 vgl. H. Lotze 1894; vgl. auch: H. Ley 1970, S. 271; F. Mauthner 1923, S. 282 ff.

10 W. Geismeier 1979, S. 58

11 I. Pepperle 1978, S. 134

12 Ebenda, S. 27

13 vgl. J. E. Kuntze 1892, S. 57

14 zit. nach W. Gresky 1937, S. 325

15 G. Hartenstein erinnerte sich in einem Brief vom 4. 12. 1881 an die damaligen Gepflogenheiten: «Im Jahre 1838 bestand in Leipzig noch die Einrichtung, daß zur Fastnachtszeit mehrere Kandidaten für die philosophische Doktorwürde examiniert und nach überstandenem Examen gemeinschaftlich als Magistri liberalium artium et Philosophiae doctores proklamiert wurden. Einer der neukreirten Magister (der Doktortitel war damals noch nicht gebräuchlich) hatte dann am Schlusse des Aktes vor versammelter Fakultät eine kurze Dankrede zu halten. Diese hatte bei der damaligen Promotion Lotze übernommen, und ich erinnere mich noch sehr wohl, welchen Eindruck damals das Feuer, ich möchte sagen die innerlich zurückgehaltene Glut des wissenschaftlichen Eifers auf mich gemacht hat, die in der Art, wie er sprach, zu spüren war» (zit. im Anhang zu E. Rehnisch 1884, S. 110). «Diese Promotion erfolgte also ohne Dissertationsschrift, bloß auf ein Examen hin» (M. Wentscher 1913, S. 355).

16 vgl. in: W. Lotze, Nr. 1

17 Allerdings sei er «keineswegs gesonnen ... more Hegelianorum alle andern philosophischen Systeme auf sich beruhen zu lassen. Ich werde Fries' Schriften jetzt so viel wie möglich alle durchstudiren» (zit. nach W. Gresky 1938, S. 197). Lotzes kritische Haltung gegenüber Fries blieb auch danach erhalten. Das hat wohl auch der Freundschaft mit Apelt, der an der Universität Jena eine zentrale Figur der ersten Friesschen Schule war, ein Ende bereitet.

18 vgl. M. Wentscher (1913, S. 45): «Wieder also ein zweifaches Arbeitsfeld mit doppelter Arbeitslast! Auch jetzt offenbar sollte die medizinische Dozentenwirksamkeit mehr nur eine Deckung für alle Fälle bilden, aber nicht zum einzigen Selbstzweck werden. Die Möglichkeit, später ganz der Philosophie sich zu widmen, sollte keinen Augenblick aus der Hand gegeben werden.»

19 H. Lotze 1840b. – Wiederabdruck bei D. Peipers 1885, S. 62–86. Es handelt sich um interessante Versuche, Leistungen der Infinitesimalrechnung durch andere Methoden zu ersetzen. Für die Disputation wurden vier Thesen angehängt. Die erste bezieht sich auf das Gebiet der Geometrie; die zweite fordert, den Begriff der «Kräfte» aus der philosophischen Naturbetrachtung zu entfernen. Geschichts- und Kulturphilosophie liegen der dritten These zugrunde; die vierte These fordert, die Ästhetik als Naturwissenschaft zu behandeln (vgl. M. Wentscher 1913, S. 52 f.).

20 vgl. C. A. Wunderlich 1859, S. 254 ff.; K. Laßwitz 1896, S. 11

21 M. Wentscher 1913, S. 32

22 vgl. H. Lotze 1838. – Wiederabdruck bei D. Peipers 1885, S. 1–25

23 R. H. Lotze 1842

24 Lotze an Rudolph Wagner am 1. 12. 1842: «Weber war in einigen Privatstreiten mit mir so heftig, wie ich ihn nie gesehn habe, warf mir vor, daß ich die Lebenskraft von ihrer schlechtesten Seite aufgefaßt und die guten Gründe dafür vernachlässigt habe ... ich kann nicht glauben, daß seine Gründe für die Lebenskraft bessere sind, als etwa die gewöhnlichsten. Da er mir diesen Vorwurf noch öfter auf das bitterste wiederholte und mich einer Unredlichkeit anklagte, aber doch nicht die vorzugsweise Berücksichtigung seiner eigenen Ansichten fordern wollte, verwies er mich an Kaaw(u) Boerha(a)ve, Glisson und Stahl, indem er hinzufügte: es sei einerlei, ob man es Seele oder Lebenskraft nenne» (zit. in: W. R. Woodward/U. Rainer 1975, S. 364).

25 H. Lotze 1841

26 H. Lotze 1843a

27 vgl. R. Falckenberg 1901, S. 111 f.; E. Winter 1979, S. 370 f.

28 vgl. R. Falckenberg 1901, S. 77, S. 105 f.

29 vgl. G. Unverfehrt 1981, S. 81 f.

30 zit. bei R. Falckenberg 1901, S. 124

31 R. H. Lotze 1852, S. V

32 R. H. Lotze 1851

33 R. H. Lotze 1852

34 vgl. R. Falckenberg 1901, S. 121 f.; R. H. Lotze 1848, S. VI

35 vgl. J. Th. Merz 1903, S. 401 f.

36 P. Diepgen 1951, S. 93

37 E. Tubbesing 1964, S. 14

38 K. Prantl 1884, S. 289

39 vgl. R. H. Lotze 1851, S. 192

40 vgl. W. R. Woodward/U. Rainer 1975, S. 356; W. R. Woodward 1975a

41 J. Pagel 1962, S. 846

42 vgl. E. Rehnisch 1884, S. 112

43 H. Lotze 1868

44 H. Lotze 1874

45 H. Lotze 1879

46 M. Lenz 1918, S. 288

47 Universitätsarchiv der Humboldt-Universität zu Berlin, Philosophische Fakultät – Dekanat – Nr. 1457, Bl. 250

48 Später erinnerte sich Zeller: «Die Nachricht, dass Lotze voraussichtlich einem Rufe folgen würde, war allen, und so namentlich Helmholtz und den übrigen Naturforschern sehr willkommen.» Der Antrag an den Minister wurde gestellt und durch eine besondere Deputation seitens der Fakultät noch bekräftigt. «Aber der Finanzminister machte Schwierigkeiten, weil ein höheres als der etatmässige Gehalt bewilligt werden sollte, was nur mit seiner Genehmigung geschehen konnte.» Anfang April 1881 bezog Lotze endlich seine Wohnung in Berlin. «Seine Aufnahme von Seiten der Kollegen war die beste. Von seinen zwei Vorlesungen fand die Metaphysik zwar nicht allzu viele, die Psychologie dagegen sehr zahlreiche (ich glaube mehr als 200) Zuhörer. Die philosophisch-historische Klasse der Akademie wählte ihn zu ihrem Mitglied (der Bestätigung der Wahl durch die Gesamtakademie und ihrer Genehmigung durch den König kam sein Tod leider zuvor)» (E. Zeller 1899, zit. in: R. Falckenberg 1899, S. 181 f.).

49 Seit 1845 «Lehrbuch der Psychologie als Naturwissenschaft»

50 vgl. L. Sprung/H. Sprung 1980, 1982; M. G. Jaroševskij 1977, S. 60 ff.

51 vgl. R. St. Turner 1982, S. 150

52 K. Obermann 1976, S. 115

53 H. Lotze 1839, S. 1545 f.

54 vgl. P. Diepgen 1951, S. 27 f.

55 vgl. L. Feuerbach 1982

56 vgl. D. Tutzke 1983, S. 131, J. Bleker 1981; A. Bauer 1985

57 H. Lotze 1839, S. 1563. – «Auch in Leipzig traten Regungen einer neuen Zeit ein . . .; ein äusserst feiner Kopf, H. Lotze, wagte es, in einer ausführlichen Kritik der Stark'schen allgemeinen Pathologie in den Hallischen Jahrbüchern 1839 die ganze naturhistorische Richtung bis auf die Wurzel anzugreifen» (C. A. Wunderlich 1859, S. 352).

58 D. Peipers 1885–1891

59 B. Eble 1837–1840

60 «Alle Philosophen, die Systeme entwarfen, von Schelling und Hegel bis auf den letzten Positivisten, führten nur die Theologie und die religiösen Voraussetzungen weiter aus. Was die Gelehrsamkeit Ketzerisches enthielt, war ein Erwerb der Naturwissenschaften» (A. Ruge 1846, S. 14).

61 1843 und 1844 erörterten Engels und Marx unabhängig voneinander den Beitrag der Naturwissenschaften für die ökonomische und industrielle Entwicklung (vgl. F. Engels 1958, S. 508 f., S. 521; K. Marx 1973, S. 543 f.). Ruge und Marx gaben 1844 die «Deutsch-Französischen Jahrbücher» heraus.

62 H. Lotze 1840c, S. 1250

63 Ebenda, S. 1265

64 Ebenda, S. 1272

65 Ebenda, S. 1274

66 Ebenda, S. 1252

67 F. W. Hagen 1844, S. 692

68 vgl. P. Lang 1913, S. 15

69 «Über die Kräfte der unbelebten Natur» (1842), «Die organische Bewegung in ihrem Zusammenhange mit dem Stoffwechsel» (1845)

70 vgl. E. du Bois-Reymond 1974, S. 10, S. 214

71 H. Lotze 1841, S. 250

72 «Es wird sich zeigen, ob hierin *alle* Wahrheit liegt, aber das Recht mechanischer Ansichten hier zu vertheidigen, würde unnütz sein, da die Erfolge der fortschreitenden Wissenschaft dies mit mehr augenfälliger Beredsamkeit thun, als die Metaphysik, abstrahierend von dem Concreten, es vermöchte» (Ebenda).

73 Ebenda, S. 251

74 vgl. H. Lotze 1843b, S. XLIV f.; vgl. H. Lotze 1842, S. 7

75 vgl. H. Lotze 1843b, S. XLVII. – Lotze «hatte das zählebige Erbtheil des Cartesius ohne weitere Bedenken angetreten: er glaubte an die Wirkung der Seele auf den Körper», schrieb Carl Hauptmann, der vielseitig begabte Bruder des Dichters Gerhart Hauptmann, in seinen glänzenden Beiträgen zu einer organischen Theorie der Lebewesen. Denn er hat «doch dem Principe immanenter Störungen (Seele, Wille) eine solche Mitherrschaft über die Functionen des Thierleibes eingeräumt, daß die Analyse des erhaltungsgemässen Verhaltens als eines mechanisch nothwendigen Erfolges eine vollkommen illusorische Forderung wurde» (C. Hauptmann 1893, S. 3 u. 7). Als «Princip immanenter Störungen» erscheint bei Lotze neben der «Seele» (R. H. Lotze 1848, S. 34) an der oben zitierten Stelle aus «Leben. Lebenskraft» das «Princip wechselnder Massen, der Stoffwechsel», das «einen leicht eingelenkten und fortwährend schlagfertigen Mechanismus der Krisen zur Herstellung des Gleichgewichts» (H. Lotze 1843b, S. LII) konstituiert. Lotze ringt um das Verständnis der Beziehungen zwischen physiologischen Prozessen und pathologischen Erscheinungen. Nebeneinander finden sich bei ihm dualistische theoretische Konstruktionen und monistische Einsichten – ein Vorgehen, was wohl weniger der Unentschiedenheit des Denkers als der Schwierigkeit des Problems geschuldet ist. «Nun begehre man nicht, etwa in dem Nervensystem alle jene transcendenten Kräfte wiederzufinden, die wir unter der Gestalt der Lebenskraft nicht gelten liessen. Soll das Nervenprincip einen directen Einfluss . . . haben, was wir theoretisch nicht unmöglich und um einiger pathologischer Erscheinungen willen vielleicht wahrscheinlich finden können, so kann dies doch nur so geschehen, dass es selbst als ein chemisches Element wirkt . . . Ein solcher Einfluss der Nerven kann die Ursache sein, dass wir die Producte der Secretion nicht bis ins Einzelnste mit denen der Fäulnis vergleichen können, obwohl sie nahe zusammentreffen» (Ebenda, S. LIII). Der Widerstreit der Konzeptionen findet sich auch in Lotzes Verständnis des Organismus als Mechanismus wieder. Auf der einen

Seite eine Mechanismusauffassung, die das Psychische wie Descartes nur als dem Körperlichen entgegengesetztes Prinzip begreifen läßt, auf der anderen Seite Überlegungen, die Denkmodellen nahekommen, die wir heute als «selbstregulierende Systeme» bezeichnen würden. Lotze trägt keine geschlossenen Lehrmeinungen, keine Dogmen vor; er erörtert auf der Basis des ihm zugänglichen Wissens seiner Zeit alternative Erklärungsweisen, deren jeweiligen Konsequenzen oft bis in ihre widersprüchlichsten Details vorgeführt werden. Derart widersprüchlich hat er auch gewirkt. – Vgl. auch R. Mocek 1967, S. 337

76 vgl. J. Th. Merz 1903, S. 491 f.

77 Ebenda, S. 499 f.

78 H. Lotze 1844, S. 194

79 Ebenda, S. 200

80 H. H. Holz 1983, S. 117

81 vgl. W. Krauss 1971, S. 172 ff.

82 H. Lotze 1844, S. 202. – Vgl. zu dieser Stelle auch: T. E. Weckowicz/H. Liebel-Weckowicz 1982, S. 147.

83 Teleologie kann «nie zu sicherer, wahrer Erklärung einer Erscheinung dienen. Auch um den so räthselhaften Instinct der Tiere zu erklären, dient also blos die Untersuchung seiner wirklichen Ursachen. Sie wird durch die allgemeine Wahrnehmung unterstützt, daß die Natur außer uns nie nach bloßer Laune oder willkührlich, sondern immer nach stätigen, nothwendigen Gesetzen handelt» (J. H. F. Autenrieth 1836, S. 197).

84 vgl. Ebenda, S. 199

85 Ebenda, S. 197

86 «Der berühmte Nordamericaner Franklin nennt den Menschen treffend und kurz – ein Werkzeug machendes Thier! Dadurch eben unterscheidet sich der Mensch von den eigentlichen Thieren» (Ebenda, S. 314).

87 vgl. H. Lotze 1858, S. 195 ff.

88 J. G. Herder 1965, S. 27

89 C. Stumpf 1886, S. 627

90 vgl. G. Tembrock 1977, S. 259

91 vgl. B. Hoppe 1978; O. Hertwig 1897; T. Lenoir 1981, 1982; E. Becher 1929, S. 53

92 Th. Ribot 1881, S. 63

93 vgl. H. Hiebsch 1979, S. 23 f.; H. Hiebsch 1980, S. 491

94 Lotze ist ein Problemdenker; er fordert vom Leser, daß er mit ihm «gewissermaßen dialogisch den Wald der Probleme durchwandere» (E. Pfleiderer 1882, S. 80).

95 vgl. generell zum Verhältnis der Hegelschen Philosophie zu den Naturwissenschaften: M. Buhr/T. I. Oiserman 1981; H. Ley 1982

96 vgl. L. Sprung /1981/; L. Sprung/H. Sprung 1982

97 H. Lotze /1880/1912, S. CIV

98 Das Psychische in seiner Entstehung «nach den Analogien physischer Mechanik» begreifen zu wollen, bedeute, «das völlig eigenthümliche Gebiet des geistigen Lebens nach einem ihm fremden Modell zu construieren» (H. Lotze 1879, S. 532).

99 R. H. Lotze 1852, S. 76

100 Ebenda, S. 77

101 Ebenda, S. 78

102 Wir erkennen «eine Schranke der Erkenntniss an, gleich sehr, weil wir das Geständnis der Unwissenheit einem willkührlichen Traume vorziehn, als weil wir diese Frage einem spätern möglichen Fortschritte der Erkenntniss offen zu halten wünschen» (Ebenda).

103 Bereits Locke war der Auffassung, «daß wir schlechthin nicht begreifen können, wie überhaupt irgendeine Größe, Figur oder Bewegung irgendwelcher Teilchen in uns die Idee irgendeiner Farbe, irgendeines Geschmackes oder irgendeines Tones zu erzeugen imstande sind» (J. Locke 1968, S. 194 f.). Derartiges «Nichtwissen» erweist sich seit dem 17. Jahrhundert als Forschungsorientierung und damit als «Wissenselement», das in die Hypothesen- und Theoriebildung der Wissenschaften einfließt (vgl. H. Ley 1980, S. 325 ff.).

104 Okkasionalismus – Lehre von den Gelegenheitsursachen, begründet von Geulincx und Malebranche.

105 Th. Ribot 1881, S. 84

106 vgl. die Einleitung der Herausgeber, in: H. v. Helmholtz 1971; M. G. Jaroschewski 1975

107 W.R. Woodward 1975c

108 vgl. F. Klix 1962, S. 4

109 R.H. Lotze 1852, S. 372

110 1845 hatte Marx in den «Thesen über Feuerbach» festgestellt, es sei der Hauptmangel alles bisherigen Materialismus, *die tätige Seite* des Gegenstandes, der Wirklichkeit, *der Sinnlichkeit* nicht entwickelt zu haben (vgl. K. Marx 1969, S. 5).

111 vgl. generell dazu: F. Klix 1979, S. 86 f.

112 «Sollen wir ... eine Anschauung der wirklichen Lage äusserer Objekte gewinnen, so kann es nicht auf dem Wege der Auffassung, sondern auf dem der Wiedererzeugung der Räumlichkeit sein. Ueberall wird das Extensive in ein Intensives verwandelt, und aus diesem erst muss die Seele eine neue innerliche Raumwelt reconstruiren, in welcher die Bilder der äussern Objecte ihre entsprechenden Stellen finden» (R. H. Lotze 1852, S. 328).

113 W. Wundt 1929, S. 166

114 vgl. E. Scheerer 1984, S. 78 ff.

115 Die Begründer der Völkerpsychologie haben aus Lotzes Werk vielfältige Anregungen erhalten, sie standen insbesondere zum «Mikrokosmus» in einem produktiv-kritischen Verhältnis (vgl. W. Woodward 1982a). Den Zusammenhang zwischen ihrem Forschungsprogramm und Lotzes Fragestellung erhellt bereits eine briefliche Äußerung des letzteren gegenüber S. Hirzel. Bei der Arbeit am «Mikrokosmus», schrieb Lotze am 1. 1. 1860, häufe sich der Stoff «für die Schilderung der Art, wie den Menschen in verschiedenen Zeitepochen zu Mute gewesen (was allen bisherigen Philosophien der Geschichte mehr oder weniger fehlt), ins Unübersehbare» (zit. in: R. Falckenberg 1901, S. 157). Lotzes Problem war es also, darzustellen, wie in verschiedenen historischen Epochen und geographischen Gebieten die Welt wahrgenommen und empfunden wurde, wie die Menschen die Fähigkeit erlangen, sich Natur und Geschichte, Sprachen, Sitten und Bräuche rational und emotional anzueignen. Das verbindet ihn mit Lazarus und Steinthal.

116 St. Hall 1914, S. 63. – Diese Stelle vermag recht anschaulich eine Situation der Lotze-Rezeption zu kennzeichnen, in die auch ein Psychologe unserer Tage geraten kann. Ansonsten steht dieses Buch Halls mit Recht bei Psychologiehistorikern in keinem guten Licht, ist es doch höchst unzuverlässig im Umgang mit den Fakten und in der Bewertung der Sachverhalte.

117 vgl. E. Hanslick 1982, S. 109 u. 136. – Lotzes Geschichte der Ästhetik (1868) zeigt den Übergang von der philosophischen zur psychologischen Ästhetik.

118 vgl. G. Santayana/P. G. Kuntz 1971; W. R. Woodward 1982b. – So ist v. a. William James von Lotze beeinflußt (vgl. C. Stumpf 1927; W. R. Woodward 1983a). Angeregt durch W. James und anknüpfend an Lotzes Ansätze zu einer Theorie kognitiver Entwicklung hat James Mark Baldwin 1895 sein Modell der «ideo-motor-action» entworfen und in den Jahren 1906–1908 eine «genetic logic» ausgearbeitet (vgl. W. R. Woodward 1983b).

119 vgl. O. Domrich 1849, S. 12 ff., 48, 180 ff.

120 E. Pflüger 1853

121 vgl. E. Haeckel 1924, S. 422 f.; C. Hauptmann 1893, S. 35 ff.; K. Eyferth 1966, S. 76 ff.

122 vgl. dazu schon 1852 J. Moleschott, in: Vogt, Moleschott, Büchner 1971, S. 289; vgl. M. G. Jaroševskij 1976, S. 169, 202, 286

123 vgl. M. G. Jaroševskij 1977, S. 45 ff.; A. W. Petrowski 1976, S. 30

124 vgl. R. Falckenberg 1901, S. 46

125 Vogt, Moleschott, Büchner 1971, S. 607, 414

126 Lotze ist in vielem seinem ehemaligen Lehrer und Freund Fechner geistesverwandt. Dem zeitgenössischen Materialismus haben beide ein theoretisches Denken entgegengesetzt, in dem sich enormer Aufwand an Gelehrsamkeit, höchster stilistischer Anspruch und eine biedermeierlich-beschauliche Sichtweise verbanden. Lotzes Gesamtwerk liegt eine objektiv-idealistische Position zugrunde, die ihn gemeinsam mit Fechner und vor Wundt und Külpe zu

einem Wegbereiter des kritischen Realismus werden ließ (vgl. H. Hörz/R. Löther/S. Wollgast 1969, S. 405).

127 vgl. W. F. Volkmann 1856. – Lotze hat das seinerzeit für historisch am kenntnisreichsten geltende Psychologielehrbuch dieses Herbartianers in den Göttingischen gelehrten Anzeigen 1856 besprochen. Er empfiehlt das «Werk, dessen Studium trotz so mancher Differenzpunkte uns so viel Belehrung und Genuss gewährt hat, der Aufmerksamkeit der Leser und besonders der Theilnahme des jüngeren Geschlechts als eine der vorzüglichsten Leistungen auf diesem Gebiete» (vgl. D. Peipers 1891, S. 279 – Wiederabdruck der Rezension). – Lotze war zeitlebens ein vehementer Kritiker der Theorien Herbarts und der Herbartianer (vgl. H. Lotze 1857, S. 5 f.).

128 vgl. I. H. Fichte 1856, 1864

129 H. Lotze 1857, S. 15

130 vgl. H. Hörz/K.-F. Wessel 1983, S. 63

131 St. Hall 1914, S. 42

132 Dilthey zit. in: E. Rothacker 1923, S. 137

133 vgl. E. Ackerknecht 1904; C. Stumpf 1873; Th. Ribot 1881; R. Geyer 1885; W. Wundt 1921; E. Boring 1942, W. R. Woodward 1978

LITERATUR

ACKERKNECHT, E.: Die Theorie der Lokalzeichen, ihr Verhältnis zur empiristischen und nativistischen Lösung des psychologischen Raumproblems. Tübingen/Leipzig 1904

AUTENRIETH, J. H. F.: Ansichten über Natur- und Seelenleben. Nach seinem Tode herausgegeben von seinem Sohne Hermann Friedrich Autenrieth. Stuttgart/Augsburg 1836

BAUER, A.: Die Krankheitslehre von Karl Wilhelm Stark (1787-1845): Ontologische Pathologie als Analogiemodell. Sudhoffs Archiv 69, 1985, S. 129–153

BECHER, E.: Hermann Lotze (1917). In: Deutsche Philosophen, München/Leipzig 1929, S. 47–72

BLEKER, J.: Die Naturhistorische Schule 1825–1845. Ein Beitrag zur Geschichte der klinischen Medizin in Deutschland. Stuttgart/New York 1981

BOHRING, E. G.: Sensation and perception in the history of Experimental psychology. New York 1942

BUHR, M., und T. I. OISERMAN (Hrsg.): Vom Mute des Erkennens. Beiträge zur Philosophie G. W. F. Hegels. Berlin 1981

CZOLBE, H.: Neue Darstellung des Sensualismus. Leipzig 1855

DIEPGEN, P.: Geschichte der Medizin. II. Band, I. Hälfte. Zweite erg. und erw. Aufl. Berlin 1959

DOMRICH, O.: Die psychischen Zustände, ihre organische Vermittelung und ihre Wirkung in Erzeugung körperlicher Krankheiten. Jena 1849

DU BOIS-REYMOND, E.: Vorträge über Philosophie und Gesellschaft. Eingeleitet und mit erklärenden Anmerkungen herausgegeben von S. Wollgast. Berlin 1974

EBLE, B.: Curt Sprengels Versuch einer pragmatischen Geschichte der Arzneykunde. Wien 1837–1840

ENGELS, F.: Umrisse zu einer Kritik der Nationalökonomie. In: K. Marx, F. Engels: Werke, Band 1, Berlin 1958

EYFERTH, K.: Lernen als Anpassung des Organismus durch bedingte Reaktionen. In: Handbuch der Psychologie in 12 Bänden, 1. Band, 2. Halbband, Göttingen 1966

FALCKENBERG, R.: Hermann Lotzes Briefe an Ed. Zeller. Zeitschrift für Philosophie und philosophische Kritik, 113, 1899, S. 180–190

FALCKENBERG, R.: Hermann Lotze. Erster Teil: Das Leben und die Entstehung der Schriften nach den Briefen. Stuttgart 1901

FEUERBACH, L.: Zur Charakteristik des modernen Afterchristentums. Herr Dr. Nepomuk von Ringseis oder Hippokrates in der Pfaffenkutte. In: L. Feuerbach, Kleinere Schriften, Bd. 9 der Gesammelten Werke, Berlin 1982

Fichte, I. H.: Anthropologie. Die Lehre von der menschlichen Seele. Neubegründet auf naturwissenschaftlichem Wege für Naturforscher und Seelenärzte und wissenschaftlich Gebildete überhaupt. Leipzig 1856

Fichte, I. H.: Psychologie. Die Lehre vom bewußten Geist des Menschen oder Entwicklungsgeschichte des Bewußtseins, begründet auf Anthropologie und innere Erfahrung. Leipzig 1864

Geismeier, W.: Biedermeier. Leipzig 1979

Geyer, R.: Darstellung und Kritik der Lotze'schen Lehre von den Localzeichen. Philosophische Monatshefte, IX u. X, S. 512–560

Gresky, W.: Briefe von Hermann Lotze an Ernst Friedrich Apelt (1835–1841). Blätter für deutsche Philosophie 10, 1937, S. 319–337, 11, 1938, S. 184–203

Haeckel, E.: Gemeinverständliche Werke. Hrsg. von H. Schmidt, Bd. 2. Leipzig/Berlin 1924

Hagen, F. W.: Psychologie und Psychiatrie. In: Handwörterbuch der Physiologie mit Rücksicht auf physiologische Pathologie. In Verbindung mit mehren Gelehrten herausgegeben von Dr. Rudolph Wagner, Bd. 2. Braunschweig 1844

Hall, St.: Die Begründer der Modernen Psychologie (Lotze, Fechner, Helmholtz, Wundt). Leipzig 1914

Hanslick, E.: Vom Musikalisch-Schönen. Aufsätze, Musikkritiken. Leipzig 1982

Hauptmann, C.: Die Metaphysik in der modernen Physiologie. Eine kritische Untersuchung. Dresden 1893

Helmholtz, H. v.: Philosophische Vorträge und Aufsätze, herausgegeben von H. Hörz und S. Wollgast. Berlin 1971

Herder, J. G.: Ideen zur Philosophie der Geschichte der Menschheit. Bd. 1. Berlin/Weimar 1965

Hertwig, O.: Zeit- und Streitfragen der Biologie. II. Mechanik und Biologie. Jena 1897

Hiebsch, H.: Ein Jahrhundert wissenschaftlicher Psychologie. In: Zur Geschichte der Psychologie, hrsg. von G. Eckardt, Berlin 1979

Hiebsch, H.: Wilhelm Wundt und die Anfänge der experimentellen Psychologie. Deutsche Zeitschrift für Philosophie 28, 1980, 4, S. 489–496

Hörz, H., R. Löther und S. Wollgast (Hrsg.): Naturphilosophie – von der Spekulation zur Wissenschaft. Berlin 1969

Hörz, H., und K. F. Wessel: Philosophische Entwicklungstheorie. Weltanschauliche, erkenntnistheoretische und methodologische Probleme der Naturwissenschaften. Berlin 1983

Holz, H. H.: Gottfried Wilhelm Leibniz. Eine Monographie. Leipzig 1983

Hoppe, Brigitte: Umbildungen in der Forschung in der Biologie im 19. Jahrhundert. In: Diemer, A. (Hrsg.), Konzeption und Begriff der Forschung in den Wissenschaften des 19. Jahrhunderts, Meisenheim am Glan 1978

Jaroschewski, M.: Psychologie im 20. Jahrhundert. Theoretische Entwicklungsprobleme der psychologischen Wissenschaft. Berlin 1975

JAROŠEVSKIJ, M. G.: Istoria psichologii. Moskva 1976
JAROŠEVSKIJ, M. G.: Die Logik der Wissenschaftsentwicklung und die wissenschaftliche Schule. In: Autorenkollektiv, Wissenschaftliche Schulen, Bd. 1, Berlin 1977
KÄMMEL, O.: Heinrich Julius Kämmel. In: Allgemeine deutsche Biographie, 15. Band. Leipzig 1882, S. 51–56
KÄMMEL, O.: Friedrich Lindemann. In: Allgemeine deutsche Biographie, 18. Band. Leipzig 1883, S. 675–677
KLIX, F.: Elementaranalysen zur Psychophysik der Raumwahrnehmung. Berlin 1962
KLIX, F.: Hermann von Helmholtz' Beitrag zur Theorie der Wahrnehmung – Bleibendes und Vergängliches in seinem großen Lebenswerk. In: Zur Geschichte der Psychologie, hrsg. von G. Eckardt, Berlin: Verlag der Wissenschaften, 1979
KRAUSS, W.: Zur Anthropologie des 18. Jahrhunderts. Die Frühgeschichte der Menschheit im Blickpunkt der Aufklärung. Hrsg. von H. Kortum und Ch. Gohrisch. Berlin 1978
KUNTZE, J. E.: Gustav Theodor Fechner (Dr. Mises). Ein deutsches Gelehrtenleben. Leipzig 1892
LANG, P.: Lotze und der Vitalismus. Bonn 1913 (Diss.)
LASSWITZ, K.: Gustav Theodor Fechner. Stuttgart 1896
LEIBNIZ, G. W.: Neue Abhandlungen über den menschlichen Verstand, hrsg. von W. v. Engelhardt und H. H. Holz. Frankfurt am Main 1961
LENOIR, T.: Teleology without regrets. The transformation of physiology in Germany. In: Studies in History and Philosophy of Science, 12, 1981, 4, pp. 293–354
LENOIR, T.: The strategy of life. Teleology and Mechanics in Nineteenth Century German Biology (Studies in the history of modern science, vol. 13). Dordrecht/Boston/London 1982
LENZ, M.: Geschichte der Königlichen Friedrich-Wilhelms-Universität zu Berlin, Bd. 2, 2. Hälfte. Halle 1918
LEY, H.: Geschichte der Aufklärung und des Atheismus. Bd. 2/1. Berlin 1970
LEY, H.: Geschichte der Aufklärung und des Atheismus. Bd. 3/2. Berlin 1980
LEY, H.: Vom Bewußtsein zum Sein. Berlin 1982
LOCKE, J.: Über den menschlichen Verstand, Bd. 2. Hamburg 1968
LOTZE, H.: De futurae biologiae principiis philosophicis. Lipsiae 1838
LOTZE, H.: /Rezension zu/ Stark, K. W., Allgemeine Pathologie oder allgemeine Naturlehre der Krankheiten, Leipzig 1838. In: Hallische Jahrbücher für deutsche Wissenschaft und Kunst 1839, Nr. 194–199, S. 1545–1592
LOTZE, H.: Gedichte, Leipzig 1840 a
LOTZE, H.: De summis continuorum. Lipsiae 1840 b
LOTZE, H.: Heilmethoden und Heilmaximen der neueren Zeit, Eble, pragmatische Geschichte der Arzneykunde, Wien 1840. In: Hallische Jahrbücher für deutsche Wissenschaft und Kunst 1840 c, Nr. 157–160, S. 1249–1275

Lotze, H.: Metaphysik. Leipzig 1841
Lotze, H.: Allgemeine Pathologie und Therapie als mechanische Naturwissenschaften. Leipzig 1842
Lotze, H.: Logik. Leipzig 1843 a
Lotze, H. (1843 b): Leben. Lebenskraft. In: Handwörterbuch der Physiologie, hrsg. von R. Wagner, Bd. 1. Braunschweig 1842, S. IX–LVIII
Lotze, H.: Instinct. In: Handwörterbuch der Physiologie, hrsg. von R. Wagner, Bd. 2. Braunschweig 1844
Lotze, R. H.: Allgemeine Pathologie und Therapie als mechanische Naturwissenschaften. Zweite verbesserte Auflage. Leipzig 1848
Lotze, R. H.: Allgemeine Physiologie des körperlichen Lebens. Leipzig 1851
Lotze, R. H.: Medicinische Psychologie oder Physiologie der Seele. Leipzig 1852
Lotze, H.: Rezension von Eduard Pflüger, Die sensorischen Functionen des Rückenmarks. In: Göttingische gelehrte Anzeigen, 1853, Stück 174–176, S. 1737–1776
Lotze, H.: Streitschriften. Erstes Heft. In Bezug auf I. H. Fichte's Anthropologie. Leipzig 1857
Lotze, H.: Mikrokosmus. Ideen zur Naturgeschichte und Geschichte der Menschheit. Versuch einer Anthropologie, Bd. 2. Leipzig 1858
Lotze, H.: Geschichte der Aesthetik in Deutschland. München 1868
Lotze, H.: Logik. Drei Bücher vom Denken, vom Untersuchen und vom Erkennen. Leipzig 1874
Lotze, H.: Metaphysik. Drei Bücher der Ontologie, Kosmologie und Psychologie. Leipzig 1879
Lotze, H.: Die Philosophie in den letzten 40 Jahren (1880). In: Misch. G. (Hrsg.), Hermann Lotze, System der Philosophie, Erster Teil: Logik, Leipzig 1912, S. XCIII–CXXII
Lotze, H.: Grundzüge der Religionsphilosophie. Diktate aus den Vorlesungen, 3. Auflage. Leipzig 1894
Lotze, W., Familiennachlaß aus Soest: «126 Briefe an Lotze» (im Lotze-Archiv, University of New Hampshire, U.S.A.), Nr. 1: Christian Hermann Weiße aus Leipzig an Lotze in Zittau, 23. 11. 1838
Märker, F. A.: /Besprechung/ Gedichte von H. Lotze, Leipzig 1840. In: Deutsche Jahrbücher für Wissenschaft und Kunst, 1842, Nr. 77–78, S. 308–311
Marx, K.: Ökonomisch-philosophische Manuskripte aus dem Jahre 1844. In: K. Marx, F. Engels: Werke, Ergänzungsband, Erster Teil. Berlin 1973
Marx, K.: Thesen über Feuerbach. In: K. Marx, F. Engels: Werke, Bd. 3. Berlin 1969
Mauthner, F.: Der Atheismus und seine Geschichte im Abendlande, 4. Bd., Stuttgart/Berlin 1923
Merz, J. Th.: A History of European Thought in the Nineteenth Century, vol. II, Edinburgh/London 1903
Mocek, R.: Mechanizismus und Vitalismus. In: Ley, M., und R. Löther (Hrsg.),

Mikrokosmos – Makrokosmos. Philosophisch-theoretische Probleme der Naturwissenschaft, Technik und Medizin, Bd. 2, Berlin 1967

Obermann, K.: Deutschland 1815–1849. Berlin 1976

Pagel, J.: Rudolph Hermann Lotze. In: Hirsch, A. (Hrsg.): Biographisches Lexikon der hervorragenden Ärzte aller Zeiten und Völker, Bd. 3, 3. unveränd. Aufl. München/Berlin 1962, S. 846–847

Peipers, D. (Hrsg.): Kleine Schriften von Hermann Lotze, Bde 1–3. Leipzig 1885, 1886, 1891

Pepperle, I.: Junghegelianische Geschichtsphilosophie und Kunsttheorie. Berlin 1978

Petrowski, A. W. (Hrsg.): Allgemeine Psychologie. Berlin 1976

Pfleiderer, E.: Lotze's philosophische Weltanschauung nach ihren Grundzügen. Zur Erinnerung an den Verstorbenen. Berlin 1882

Pflüger, E.: Die sensorischen Functionen des Rückenmarks der Wirbelthiere nebst einer neuen Lehre über die Leitungsgesetze der Reflexionen. Berlin 1853

Prantl, K.: Lotze. In: Allgemeine deutsche Biographie, 19. Band. Leipzig 1884

Ràdl, E.: Zur Geschichte der Biologie von Linnè bis Darwin. In: Die Kultur der Gegenwart, hrsg. von P. Hinneberg, Teil 3, 4. Abt., Bd. 1: Allgemeine Biologie. Leipzig/Berlin 1915, S. 1–29

Rehnisch, E. (Hrsg.): Grundzüge der Ästhetik von Hermann Lotze. Leipzig 1884

Ribot, Th.: Die experimentelle Psychologie in Deutschland. Autorisierte deutsche Ausgabe. Braunschweig 1881

Rothacker, E. (Hrsg.): Briefwechsel zwischen Wilhelm Dilthey und dem Grafen Paul York v. Wartenburg. Halle 1923

Ruge, A.: Zwei Jahre in Paris, Studien und Erinnerungen. Leipzig 1846

Santayana, G.: Lotze's System of Philosophy. Edited with an Introduction and Lotze Bibliographie by P. G. Kuntz. Bloomington/London 1971

Scheerer, E.: Motor Theories of Cognitive Structure: A Historical Review. In: Cognition and Motor Processes. Ed. by W. Prinz and A. F. Sanders. Berlin/Heidelberg/New York 1984, S. 78–98

Sprung, L.: Lotze als Psychologe. In: Wessel, K.-F. (Hrsg.), Philosophie und Naturwissenschaften in Vergangenheit und Gegenwart (im Druck)

Sprung, L., und H. Sprung: Zur Geschichte der Psychologie – Aspekte des progressiven Erbes für die Entwicklung der Psychologie in der DDR. In: Psychologie in der DDR. Entwicklung – Aufgaben – Perspektiven, hrsg. von F. Klix, A. Kossakowski und W. Mäder. Berlin 1980, S. 22–34

Sprung, L., und H. Sprung: Problem und Methode in der Psychologie – disziplinäre und interdisziplinäre Aspekte einer Entwicklungsgeschichte. In: Parthey, H., und K. Schreiber (Hrsg.): Interdisziplinarität in der Forschung, Berlin 1983

Stumpf, C.: Über den psychologischen Ursprung der Raumvorstellung. Leipzig 1873

Stumpf, C.: R. H. Lotze. In: Wiener Allgemeine Zeitung vom 10. Juli 1881 (Nr. 489), S. 6

Stumpf, C.: Hermann Lotze, Kleine Schriften. I. Bd. Leipzig, Hirzel, 1885. In: Deutsche Literaturzeitung, VII. Jahrgang, Nr. 18, 1886, S. 625–628

Stumpf, C.: Zum Gedächtnis Lotzes (geb. 21. Mai 1817). In: Kant-Studien 22, 1918, S. 1–26

Stumpf, C.: William James nach seinen Briefen. Leben. Charakter. Lehre. In: Kant-Studien 32, 1927, S. 205–241

Tembrock, G.: Grundlagen des Tierverhaltens. Berlin 1977

Tubbesing, E.: Hermann Lotze. Wurzeln, Werk und Wirken seiner mechanistischen Naturauffassung. Med. Fak. Diss., v. 27. 2. 1964, Münster

Turner, R. St.: Helmholtz, Sensory Physiology, and the Disciplinary Development of German Psychology. In: Woodward, W. R., and Ash, M. G. (Eds.): The Problematic Science: Psychology in Nineteenth-Century Thought, New York 1982, S. 417–166

Tutzke, D. (Hrsg.): Geschichte der Medizin. 2., durchgesehene Aufl., Berlin 1983

Universitätsarchiv der Humboldt-Universität zu Berlin, Philosophische Fakultät – Dekanat – Nr. 1457, Bl. Nr. 243–251

Unverfehrt, G.: Die Kunstsammlung der Universität Göttingen. Ein Abriß ihrer Geschichte. In memoriam Wolfgang Stechow. In: Göttinger Jahresblätter 1981, S. 77–85

Vogt, Moleschott, Büchner: Schriften zum kleinbürgerlichen Materialismus in Deutschland. Herausgegeben und eingeleitet von D. Wittich, 2 Bde. Berlin 1971

Volkmann, W. F.: Grundriß der Psychologie vom Standpunkte des philosophischen Realismus und nach genetischer Methode als Leitfaden für academische Vorlesungen und zum Selbststudium. Halle 1856

Weckowicz, T. E., und H. Liebel-Weckowicz: Typologies of the Theorie of Behaviorism since Descartes. Sudhoffs Archiv 66, 1982, S. 129–151

Wentscher, M.: Hermann Lotze. I. Band. Lotzes Leben und Werke. Heidelberg 1913

Wessel, K.-F.: Einige Bemerkungen zur Geschichte der Psychologie. Wiss. Ztschr. d. Hum.-Univ. zu Berlin, Math.-Nat. R. XXXII, 1983, S. 339–343

Winter, E., unter Mitarbeit von G. Mühlpfordt: Ketzerschicksale. Christliche Denker aus neun Jahrhunderten. Berlin 1979

Woodward, W. R.: The Medical Realism of R. Hermann Lotze. Yale University Dissertation 1975 a

Woodward, W., und Ulrike Rainer: Berufungskorrespondenz Rudolph Hermann Lotzes an Rudolph Wagner. Sudhoffs Archiv 59, 1975, S. 356–386

Woodward, W. R.: Hermann Lotze's Critique of Johannes Müller's Doctrine of Specific Sense Energies. Medical History, 19, 1975 b, 2, S. 147–157

Woodward, W. R.: From Association to Gestalt: The Fate of Hermann Lotze's Theory of Spatial Perception, 1846–1920. Isis 249, 1978, S. 572–582

Woodward, W. R.: From the Science of Language to Völkerpsychology: Lotze, Steinthal, Lazarus and Wundt. Berichte aus dem Archiv für Geschichte der Psychologie, Universität Heidelberg, Historische Reihe Nr. 2, November 1982 a

Woodward, W. R.: Hermann Lotze's Concept of Function: Its Kantian Origin and its Impact an Evolutionism in the United States. Berichte aus dem Archiv für Geschichte der Psychologie, Universität Heidelberg, Historische Reihe, Nr. 6, Dezember 1982 b

Woodward, W. R.: Introduction to: William James, Essays in Psychology (The Works of William James), Cambridge (Mass.)/London 1983 a, S. XI–XXXIX

Woodward, W. R.: William James' Psychology of Will: Its Revolutionary Impact on American Psychology. In: Explorations in the History of Psychology in the United States, ed. by J. Brozek, Lewisburg: Bucknell University Press – London and Toronto: Associated University Presses, 1983 b, S. 148–195

Wunderlich, C. A.: Geschichte der Medizin. Vorlesungen gehalten zu Leipzig im Sommersemester 1858. Stuttgart 1859

Wundt, W.: Zur Theorie der räumlichen Gesichtswahrnehmungen (1898). In: Kleine Schriften von Wilhelm Wundt, Bd. 3, Stuttgart 1921, S. 281–398

Wundt, W.: Erlebtes und Erkanntes. Stuttgart 1920

II. MATERIALIEN ZUR REZEPTIONSGESCHICHTE

NR. 1

Aus: Eduard Pflüger, Die sensorischen Functionen des Rückenmarks der Wirbelthiere nebst einer neuen Lehre über die Leitungsgesetze der Reflexionen, Berlin: A. Hirschwald 1853 (S. VII–X, XII–XIV, 119–123)

/VII/ Vorrede. – Es ist der Zweck dieser Untersuchungen, eine seit geraumer Zeit in der Physiologie geltende Irrlehre zu widerlegen und auf dem Boden exacter Forschung die Verhältnisse, um welche es sich handelt, in ihrer Wahrheit darzustellen. Jene Irrlehre ist die Behauptung, dass nur das Gehirn das Organ des Sensoriums sei; die Wahrheit aber: dass die sensorische Function im ganzen Cerebrospinalorgan wurzele.

Die Ansichten über den vorschwebenden Gegenstand wechselten im Laufe der letzten hundert Jahre sehr und begünstigten bald diese, bald die entgegengesetzte Anschauung. Es ist deshalb nicht meine Absicht, nochmals die Menge des Geschriebenen zu vermehren, ohne in mir die gewisse Ueberzeugung /VIII/ zu tragen, dass es meinen Argumenten gelingen werde, der Wahrheit den Sieg zu erringen.

Indem ich bemüht gewesen bin, die sensorischen Functionen des Rückenmarks zu erforschen, musste eine Auseinandersetzung mit dem Reflexgesetze nothwendige Vorbedingung sein. So fand ich auf dem Wege, welcher in den Untersuchungen eingeschlagen ist, bestimmte Normen für den Act der sogenannten Reflexion und an ihm einen ersten Führer in das dunkle Gebiet meiner Forschung. Doch muss ich hier erwähnen, dass ich keineswegs eine Monographie der Reflexfunction schreiben wollte und dieselbe nur in solchen Beziehungen abhandelte, in welchen ich Neues zu geben im Stande war.

Zu gleicher Zeit war es unabweisbar, mich ebenso mit der Argumentation derjenigen Autoren auseinanderzusetzen, welche Beweise für die Ausschließlichkeit des Gehirns als Organ des Bewusstseins aufstellen wollten, und vorzugsweise einen unter ihnen nach Gebühr zurecht zu weisen. Der englische praktische Arzt Marshall *Hall*, welcher von den Deutschen über Gebühr bekrönt worden ist, verdient für sein Werk über die Reflexfunction vollkommen den Ausspruch: Was er Wahres bringt, ist alt; was nicht alt, ist nicht wahr. *Prochaska* hat im vorigen Jahrhundert den bereits von ihm so benannten Reflexprozess sehr gut, viel besser als *Hall* verstanden, und eine Reihe von Erscheinungen am Thierorganismus richtig erklärt. Derselbe *Hall*, welcher laut eigener Angabe ‹24000 Stunden› Reflexstudien gemacht, welcher nachher die hinteren Wurzeln /IX/ für motorische hält, weil er unglaublichermassen trotz 24000-stündiger Studien die hintere Wurzel nicht durchschnitt und also bei Reizungen derselben Reflexe oder willkürliche Bewegung für Irritabilitätsphänomene betrachtete, derselbe, der anatomische Verschiedenheiten zwischen dem Rückenmarke des Frosches und der Kröte deshalb statuirt, weil (!!) eine geköpfte Kröte anders auf einen Reiz reagirte, als ein Frosch, derselbe, welcher das Leben der niederen Thiere für eine Art excito-motorisches erklärt, derselbe, der die unbefugte Hypothese des excito-motorischen Nervensystems aufgestellt hat, derselbe, der mit den lächerlichsten Argumenten vergebens bemüht ist, die Empfindung aus den Reflexprozessen hinweg zu argumentiren, derselbe, dessen absurde Phrasen, Argumente genannt, wir zu widerlegen gezwungen sein werden, verdient absolut nichts weniger als unsere Bewunderung ...

Betrachten wir indessen alles über den vorliegenden Gegenstand sowohl für als gegen Geschriebene, so findet sich fast überall eine ziemliche Verwirrtheit der Begriffe. – Diejenigen, welche dem Rückenmarke sensorische Functionen zuerkannten, steiften sich hauptsächlich auf die ‹Zweckmässigkeit› der Bewegungen Enthaupteter, indem sie das, wie mir scheint, richtig Geahnte mit einem unpassenden Namen belegten. Sie gedachten nicht, dass die Zweckmässigkeit in der höchsten Potenz recht gut die bewusste Thätigkeit ausschliessen könne. Das aber /X/ gilt im weitesten Sinne! Denn die organische Form ist nicht zweckmässig, weil sie ist, sondern sie ist, weil sie zweckmässig ist. – Aus der Zweckmässigkeit lässt sich kein Beweis construiren. – Diejenigen Autoren hingegen, welche dem Rückenmarke die sensorische Function absprachen, steiften sich ganz besonders auf die Gesetzmässigkeit, welche sich in den Bewegungen Enthaupteter ausspricht. Sie bedachten nicht, dass sie ja noch nicht bewiesen hätten, dass die sensorische Function selbst nicht ein Erfolgen nach Gesetzen, d.h. eine Gesetzmäßigkeit zulasse. Derartige problematische Prämissen über die Natur der ‹Seele› sind fortwährend von den Autoren als Grundstein ihrer Beweise beansprucht.

In vielen Beziehungen indessen ist es nicht gleichgültig für die Erkenntniss der Bewegungen Enthaupteter, welchen Standpunkt man einnimmt in Hinsicht der Ansicht über die Natur sensorischer Thätigkeit ...

/XII/ ... Bis jetzt wissen wir bereits, dass die ‹Seele› der niederen Thiere ein theilbares Individuum ist, das mit dem Schnitte in so viele Individuen zerfällt, als Körperstücke vorhanden sind. Ich werde zeigen, dass die Theilbarkeit des Sensoriums nicht allein für die niedersten Thiere, sondern für die ganze Thierwelt gilt. Ich werden zeigen, dass ein Kätzchen, dessen Dorsalsack durchschnitten ist, zwei ‹Seelen› bekommen hat. Denn das vordere Stück äussert noch spontane Acte der Willkür: schreit, läuft, beisst und kratzt; das hintere empfindet, will und bewegt sich ebenso willkürlich. Obgleich beide Theile vollständig unabhängig voneinander ihre Nervenfunctionen aus-/XIII/üben, sind doch in beiden die Vernunftprincipien speciell vorhanden, weil diese eben nichts Anderes als Markfunction sind, und die Marktheile die ihnen innewohnende Function fortsetzen. – Die noch vorhandene sensorische Thätigkeit erscheint allerdings fast nur auf äussere Reize und bleibt sonst in Ruhe, wie ein aus dem Körper ausgeschnittener Muskel. Wirkt aber eine Bewegungsursache auf diesen oder jenen Mechanismus, so zuckt hier der Muskel, so entsteht dort sensorische Function. – –

Durch die Darlegung der sensorischen Functionen des Rückenmarkes habe ich den Streit über die centralen Enden der Rückenmarksnerven entschieden, da es nicht möglich erscheint, auf rein mikroanatomischem Wege die Verhältnisse der einzelnen Structuren mit ihren Functionen zu erforschen. –

Die von mir gegebenen Experimente sind nun möglichst einfach, in sehr reichem Maasse angestellt, mit scharfer Aufmerksamkeit von Anfang bis zu Ende überwacht, und stets ist in diesen Blättern nur das Gesammtresultat mitgetheilt worden. Ich habe nur ganz Bestimmtes, Entschiedenes und Ganzes gegeben...

Erst nachdem man klar ist über den Standpunkt, welchen man zur Lösung unserer Frage fixiren muss, d.h. über jenen Standpunkt, der kein anderer ist, als die Erkenntniss, dass nimmermehr problematische Prämissen, sondern absolut nur /XIV/ Thatsachen zu sicheren und wahren Schlüssen benutzt werden dürfen, wird es möglich, den von *Kürschner* und Anderen für unentwirrbar gehaltenen Knoten zu lösen und Licht zu bringen in ein Gebiet, das bisher Dunkel und Ungewissheit umschleiert hat...

/119/ Capitel VII.

Zweite Reihe der Experimente.

Wenn für die im Capitel VI. gegebenen Beweise eine Reihe von Studien nothwendig gewesen, um durch die Erkenntniss der Reflexgesetze einen Haltpunkt zu gewinnen, so ist es im vorliegenden Capitel nicht die Lehre der Oben aufgestellten Reflexgesetze, welche uns den Schlüssel zur Beurtheilung der Bewegungen Enthaupteter bieten wird, sondern unser Standpunkt ist ein anderer. Die zu untersuchende Bewegung ist aber jenes allbekannte interessante Phänomen, nach welchem /120/ enthauptete Frösche, sowie auch andere Amphibien, auf die Haut gebrachte corrodirende Säure abputzen. Man hat diese Bewegung in der Art geklärt, dass man sie als einen combinirten Reflex bezeichnete. Indem man von der Beobachtung ausging, dass Thiere, deren Kindheit sehr kurz ist, so eben aus dem Uterus geboren oder dem Ei entschlüpft, ihre Gliedmassen mit nah derselben Zweckmässigkeit bewegen, wie die Alten, musste die Idee sehr plausibel erscheinen, dass diese zweckmässigen Bewegungen nicht vom Bewusstsein also combinirt seien, sondern dass dieses nur einen bereits zweckmässig zum Gebrauche des Bewusstseins prädisponirten Mechanismus zu seinem Bedürfnisse vorfinde, den es anrege. Es erscheint mithin als eine Consequenz aus der Idee, dass der zweckmässig zum Gebrauche des Bewusstseins prädisponirte Mechanismus auch nach dem Wegfallen des Bewusstseins, wenn er von anderer Seite angeregt werde, gerade so wie früher seinen Process selbst beim Enthaupteten ablaufen könne, um den Schein der Willkür zu erzeugen. Unter diese Kategorie hat man nun alle zweckmässigen Bewegungen Enthaupteter gebracht, sodass, wie *Lotze* sagt, «der Rumpf sich ohne Ueberlegung und durch seine mechanischen Mittel erhält. Der geköpfte Frosch, den man kneift, bewegt seine Pfote abwehrend und zurückstossend nach der Stelle des Reizes, wo das vollständige Thier sein Heil in der Flucht gesucht hätte, wohl wissend, dass jene Bewegungen zwar an sich zweckmässig, aber den Verwickelungen der Umstände nicht gewachsen waren». (Wenn der Frosch aber, wie der decapitirte, dem die Mittel zum Entfliehen genommen sind, nun nicht mehr wegspringen kann, weil man ihn festhält, so macht er es gerade so, wie der decapitirte, wie man sich durch das Experiment überzeugen kann! – – –) «Der Gebrauch der Glieder also», so fährt *Lotze* fort, «in sofern er überhaupt in einer localen Direction derselben besteht, ist keine, unabhängig Alles selbst vollziehende That der Willkür, sondern nur eine Benutzung des vorhandenen Mechanismus, dessen Ablauf die Seele nur wollen oder nicht wollen, keineswegs aber selbst erst in seinen Ein- /121/zelheiten einrichten kann. Gruppenweise zusammengeordnet finden wir combinirte Bewegungen, die zur Abwehr von Schädlichkeiten dienen sollen, und bei denen eben deswegen die Tendenz zur Bewegung, durch den Reiz veranlasst, so heftig auftritt, dass in den meisten Fällen die Seele sie nicht einmal durch eine willkürliche Gegenbewegung hemmen kann, z. B. Husten, Niesen. Wie wenig die Seele an der zweckmässigen Einrichtung Antheil hat, sieht man Daraus, dass sie dieselbe oft nicht begreift, nachdem sie da ist, noch viel weniger aber sie erfinden würde. Man frage Jemand, wie er es anfangen werde, um einen fremden Körper aus der Luftröhre zu entfernen? Er wird wahrscheinlich eher auf Tracheotomie rathen, als auf Husten. Daraus und aus der Unwillkürlichkeit des Eintretens können wir schließen, dass auch diese Bewegungen völlig vorgearbeitete Effecte mechanischer Bedingungen sind, mit denen die Natur, misstrauisch gegen den Erfindungsgeist der Seele, den Körper ausstattete. Wie schlecht würde es in der That um unsere Gesundheit stehen, sollte die Ueberlegung sie vertheidigen und nicht der Mechanismus»! (Siehe *Lotze* in Wagner's Handwörterbuch der Physiologie. Artikel: Instinkt. p. 195 und 196.)

Derartige seichte «Argumentationen» verwirren nur, fördern aber nicht die Erkenntniss. Weil das Husten ein unwillkürlicher, zweckmässiger Mechanismus ist, soll auch die Bewegung Enthaupteter unwillkürlich sein, weil sie zweckmässig ist. Das hiesse: Weil *eine* Zweckmässigkeit von dem Willen unabhängig war, ist alle Zweckmässigkeit von diesem unabhängig. Sodann ist es höchst sonderbar, warum man den Mechanismus in den motorischen Apparaten sucht und nicht ebenso in dem Bewusstsein. Wie aber alles Leben in der Natur, als Ausfluss bestimmter Ursachen, bestimmte Gestaltung fordert, – diese Pflanze solche Blätter und Blüthen, jene andere treibt, so liegt es in dem Leben des Bewusstseins begründet, dass auch es in bestimmter Weise sich offenbart und Gestalt und Form annimmt, weil das Gesetz es so bedingt. /122/

Betrachten wir nun den Umstand, dass man behauptet, es könne sich ein enthauptetes Thier noch gerade so zweckmässig bewegen, als ein unverletztes, so sind wir uns der Schwierigkeit bewusst, welche entgegentritt, sobald wir nun beweisen sollen, dass diese oder jene zweckmässige Bewegung Enthaupteter eben ein Ausfluss eines Bewusstseins sei. Ich werde nunmehr meinen Leser denselben Weg führen, dem ich selbst von Anfang bis zu Ende der Untersuchung gefolgt bin.

Zunächst musste ich mir also die Frage vorlegen, ob und wodurch sich der Ablauf eines vom Bewusstsein vollkommen unabhängigen, zweckmässigen Mechanismus, welcher in der äusseren Erscheinung vollständig der willkürlichen Bewegung gleich sei, von dieser unterscheide? – Er charakterisirt sich aber Dadurch, dass seinem innersten Wesen Genüge geschieht, wenn der Process von Anfang bis zu Ende mit aller ihm anhaftenden Eigenthümlichkeit seine Phasen durchläuft. Der mit dem gedachten zweckmässig ablaufenden Mechanismus in der äusseren Erscheinung vollständig gleichen Bewegung wird aber nicht Hierdurch in ihrem inneren Wesen Genüge geleistet, sondern erst Dadurch, dass die bestimmte Bewegung auch einen bestimmten Zweck erreicht. Es ist deshalb evident, dass ein von allem Bewusstsein unabhängiger, in seiner Integrität noch vollständig bestehender Mechanismus, sobald die nothwendige Anregung vorhanden ist, welche bedingt, dass er seine Phasen durchlaufe, auch dann noch ganz in derselben Weise diese durchlaufen werde, wenn auch die Erreichung eines Zieles, welche früher unter anderen Umständen mit seinem Ablauf verbunden war, jetzt durch neu hinzugetretene Verhältnisse nicht mehr erzielt werden kann. Mit einem Worte, der innere, einmal bestehende Mechanismus bedingt dessen äussere Form und nicht der Zweck. Anders bei der vom Gedanken erregten Bewegung! Das bestimmte Moment, welches früher eine bestimmte willkürliche Bewegung zur Erreichung eines bestimmten Zweckes erzeugte, wird dann nicht mehr diese Bewegung erzeugen, wenn durch sie der gedachte Zweck nicht mehr erreicht /123/ wird, sondern die Bewegung wird nun einer anderen Bewegung Platz machen, welche im Stande ist, den gedachten Zweck zu erreichen. Das ist das Kriterium, an dem wir das Abwischen der corrodirenden Säure beim enthaupteten Frosche beurtheilen und erkennen werden.

NR. 2

Lotze: Rezension von Eduard Pflüger, Die sensorischen Funktionen des Rückenmarks der Wirbelthiere (Berlin 1853). In: Göttingische gelehrte Anzeigen 1853, 174.–176. Stück, S. 1744–1760 (Auszug)

/1744/ ... *Pflüger* hat seine Ansicht theils durch eine Kritik der früheren Auffassungen, theils durch eigene neue Versuche unterstützt. Was jene betrifft, so hat man an ihrer Bitterkeit vielfach Anstoss genommen. Allein wenn der Tadel, den er namentlich über Marshall *Hall* ausschüttet, leidenschaftlicher ist, als zur Entwicklung der Wahrheit nöthig war, so gestehe ich doch, dass es auch mir nützlich scheint, an die schwerfällige Flüchtigkeit in der Darstellung des unter uns ziemlich überschätzten englischen Arztes erinnert zu sehen.

/1745/ Die Versuche anderseits, die Pflüger selbst angestellt hat, im Einzelnen zu prüfen, schien mir für meine gegenwärtige Absicht aus einem Grunde überflüssig, den ich als allgemeines Zugeständniss hier vorausschicke. Ich bin nämlich vollkommen überzeugt, dass in der That an geköpften Thieren viele Bewegungen vorkommen, die der herrschenden Reflextheorie gar nicht oder doch nur mit der grössten Unwahrscheinlichkeit sich unterordnen lassen. So wie frühere Beobachter sie erzählen, habe ich sie selbst oft genug gesehen, und wenn vielleicht in den von *Pflüger* erwähnten Versuchen ein oder der andere Umstand sich nicht ganz als constant ausweisen sollte, so zweifle ich doch nicht, dass sich dafür eine hinreichende Menge anderer Beispiele finden würde, die für seine Theo-/1746/rie völlig den gleichen Werth hätten, wie diejenigen, auf welche er sich jetzt wirklich stützt. So einfach, wie namentlich *Kürschner* die Reflexbewegungen schildert, sind sie gewiss nicht, vielmehr gibt es viele Fälle, in denen jedem unbefangenen Beobachter sich zuerst dieselbe Annahme aufdrängen wird, bei welcher *Pflüger* bis zuletzt stehen geblieben ist, dass nämlich diese Bewegungen nur begreiflich werden, wenn man in dem Rückenmark eine noch fortwirkende Intelligenz voraussetzt, welche ihre Handlungen durch psychische Selbstbestimmung nach der Natur der einwirkenden Reize einrichtet.

Die wesentliche Eigenthümlichkeit dieser Bewegungen können wir mit *Pflüger* dahin bestimmen, dass sie nicht bloss zweckmässig in Bezug auf den Reiz sind, sondern zugleich *zweckmässig mit Accommodation* an die besondern Umstände, unter denen er einwirkt. Aus der Zweckmässigkeit einer Rückwirkung allein, sobald sie auf denselben Reiz stets gesetzlich in derselben Form erfolgt, lässt sich nie mit Sicherheit ihr psychischer Ursprung darthun; es wird immer die Behauptung möglich sein, dass seit der ersten Bildung des Körpers seine Elemente passend genug verbunden sind, um auf die Einwirkung desselben Reizes stets dieselbe, wie sehr auch immer complicirte und zweckmässige Bewegung mit blinder mechanischer Nothwendigkeit zu erzeugen. Eben deswegen aber, weil dieser ursprüngliche Mechanismus nur den bestimmten Reiz berücksichtigt, nicht aber die verschiedenen und höchst veränderlichen Nebenumstände, die seine Einwirkung begleiten können, wird diese an sich zweckmässige Reaction nicht immer zum Ziele führen; sie wird stets in derselben Form erfolgen, mögen die Um-/1747/stände nun für sie das Ziel erreichbar oder unerreichbar machen. So sehen wir eine Menge vorausbestimmter physiologischer Zusammenhänge zwischen verschiedenen Functionen, die unter den gewöhnlichen Lebensumständen zweckmässig zur Compensation von Störungen berechnet sind, unter ungewöhnlichen Umständen in zwecklose, selbst verderbliche Wirkungen auslaufen. Trägt nun eine Reaction nicht diesen Charakter einer unveränderlichen gesetzlichen Form, sondern verändert sie sich bei gleichem Reiz nach der Lage der Umstände, sucht sie also mit einer Auswahl der Mittel den jetzt noch wirklich zum Ziele führenden Weg auf, so scheint diese neue Art der Leistung, die wir die *accommodirte Bewegung* nennen wollen, die Fähigkeiten eines blinden Spieles physischer Kräfte zu überschreiten. Wer nur dies beobachtet hätte, dass der geköpfte Frosch einen Tropfen Essigsäure, den man auf sein linkes Bein gebracht, mit dem hinaufgezogen Fussrükken desselben Beines abwischt, könnte, sobald er das stets gesetzlich wiederkehrende Autreten derselben Bewegung nach gleichem Reize berücksichtigt, ihre Entstehung einem in der ersten Bildung des Körpers voraus angelegten Mechanismus zurechnen. Wer jedoch weiter beobachtet, dass das kopflose Thier den auf sein linkes Bein gebrachten Tropfen, wenn ihm der linke Unterschenkel abgeschnitten ist, jetzt mit dem rechten hinaufgezogenen Fusse abwischt, wird nicht geneigt sein, jene Erklärung unverändert auch auf diesen Fall überzutragen. Der kopflose Frosch, der 'wenn ihm der eine Fuss den Dienst versagt, ganz einfach den andern nimmt, also zwischen verschiedenen Mitteln wählt', scheint von einer ihm zurückgebliebenen Intelligenz hierzu bestimmt zu werden.

/1748/ Dies ist denn in der That der Schluss, den *Pflüger* aus der Beobachtung dieser und anderer accommodirter Bewegungen an geköpften Thieren zieht, und eine Lehre von willkürlicher experimenteller Theilbarkeit der Seele entwickelt sich folgerecht aus diesem einmal gewonnenen Resultate. Wir hören von Kopfseele, von Rückenmarkseele, von Schwanzseele, und je mehr alle Thätigkeiten des Körpers der Intelligenz unterworfen werden, um so mehr muss die Intelligenz sich gefallen lassen, völlig als theilbare Masse behandelt zu werden. Ich will nicht hier darauf eingehen, die ausserordentlichen Schwierigkeiten hervorzuheben, die es haben würde, sich die Theilung einer Intelligenz auch nur so weit vorzustellen, dass man sagen könnte, was damit gemeint sein solle; Schwierigkeiten, die dann wenigstens ins Ungemessene gehn, wenn nicht die noch unentwickelte Anlage zur geistigen Entwicklung, die man sich allenfalls als ein homogenes theilbares Quantum denken möchte, sondern das bereits im Leben ausgebildete Bewusstsein mit seinen Erinnerungen, Erfahrungen und den durch diese gewonnenen Fertigkeiten und Kenntnissen das Object der Theilung sein soll. Grade diese Forderung aber müsste hier gemacht werden; denn die Fähigkeit, den Umständen gemäss zu handeln, würde durch eine noch aller Erfahrung entbehrende Intelligenz nicht um das Geringste leichter erklärt, als durch einen rein physischen Mechanismus ...

/1753/ ... Allerdings dürfte sich finden, dass viele Erscheinungen accomodirter Reaction selbst aus der Intelligenz einer Seele nur unter solchen näheren Voraussetzungen begreiflich werden, unter denen sie ohne Schwierigkeit auch aus der Natur eines blinden Systems physischer Massen erklärlich sind. Andere Fälle dagegen werden zurückbleiben, in denen diese gleiche Möglichkeit der doppelten Erklärung nicht mehr Statt findet, sondern die Accomodation überhaupt nur unter Voraussetzung der eigenthümlichen Wechselwirkung begreiflich wird, welche die verschiedenen Zustände einer Seele auf einander und ihre Resultanten auf die mit verbundenen körperlichen Werkzeuge ausüben.

So oft ich deshalb im Interesse der Psychologie die Nothwendigkeit einer bis zu gewissem Grade mechanisch präformirten Teleologie der Bewegung nachzuweisen versucht habe, so hat doch in der That nie etwas mehr von meiner Absicht entfernt gelegen, als die Meinung, alle Handlungen der Thiere auf automatischen Mechanismus zurückzuführen. Ich muss deshalb bei diesem Anlass die völlig unbillige Kritik zurückweisen, die *Pflüger* gegen einige meiner früheren Aeusserungen ohne alle Berücksichtigung ihres Zusammenhanges richtet. Nie habe ich *deswegen, weil* Husten und Niesen unwillkürliche zweckmässige Mechanis-/1754/men sind, auch die Bewegungen geköpfter Thiere für unwillkürlich gehalten, obgleich ich einige der letztern aus andern Gründen als *Beispiele* unwillkürlich zweckmässiger Reactionen mit jenen zusammen angeführt habe. Zu behaupten, weil *eine* Zweckmässigkeit vom Willen unabhängig sei, sei *jede* von ihm unabhängig, würde nicht bloss eine 'seichte Argumentation', sondern eine solche Thorheit sein, dass es eine gleiche war, sie mir zuzutrauen.

In verschiedenen Abstufungen schienen mir vielmehr verschiedene Klassen der Bewegungen von einer wachsenden Mitwirkung der Seele abhängig zu sein. Noch ehe äussere Reize auf den Körper einwirken, glaubte ich ihn von inneren Erregungen in mannigfache Bewegungen versetzt, durch welche automatisch nicht allein einzelne Zuckungen der Muskeln, sondern auch jene combinirten Handlungen ausgeführt werden, welche den Gebrauch der in jeder Thierklasse eigenthümlich gebildeten Glieder zusammensetzen. Wir sehen diese Bewegungen bei neugebornen Thieren so früh in verhältnissmässiger Vollkommenheit und Sicherheit auftreten, dass es unwahrscheinlich ist, ihre Ausbildung gänzlich von der Erfahrung abzuleiten. Und anderseits würde selbst das Erlernen durch Erfahrung schwierig zu erklären sein, da sich kaum zeigen liesse, woher in einiger Fülle und Ordnung die Gelegenheiten zur Bildung der nöthigen Beobachtungen kommen sollten, wenn nicht eben in den Thieren selbst ein stets lebendiger Trieb der Centralorgane zu mannigfaltiger Bewegung vorhanden wäre. Da ferner Art und Form der möglichen Gliederbewegungen auf das Engste mit der Structur der einzelnen Glieder selbst und mit dem Gesammtplane der Organisation zusammen-/1755/hängt, was alles die Seele weder geschaffen hat, noch zu ändern vermag, so schien es billigerweise auch nicht zu den Aufgaben des Seelenlebens zu rechnen, den Gebrauch, der von dieser Mitgift der Natur gemacht werden soll, in seinen Elementen erst zu entdecken. Einfacher war es vielmehr, von den Kräften, welche diesen Mechanismus bildeten, auch seine erste Bewegung zu erwarten, und die Aufgabe der Seele erst darin zu suchen, dass sie diese fertigen, sich von selbst bewegenden Werkzeuge in der Form ihres Wirkens beobachtet, um sie nun zu den weiteren individuellen Zwecken des Lebens gemäss den Umständen zu benutzen, welche der Lauf der Dinge ohne weitere gesetzliche Ordnung herbeiführt. Alle einfachen Locomotionsbewegungen, das Laufen, Schwimmen, Fliegen, die Erhaltung des Gleichgewichts im Körper, das Beissen, Stossen, Saugen und vieles Aehnliche schien mir zu diesen Bewegungen zu gehören, die zuerst automatisch geschehen, aber indem sie geschehen, sich mit einem Gefühle der durch sie veränderten körperlichen Zustände associiren. Durch diese Association werden sie der Intelligenz dienstbar; denn so oft der Gedankenlauf jenes Gefühl wiederbringt, können wir an dasselbe auch die Tendenz zur Wiedererzeugung der entsprechenden Bewegung geknüpft denken...

/1758/... Denn wir können nicht schlechthin, was wir wollen, sondern nur der Wille ist ausführbar, mit dem die Gesetze des Zusammenhangs zwischen Leib und Seele ohne unser weiteres Zuthun und Verdienst einen bewegungserzeugenden Process in den Centraltheilen des Nervensystems verbinden. Auch dann also, wenn die Seele mit aller Intensität der Intelligenz überlegt und will, hängt doch die Ausführung des Gewollten nicht von ihr ab, sofern sie Intelligenz, sondern von ihr, sofern sie Substanz ist, deren innere wirksame Zustände mit Aenderungen im Zustande der Massen verbunden sind...

/1759/... Wenn daher *Pflüger* eine Anzahl der Bewegungen decapitirter Thiere ihren Ursprung in der Intelligenz finden läßt, sind wir damit einverstanden; aber wir suchen ihn nicht in einer noch fortlebenden Intelligenz, sondern in einer solchen, die nur noch in ihren Nachwirkungen vorhanden ist. Wir glauben, dass ein Thierkörper, dessen Seele keine Erfahrungen gemacht, oder das etwa Erfahrne nicht in einem Vorstellungsleben verarbeitet hätte, nicht im Stande sein würde, nach seiner Trennung vom Gehirn jene Bewegungen auszuführen; wir halten sie nicht für Mechanismen der ersten Construction, sondern für solche der *Uebung*. Nachdem sich unter dem Einfluss des Seelenlebens eine Association zwischen dem /1760/ bloss physischen Eindrucke eines Reizes und einer Bewegung, die durch blosse Verhältnisse der Structur und Function an jenen Reiz sich *nicht* knüpfen würde, einmal gebildet und durch vielfältige Uebung befestigt hat, so kann nun dieser Mechanismus fortwirken, ohne einer gegenwärtigen Mithülfe der Intelligenz stets von neuem zu bedürfen.

Es fehlt im thierischen Körper keineswegs an Beispielen solcher Gewöhnung in Functionen, auf welche sich der Einfluss des Seelenlebens nicht erstreckt; noch weit häufiger und ausgedehnter sehen wir sie dagegen gerade in dem Gebiete der Bewegungen. Nicht nur, dass fast alle Reflexbewegungen, je häufiger sie schon geschehen sind, um so leichter und durch kleinere Reize hervorgerufen werden: auch die willkürlichen Bewegungen gewinnen durch Uebung an Feinheit und Lenksamkeit. Viele individuelle Geberden, ursprünglich durch Zufall entstanden, allmählich zur Gewohnheit geworden, sehen wir fest und unvertilgbar einwurzeln; häufig endlich überträgt sich die angelernte Haltung, Beweglichkeit und Grazie des Körpers bis auf kleine Eigenthümlichkeiten erblich von Geschlecht zu Geschlecht, was kaum geschehen dürfte, wenn nicht die beständig wiederholte Function sich in einer bleibenden Disposition der Centralorgane fixirte, und so gleich den Umrissen des Körpers auf eine uns freilich hier wie dort unangebbare Weise der Fortpflanzung fähig würde. Wie die Natur zuerst der Seele einen Reichthum automatischer Werkzeuge zu Gebot stellte, so wirkt die Regsamkeit des Geistes veredelnd auf diese zurück, und der Körper sättigt sich gewissermassen mit dem Gewinne einer Intelligenz, die dennoch mit ihm nicht identisch, nicht durch ihn ergossen, nicht mit ihm zugleich theilbar ist.

NR. 3

Aus: Immanuel Hermann Fichte, Anthropologie. Die Lehre von der menschlichen Seele. Neubegründet auf naturwissenschaftlichem Wege für Naturforscher, Seelenärzte und wissenschaftlich Gebildete überhaupt, Leipzig: F. A. Brockhaus 1856 (S. 280, 282 f.)

/280/ ... Wir kennen vollkommen den Grund jenes innern Zwanges, jener peinlichen Künsteleien, zu denen er sich genöthigt sieht. Es sind die falschen, von Herbart überkommenen *metaphysischen* Voraussetzungen, welche jede freiere Bewegung ihm lähmen: das Vorurtheil von der Einfachheit der Seele, von der wechselseitigen Undurchdringlichkeit der realen Wesen, also von ihrem blossen *Nebeneinander*, wodurch er auch bei der Frage nach dem Verhältniss von Leib und Seele ganz nothwendig nicht weiter kommt, als bis zu der kleinlichen und in allen Theilen erfahrungswidrigen Vorstellung ihrer wechselseitigen äussern *Anpassung* füreinander. Könnte er aller jener einengenden Theoreme sich entschlagen, würde er zunächst wie wir es versuchen, von allen metaphysischen Prämissen befreit, einer unbefangenen Anpassung des Thatsächlichen sich zuwenden, so erhielten auch jene einzelnen Untersuchungen und scharfsinnigen Aperçus ihren abschliessenden Werth, denen man in allen Theilen seiner Psychologie begegnet ...

/282/ ... Vorstehendes war unter dem Eindrucke des Studiums der grössern Werke von Lotze längst niedergeschrieben und mag ihnen gegenüber seine Geltung behalten. Dagegen gibt Lotze in einer kürzlich erschienenen Beurtheilung des auch von uns schon angeführten *E. Pflüger*'schen Werkes: ‚Die sensorischen Functionen des Rückenmarks' (in den ‚Göttinger gelehrten Anzeigen', 1853, Nr. 174-177, S. 1739) ausdrücklich zu: ‚dass die Lehre, die Seele sei nur auf *gewisse engbegrenzte Partien des Hirns* in ihrer Wirksamkeit eingeschränkt, während die übrigen Theile des Leibes und Nervensystems als eine *unbeseelte Masse* zu denken seien – in keinem andern wesentlichen Verhältnisse zur Seele, als wie auch die Aussenwelt, – *jetzt durch weiter geführte empirische Untersuchungen erschüttert sei, sodass ihr ganzer wesentlicher Gewinn in Frage gestellt erscheine.*' Ja im weitern Verlaufe (S. 1750) nimmt er gleichsam eventuell, wenn die bisherigen Erklärungsmittel nicht ausreichen sollten, um gewisse zweckmässige Bewegungen unabhängig vom Hirn im Leibe denken zu können, zur Vorstellung von ‚Theilseelen' im Organismus seine Zuflucht, welche jedoch immer unter der *Herrschaft der Einen, untheilbar beherrschenden Seele* stehen sollen und erst dann isolirt zweckmässig wirken, wenn die Einwirkung der Centralseele aufgehoben sei. Diese freilich barocke und kaum auf die Dauer zu behauptende Vorstellung von ‚Centralseele' und

‚Theilseelen' zeigt nur den Zwang und die Gewaltsamkeit, welche die Lehre von der abstracten Einfachheit der Seele und von einem bestimmten ‚Sitze' derselben der Erklärung der physiologischen Thatsachen unwillkürlich aufdrängt... Unmöglich kann jedoch ein so scharfsinniger Denker, wie Lotze, über das Grundentscheidende jener Einräumungen für die eigene Theorie sich im Zweifel befinden. Seine Ueberzeugung von der *Substantialität* der Seele und von ihrer *Selbständigkeit* dem Körper gegenüber wird er darum gewiss nicht aufgeben; ... Allerdings aber die Lehre von der *Einfachheit* der Seele und vom blossen *Nebeneinanderbestehen* des Leibes und der Seele muss er /283/ aufgeben...

NR. 4

Aus: Carl Stumpf, Über den psychologischen Ursprung der Raumvorstellung, Leipzig: S. Hirzel 1873 (S. V, 72–91)

/V/ Vorwort. – Diese Schrift wendet sich zunächst an Psychologen und Physiologen. Sie hofft durch Besprechung psychologischer Begriffe und Gesetze im Geiste von *Lotze*'s Medicinischer Psychologie an der Klärung schwebender Fragen mitzuarbeiten und der Physiologie in etwas die Dienste zu vergelten, welche sie, welche vor Allen *Helmholtz* in diesen gemeinsamen Fragen der Psychologie geleistet. Dem Geometer und Metaphysiker bietet sie direct wenig; denn die Frage: ‚woher stammt eine Vorstellung?' ist natürlich (obgleich dies nicht immer geschah) sehr wohl zu scheiden von der anderen: ‚was ist wissenschaftlich mit ihr anzufangen, wenn wir sie schon haben?' Immerhin hängen sie methodisch insofern zusammen, als die Frage nach dem Ursprung einer Vorstellung uns auf die einzelnen Theile führt, aus denen sie zusammengesetzt ist, und darum ihren Inhalt genauer kennen lehrt; und ich wenigstens bin eben von jenen Seiten her nach längerer Bemühung auf diese Untersuchung geführt worden ...

/72/ §. 4. Die Theorie der psychischen Reize.

1. Nachdem die beiden ersten unter den vier möglichen Theorien an Beispielen erläutert und geprüft wurden, wenden wir uns nun zur genaueren Betrachtung der dritten, derselben, die wir bereits in der Kant'schen Lehre angedeutet fanden. Aber auch jetzt soll sie erst allmälich an der Hand historischer Beispiele näher entwickelt werden, indem wir den scharfsinnigen physiologisch-psychologischen Theorien folgen, welche von *Lotze* und *E. H. Weber* gleichzeitig ausgebildet wurden.[1]

Diese Untersuchungen stimmen in der Annahme überein, daß wir ursprünglich nur *Qualitäten* mit verschiedener Intensität *wahrnehmen*.[2] Und hierin be-

[1]/72/ Lotze's Untersuchungen beginnen in R. Wagner's Handwörterb. d. Phys., Bd. III. Abth. 1 (1846) Art. „Seele und Seelenleben", S. 172-190, insbes. S. 177-179. Die Weber's ebenda Bd. III, Abth. 2 (1846). Art.: „Der Tastsinn und das Gemeingefühl", S. 481 f.

Lotze's Theorie ist weiter entwickelt in der Medicinischen Psychologie (1852), S. 325 f., dann kurz zusammengefasst im Mikrokosmus Bd. I. (1856) S. 328-339; 2. Aufl. (1869) S. 343-351. Ferner vergl. den Anhang gegenwärtiger Schrift.

Weber ergänzt die seinige in zwei Aufsätzen: 1. Ber. d. sächs. Gesellsch. d. Wiss., II. Bd. (1848) S. 226-237, und 2. ebenda, math.-phys. Classe Jahrg. 1852, S. 85-164 („Ueber den Raumsinn"). Die letzte Abhandlung gibt die Theorie am Uebersichtlichsten und zugleich am Vollständigsten.

[2]So bezeichnet es Lotze Hdw. III, 1. S. 183 als psychologischen Grundsatz, „*dass als direct Wahrnehmbares und von der Seele Unterscheidbares nur die Qualitäten der Empfindungen gelten dürfen*", und nennt das. S. 187 die räumliche Anordnung einen „*secundären Effect der ursprünglich allein empfundenen Qualitäten.*" Cf. Medic. Psychol. S. 180, 328 u.ö. Ebenso schickt Weber Hdw. III, 2 S. 486 seiner Untersuchung vor-

finden sie sich in Einklang /73/ mit Herbart und Bain. Sie unterscheiden sich aber von diesen, indem sie es nicht für möglich halten, aus den Qualitäten allein die Raumvorstellung herzuleiten, vielmehr einen besonderen Drang der Seele voraussetzen zu müssen glauben, wodurch sie fähig und genöthigt würde, eine gewisse Summe von Qualitäten gerade in räumlicher Ordnung vorzustellen.[1] Wir werden sehen, wie aus diesen gemeinsamen Prämissen nothwendig die Theorie der psychischen Reize folgt, welche eine eigenthümliche Mittelstellung zwischen Empirismus und Nativismus einnimmt. Sie hält die Raumvorstellung nicht für ursprünglich, sofern dieselbe nicht direct durch die Sinne gegeben wird; aber auch nicht für erworben im gewöhnlichen Sinn, sofern sie sich nicht aus gegebenen Vorstellungen zusammensetzt, sondern durch einen besonderen Act der Seele zu gegebenen hinzugefügt wird.

E. H. Weber's Theorie der Empfindungskreise.

2. Weber ging aus von einer Reihe sorgfältiger Beobachtungen über den Unterschied der Ortsempfindlichkeit an verschiedenen Stellen des Körpers. Er fand z. B. dass die zwei Spitzen eines Zirkels, wenn man sie auf die Zungenspitze setzt, nur 1/2 Pariser Linien entfernt zu sein brauchten, um noch als verschieden empfunden zu werden, an der Nasenspitze aber 3, an den Backen 5 u.s.w., an manchen Stellen des Oberarmes und des Oberschenkels sogar 30. Ein Verfahren, wodurch Jeder leicht eine ganze Reihe solcher Beobachtungen auf Einmal machen /74/ kann, gibt Weber in der Abhandlung „Ueber den Raumsinn" an . . .

Diese Beobachtungen bringt Weber mit dem anatomischen Umstand in Verbindung, dass die Zahl oder Dicke der Nervenstämme, welche zu den verschiedenen Stellen der Haut hinlaufen, verschieden ist, und zwar proportional mit dieser Verschiedenheit der Ortsempfindlichkeit. Die Zungenspitze und die Lippen erhalten bei gleicher Oberfläche viel dickere oder zahlreichere Stämme von Empfindungsnerven als der Rücken, die Mitte des Oberarms und Oberschenkels. Daraus wird es sehr wahrscheinlich, dass ein Zusammenhang zwischen diesen beiden Thatsachen besteht . . .

/75/ . . . Weber denkt sich nun den obigen Zusammenhang näher so. Jedem Nervenfaden entspricht auf der Haut ein Empfindungskreis, d.h. eine Stelle, auf welcher sich seine einzelnen Aeste verbreiten . . . Reize, die innerhalb dieses

aus, „dass wir durch die reine Empfindung ursprünglich gar nichts über den Ort wissen, wo auf den die Empfindung vermittelnden Nerven eingewirkt wird, und *dass alle Empfindungen ursprünglich nur unser Bewusstsein anregende Zustände sind, welche dem Grade und der Qualität nach verschieden sein können, aber unmittelbar keine räumlichen Verhältnisse zu unserem Bewusstsein bringen,* sondern /73/ nur mittelbar, durch die Anregung einer Thätigkeit unserer Seele, mittelst deren wir uns die Empfindungen vorstellen und in Zusammenhang bringen, und zu welcher wir durch eine angeborene Seelenanlage oder Seelenkraft angetrieben werden."

[1]/73/ S. Weber in der vor. Anm. Lotze Med. Psych. S. 334: „Es war keineswegs unsere Absicht, . . . die Fähigkeit der Seele, *Raum überhaupt* anzuschauen, oder ihre Nöthigung abzuleiten, das Empfundene in diese Anschauung aufzunehmen. Wir setzen vielmehr voraus, dass es in der Natur der Seele Motive gibt, um deren willen sie einer räumlichen Anschauungsform nicht nur *fähig ist,* sondern auch zu ihrer Anwendung auf den Inhalt der Empfindungen *gedrängt wird.*"

Kreises eintreffen, werden örtlich als Einer empfunden (der nur grössere oder geringere Intensität besitzt). Zwei getrennte Empfindungen entstehen jedoch nicht etwa schlechthin, wenn zwei verschiedene Empfindungskreise getroffen werden, sondern wenn zwischen zwei getroffenen Empfindungskreisen einer oder mehrere nicht getroffene liegen. Je mehr solche bei einer und derselben Hautstelle dazwischen liegen, um so weiter scheinen uns dann die Puncte von einander räumlich abzustehen.

/76/ Diese Erklärung lässt sich leicht auf's Auge übertragen. Hier finden sich ähnliche anatomische Verhältnisse, aber sie sind feiner als beim Tastsinn...

/77/ Der Raumsinn ist ... nach Weber ein „Generalsinn", d.h. er beruht nicht auf besonderen Nerven oder einer besonderen Classe von Empfindungsinhalten (wie sie Bain in den Muskelgefühlen erblickt), sondern nur auf einer eigenthümlichen Anordnung der Gesichts- und Tastnerven...

/83/ ... Das Resultat dieser Betrachtungen ist also folgendes. Macht man mit Weber die Annahme, Räumlichkeit werde nicht /84/ ebenso ursprünglich empfunden wie Qualität, so entsteht die Forderung, dass eine besondere psychische Vorbedingung für die Raumvorstellung angegeben werde; und zwar sowohl wenn man jene Annahme auf den absoluten Inhalt bezieht, den wir Raum nennen, als auch wenn man sie auf die räumliche Ordnung allein bezieht, und hier wiederum sowohl wenn unter räumlicher Ordnung die Ordnung der Qualitäten im Raum als die Ordnung der Raumelemente selbst verstanden wird. Das Nämliche gilt endlich, wie sich von selbst versteht, wenn Raum und räumliche Ordnung beide als nicht ursprünglich betrachtet werden. Die von Weber angebenen anatomischen Umstände, welche jedenfalls irgendwie als Ursachen der Raumvorstellung fungiren, sind also unter dieser Voraussetzung nicht unmittelbare Ursachen derselben, sondern es muss ein psychisches Zwischenglied existiren und von der Theorie aufgesucht werden.

Diese Forderung wäre nun z.B. einfach erfüllt, wenn jenes *anatomische Verhalten selbst* ein Gegenstand der Empfindung wäre, wenn – ich will nicht sagen das Aussereinander der Nervenfasern, was bereits Raumvorstellungen impliciren würde – aber doch die Anzahl und die Individualität der gereizten Nervenfasern einen unmittelbaren Gegenstand des Bewusstseins bildeten. Nach der empfundenen Anzahl der Fasern würde sich dann die Größe, nach der Individualität derselben der Ort des Gesichtseindruckes richten. Allein leider verhält es sich in Wirklichkeit anders. Wer nicht ausdrücklich belehrt ist, weiss von gereizten Nervenfasern Nichts, Nichts von ihrer Mehrheit, geschweige denn von ihrer Anzahl im einzelnen Fall. Und auch dem geübtesten Anatomen ist es unmöglich, das Letztere anzugeben. Jene Umstände können also nur als physischer, nicht als psychischer Reiz in Betracht kommen.

Zweitens könnte man einen solchen psychischen Umstand in der *constanten Succession der einzelnen Raumelemente bei Objectbewegungen* finden. Wenn ein Object vor dem Auge hin und her bewegt wird, so entstehen nach einander eine Reihe von Raumelementen (Orten) a b c d..., und auch später folgt nie d unmittelbar auf a. So kämen wir dazu, die, welche /85/ constant nach einan-

der kommen, neben einander zu ordnen; Zeitfolge wäre ein psychologisches Motiv der Raumvorstellung ..., wenigstens der räumlichen Ordnung. Dies würde wohl am Meisten im Sinne *Webers* sein ...
Allein hiebei würden die Fälle unerklärt bleiben, wo ohne alle Bewegung, sei es des Auges sei es des Objectes, ein ganzer Gesichtsraum vorgestellt wird. Wir wissen ja aus dem Früheren, dass Bewegung keine integrirende Bedingung der Raumvorstellung bildet. Das einfache Aufliegen eines Objectes auf der Haut und der einfache ruhige Anblick desselben gibt uns seine ganze Vorstellung und musste sie Anfangs schon geben. Denn die ganze Netzhaut ist empfindlich (ausser dem blinden Fleck) und die ganze Netzhaut wird vom Reiz getroffen; Raum aber ist ein optischer Inhalt so gut wie Farbenqualität, und somit muss der ganze Raum des Gesichtsfeldes wahrgenommen werden. Und woher dann die Ordnung, wenn sie psychisch motiviert ist?

Drittens könnte man sagen, es liege in der *Natur der Raumelemente* bereits ein Hinweis auf ihre Ordnung; wir sähen es ihnen selbst schon an, wie sie zusammengehören. So hören wir's auch den Tönen an, wie sie sich in der Scala gruppiren. Auch hiedurch würde nur die räumliche Ordnung erklärt.

Endlich könnte man bestimmte *äussere Zeichen* aufsuchen, die nicht in der Natur der Raumelemente selbst liegen, sondern nur durch irgendeinen Mechanismus an sie geknüpft sind. Und auf dieses Princip ist *Lotze's* Theorie der Localzeichen gegründet. Wir werden, indem wir ihr nun folgen, sehen, wie an den von Lotze angebenen Localzeichen die Theorie der psychischen Reize sowohl hinsichtlich der räumlichen Ordnung (die sie zunächst erklären sollen) als auch des absoluten Rauminhaltes sich sehr gut darstellen lässt; wobei übrigens nochmal erinnnert werden mag, dass die ganze letzte Untersuchung, sowie die an Lotze's Theorie sich knüpfenden Betrachtungen unter der Vor-/86/aussetzung geführt werden, die wir *Lotze* und *Weber* gemeinsam entnahmen und der Entwicklung der Theorie der psychischen Reize an die Spitze stellten.

Lotze's Theorie der Localzeichen.

5. Wodurch geschieht es – fragt *Lotze* –, dass die Farbenqualitäten in bestimmter Weise localisirt sind, d.h. dass ein und dasselbe Roth einmal an diesem, das andere Mal an jenem Ort, und dass überhaupt die Farben in einem Gesichtsfeld in bestimmter Weise vertheilt erscheinen? Das anatomische Aussereinander oder die verschiedene Lage der gereizten Fasern genügt zur Erklärung nicht: da diese objective räumliche Ordnung beim Uebergang in die intensive Einheit des Vorstellens völlig zu Grunde gehen und dort wieder sich aufbauen muss. Es ist, wie wenn eine Bibliothek zusammengepackt wird, um anderswo wieder aufgestellt zu werden: man wird dazu im Stande sein, wenn an den einzelnen Büchern ihrer Stellung entsprechende Etiketten angebracht sind. Analog müssen wir nun auch, um die räumliche Ordnung der Farbenqualitäten zu erklären, annehmen, dass die sie hervorrufenden Nervenprocesse

noch von einem besonderen Nervenprocess begleitet seien, welcher von der Lage der gereizten Nerven abhängig ist, und nach dem sich dann der vorgestellte Ort der Farbenqualität richtet. Dieser hinzukommende Nervenprocess wird aber, indem er auf die Seele wirkt, sich zunächst durch eine besondere qualitative Empfindung geltend machen (da Raum nicht unmittelbar empfunden wird), und nach dieser hinzukommenden Empfindung wird sich dann der Ort der Farbenqualität richten. *Lotze* nennt darum diese hinzukommende Empfindung (oder auch den entsprechenden Nervenprocess) ein *Localzeichen.*

Das Bisherige betrachtet Lotze als nothwendige Postulate. Um aber die Möglichkeit ihrer Erfüllung zu zeigen und zugleich ihren Sinn anschaulich zu machen, bedient er sich der folgenden Hypothese.

Das Auge sucht Reize, welche eine seitliche Stelle der Netzhaut treffen, um sie deutlicher zu sehen, auf die (ungefähr in der /87/ Mitte gelegene) Stelle des deutlichsten Sehens, den gelben Fleck, überzuführen. Die hiezu nöthige *Bewegung* ist für jeden Punct der Netzhaut verschieden, entweder je nach der Richtung oder nach der Grösse oder nach beiden Beziehungen. Denken wir die Netzhaut, wie es hier ohne Nachtheil geschehen kann, als eine Kreisfläche, so wird für alle Puncte, die auf gleichem Radius liegen, die Bewegungsgrösse nach dem Centrum hin verschieden sein; für Puncte, die in gleicher Entfernung vom Centrum, aber auf verschiedenen Radien liegen, die Bewegungsrichtung; für Puncte, die sowohl auf verschiedenen Radien als in verschiedener Entfernung liegen, Beides.

Hiemit ist nun zunächst wieder nur ein objectiver, anatomisch-physiologischer Unterschied gegeben. Allein er ist von der Art, dass sich daran Empfindungen knüpfen müssen, die in entsprechender Weise variiren. Die Bewegungen des Augapfels werden gefühlt, und es werden ihre Unterschiede nach Grösse und Richtung gefühlt. Ersteres bedeutet (wie man vielleicht hinzufügen könnte) die Intensität, Letzteres die Individualität der Muskelgefühle. Wir wissen es, wenn wir das Auge in bestimmter Richtung bis zu bestimmtem Grenzpuncte dirigiren. Die Bewegung braucht nicht vom Bewusstsein geleitet zu sein, aber sie wird vom ihm gemerkt; sie ist nicht unbewusst, wenngleich vielleicht unwillkürlich (Reflexbewegung).

Diese *Bewegungsgefühle* nun sind die Localzeichen für den Gesichtssinn, d.h. es sind die Motive für die Seele, die Qualitäten an bestimmten Orten zu empfinden. Jeder Lichtreiz, der einen Punct P der Netzhaut trifft, erregt hier eine bestimmte Bewegung p, also ein bestimmtes Bewegungsgefühl π, und in Folge dessen wird die Qualität auch als an einem bestimmten Orte befindlich vorgestellt. Ueberhaupt entspricht dem vorhin geschilderten System der Bewegungen das der Bewegungsgefühle und diesem wiederum das der vorgestellten Orte.

Diese Bestimmungen bedürfen aber noch einer Ergänzung. Denn hienach könnten wir noch nicht zwei Orte zugleich wahrnehmen, da der Augapfel nicht nach zwei Seiten zugleich gedreht werden kann. Wie sollen wir nun gar ohne jede Bewegung das /88/ ganze Gesichtsfeld wahrnehmen, was doch factisch der

Fall ist? *Lotze* fügt darum (Med. Psych.) bei, dass statt der wirklichen Bewegungen auch *Bewegungsantriebe* oder Bewegungs*tendenzen* genügen.

Fechner äussert gelegentlich seine Zweifel über den Sinn dieses Ausdruckes, den die exacte Physik nicht kenne.[1] Das Wort (das auch *Meissner* adoptirt) scheint von vornherein zwei Deutungen zuzulassen: auf einen rein physischen Process oder Zustand, und auf einen Vorgang oder Zustand der Empfindung, überhaupt der Seele. Im ersten Fall würden wir wohl einen Spannungszustand der Augenmuskeln zu verstehen haben, der aber, weil auch von der anderen Seite her Zug stattfindet, nicht immer wirklich zur Bewegung führen muss. Im zweiten Fall hätten wir das Gefühl dieser Spannung. Nach dem Vorangehenden aber kann kein Zweifel sein, dass die Theorie sowohl des Einen als des Anderen bedarf, wie sehr man es auch an und für sich trennen muss. Wenn wir oben Bewegungen und Bewegungsgefühle nöthig hatten, so brauchen wir hier *Spannungen* und *Spannungsgefühle.*

Gleichwohl scheint diese Interpretation so sehr sie nothwendig scheint, nicht ganz Lotze's eigene Meinung zu treffen. Ueberhaupt muss ich, um historisch genau zu sein, anmerken, dass man im Hinblick auf die Medicinische Psychologie auch die Treue des ersten Theils unserer Darstellung in Zweifel ziehen könnte; und muss diese Bedenken hier selbst begründen, um zuerst die Sache genauer zu bezeichnen, um welche es sich hier handelt. Es fragt sich nämlich allgemein: sind die Localzeichen nur ein physischer Process, oder bedeuten sie Empfindungen, welche durch einen solchen hervorgerufen werden?

In der Med. Psych. definirt sie Lotze ausdrücklich als einen *physischen Nervenprocess*[2], und nimmt sodann an, dass dieser physische Process, als welchen er beim Auge die erwähnten Bewegungen und die ihnen entsprechenden „Bewegungstriebe" (Spannungen, wür-/89/den wir sagen) betrachtet, einen unbewussten Eindruck auf die Seele mache; und dass hieraus dann die Raumvorstellung bez. Localisation entspringe.[3]

Was nun zunächst diesen *unbewussten Eindruck* anbelangt, so können und müssen wir hier von ihm absehen; denn er kann zur Erklärung der Raumvorstellung Nichts nützen. Die Möglichkeit solch' unbewusster Zustände ist nicht zu läugnen (man muss ja nicht „unbewusste Empfindung" sagen); und man kann auch in unserem Falle einen solchen als psychische Vorbedingung der Raumvorstellung annehmen. Aber nicht als eine solche psychische Vorbedingung, welche die Raumvorstellung im Gegensatz zur Qualitätsvorstellung setzt. Denn wenn wir sagen: „der Raum wird nicht ebenso ursprünglich und direct

[1] /88/ Psychophysik, Bd. II. S. 410.

[2] Med. Psychol. S. 330, 331.

[3] /89/ Das. S. 336 f. 359 f. („Es ist nicht nöthig, zu verlangen, dass diese Eindrücke sich auch zu bewussten Vorstellungen gestalten ... Obgleich in einzelnen Fällen, wo es sich um Lagenverhältnisse bereits durch das Sehen wahrgenommener Theile handelt, eine bewusste Folgerung aus den Bewegungen der Augen gezogen wird, so müssen wir doch die erste Localisation der farbigen Puncte, aus denen das Sehfeld erst construirt werden soll, als eine unbewusst sich vollziehende Thätigkeit der Seele ansehen ... Es sind also nicht die wirklichen Bewegungen, noch bewusste Empfindungen derselben, auf welche wir die Ordnung der Puncte im Sehfeld zurückführen" usw.) Vgl. S. 381, 384 u.ö. Auch Hdw. d. Phys. III, 1. S. 178

von der Seele wahrgenommen, wie die Qualitäten", so bedeutet „ursprünglich" hier offenbar „für das Bewusstsein ursprünglich", das heisst Etwas, das von nichts Anderem abhängt, welches ihm im Bewusstsein vorangehen müsste. Das ist ja doch der einzige Sinn /90/ der Ursprünglichkeit, die wir den Qualitäten beilegen; also kann die Behauptung, der Raum sei nicht ursprünglich, wie die Qualitäten, nur besagen, dass ihm ein anderer bewusster Eindruck, eine Empfindung im gewöhnlichen Sinn als psychische Bedingung vorausgeht. Und dies gilt gleichmässig, ob man die absoluten Inhalte (Orte) oder ob man nur ihre Ordnung (die Localisation) als nicht ursprünglich annimmt. Die Frage kann in jedem Fall nur die sein, ob der Raum oder die räumliche Ordnung sogleich fertig im Bewusstsein ist, oder nicht. Sobald wir auf's Unbewusste gehen – wer weiss, ob nicht auch die einfachste Qualitätsempfindung durch mancherlei unbewusste Zustände bedingt ist? Wenn man aber nach einer besonderen Erklärung für die Raumvorstellung sucht, muss man Merkmale aufsuchen, welche sie erstlich von anderen Vorstellungen unterscheiden und welche zweitens auch wirklich angebbar sind.

Dies scheint nun auch die Meinung Lotze's, wenn er andeutet, dass jener unbewusste Eindruck nichts der Raumvorstellung Eigenthümliches sei[1], und als das Wesentliche seiner Hypothese die nähere Bestimmung des physischen Prozesses für die Raumvorstellungen bezeichnet.[2] Hienach scheint es, dass man von dem unbewussten Eindruck ... einfach absehen kann, er ist entweder beide Male oder gar nicht vorhanden, das kommt auf die allgemeine Theorie der Empfindungen an.[3] Wir haben dann gleichmässig ursprüngliche Bewusstseinsinhalte in beiden Fällen und entsprechende äussere Reize in beiden Fällen. Wir stehen auf dem Standpunct der vierten Theorie. /91/ ... Ich führe diese Deduction an, weil ähnliche Überlegungen Anderen zu ähnlichen Missverständnissen Anlass geben mochten. Denn dass sie, obgleich in sich triftig, die eigentliche Intention der Aussagen, worauf sie sich stützt, nicht trifft, dass also Lotze unter *Localzeichen* nicht *bloss* physische Momente versteht, liess sich schon aus diesem Ausdruck selbst entnehmen; noch mehr, wenn er sie *Merkzeichen*[4] nennt, wenn er sie mit *Etiketten* vergleicht (Mikrok.), die doch erst gelesen werden müssen, ehe sie zur Aufstellung dienen können; und ist auch eine nothwendige Folge aus der Nichtursprünglichkeit des Raumes. Es schien mir aber wünschenswerth, über diesen wie einige andere Puncte der Lotze'schen Theorie durch authentische Interpretation volle Klarheit zu erlan-

[1]/90/ Handw. S. 178: „Durch jeden äusseren Sinnesreiz wird zuerst die Seele in irgend einen Zustand versetzt, den wir nie zu Gesicht bekommen, der aber die Ursache der bestimmten Localisation ist, sowie jener die Ursache der Qualität der Empfindug."

[2]Med. Psych. S. 360 f. Man könnte behaupten, „jede Netzhautfaser übte vermöge der Lage ihrer centralen Endigungsstelle im Gehirn einen ihr ganz eigenthümlichen Einfluss auf die Seele aus, und erzwinge demgemäss auch die bestimmte Localisierung ihrer Empfindung. Von dieser Hypothese unterscheidet sich die unsrige nur zu ihrem Vortheil durch grössere Specialisirung." Von den unbewussten Eindrücken ist in dieser zusammenfassenden Charakteristik der Ansicht nicht mehr die Rede.

[3]Vgl. Med. Psych. S. 179 f.

[4]/91/ Med. Psych. S. 335 u.ö.

gen; und ich verdanke der Freundlichkeit des verehrten Forschers die Erklärungen, welche im Anhange dieser Schrift mitgetheilt sind. §. 6 dieser Erklärungen bezieht sich speciell auf die gegenwärtige Frage und beantwortet sie mit Bestimmtheit dahin, dass unter Localzeichen bewusste Bewegungsempfindungen verstanden werden, mit der Function, die ihnen in unserer obigen Darstellung auf Grund dieser Erklärungen zugeschrieben ist...

NR. 5

Aus: Wilhelm Wundt, Zur Theorie der räumlichen Gesichtswahrnehmungen. Philosophische Studien Bd. 14, 1898 (S. 94-100)

/94/ ... Als *John Locke* den an sich freilich nicht neuen, aber von ihm doch mit eindringlichen Argumenten gestützten Satz aufstellte, dass alles Wissen aus der Erfahrung komme, wandte er diesen Satz ebenso gut auf einfache Empfindungen wie auf zusammengesetzte Wahrnehmungen an. Aber er wandte ihn nicht oder doch nur in beschränktem Umfange auf das an, was zwischen beiden liegt: auf die Processe, durch die sich einfache Empfindungen zu zusammengesetzten Wahrnehmungen verbinden; und zwar deshalb, weil hier überhaupt die Probleme, welche die heutige Sinneslehre bewegen, für ihn noch nicht existirten, da ihm eine Menge von Vorstellungen, die wir heute als zusammengesetzte betrachten, noch für einfache Empfindungen galten. Insbesondere gehörten dazu die Raumvorstellungen. Sie sind ihm, wie die Empfindungen überhaupt, das Material, dessen sich die Erfahrung bemächtigt, und aus dem sie unsere Kennt-/95/ niss der Dinge bildet; sie selbst sind aber gerade darum ein ursprünglicher Inhalt der Erfahrungserkenntniss. Schon in der Psychologie des 18. Jahrhunderts änderte sich einigermaßen diese Sachlage. Die Veränderlichkeit der Wahrnehmungsinhalte unter wechselnden objectiven wie subjectiven Verhältnissen führte zu der Ueberzeugung, dass manche Eigenschaften, wie z. B. die Vorstellung der Entfernung und die Größe der Objecte, keineswegs zum unveränderlichen Bestand der Empfindungen gehören. Da man aber neben diesem nur jene durch gedächtnissmäßiges Anhäufen und logisches Vergleichen entstandene Beurtheilung des Wahrgenommenen kannte, die man eben «Erfahrungserkenntniss» nannte, so wurden nun solche besondere Bestandtheile der Wahrnehmung als Producte dieser Erfahrungserkenntniss oder, wie man jetzt, das Wort in einer engeren Bedeutung gebrauchend, auch sagte, der «Erfahrung» betrachtet. So bildete sich allmählich diejenige Anschauung aus, die in der deutschen Sinnesphysiologie dieses Jahrhunderts die herrschende wurde, und nach der die räumlichen «Flächenwahrnehmungen» zum ursprünglichen Empfindungsinhalt gehören, die «Tiefenwahrnehmungen» aber durch Erfahrung entstehen sollten. Diese zwiespältige Interpretation der Erscheinungen musste jedoch mit innerer Nothwendigkeit schließlich das Streben nach einer einheitlichen Auffassung erwecken. Ihr lagen dann zwei entgegengesetzte Wege offen: entweder konnte man versuchen, die ganze Raumanschauung nach Fläche wie Tiefe wieder dem Thatbestand ursprünglicher Empfindungen einzuverleiben; oder man konnte nicht bloß einzelne Factoren der Raumanschauung, sondern diese in allen ihren Bestandtheilen aus der Erfahrung abzuleiten suchen. So entstanden, als die geschichtlich nothwendigen Endglieder dieser Entwicklung, die nativistische und die empiristische Theorie.

Bei beiden Theorien ist nun aber ein Gesichtspunkt übersehen, der freilich auf dem Wege vorwiegend physiologischer Untersuchungen, aus denen jene Theorien hervorgegangen waren, nicht gefunden werden konnte, der jedoch bei der psychologischen Behandlung der Wahrnehmungsprobleme um so mehr in den Vordergrund treten musste, je mehr sich indessen der dem alten englischen Empirismus entstammende Begriff der «Erfahrung», mit dem beide Theorien arbeiteten, auch von erkenntnisstheoretischer Seite als ungenügend, überall der genaueren Bestimmungen und Abgrenzungen bedürftig erwiesen hatte. /96/ Dieser Gesichtspunkt besteht darin, dass ein psychologischer Vorgang, der auf einem Zusammenwirken von Empfindungen beruht, und bei dem diese Componenten neuer und eigenthümlicher psychischer Producte bilden, nicht nothwendig ein Process sogenannter «Erfahrung» zu sein braucht, ja sogar nur selten durch diesen Ausdruck auch nur nothdürftig nach seiner wirklichen Beschaffenheit angedeutet wird. Jede Sinneswahrnehmung bietet in jener Assimilation des Eindrucks durch eine meist unbestimmt große Anzahl reproductiver Elemente, wie sie uns bei den Sinnestäuschungen begegnet ist, einen psychologischen Vorgang dar, welcher das entstehende Product als ein nicht ursprüngliches, sondern gewordenes, aber keineswegs als ein auf dem Wege der «Erfahrung» gewordenes erscheinen lässt. Es gibt eben zwischen der angeborenen und der durch Erfahrung vermittelten Beschaffenheit unserer Vorstellungen ein Mittleres: dieses Mittlere besteht in den ebensowohl in der physischen Organisation unserer peripheren und centralen Sinnesapparate wie in den allgemeinsten Eigenschaften unseres Bewusstseins begründeten Verschmelzungs- und Associationsvorgängen. Die Producte, die aus ihnen hervorgehen, können nicht angeborene Thatsachen genannt werden, weil sie eben überall auf solche Vorgänge und die veränderlichen Einflüsse, unter denen sie stehen, hinweisen. Sie können aber auch nicht Erfahrungsproducte genannt werden, weil die Erfahrung im eigentlichen Sinne überall bereits diese Producte voraussetzt.

Jener Hauptmangel der empiristischen Theorie, dass sie zwischen ursprünglichem und erfahrungsmäßig erworbenem Inhalt des Bewusstseins kein Mittleres kennt, verschuldet nun auch den eigenthümlichen erkenntnisstheoretischen Nativismus, dem die empiristische Theorie, so sehr sie den Nativismus auf dem Gebiet der sinnlichen Anschauung zurückweist, anheimfällt. Wie und wo wir die Dinge sehen, das soll auf Erfahrungen beruhen. Aber wir würden nach der empiristischen Theorie solche Erfahrungen nicht machen können, wenn wir nicht das logische Denken und das Causalgesetz, aus dem jenes in allen seinen Anwendungen entspringt, von Anfang an in uns trügen. Diese Ansicht hält in den drei Behauptungen, die sie einschließt, einer unbefangenen Prüfung nicht Stand. Erstens sind unsere Wahrnehmungen /97/ keine logischen Denkacte: weder bewusste noch unbewusste. Zu den letzteren werden sie erst, wenn wir unsere nachträgliche Reflexion über diese Dinge in diese selber hineintragen. Zweitens ist das Causalgesetz kein Prinzip, auf das sich das logische Denken zurückführen lässt, die Induction so wenig wie die Deduction; sondern es ist ein Princip, das sich überall auf Erfahrungsinhalte bezieht. Drittens ist es eben darum unmöglich, das Causalgesetz ein Prinzip a priori zu nennen, es sei denn, dass man entweder Begriffe ohne Anschauungen für möglich hält, oder dass man wenigstens im Anschlusse an Kant die ursprünglichen Anschauungsformen, Raum und Zeit, gleichzeitig mit dem Causalbegriff für a priori gegeben hält. Das letztere wird aber ja gerade von der empiristischen Theorie wenigstens in Bezug auf den Raum geleugnet.

Der Gegensatz der nativistischen und der empiristischen Theorie beruht, wie wir sahen, auf der Alternative: entweder sind uns die Gesichtswahrnehmungen in ihren fundamentalen Eigenschaften angeboren, oder sie entstehen aus der Erfahrung. Lässt sich keine dieser Theorien widerspruchslos durchführen, und ist jene Alternative unhaltbar, weil sie eine *dritte* Möglichkeit übersieht, die Möglichkeit nämlich einer Entwicklung unserer Wahrnehmungen, die der eigentlichen Erfahrung vorausgeht, so werden nun von vornherein eben in dieser dritten Richtung die Grundlagen einer haltbaren Theorie zu suchen sein. Eine solche Theorie werden wir im allgemeinen als eine *genetische* bezeichnen können, weil sie jede Wahrnehmung als ein Gewordenes, nicht als ein ursprünglich Gegebenes ansieht. Indem sie an diesem Werden ebensowohl die generelle wie die individuelle Entwicklung theilnehmen lässt, trägt sie den ursprünglichen Organisationsbedingungen Rechnung, während sie zugleich den absoluten Gegensatz zwischen diesen und den individuellen Lebenseinflüssen beseitigt. Die Begriffe des Nativismus und des Empirismus aber, innerhalb der diese Anschauungen vertretenden Theorien selbst schon durch empiristische Zugeständnisse der einen und durch die aprioristischen Hülfsbegriffe der andern zweifelhaft geworden, werden wir vom Standpunkte einer solchen genetischen Theorie aus besser gänzlich meiden. Sie werden ja in der That in ihrer einstigen Bedeutung in dem Augenblick von selbst hinfällig, wo die Alternative, auf der ihr Gegensatz beruht, nicht mehr aufrecht erhalten wird. /98/ Da übrigens keine Theorie, die genetische so wenig wie die nativistische oder empiristische, hypothetischer Elemente entrathen kann, und da eben deshalb eine genetische Theorie vielleicht in verschiedener Form möglich ist, so scheint es mir am zweckmäßigsten, gerade diesen nicht zu vermeidenden hypothetischen Elementen die Bezeichnung der im Nachfolgenden zu erörternden Theorie zu entnehmen. Ich nenne sie daher die «Theorie der complexen Localzeichen»...

Der Begriff des «Localzeichens» hat, wenn man ihm nicht absichtlich einen engeren Sinn unterschiebt, der nicht im Worte liegt, eine sehr allgemeine, von jeder besonderen Theorie unabhängige Bedeutung. Denn er weist nur auf irgendein Datum für unser Bewusstsein hin, das für die Localisation eines Eindrucks bestimmend sei, gleichgültig ob ein solches Datum ein ursprüngliches oder ein erworbenes, ob es empirisch nachweisbar oder bloß hypothetisch angenommen ist. In diesem allgemeinsten Sinne, in welchem auch im Folgenden der Begriff «Localzeichen» benutzt werden soll, arbeitet eigentlich jede Theorie, mag sie nun nativistisch, empiristisch oder genetisch geartet sein, mit diesem Begriff. So könnte z. B. bei der nativistischen Theorie *Hering's* die Disparation der Doppelbilder das Localzeichen des Fixationspunktes genannt werden u.s.w. Auch ist unter jedem Gesichtspunkte das Localzeichen eben deshalb ein nützlicher Hülfsbegriff, weil es die Bedeutung irgendeines beobachteten oder angenommenen Datums für die räumliche Ordnung der Empfindungen so kurz und zugleich so allgemein wie möglich bezeichnet. Hierin besteht ohne Frage das Verdienst, das sich *Lotze* durch die Einführung dieses Ausdrucks erworben hat. Gerade wegen der großen Allgemeinheit seiner Bedeutung ist es jedoch erforderlich, die verschiedenen Anwendungen, die der Begriff gefunden hat, sorgfältig aus einander zu halten. Thut man dies, so bieten dann auch die verschiedenen Definitionen und die abweichenden Begründungen /99/ des Begriffs das einfachste Hülfsmittel dar, um die charakteristischen Unterschiede der Theorien und ihrer Motive hervorzuheben.

Suchen wir zunächst nach rein äußeren und formalen Merkmalen die verschiedenen Gestaltungen des Localzeichenbegriffs zu sondern, so lassen sich zwei solcher Gestaltungen einander gegenüberstellen: der Begriff des «einfachen» und der des «complexen Localzeichens». Der Begriff des einfachen Localzeichens ist wieder in *zwei* Formen aufgetreten: in einer von allgemeinen metaphysischen Forderungen aus entwickelten bei *Lotze*, und in einer auf gewisse psychologische Voraussetzungen gegründeten in der empiristischen Theorie. Zu dem Begriff des «complexen Localzeichens» wird man dann geführt, wenn man anerkennt, dass jede Gesichtswahrnehmung das Product mehrerer, von einander verschiedener, jedoch in gesetzmäßiger Weise mit einander verbundener Empfindungsfactoren sei, da es in der That kaum eine Gesichtswahrnehmung gibt, bei deren Entstehung nicht mindestens der optische Apparat und der Bewegungsapparat des Auges vermöge der Beziehungen der sensorischen und motorischen Innervation zusammenwirken.

Hiernach können es wesentlich verschiedene Fragestellungen sein, die zu einer «Localzeichentheorie» Anlass geben. Die Frage, durch die Lotze zu der seinigen geführt wurde, war wesentlich eine *metaphysische*. Sie lautete: Ist es denkbar, dass ein hypothetisches Seelenwesen in uns unmittelbar und ohne weitere Hülfsmittel die Bilder auf der Netzhaut extensiv wahrnehme? Oder ist dies nicht denkbar, und muß ich deshalb der Seele Hülfsmittel zur Verfügung stellen, mittelst deren sie das Intensive in ein Extensives verwandle? Da er die erste dieser Fragen im allgemeinen verneinte, so ergab sich ihm ein «System von Localzeichen» als dasjenige hypothetische Hülfsmittel, welches zur Umwandlung der intensiven Empfindung in eine extensive Vorstellung verhelfe. Die Lösung des Problems der Raumanschauung wurde dabei ausdrücklich abgelehnt. Dass die Seele den Localzeichen eine extensive Bedeutung beilegt, geschieht vermöge einer ihr eingeborenen Fähigkeit. Die Localzeichen selbst sind Nervenprocesse, specifisch verschieden für die verschiedenen Punkte einer mit räumlicher Wahrnehmung begabten Sinnesfläche. An und für sich können aber diese Nervenprocesse auch nur intensive Empfindungen hervorbringen. Dass die Seele sie trotzdem nicht bloß /100/ intensiv verschmilzt wie einen Zusammenklang von Tönen, sondern extensiv ordnet, haben wir als eine nicht weiter zu erklärende Thatsache hinzunehmen.

Die Frage, die vom empirischen Standpunkte aus zur Aufstellung von Localzeichentheorien geführt hat, lautet dagegen: Steht die Annahme extensiver Netzhautempfindungen mit der Erfahrung im Einklang? – und, wenn dies nicht der Fall ist, welche weiteren Factoren müssen gemäß der Netzhautempfindungen hinzutreten, damit diese auf bestimmte Punkte im Raum bezogen werden? Hier bleibt also die hypothetische «Seele» vollständig aus dem Spiel, und ob es denkbar sei oder nicht, dass unsere Haut- und Netzhautempfindungen neben ihrer Intensität und Qualität unmittelbar auch noch die Extensität als eine dritte Eigenschaft besitzen, bleibt vorerst ganz dahingestellt.

III. TEXTE

Hallische Jahrbücher

für

deutsche Wissenschaft und Kunst.

Redactoren: Echtermeyer und Ruge in Halle. Verleger: Otto Wigand in Leipzig.

1. Juli. № 157. 1840.

Heilmethoden und Heilmaximen der neueren Zeit.

Eble, pragmatische Geschichte der Arzneikunde. Wien, 1840. Bei Karl Gerold.

Was wir in neueren Zeiten gewöhnt worden sind, als die nothwendige dialektische Entwickelung der absoluten Idee anzusehen und zu construiren, davon haben unsere Vorfahren einen großen Theil der Wirksamkeit des Teufels zugeschrieben. So unpassend es erscheinen möchte, ein so transscendentes Princip auch in unsern Tagen wiederum zur Erklärung großer Veränderungen in der Wissenschaft einzuführen, so kann es doch zweckmäßig sein, wenigstens daran erinnert zu haben, daß es zu allen Zeiten eine gewisse Portion absoluten Unverstandes giebt, der sich auf seine Weise Luft macht, und dessen Thätigkeit von gewissenhaften Geschichtschreibern nicht zum Besten der dialektischen Idee übersehen werden sollte. Seitdem der Einfluß der Hegel'schen Schule uns überall hingedrängt hat, in den großen, mannigfaltigen Umrissen der fortschreitenden Umwandlungen menschlicher Verhältnisse und Bestrebungen ein gleichbleibendes Gesetz und eine immanente Ordnung zu finden: seitdem scheinen diejenigen, die sich zwar dieses Postulat äußerlich angelernt haben, ohne jedoch die Quelle zu kennen, aus der es floß, gänzlich vergessen zu haben, daß neben diesem Princip der Ordnung auch noch ein immanentes Princip der Unordnung in allen menschlichen Dingen vorhanden ist, und daß dieses am meisten da Gewalt hat, wo der Bestand der Ereignisse ein innerlicher, eine Bewegung des Gedankens ist.

Was für die Geschichte der Medicin in neueren Zeiten geschehen ist, leidet zum Theil an diesem Mangel, Voraussetzungen zu haben, die man an und für sich wohl für verständige Gedankencombinationen halten kann, von denen man aber stillschweigend dennoch das böse Bewußtsein empfindet, daß sie oratorische, unapplicable Redefiguren sind. So ist es Sitte geworden, in der Entwickelung aller Wissenschaften, aller Künste und Lebensverhältnisse nach einem Zeitgeiste zu suchen, der als leitendes und bewegendes Princip sich in jeder Welle dieses Stromes der Ereignisse abbilden sollte; man vergißt darüber gern, daß die Relationen zwischen diesen verschiedenen Gebieten, wenn sie auch, einmal construirt, von einem scharfsinnigen Kopfe eine Zeit lang im Gedächtnisse behalten werden können, doch viel zu lose und locker sind, um in unbewußter Weise auf die Entwicklung in Gährung gerathender Vorstellungsmassen als eine treibende Kraft einwirken zu können. Nach dem Princip der Ordnung hatte schon Sprengel in seiner pragmatischen Geschichte der Medicin, der Aufgabe einer pragmatischen Geschichte zuwider, den ganzen Umfang der Philosophie und Naturwissenschaften in seine Darstellung mit aufgenommen, jederzeit den großen Einfluß derselben auf die Medicin betheuernd, und fast nirgends vermögend, ihn durch specielle Data nachzuweisen; während unmittelbar seiner Geschichte folgend, nach dem Principe der Unordnung die Entstehung der Hahnemann'schen Lehre zu gleicher Zeit mit dem erneuten Aufschwunge der strengen physikalischen Wissenschaften und der Chemie stattfand. Eble, dessen Fortsetzung des Sprengel'schen Werkes Anlaß zu diesen Bemerkungen gab, behauptet ebenfalls sogleich von vorn herein, daß der politische Zeitgeist sich auch in der Medicin mächtig erwiesen, daß die revolutionären Ideen auch hier die alten Satzungen umgestoßen, und daß der wissenschaftliche Zustand Europas während der Napoleonschen Kriege dem politischen Zustande der Völker entsprochen habe. Der erste Theil dieser Behauptung liegt gänzlich außerhalb der Grenzen möglicher Beurtheilung; denn Niemand wird mit Bestimmtheit nachweisen können, welches die charakterisirenden Eigenschaften einer revolutionären Medicin sind, und wie weit sich factisch eine solche Tendenz der medicinischen Forschungen bemeistert habe; wir sind vielmehr der Meinung, daß Eble sie der französischen Revolution zu Gefallen ersonnen hat; das Letztere aber ist wohl eher umgekehrt, da gerade in die Napoleon'sche Zeit viele der ruhigsten und friedlichsten physikalischen Untersuchungen fallen, deren Leidenschaftslosigkeit dem Uebergreifen der politischen Tendenzen in die Geschichte der Naturwissenschaften wenig das Wort redet. Pflegt ja doch bei äußerem Drangsal ein diesem Thun abholdes Gemüth sich um so mehr zu diesen Beschäftigungen zurückzuziehen, während es in friedlichen Zuständen auch nach Außen einen Wirkungskreis findet, der seinem Sinn nicht widerstrebend ist.

Ich mache diese Bemerkungen, weil ein pragmatischer Geschichtschreiber nicht diesen unpragmatischen, abstracten Gedanken festhalten soll, als wären die Entwickelungen verschiedener Wissenschaften aus einem Zeitgeiste zu begreifen, der sie alle nichts angeht. Es werden Zeiten kommen, wo in allen Bestrebungen der Menschheit große Bewegungen des Gemüths sich in fast verschiedenen Schattirungen kund geben; aber es wird auch andere geben, in denen nach dem Princip der Unordnung und des Zufalls nicht nur verschiedene Wissenschaften verschiedene Richtungen nehmen, sondern eine und dieselbe nach widersprechenden Principien des Sinns und Unsinns ohne weiteren Zusammenhang mit dem Zeitgeiste behandelt wird. Was die Geschichte der Medicin betrifft, so hat Sprengel durch jene unpragmatische Grundlage den wahren Standpunkt der Betrachtung verrückt, und an die Stelle einer Geschichte der Heilkunde die der medicinischen Systeme gesetzt, die zwar vielfältige Berührungen mit philosophischen Speculationen haben, aber niemals das gewesen sind, was im Leben und Handeln dem Arzte die leitenden Vorschriften gab.

Die großen politischen Ereignisse, der Zusammenstoß verschiedener Völker, die Drangsale des Krieges und die durch alles das veranlaßten Gemüthsbewegungen haben dadurch, daß sie den Genius der Krankheiten änderten und Gelegenheit zu neuen Beobachtungen darboten, allerdings die Gestalt der praktischen Medicin oft verändert, haben aber nicht durch solche innere Beziehungen, wie sie das thätige Beherrschen der Forschung voraussetzen würde, auf dieselbe Einfluß gewonnen. Lassen wir nun diesen etwas wüsten und unbestimmten Gedanken eines Zusammenhangs aller Dinge als eine luxuriöse Ausbildung eines an sich brauchbaren Gedankens fallen, so erscheint doch auch der Einfluß der wechselnden philosophischen Speculationen auf die Medicin viel beschränkter, als man nach einer abstracten Ueberlegung wohl voraussetzen könnte. Einestheils nämlich werden die Uebergänge, welche von den Lehrsätzen einer speculativen Philosophie zu den bestimmten Indicationen am Krankenbett führen, in der Regel so loser und unanwendbarer Art sein, daß es kaum der Mühe verlohnen möchte, sie aufzusuchen; anderntheils ist das, was etwa von Philosophie in die Medicin übergegangen ist, selten für die Masse der handelnden Aerzte zum Gesetz geworden, sondern, auf wenige Lehrer beschränkt, ist es fast immer nur eine theoretische Ausschmückung dessen geblieben, was ohne Theorie nach der Erfahrung der Jahrhunderte und nach der Anleitung gewisser therapeutischer Maximen in vorkommenden Fällen als das Räthlichste erschienen und in Ausübung gekommen ist.

Dieser Punkt ist nicht unwichtig, wenn es sich darum handelt, die Aufgaben einer Geschichte der Medicin zu bestimmen. Die ganze Entwicklung der praktischen Medicin ist ein fortwährender Kampf des Geistes gegen seine leiblichen Bedingungen, ein Kampf, der, wie die Vergleichung der Lebensdauer zu verschiedenen Zeiten zeigt, fast immer dasselbe Resultat gehabt hat, indem der ausgebildeteren Kunst civilisirterer Zeitalter auch die vervielfältigte Mannigfaltigkeit der Störungen entgegensteht. Wer aus diesem lebendigen Kampfe, zu dessen Vollendung im Einzelnen jederzeit der individuelle Charakter des Arztes nothwendig ist, eine bloß wissenschaftliche Entwickelung des allgemeinen Verstandes macht, der verliert den richtigen Gesichtspunkt der geschichtlichen Beurtheilung. Nicht die Lehrsätze irgend eines Systems sind jemals handgemein geworden mit den abstracten Krankheitsformen, wie man von der Physik allerdings sagen kann, daß die Rechnung das abstracte Phänomen bezwingt, ohne Rücksicht auf die Individualität des Haarröhrchens, das zum Experimente diente; sondern es haben immer die concreten Krankheitsfälle dem concreten Vereine von Scharfsinn, Geduld und Anstelligkeit in dem individuellen Geiste des Arztes gegenübergestanden. Dies ist das wirkliche Geschehen gewesen, und die Aufgabe der Geschichte wäre es, zu zeigen, welche Hilfsmittel an leitenden Maximen und politischem Handeln der Geist der bedeutenden Praktiker nicht bloß aus seinem erkennenden Vermögen, sondern aus seiner ganzen psychologischen Einheit aufgeboten hat, um dem Reiche der Krankheit wissenschaftlich oder nicht wissenschaftlich eine Grenze zu setzen. Diese Anspannung des ganzen Charakters, die Anwendung derjenigen Hilfsmittel, welche unabhängig von den Systemen in jedem gebildeten Geiste vorkommen, ist es gewesen, was die Mühe der Ausführung allein auf sich genommen hat, während die Systeme als Theorien zwar für sich ein Interesse in Anspruch nehmen können, aber viel zu ohnmächtig sind, um für die Wirklichkeit durchdringende Anweisungen zu geben.

(Fortsetzung folgt.)

Die Somnambule in Dresden.

Der Romanticismus hat bei uns in Dresden in der letztverstrichenen Zeit noch einen merkwürdigen Nachwinter gehalten. Zwar sollte es nichts weiter, als etwas Schneegestöber und Reif um die Köpfe geben und die ganze Aberweisheit gar bald vor der Sonne der Wissenschaft zerschmelzen, doch war die Erscheinung, welche zu den unten verzeichneten Broschüren Veranlassung gegeben, immer noch bedeutsam genug, um in den „Jahrbüchern" nicht gan unerwähnt zu bleiben. Näheres für die Geschichte aller dabei aufgetauchten Absurditäten und der, freilich oft plumpen Reaction des Volkswitzes, muß der Geschichtschreiber dieses Spucks in den sächsischen Localblättern, besonders dem „dresdner Anzeiger" selbst, der „Bürgerzeitung," „Ameise," „sächsischen Dorfzeitung," dem „dresdner Wochenblatte," „Pilger," der „Sideralflamme" u. dgl. m. aus der Periode vom November 1839 bis zum April 1840 suchen.

Das Bedeutsame dabei war, daß sich die vereinigte Dunkelpartei bei einer untergeordneten Gelegenheit klarer herausstellte, als es für jetzt in dem fast auf der höchsten Spitze von Toleranz stehenden constitutionellen Sachsen möglich zu sein schien; — denn die ehemalige protestantische Spannung der Gemüther hat sich mit der beseitigten Furcht vor papistischer Proselytenmacherei in Sachsen gar sehr beruhigt, und die eingetretene Stille hatte es fast vergessen lassen, welche wesentlichen Differenzen noch unausgeglichen bei uns vorhanden sind.

Der von dem ancien régime her noch zurückgebliebene Anwuchs von Muckerei hatte sich so eben unter einem nicht unbedeutenden Kampfe in den letzten Jahren, durch die gesunde Natur des Volkes hauptsächlich, vom sächsischen Boden abgelöst; — die höchst liberale Regierung hatte auch hier die größte Schonung, unendliche Duldsamkeit bewiesen, bis sich das ganze Gewächs, wie bekannt, freiwillig abtrennte und nach Amerika überpflanzte. So eben waren die trübseligen Nachrichten von der Entlarvung Stephan's und dem Zerfallen der Muckercolonie nach Sachsen gelangt; was schon längst Jeder erzählt, wurde von dort aus actenkundig und von der Stephan'schen Gemeinde selbst bestätigt, — ein harter Schlag für das unfreie Princip! Zwar traten sie damals noch den vom „Boten des Westens" mitgetheilten Actenstücken in Zeitungen und Broschüren öffentlich entgegen: es ist bekannt, daß von dem Advocaten Stephan's selbst eine Geldprämie auf den Beweis jener Scandale ausgeboten wurde.

Aber trotz dem war die Lücke zu groß, welche dieser Schlag dem romantischen Gebäude schlug. Es mußte etwas Neues herbei, sie zu füllen. Hierzu bot sich die Gelegenheit in einem histerischen Bauermädchen, das in der Provinz unter der Maske des Somnambulismus mit Curiren und ärztlicher Rathertheilung (im Geiste von Lobelii Kräuterbuch und der Bauernpraxis unserer Dorfhebammen) bald hier, bald da Geld machte. Man holte sie, und bald darauf noch zwei andere, abgediente Somnambulen herbei, und machte sie mode. Keine „gebildete" Dame durfte zurückbleiben. Caressen fuhren vor, und goldbetreßte Lakaien drängten sich mit dem Pöbel zusammen hin, das Schauspiel wiederholend, das ein Paar Jahre vorher die Wunderthäterin von Somsdorf (bei Tharand) dargeboten hatte. Die ganzen, nicht ausgewanderten Ueberreste der Muckergesellschaft schwuren jetzt auf die Somnambule und ihre Visionen; — die öffentlichen Vertreter Stephan's hielten die Wache bei den Somnambulen, in Gemeinschaft mit dem als „der Kaspar Hauser der dresdner Polizei" bekannten, herkunftlosen Gr. und mit dem Leibjäger des russischen Gesandten, R. F., demselben, welcher die erste Broschüre über die Höhne*) schrieb, und welcher sie späterhin und noch jetzt von Weimar aus magnetisiren soll. Von hochgestellten Beschützern derselben zeichneten sich besonders zwei unserer reichsten Standesherren als öffentliche Besucher aus; aber die übrige haute volée war nicht minder thätig, öffentlich bekennend und heimlich überall hemmend, wo der gesunde Sinn und das Gesetz gegen das Unwesen in Anwendung kommen sollte.

Spaßhaft war dabei das Geschrei über Unterdrückung der Somnambulen, während Alles geschah, um die Behörden zu lähmen, und die bedauernswerthen Gerichtsärzte, welche ex officio Kenntniß nehmen mußten, öffentlich niederzutreten und persönlich zu verhöhnen (z. B. mit Gedichten über den Haarmangel des Einen, wogegen ein populäres Spottgedicht die Verehrer der Höhne aufrief, ihr, wenn sie auf dem Schube fortgebracht werden würde, auf Eseln in Galla vorauszureiten).

Natürlich wurde durch das wüste Geschrei manches ungebildete Gemüth mit fortgerissen, und durch das ganze Treiben manches traurige Ergebniß in Familien herbeigeführt. Nicht nur daß manche der Curen gewaltsam waren, und theils direct, theils durch Vernachlässigung tödtlich abliefen (was selbst den Pfleger der Somnambule, den Kanzellisten Fr. traf), sondern es brachen auch zwei sehr eclatant gewordene Fälle von Geisteskrankheit an öffentlichen Beschützern der Somnambulen aus. Hielt sich auch der gebildete Mittelstand von der Contagion fast ganz frei, so war doch auch hier wenigstens Zweifel und Gährung entstanden. Und so wurde der Wunsch einer Belehrung über den Somnambulismus dringend gefühlt, ja öffentlich ausgesprochen. Dies hat zwei schätzenswerthe öffentliche Vorträge, welche später im Druck erschienen, veranlaßt. — Die eine derselben, von Choulant**), ward vor der, ihrer ästhetischen Richtung wegen bekannten Gesellschaft, Albina, gehalten, und entspricht dem Cirkel durch die geistreiche und blühende Darstellung, und die Umgehung aller Härten, durch welche die eine oder andere Sympathie eines solchen Publicums hätte verletzt werden können. Nur

*) Die in Dresden sich aufhaltende Somnambule, Johanne Christiane Höhne, ihr Zustand und ihre Kräfte. Herausgegeben von R. F. Dresden, 1840. 8. (2 gr.)

**) Ueber den animalischen Magnetismus. Eine Vorlesung ꝛc. von Ludwig Choulant, königl. sächs. Hofrath und Professor. Dresden, 1840. 8. (8 gr.)

hier und da schimmert der Unmuth des als Arzt und Beamter betheiligten Darstellers hervor, und deutet leise auf die wunden Stellen der heutigen Zustände. Eine öffentliche Vorlesung im Zwingersalon hielt Dr. Hirschel, ein jüngerer Arzt, der sich durch Gewandtheit und Klarheit der Darstellung in medicinischen Journalen schon ausgezeichnet hatte, und auch in diesem (ursprünglich für die naturhistorische Gesellschaft Isis verfaßten) Vortrage diese Talente bewährte*). Als competente Beurtheiler im Fache des Somnambulismus sprachen sich schriftlich: Dr. Merkel (in der Abend- und Bürgerzeitung) und ein wohlbekannter Anonymus (der frühere kaiserliche Leibarzt v. Stoffregen), Letzterer im Wochenblatte aus. Unbedeutende Aufsätze der Localblätter nicht zu erwähnen. Endlich brach die Behörde selbst das Stillschweigen, indem sie einen Theil der vorliegenden Acten dem Drucke übergab**). Immer schonend und Manchem fast zu duldsam erscheinend, hatte sie einen freiwilligen Verein von Privatärzten zur Beobachtung der Höhne veranlaßt, und außerdem einen mit der magnetischen Behandlung seit Jahren vertrauten Arzt, Dr. Meyer aus Schneeberg, einen Schüler Kieser's, befragen lassen. Beiderseits erfolgte das Urtheil, es sei kein ächter somnambuler Zustand, wohl aber Hysterie und zum Theil wissentliche Täuschung vorhanden. Auf diese Gutachten war ein bestätigendes Superarbitrium der Medicinalräthe gefolgt, und dieser Theil der Acten nebst den geführten Protokollen der Aerzte wurde nun dem Publicum übergeben, auf daß sich ein Jeder ad libitum heraussuche, was er zu glauben habe. Die sächsische Regierung scheint in solchen Fällen den Grundsatz zu befolgen, daß man dem schon gereifteren Volksverstande eine heilsame Uebung und kräftigende Abarbeitung an den Thatsachen nicht schenken dürfe: sie greift nicht vor, auch da, wo sie (wie hier und bei Stephan) die Beweise im Voraus in den Händen hat; dies würde ja eine Bevormundung, ein Act des Absolutismus sein; — mag sich ein Jeder seine Ansicht selbst erringen, das Rechte aus dem Geschrei selbstthätig herausfinden lernen, und sich bei Zeiten, ehe die bösen Tage kommen, an den Ereignissen üben, das Princip aus ihnen, und seine eigene Stellung zu Beiden finden! So, glauben wir, urtheilt die sächsische Regierung bei ihrem Duldungssystem: und wir glauben, sie urtheilt richtig! Wenigstens beweisen die Kammerdebatten***) vom 14. April (welche auf Antrag des Herrn von Thielau in geheime Sitzung übergehen mußten), welcher lebhafte Widerwille sich in Sachsen gegen die pietistischen Umtriebe gebildet hat, da man sogar ein Geschenk von 40,000 Thlr. deshalb ablehnen wollte, weil man verwandte Tendenzen dahinter vermuthete.

Bei dieser Gelegenheit drängt sich uns die Betrachtung auf: es könne der Bürgerstand, besonders der zu constitutioneller Entwicklung gelangte, nicht oft genug sich daran erinnern, daß er nur auf sich zu bauen, nur in sich die Elemente und Triebfedern der bürgerlichen und politischen Entwicklung zu suchen habe, daß nur in ihm die Aufklärung und Humanität des Zeitalters, die Früchte der kirchlichen und staatlichen Reformation, ihre Wurzeln haben. Nicht von Außen her, am allerwenigsten von den sogenannten höher gebildeten Ständen hat Philosophie, Geistes- und Staatsfreiheit Vorschub und Heil zu erwarten. Dort herrschen vielmehr, sei die Maske auch noch so gefällig, nur die Sonderinteressen, welche von den privilegirten Ständen mit der Muttermilch eingesogen, durch die sogenannte feine Erziehung durchaus gepflegt und gefördert werden, und welche ihrem Wesen nach mit den Feinden der Wissenschaft, der Humanität und der Freiheit, mit Verdunkelung und Verknechtung in viel zu inniger Wahlverwandtschaft stehen, um nicht die absurden Phänomene des Romanticismus von Stolberg bis Justinus Kerner, von Hengstenberg bis Görres immer von Neuem zu Tage zu fördern. Die Somnambule ist nach dem Obigen ein schlagendes Beispiel, und es läßt sich nicht verkennen, daß wir in diesem ganzen Treiben nur eine Fortsetzung von dem vor uns haben, was bisher durch die so vielseitig gehegten und so liebreich bis zu ihrem gänzlichen Selbstruin gepflegten pietistisch-muckerischen Umtriebe erzielt wurde. Nur durch Aberglaube, Wunderglaube, Verdummung — ja wahrlich nur durch Wunder, darin täuschen die feinen Leute sich nicht, — geht der Weg zu der guten alten Zeit der Adels- und Pfaffendespotie zurück. Wir reden hier nicht von der Erzeugung der romantischen Phänomene aus einem obersten Brauhause constituirter Jesuiten, die Nonne von Dülmen, die Somnambule haben einen körperlich-pathologischen, die Krüdener, Novalis, Friedrich von Schlegel und selbst der dümmste und darum verehrteste von Allen, Herr v. Haller, einen geistig-pathologischen Boden sowohl in der Geschichte des Protestantismus, als in ihrer eigenen halbschlächtigen oder subordinirten Disposition. Die Aristokratie aber wird uns ihren Instinct, ihr Tendre, ihre Aufopferung für dergleichen Erscheinungen und damit die offenkundige, wenn auch noch so unbewußte oder unweise und für sie nur vollends destructive Betheiligung bei all diesem Unwesen, und ihre wiederholt daraus entsprungene Selbstnegation, am allerwenigsten nach ihrem so eben bei uns in Dresden manifestirten somnambulen Raptus, nicht ableugnen, wenn auch die Bourbonen und die heilige Allianz niemals in der Welt gewesen und die Julirevolution nur ein ohnmächtiger Rachetraum des Liberalismus und der Ideologen wäre, wenn diese also auch seit dem Ursprunge der Aufklärung bis auf den Tag Hegel's und der heutigen Philosophie der Freiheit ungehört und unerfüllt das verhaßte Glaubensbekenntniß wiederholt hätten. Nur der Geist und die Wahrheit hat alle Macht im Himmel und auf Erden, und es herrscht Niemand, als durch ihn allein. Auch die Entwicklung der somnambulen Bewegung in Dresden hat also schließlich für alle Ritter und Knappen vom Orden des Romanticismus keinen andern Trost mit sich geführt, als den: „Schicket euch in die Zeit, denn es ist böse Zeit!"

G. B.

*) Was ist Somnambulismus? was thierischer Magnetismus? — Nebst einem Anhange die p. p. Höhne betr., von Dr. Benjamin Hirschel. Dresden, 1840. 8. 6 Gr.)

**) Commissarische Berichte und Protokolle über die p. p. ärztliche Beobachtung der sog. Somnambule, Johanne Christ. Höhne. Dresden, 1840. 8. (8 Gr.)

***) Siehe Leipz. allg. Zeitung, den 16. April 1840, Nr. 107, S. 1124.

Druck von Breitkopf und Härtel in Leipzig.

Hallische Jahrbücher
für
deutsche Wissenschaft und Kunst.

Redactoren: Echtermeyer und Ruge in Halle. | Verleger: Otto Wigand in Leipzig.

2. Juli. | № 158. | 1840.

Heilmethoden und Heilmaximen der neueren Zeit.

(Fortsetzung.)

Es kommt in letzter Instanz wenig darauf an, auf welche Weise die natürlichen Bedingungen überwunden werden, ob durch die aufrichtige Strenge des speculativen Begriffs, oder die Kunstgriffe beobachtender Erfahrung, oder endlich durch jene unmittelbare Divination möglicher Erfolge, die durch dunkle, aus vielen Erinnerungen verschmolzene Reflexionen hervorgebracht, den meisten großen und wichtigen Entdeckungen zu Grunde gelegen hat. In der Medicin geht diese letztere Weise des Versuchs als der praktische Theil voran; die wissenschaftliche Theorie hat nur die Aufgabe, die Resultate, welche die Anstrengung großer Männer gewonnen hat, zu objectiviren und sie der Zufälligkeit und Vergänglichkeit der einzelnen Charaktere zu entreißen. Diese Aufgabe einer inductiven Wissenschaft muß ihr so lange verbleiben, bis experimentale Untersuchungen und neue Erfahrungen den Weg zur Ausbildung constructiver Methoden gezeigt haben werden. Das Material nun, aus welchen jene Inductionen der allgemeinen Therapie zu ziehen sind, sind eben jene in der Regel unbewußt angewandten therapeutischen Maximen, von denen wir versuchen wollen zu zeigen, daß sie wichtiger als alle Systeme, deren Wechsel überdauern, von ihnen bei der Anwendung allenthalben vorausgesetzt werden, und daß die meisten Systeme überhaupt Nichts sind, als die widerrechtlich generalisirten einzelnen Maximen.

Zur Auflösung ihrer zwei Aufgaben, die Natur des Lebens und der Krankheit kennen zu lernen und die Mittel zur Abwehr der letztern anzugeben, kann die wissenschaftliche Medicin im Ganzen und Großen zwei verschiedene Wege einschlagen. Der erste ist der einer physikalischen Construction; der andere der einer Reflexion auf die Erfolge, welche die Anwendung abstracter Heilmaximen in zahlreichen Fällen der Erfahrung dargeboten hat. Dem schulgemäß verfahrenden Geiste kann es leicht scheinen, als müßten vor allen Dingen die Gesetze des Lebens und aller seiner Erscheinungen, seiner Abweichungen vom natürlichen Zustande und die Bedingungen, unter welchen es durch Mittel zu seinem Normale zurückgeführt werden kann, mit jener mathematischen Genauigkeit erforscht sein, die wir, wo sie sich vorfindet, allerdings als die Ausbildung einer Wissenschaft verehren. Allein wir hätten weithin bis zu einer solchen Vollendung, und überdies bedenkt man hierbei nicht, daß im organischen Leben eine andere Weise der Berechnung eintreten müßte, als in den physikalischen Wissenschaften. Während in diesen exacte Zahlen ihre Stelle finden, würde dort nur eine Wahrscheinlichkeitsrechnung sehr lockerer Art angewandt werden können, die zwar über das Ganze mit hinlänglicher Genauigkeit sich führen ließe, aber für den einzelnen Fall, auf den es hier gerade ankommt, wieder alle jene Ausnahmen als möglich beibehielte, welche durch die Unendlichkeit der partiellen, in der allgemeinen Rechnuug verwischten Störungen verursacht werden würden. Das Bedürfniß einer solchen mathematisch physikalischen Theorie hat sich daher auch, weil sie für die Praxis gänzlich ohne Anhalt sein würde, unter den Aerzten niemals ausgesprochen; man hat vielmehr jene Aussicht einer Zurückführung alles Organischen auf mathematisch bestimmbare Gesetze in der Ferne als einen Gegenstand fassungsloser Bewunderung auf sich beruhen lassen.

Mit weit mehr Eifer ist man bemüht gewesen, mit Uebergehung dieser quantitativen Verhältnisse ein System qualitativer Beziehungen auszubilden, welche zwischen den einzelnen Functionen des organischen Körpers bestehend, den Charakter des Lebens ausmachen sollten. Fehlerhafte metaphysische Begriffe, unstatthafte Anwendung mathematischer Bestimmungen, irrige Inductionen aus mißverstandenen Erfahrungen haben indessen nach und nach jene Statik und Mechanik zwischen den Grundfunctionen des Lebens, die unter verschiedenen Namen, bald als Sensibilität, Irritabilität und Reproduction, bald als Reizempfänglichkeit, Wirkungsvermögen u. s. w. auftraten, als Theorie der Vergessenheit überliefert, während sie in der praktischen Medicin wohl noch fortdauern und hier nicht so ohne schädliche Wirkung sind, als die Anticipationen der Mathematiker. Jene dunklen Ausdrücke, unter denen Jeder etwas zu verstehen glaubt, obschon man nicht einmal weiß, ob sie Kräfte oder Formen der Erscheinungen bedeuten sollen, haben eine gewisse ästhetische Coincidenz mit mancherlei Krankheitsbildern, und man hat nicht versäumt, die erhöhte Irritabilität, die doch als solche nur eine gewisse Veränderung einer Grundkraft sein konnte, mit dem Habitus eines Entzündungskranken zu identificiren. Die Narkose durch Pflanzengifte zeigt als ihren letzten Effect eine Verminderung der Aufmerksamkeit auf das Aeußere, und geringere Reizempfänglichkeit für Reize; dieses letzte Ende der Wirkung ließ sich bequem mit einer Abstumpfung der Sensibilität als Ursache zusammenbringen, und man bedachte nicht, daß man damit bloß einen kürzeren und nicht mehr genauen Ausdruck für die Gesammtheit der Symptome, keineswegs aber eine Erklärung derselben gefunden hatte, indem es gar viele ganz verschiedene Vermittelungen geben kann, durch welche ein Zustand hervorgebracht wird, dessen äußerliche letzte Gestalt allerdings eine Verminderung der Lebhaftigkeit in den sensiblen Verrichtungen ist. So hatten alle jene Ausdrücke zwei Enden; an dem einen bedeuteten sie eine organische Grundkraft, an dem andern das Ensemble gewisser Symptome; daß zwischen beide Enden etwas Drittes hineintreten, und das eine Ende verändern könne, ohne das andere zu berühren, blieb dieser statischen Theorie immer fremd, während die Praxis durch Ueberlegung der Anamnese und der Pathogenesis allerdings darauf Rücksicht nahm.

Nachdem man jene organischen Kategorien einmal hatte, war es ein leichtes Spiel, sie zu verschiedenartigen Combinationen zusammenzusetzen und Krankheitsclassen zu deduciren, gleichviel, ob wirkliche oder imaginäre; wodurch denn nach gemachten Abstractionen die Verschiedenheiten der Krankheiten in Titel zusammenschmolzen, deren unpraktisches Wesen dadurch ergänzt wurde, daß man bei der Anwendung das System wieder vergaß. Es kann kein Verfahren tautologischer sein; denn es ist kein Schritt vorwärts, wenn man ein Verdauungsleiden zu den Krankheiten der Reproduction rechnet; es ist vielmehr ein Schritt rückwärts, eine distinguirte Krankheit nach der alleroberflächlichsten ihrer möglichen Beziehungen abzuschätzen. Wo eine Thätigkeit des Nervensystems übermäßig ist, kann man den Thatbestand der Symptome wohl auch, obschon nicht gut, durch eine Erhöhung der Sensibilität bezeichnen; allein man hat damit etwas Unvollständiges, Unsicheres und Schiefes gesagt; und die darauf folgende Indication, die Sensibilität abzustumpfen, läßt sich einfacher ausdrücken als die Aufgabe, die Krankheit zu heilen. Es kommt nicht darauf an, durch welches Compliment die Ipecacuanha invitirt wird.

Eine solche Schematisirung der Krankheiten nach organischen Functionen giebt überhaupt keinen Anhalt, so lange nicht die bestimmten physikalischen Hergänge angegeben werden können, durch welche eine Umänderung in den Functionen, ein Einfluß der einen auf die andere möglich ist. Diese Aufgabe, die eigentlich pathologische zu lösen, sind seit ewigen Zeiten sowohl die Phantasie als die Beobachtung thätig gewesen. Die älteren Aerzte, die mit dem Begriffe der wirkenden Kräfte unbekannt, nur in dem Zusammentreffen bestimmt qualificirter Massen eine Bedingung eintretender Veränderung erkennen konnten, haben diese Frage nach der Ursache der Krankheiten zum Gegenstande zahlreicher physiologischer Mythologien gemacht, deren Unvollkommenheit zwar uns nicht reizen kann, zu ihnen zurückzukehren, die aber doch als in sich und nach Zugabe ihrer Grundlage einfache und verständliche Gedanken gelten müssen. Die Theorien der Methodiker geben als letzten Grund der Krankheiten veränderte physikalische Bestimmtheiten der letzten Bestandtheile an; es war freilich unmöglich, mit einiger Sicherheit die Art dieser Veränderung in einzelnen Fällen zu bestimmen, aber die Vorstellung war deutlich, und sie gab, was mehr ist, eine Andeutung über den Angriffspunkt der Kraft, die man dem Uebel entgegensetzen wollte. Gleiche Berechtigung hatte die Theorie der Säftefehler und die dem Mittelalter angehörige chemische Medicin; indessen ist dies Alles ein geringes und unbedeutendes Vorspiel der Genauigkeit gewesen, mit der seit weniger Zeit erst die pathologische Anatomie nicht bloß eine mögliche, sondern die wahre Naturgeschichte der Krankheitsprocesse aufzuklären angefangen hat. Es ist hier nicht mehr um jene materiellen Krankheitsstoffe zu thun, die von den Aelteren angenommen, von den Neueren in vielen Fällen bestätigt worden sind; sondern das größte Interesse der Untersuchung haftet daran, die verschiedenen Phasen der Krankheitsentwicklung zu erkennen, und zu wissen, wie sich ein pathologischer Proceß wirklich macht, nicht wie er unbeschadet der logischen Deutlichkeit construirt werden kann. Obwohl nur wenige Reihen solcher Arbeiten bis jetzt schon vorhanden sind, als die Lehre von den Ablagerungen, wohl das reichste und ausgebildetste Ergebniß der pathologischen Anatomie, so ist diese doch schon deshalb zu preisen, weil sie einen großen Theil der imaginären Krankheiten vernichten wird, die von den systematisirenden Aerzten noch über die wirklich vorhandenen hinzuconstruirt worden sind. Unsere Kenntnisse nämlich von dem Zusammenhange der organischen Verrichtungen sind gerade hinlänglich, um uns die Natur vieler Störungen einsehen zu lassen, welche eintreten werden, wenn wir die eine Function des Körpers übermäßig wachsen, die andere abnehmen, die dritte unverändert bleiben lassen; aber sie sind in seltnen Fällen hinreichend, um zu beurtheilen, ob diese von uns gemachten Bedingungen jemals eintreten können. Auf diese Weise erhalten wir imaginäre Krankheiten, die entstehen würden, wenn Störungen, die wir als gleichzeitig eintretend annehmen, nicht an diesem gleichzeitigen Eintreten durch die immanenten Gesetze des Lebens verhindert würden. Jedes System hat solche imaginäre Krankheiten, indem die Stelle einer solchen unwirklichen Combination durch irgend eine Krankheit ausgefüllt wird, die entweder sich dahin deuten läßt, oder unbekannt genug ist, um sich dahin deuten lassen zu müssen, und es ist kein Beispiel vorhanden, daß ein Systematiker gesagt habe, eine gewisse Complexion von Störungen, die sich theoretisch an einer Stelle des Systems ergebe, komme in der Natur nicht wirklich vor. In dieser Hinsicht sind selbst Broussais' und Hahnemann's arge Paradoxien nicht ganz unfruchtbar zu nennen; sie setzen an die Stelle der theoretisch imaginären Krankheiten beliebig imaginäre, wie Entzündung ohne alle ihr zugehörigen Symptome und Psora, und so erinnern sie wenigstens daran, daß der Hergang der Krankheiten in der Wirklichkeit meist wohl von viel concreteren und beschränkteren Ursachen ausgeht, als die systematische Pathologie, stolz auf den Reichthum ihrer Eintheilungen und Distinctionen, die nicht umsonst da sein wollen, glauben machen möchte.

Die Physiologie hat bis jetzt wenig gethan, um die nothwendigen empirischen Grundlagen herbeizuschaffen, die zu dieser Ausbildung der praktischen Medicin verwandt werden müssen. Wir sind genöthigt, das ganze Leben als das Resultat der Gegenwirkungen mehrerer Systeme von Thätigkeiten anzusehen, und können zwar nach indirecten Methoden im Ganzen wohl die Folgen überschlagen, welche die Verletzung des Gleichgewichts haben könnte, allein die absoluten Werthe der einzelnen Verhältnisse sind uns meistens unbekannt. Lassen wir es uns beispielsweise gefallen, die Lebenserscheinungen zu construiren aus dem Gleichgewichte zwischen den Thätigkeiten des Gefäßsystems, der Nerven und der Verdauungs- und Assimilationsorgane, und fügen diesen noch untergeordnete Verhältnisse so viele bei, als etwa die Erfahrung und Beobachtung deren nothwendig erweisen möchte: so hat zwar die Physiologie Manches durch seine Beobachtungen in den Processen aufgeklärt, die in jedem einzelnen dieser Systeme abgesondert von den übrigen vorgehen, aber wir wissen wenig über ihren Zusammenhang, weniger noch über den Zusammenhang ihrer Störungen. Es ist uns unbekannt, ob eine Verletzung des einen Systems sich auf die andern zu gleichen Antheilen oder nach welcher Weise der Mittheilung sie sich verbreitet, unbekannt, ob die Verhältnisse, nach denen eine solche Verbreitung geschieht, constante Größen sind, oder ob sie nach irgend einem Gesetze entweder fortwährend einen gewissen Kreis von Werthen durchlaufen, oder nur durch äußere Veranlassungen momentane Schwankungen erleiden können. Wir kennen so ziemlich den normalen Hergang der Ereignisse in der Verdauung, dem Umlauf der Säfte, die Arten ihrer Verwendung und Ausscheidung; aber wenig die Gesetze, nach denen die einzelnen Functionen dieses Systems sich nach einander bestimmen, für einander vicariren, und in sympathische oder antagonistische Beziehungen treten. Indessen ist es doch eigentlich nur die Physiologie, der alle diese Dinge beinahe unzugänglich sind; dagegen bieten die Erfahrungen der besseren Praktiker viele Materialien dar, aus denen durch besonnene Inductionen auf jene Fragen geantwortet werden kann, und dies ist es, was seit allen Zeiten den wahren therapeutischen Kern der alten medicinischen Schule ausgemacht hat.

Hier trifft der Vorwurf meist nur die theoretische Auslegung der Erfahrung, die es immer vorgezogen hat, abstracte Begriffe in ihren möglichen Verhältnissen gegen einander zu betrachten, als die wirklichen Vorgänge aufzusuchen, durch welche solche Verhältnisse entweder realisirt oder von der Wirklichkeit ausgeschlossen werden. Die Pathogenese hat daher nur in den wenigen Fällen wissenschaftlichen Charakter, für welche solche naturgeschichtliche Betrachtungen bis jetzt gefunden sind; in den meisten Fällen bleibt sie die Sache des beobachtenden und combinirenden Taktes, und hier werden sich auch besonnene Praktiker zuweilen sagen müssen, daß in Bezug auf die gegenseitigen Influirungen, die sie zwischen den verschiedenen Thätigkeiten des Körpers annehmen, noch keineswegs constatirt ist, ob dieselben physiologisch möglich sind oder nicht. Neben diesem Mangel, der oft zu imaginären Krankheiten Veranlassung giebt, steht noch die unausgebildete Aetiologie. Es scheint als hätten unsre Vorfahren sich ein Geschäft daraus gemacht, ein Verzeichniß aller äußern Dinge und Kräfte aufzusetzen, von denen sich mit logischer Deutlichkeit denken läßt, daß sie einen Einfluß auf den organischen Körper ausüben können, ohne darnach zu fragen, ob eine solche Wirksamkeit jemals durch einen bestimmten Fall erfahrungsmäßig constatirt worden sei. Wie wenige Krankheiten sind, bei denen sich außer den Witterungsverhältnissen, die so freigebig überall angeklagt werden, noch andere Ursachen angegeben finden, die durch ihre bestimmte Qualification es begreifen lassen, warum gerade diese und keine andere Krankheit sich erzeugt? Und wie oft erfordert der bestimmte einzelne Fall seine besondere Aetiologie, wo alle von der Pathologie angeführten Ursachen unstatthaft sind?

Die Auflösung aller dieser Fragen, die wir hier berührt haben, der Praxis vorauszuschicken, würde der Weg der Schule sein; was davon durch Beobachtung in der That bereits gefunden ist, hat, weil es ein wirkliches Verhältniß ist, auch niemals diejenigen Schranken, innerhalb deren es als Wahrheit gelten kann, überschritten, ist nicht System geworden, sondern einzelne Beobachtung geblieben; dagegen haben abstracte, apriorische Voraussetzungen, vieldeutig und biegsam den größten Theil dessen ausgemacht, was die Geschichte der Medicin bisher zu berücksichtigen pflegte. In dem Wechsel der Systeme nun bleiben als einfache constante Grundlagen der Therapie jene einfachen Maximen zurück, deren Anwendung auf die gegebenen Fälle nebst den damit erlangten Erfolgen eigentlich das Material bildet, das fließende, gediegene Erz, auf dem die regenbogenfarbigen Schäume der Systeme erscheinen und unablässig wieder abgeschäumt werden.

Wo es uns nämlich nicht erlaubt ist, in einer construirenden Theorie die Abhängigkeit gewisser Erscheinungen von einander in ihrer bestimmten Weise direct zu erkennen, da können wir wenigstens auf indirectem Wege diejenigen Grundsätze herausheben, die von dem allgemeinen Begriffe eines erfahrungsmäßig gegebenen Ganzen, welches auch die empirischen Größen seiner Theile sein mögen, gelten müssen; und diese Voraussetzungen, verbunden mit den Bruchstücken dessen, was wir von den concreten Verhältnissen der Theile wissen, können in vielen Fällen als ein hinreichendes Hilfsmittel zur Behandlung der Aufgabe angesehen werden.

I) Der therapeutischen Kunst liegt im Allgemeinen die einfache Annahme zu Grunde, daß das Leben eine Summe sehr verschiedenartiger Thätigkeiten ist, deren Verhältniß zu einander innerhalb gewisser Grenzen constant ist. So wie sich nun in einem Systeme mit einander verbundener Körper, unter der Voraussetzung, daß in dem Systeme kein immanentes Princip der Veränderung in sich selbst vorhanden ist, die Effecte einer Gewalt, die den einen Körper trifft, und ihre Verbeitung auf die übrigen überschlagen lassen, so können wir unter Voraussetzung weniger physiologischer Data, welche das System der organischen Thätigkeiten charakterisiren, die möglichen Gegenwirkungen übersehen, die in dem Ganzen durch den Anstoß eines Theiles hervorgebracht werden können. Die erste Voraussetzung bestimmterer Art, die wir für das organische Leben zu machen genöthigt sind, bringt uns sogleich auf den Streit zweier großen medicinischen Systeme. Während nämlich in physikalischen Processen das Gesetz der Gleichheit der Wirkung und Gegenwirkungen das herrschende ist, und jede Veränderung der Quantität auch die Gestalt des Erfolges ändert, besitzt das organische Leben das Eigene, seine qualitativen Bestimmtheiten unbeschadet der quantitativen Veränderungen seiner Coefficienten bis zu einem gewissen Grade beizubehalten. Die Verbindung der Thätigkeiten läßt dennoch Raum für eine relative Selbständigkeit derselben. Nicht als wenn die physikalischen Hergänge im lebenden Körper außerphysikalische Wege gingen; sondern ihre Veränderungen ändern in kleinem Maße die organischen Relationen nicht, die zwischen den verschiedenen Thätigkeiten bestehen. Dieses Princip der relativen Selbständigkeit einzelner Functionen und der Absorption kleiner Störungen ist das der **alten Schule**, während jene Behauptung einer strengen und alle Grenzen der Kleinheit überspringenden Causalität das der **Homöopathie** ist, oder wenigstens vernünftigerweise sein sollte, wenn die verworrenen Sätze dieser Schule sich auf deutliche Begriffe zurückführen lassen wollten. Ich will nicht darauf eingehen, nachzuweisen, wie jene Absorption der kleinsten Wirkungen auch in der unorganischen Natur qualitativ vorkommt, und von der Physik stillschweigend oder in einzelnen Fällen ausdrücklich bei Berechnungen complicirter Phänomene zugegeben wird; daß in der Strenge des quantitativen Zusammenhanges dies nicht geschieht, leuchtet von selbst ein. Alle Sinnesempfindung würde unmöglich distinguirte Eindrücke geben können, wenn es nicht eine solche Grenze der Kleinheit gäbe, über die hinaus die Bewegungen des Schalles, des Lichtes und des Stoßes ihre qualitative Bestimmtheit hervorzubringen aufhören. Ebenso kann das Leben überhaupt nur unter Voraussetzung dieser Absorption kleiner Störungen bestehen. Dagegen ist es das Princip des Aberglaubens recht eigentlich, einen Causalzusammenhang noch über solche Grenzen hinaus zu verfolgen, und ihn wieder erkennen zu wollen, wo er längst die Grenze möglicher Erscheinung überschritten hat. Jeder Aberglaube, der wissenschaftlich ausgebildet worden ist, besitzt deshalb jene peinliche und um ihrer Verfeinerung willen ungenau gewordene Genauigkeit, wie wir sie in der Homöopathie und der Lehre vom animalischen Magnetismus, der medicina mystica wahrnehmen.

Wir brauchen nur das Eine zuzugeben, daß jede Wirkung unendlich ist und unendliche Zeit, obwohl in immer abnehmendem Verhältnisse, dauert, trotz alledem aber endliche Wirkungen hervorbringt: so bleibt in diesen Theorien nichts mehr zu erklären übrig, als ihre Widersprüche in sich selbst. Was hindert uns, jedem menschlichen Leibe eine Nervenatmosphäre zu geben, die wo möglich noch über die Welt hinausreicht, und von ihrer feinsten Verdünnung in weiter Entfernung noch die Fortleitung von Eindrücken zu erwarten, die zu unserm Bewußtsein kommen? Warum soll nicht die Bewegung in den Nervenfäden des Gehirns, die, worin sie nun auch bestehen mag, jeden Gedanken begleitet, ihre feinen Schwingungen irgend einem Medium auf Meilen weit mittheilen und in einem andern gleichgestimmten Gehirne dieselben Bewegungen derselben Faser induciren und so einen magnetischen Rapport zuwege bringen? Und in der That, da das Licht der Fixsterne noch Kraft hat, in unserer Retina einen Sinneseindruck hervorzubringen, so müssen wir glaubwürdigen Erfahrungen noch diese Seite offen lassen, damit sie bestimmen, in welchen, gegen die unendliche Mehrzahl verschwindenden Fällen ein solches Aufbewahrtwerden der kleinsten Wirkungen stattfinden mag. Leider ist hier, wie neuere Erfahrungen wiederholt zeigen, das Constatirte nicht wunderbar, und das Wunderbare nicht zu constatiren.

(Fortsetzung folgt.)

Druck von **Breitkopf** und **Härtel** in Leipzig.

Hallische Jahrbücher
für
deutsche Wissenschaft und Kunst.

Redactoren: Echtermeyer und Ruge in Halle. Verleger: Otto Wigand in Leipzig.

3. Juli. № 159. 1840.

Heilmethoden und Heilmaximen der neueren Zeit.

(Fortsetzung.)

Mit völligem Unrecht hat aber die Homöopathie jenes Fortleben der kleinsten Wirkungen zum herrschenden und in allen Fällen giltigen Princip gemacht, da seine Wahrheit in sehr seltenen Ausnahmen sogar noch schwankend ist. Dies zeigt sich zuerst in Hahnemann's berüchtigter Dosenlehre. Es könnte eigentlich für überflüssig gehalten werden, diese von den meisten Homöopathen selbst schon abgethane Sache weiter zu berühren, und wir wollen daher kurz sein. In seinem Organon führt Hahnemann viele Curen auf, wo allöopathische Aerzte mit ihren gewohnten Dosen Krankheiten geheilt haben, deren Heilung Hahnemann nur nach dem Grundsatze des Similia similibus erklären zu können meint. Wie nun daraus die Neuheit seiner Entdeckung folgt, lassen wir dahin gestellt sein, genug daß das Zugeständniß darin liegt, auch allöopathische Dosen können Heilungen hervorbringen, die vor dem Homöopathen Gnade finden. Wir wissen, daß kleine Dosen oft andere, sogar heftigere Wirkungen haben, als große, und bei den Substanzen, bei denen dies der Fall ist, liegt auch die wahre Erklärung in der Regel nahe genug; dagegen gehört es dem erwähnten Princip des Aberglaubens an, die Wirksamkeit im umgekehrten Verhältniß der Masse stehen zu lassen, und noch aus einem andern Principe fließt die sonderbare halbschürige Potenzenrechnung, nach welcher die Wirksamkeit denn doch mit höheren Verdünnungen wieder abnehmen soll, gleich als wenn Dergleichen sich beobachten ließe. Diese Dosenlehre hat von allen Seiten bereits zu gute Kritik erfahren, als daß wir mehr davon sagen möchten; nur das Eine sei erwähnt, wie sich dieses abergläubische Princip der Genauigkeit in die größte Ungenauigkeit dadurch verwickelt, daß es die unendlich vielen in jedem Grade verdünnten Substanzen vergißt, die fortwährend durch die Aushauchung der Erde, die Ausdünstung der Pflanzen und Thiere hervorgebracht, das Sommer- und Winterleben der Menschen zu ganz disparaten Erscheinungen machen würden, wenn nicht die Gleichgiltigkeit gegen so kleine Wirkungen den Organismus behütete.

Die gleichen übergenauen Voraussetzungen lagen der in ihrer ersten Gestalt auch bereits wieder aufgegebenen Diätetik zu Grunde; auch hier würde wegen der Unmöglichkeit der Abwehr kleiner Störungen das Leben etwas Unmögliches sein, wenn Hahnemann Recht hätte. Weiter hat sich das Princip des Aberglaubens in der homöopathischen Arzneimittellehre verbreitet, und die ganze Art der Arzneiprüfung wurzelt in diesem Boden. Nicht nur der Strenge des eigenen Grundsatzes, sondern auch aller Erfahrung zuwider wird die unendliche Mannigfaltigkeit der stets auf den Körper einwirkenden Störungen bei Seite gesetzt und dennoch erwartet, daß die durch ein Arzneimittel hervorgebrachte Veränderung sich aus jenem Flusse flüchtiger Symptome, die der Körper immer zeigt, durch differente charakteristische Zeichen hervorheben werde. Niemals ist eine größere Mühe systematischer verschwendet worden, als bei der homöopathischen Arzneiprüfung; die falsche Voraussetzung hat sich gerächt, und es ist niemals etwas Anderes zum Vorschein gekommen, als die Symptome jener kleinsten Wirkungen, durch die sich der Körper continuirlich gegen die unendlich vielen und unendlich kleinen äußeren Reize erhält. Wer sich die Mühe nehmen will, Hahnemann's Arzneimittellehre zu vergleichen, wird es als ein Factum anerkennen müssen, daß nach seinen eigenen Versuchen alle, auch die verschiedensten Mittel in homöopathischen Gaben dieselben Symptomenreihen hervorbringen, und daß nur dann eine differente, durch besondere Symptome charakterisirte Wirkung verschiedener Mittel auftritt, wo Hahnemann aus Mangel an hinreichenden eigenen Versuchen die der Allöopathen mit angeführt hat. Alles, was Hahnemann als Folgen der Arzneimittel aufführt, ist Folge der Nüchternheit, des Fastens, der schlechten Laune und der Schläfrigkeit, welche die anhaltende Aufmerksamkeit auf Nichts hervorbringt, verbunden mit jenen unzähligen Symptomen, die jede Stunde unsers Lebens ausfüllen. Wie nun dennoch ein Mittel vor dem andern für geeignet angesehen werden soll, eine bestimmte Krankheit zu heilen, das mag ein Geheimniß der Schule sein. Diese Auswahl des passenden Mittels für die Deckung einer bestimmten Symptomengruppe mit allen den Beschränkungen, Deutungen und Auslegungen, die schon Hahnemann selbst für nöthig fand, daran zu fügen, führt uns nun in die wüsteste Region hinaus. Die Allöopathen sind so gutmüthig gewesen, hierin ihren Gegnern Zugeständnisse zu machen, wegen der größeren Einfachheit ihrer Vorschriften. Die Laien, welche in medicinischen Dingen jederzeit Richter sind, haben diese Einfachheit angestaunt, obwohl sie im Grunde eine fratzenhafte Verzerrung der verständigen Mäßigung ist, welche seit Paracelsus bereits in der alten Medicin rücksichtlich des Componirens der Arzneiformeln eingeführt war. Eine fratzenhafte Verzerrung ist sie deswegen, weil es eine höchst scurrile Einfachheit ist, nicht mehr als dem Namen nach Eine, oft sehr zusammengesetzte Substanz darreichen zu wollen, dagegen aber die Materia medica zu einer Niederlage unendlich vieler Droguen zu machen, deren Kräfte mit einigem Erfolg zu prüfen, ein Jahrhundert nöthig wäre. So läuft diese Einfachheit in eine ganz besinnungslose Vielfachheit aus, und die Anwendung der höchst einfachen Medicinen wird fast unmöglich durch die unendliche der Auswahl dargebotene Anzahl, deren Unterschiede ziemlich oft unter die Grenzen möglicher Unterscheidung fallen.

Es kommt, wie Narr in seiner allgemeinen Pathologie ganz vernünftig sagt, gar nicht auf die Zahl der Substanzen an, die verbunden werden; hier eine Einfachheit suchen zu wollen, ist ein lächerliches Bemühen, weil kaum eine einzige der homöopathisch einfachen Substanzen sich der Zersetzung in mehrere, oder dem Verschmelzen zu zusammengesetzten, sobald sie mit dem Körper in Contact kommt, möchte entziehen können. Vielmehr die qualitative Einheit der Wirkung muß jeder numerischen Einheit der Composition vorgezogen werden. Die allöopathische Medicin ist hier immer ihrem Principe der Absorption der kleinsten Wirkungen gefolgt, und hat so die Methoden ihres Arzneigebrauchs in consequenter Weise ausgebildet. Nicht leugnend, daß jedes specifisch bestimmte Mittel seine ganz specifisch bestimmten Wirkungen möglicherweise haben könne, bedient sie sich doch derselben nicht, weil sie unter die Grenzen deutlicher Erfahrung und Erklärung fallen; sie wendet daher die großen Gaben an, um in verstärkter Größe diejenigen Wirkungen zu sehen, die den Classenbeziehungen der Mittel entsprechen, und die, weil sie fast alle sich durch bestimmt ausgeprägte physiologische Processe charakterisiren, constante und vollkommen erkennbare Wirkungen sind. Wo die Arzneimittel in ihren Folgen solche constante physiologische Processe nicht haben, da befindet sich die Allöopathie mit der Homöopathie noch in gleicher Verdammniß, und dies ist der Fall bei allen bloß alterirenden Mitteln, den sogenannten Nervinis. Hier ist keine Scale, an der die Wirkung sich wirklich messen ließe; die Erfolge sinken unter die Grenze der deutlichen Erfahrung, und darum ist es auch dies Capitel von den alterirenden Mitteln und der alterirenden Methode gewesen, aus dem sich nach und nach die homöopathische Lehre entwickelt hat. In allen diesen Sachen war die Homöopathie nach Grundsätzen ungenau, aber sie ist es auch ohne das gewesen, indem sie in der Arzneimittellehre den Einfluß der verschiedenen Constitutionen auf die Wirkung der Arzneimittel hinwegließ. Sollen aber unendlich kleine Störungen noch berechnet werden, so bedarf die Homöopathie einer noch viel genaueren Erforschung dieser Frage, als die alte Medicin, die gerade hierin so Manches geleistet hat, was sich durch alle Zeiten erhalten wird. Sollen wir nun noch den Verschlingungen dieser Gedanken weiter folgen und zeigen, wie die Krankheitslehre der Homöopathie, auf denselben Principien erbaut, unaufhaltsam in dieselben Schwierigkeiten stürzt? Da einmal jener abstracte Gedanke eines durchgängigen continuirlichen Zusammenhanges aller Erscheinungen, und einer Bedeutsamkeit der kleinsten Zufälle durchgeführt werden sollte, so mußte jede Gruppirung der Krankheitsformen aufhören, und die Einfachheit der Schule verlor sich in die unendliche Mannigfaltigkeit individueller Krankheiten. Die Homöopathen sind auch von dieser Ausschweifung schnell genug zurückgekehrt, sie haben zugestanden, daß jede Krankheit nur wenige Symptome hat, in denen sie sich ganz zeigt, daß die übrigen, gleichviel, ob im einzelnen Falle von der Krankheit erregt oder nicht, eine relative Selbständigkeit besitzen, die nur dann ein Gegenstand der Therapie wird, wenn sie durch ihr Wachsen zur Krankheit selbst geworden ist. So wie aber durch Absorption der kleinsten Symptome das Krankheitsbild in die Höhe der deutlichen Unterscheidung tritt, so erkennt die alte Medicin auch an, daß von verschiedenen Krankheitsursachen durch Absorption der Differenzen gleiche Krankheitsbilder entstehen können, und deshalb hat sie stets die Kunst der Pathogenese nöthig gehabt, zu der auch die Homöopathen nach kurzem Widerstreben zurückgekehrt sind.

Die Lehre von den kleinsten Dosen, der Diät und den Symptomengruppen der Krankheiten waren es vorzüglich, die den Enthusiasmus der Laien erregten und noch unterhalten, weil sie auf dem Principe des Aberglaubens beruhen; gerade diese Lehren aber sind es, für die in ihrer ursprünglichen Gestalt kein bedeutender homöopathischer Arzt mehr streiten will, eben weil sie abergläubische Thesen sind, deren Dasein von den bessern Praktikern jener Schule beklagt wird. Was die meisten Anhänger Hahnemann's noch festhalten, jene Lehre des Similia similibus, hat die Menge der Laien niemals so sehr elektrisirt, als die berühmte, nun aufgegebene Einfachheit und Neuheit der Verordnungen; und dies ist natürlich; denn diese Lehre, obwohl eine falsche Interpretation, stützt sich auf unzweifelhafte Facta. Es ist aber falsch, zu sagen: eine Krankheit wird durch das Mittel geheilt, das sie hervorbringt; das Richtige ist, daß wir die Wirksamkeit eines Mittels zur Vertilgung einer Krankheit darnach schätzen, ob es in dem kranken Theile oder Organe überhaupt Wirkungen hervorbringt. Die Symptome dieser Wirkungen können keine andern sein, als die Function des leidenden Organs erlaubt; in einem Muskel kann nur Steifigkeit oder Zuckung entstehen, keine Lichtempfindung. Aber auch die Krankheit kann in dem Muskel nur dieselben Symptome hervorbringen, und so läßt sich leicht übersehen, daß, weil jedes Organ auf jeden Reiz nur eine einzige constante Reaction zeigt, dieselben Symptome sich sowohl bei dem Anlauf der Krankheit, als bei dem eines Mittels zeigen werden, dessen Kraft sich bis zu dem leidenden Organ verbreitet. Dies ist der einfache Hergang; allein trotz dieser Identität der Krankheits- und der Arzneisymptome fragt sich noch gar sehr, ob die Qualität des Mittels, wenn es sich auch bis zu dem leidenden Organ verbreitet, im Stande sein wird, die Krankheit zu bewältigen. Wo wir dafür keine besondere Bürgschaft haben, kann diese Anwendung der Heilmittel nur als metasynkritische Cur gelten, als ein Anstoß, der zwar trifft, wie die Symptome beweisen, von dem sich aber nicht sagen läßt, wohin er ausschlägt. Die ganze Wichtigkeit des homöopathischen Princips löst sich in diese einfache allöopathische Betrachtung auf. Die alte Schule hat namentlich bei Nervenleiden seit langen Zeiten solche metasynkritische Mittel gegeben, von deren Wirksamkeit sie weiter Nichts wußte, als daß sie bis zu dem leidenden Organ hinreichte, weil die durch sie erregten Symptome denen der Krankheit ähnlich waren. Aber sie wußte doch zugleich, daß dies ein metasynkritisches Thun und Treiben, keineswegs aber eine besondere, auf neuen Principien beruhende Heilmethode sei. Man lese in Hahnemann's Organon jene Berufungen auf die Curen früherer allöopathischer Aerzte; fast alle sind diese metasynkritische Curen, unternommen unter der Voraussetzung, daß, da dem Anstoße keine bestimmte Richtung gegeben werden könne, man wenigstens einen Stoß geben müsse; und daß, ob dieser getroffen, sich darnach entscheiden lasse, ob das Mittel an und für sich schon Symptome hervorbringe, die seine Verbreitung bis zum Herde der Krankheit anzeigen.

Wir erkennen auf diese Weise die Facta an, welche von den Aerzten der alten Schule aufgezeichnet und von Hahnemann zum Beweise gebraucht worden sind, aber die einfache physiologische Erklärung, die wir uns davon machen müssen, befreit uns von jenem Wust sonderbar ausgeklügelter Lehrsätze, der sich darauf gründet. Nach der Darreichung jedes Mittels, dessen Wirksamkeit sich bis zu dem leidenden Organe erstreckt, wird eine Verschlimmerung erfolgen, weil ein neuer Reiz da ist; findet sich nun das Mittel der Krankheit entgegengesetzt, so wird sie weichen, sind sie aber beide ähnlich, so werden sie sich summiren und den Kranken umbringen. Nicht also Similia similibus; selbst für den Homöopathen kann dieser Grundsatz nicht gelten.

Wir wollen uns nicht weiter hierauf einlassen, denn es war unser Zweck nicht, eine Kritik der Homöopathie zu schreiben, sondern anzudeuten, wie die verschiedenen medicinischen Systeme sehr einfache Keime in den Reflexionen haben, die Jeder sich über ein System zusammengehöriger Thätigkeiten macht. Da wir ein Beispiel hier durchgegangen haben, so kehren wir zu Eble's Darstellung zurück, die unsere antihomöopathischen Bemerkungen übersprungen haben.

Eble beginnt die Betrachtung der zu Anfange dieses Jahrhunderts herrschenden medicinischen Systeme mit der aus dem Brownianismus hervorgegangenen Erregungstheorie, ohne sich jedoch bei ihr so lange aufzuhalten, als es die noch fortdauernde Nachwirkung dieser Theorie vielleicht räthlich gemacht hätte. Was Brown's eigne Lehre betrifft, so ist sie die Verallgemeinerung einer sehr einfachen Bestimmung, die zu jener Betrachtung des Lebens als eines Systems zusammengehöriger Thätigkeiten hinzukommen muß, nämlich der, daß das ganze System in fortwährender Gegenwirkung gegen äußere Verhältnisse ist, die weit entfernt, vernachlässigt werden zu können, vielmehr nothwendig sind, um die gesetzmäßigen inneren Relationen zu unterhalten. Damit diese Wechselwirkungen gegen das Aeußere normal bleiben können, muß die Summe der Kraft im Systeme ein constantes Verhältniß zu der Summe der äußeren Kräfte haben, und wo dieses Verhältniß quantitativ sich ändert, werden wir in abstracto die Störungen haben, die durch Sthenie oder Asthenie des organischen Lebens charakterisirt worden sind. Die Summe der Kräfte würde in einem geschlossenen Systeme durch ihre Veränderung die Form der Function nicht ändern, unter welcher die einzelnen Theile zusammenhängen, sobald nicht ein immanentes Princip der Veränderung zugegen wäre; anders ist es bei dem Offenstehen für äußere Einflüsse, und so kann man allerdings sagen, daß die quantitative Veränderung der Summe der Kräfte auch Störungen im Verhältniß der einzelnen hervorbringen könne. Die Einfachheit dieser Abstractionen, die nicht bloß für das organische Leben gelten, sondern noch für viele andere zusammengehörige Actionen, hat ihnen eine schnelle Verbreitung verschafft, die aber bald, als die praktische Anwendung die Einseitigkeit hervorhob, sich in das zusammenzog, woraus sie entstanden, nämlich in die stärkende und schwächende Methode der allgemeinen Therapie, die neben andern Methoden die bestimmten Fälle ihrer Anwendung hat. Die Erregungstheorie hat aber durch Einführung der Recepti vität und des Wirkungsvermögens den einfachen Gedanken zerstört, und dem, was sich schon seiner rechtmäßigen Beschränkung zuneigte, durch ungeeignete Nachhilfe für einige Zeit noch eine falsche Geltung verschafft. Man kann nicht mit so einfachen Abstractionen auslangen; wenn auch eine Verminderung der Summe der Kräfte vermöge der Einwirkung äußerer Reize eine Zerstörung der inneren Verhältnisse herbeiführt, so folgt daraus nicht, daß eine Hebung jener Summe von selbst das schon Geschehene ungeschehen machen werde. Die reinen Zustände der Schwäche und Hypersthenie fangen durch die Fortschritte der Physiologie und der pathologischen Anatomie immer zweifelhafter zu werden an, und bald wird die stärkende und schwächende Methode nur noch als palliatives Hilfsmittel angewandt werden, um die Summe der Kräfte so lange auf einem hinreichenden Niveau zu halten, bis durch die Krisen, die dadurch möglich gemacht werden, die innern Zerstörungen auf anderem qualitativen Wege beseitigt worden sind. Ueberhaupt ist es Zeit, daß die Rubrik der stärkenden Mittel einer durchgreifenden Reform unterworfen werde; jede Kraft kann nur wachsen durch Anwachsen der Masse, der sie zugehört, und wenn es nervenstärkende Mittel giebt, so sind sie es gewiß bloß dadurch, daß sie die Masse des Mediums, durch das die Nervenwirkungen geschehen, auf schnellere Weise anwachsen lassen, als es auf dem gewöhnlichen Wege der Assimilation geschehen kann. So lange man den Mitteln noch Lebenskräfte als Bestandtheile zuschreibt, oder glaubt, daß eine Materie eine Kraft anders erhöhen könne, als durch die Vermehrung der Masse, mit der sie sich assimilirt, ist in der Materia medica an eine wissenschaftliche Durcharbeitung nicht zu denken.

Die Leerheit, mit welcher sich die Abstractionen des Brownianismus über alle concreten Verhältnisse des physiologischen Organismus hinwegsetzten, hat die Naturphilosophie auf ihre Weise zu erfüllen gesucht; nicht durch naturgeschichtliche Nachweisung der wirklich bestehenden Verhältnisse, sondern durch logische Fassung der Erscheinungsgruppen. Wir haben diese Art und Weise des Verfahrens schon oben berührt, sie ist eine mißlungene Ergänzung der abstracten Maximen, und hat darin allerdings Recht, daß sie in allen ihren Classificationen das Mißverhältniß der innern Gegenwirkungen berücksichtigt. Von Eble können wir nicht sagen, daß er diese naturphilosophische Medicin deutlich in ihren Hauptzügen dargestellt hat; er hat vielmehr das Dunkle mit den dunklen Worten erzählt, in denen die Urheber freilich sich gefallen haben. Ueberdies ist gerade an dieser Stelle des Werks der Zusammenhang seines Stils auffallend locker; wie es denn z. B. eine harte Zumuthung für das Verständniß des Lesers ist, wenn er anführt, daß Keßler die Krankheit definirt habe „als herrschende Differenz des Einzelnen mit dem Ganzen, als Mißverhältniß des Individuellen zum Gesammten des Organismus," und unmittelbar darauf fortfährt: „nach diesen Ansichten ist eigentlich jede Krankheit örtlich." Indessen würde es allerdings schwer sein, eine Lehre, die gleich bei ihrem Entstehen in so viele ganz discrepante Eigenthümlichkeiten auseinandergegangen ist, übersichtlich zu construiren; und wie wenig dies die Mühe lohnen würde, zeigt die von Eble selbst angeführte Classification Keßler's, in der Sopor, Apoplexie, Ohnmacht, Paralysis, Asphyxie und narkotische Vergiftung als Krankheiten mit hervortretender Reproduction sich angegeben finden.

Sehen wir aber ab von diesem mißverstandenen Eingehen in das Einzelne, wo die empirischen Forschungen nicht abgewiesen werden können, so bleibt der Naturphilosophie das Verdienst, energischer, als manche vereinzelte frühere Stimmen darauf aufmerksam gemacht zu haben, wie die gesetzmäßige Form der Verbindung zwischen den einzelnen Thätigkeiten sich in der Krankheit erhält und die bestimmten Umläufe und Ausgänge der Störungen herbeiführt. In dieser Hinsicht sind Kieser's Arbeiten zu dem Fruchtbarsten zu rechnen, so wie auch des geistreichen Stark pathologische Ansichten, obwohl nach einer nicht ganz zu rechtfertigenden Seite hin ausgebildet, der Medicin wesentlichen Vortheil gewähren werden, wenn nur erst die empirischen Data gefunden sein werden, die diesen Theorien zur vollständigen und sicheren Ausbildung Noth thun. Alle diese Lehren aber wurzeln auf dem doppelten Boden der functionellen Einheit aller Thätigkeiten und der relativen Selbständigkeit jeder einzelnen; so oft auch ein System auftreten mag, welches einen dieser Grundsätze vorzugsweise ausbildet, es wird sich immer zeigen, daß beide nöthig sind; und wer sich vor der Einfachheit dieser Dinge nicht verblenden will, wird als den Grund aller Irrungen zugeben, daß uns das Material zu Inductionen fehlt, um zu bestimmen, wie weit der eine und wie weit der andere gilt. Die Praxis erkennt, ohne sie systematisch zu begründen, beide an; denn die Maxime der derivirenden Methode ist es, daß alle Functionen in wechselseitiger Dependenz sind, und ihre Zustände sich mittheilen, während jeder localen Behandlung die entgegengesetzte Annahme der Independenz der Störungen innerhalb gewisser Grenzen zu Grunde liegt. Die Homöopathie ist darin folgerecht gewesen, jede locale Behandlung zu verdammen, weil sie den Grundsatz der Absorption der kleinen Störungen nicht kennt.

(Schluß folgt.)

Druck von Breitkopf und Härtel in Leipzig.

Hallische Jahrbücher

für

deutsche Wissenschaft und Kunst.

Redactoren: Echtermeyer und Ruge in Halle. Verleger: Otto Wigand in Leipzig.

4. Juli. № 160. 1840.

Heilmethoden und Heilmaximen der neueren Zeit.

(Schluß.)

Von diesen naturphilosophischen Bemühungen wendet sich Eble zur Darstellung zweier Systeme, die beide aus dem Brownianismus in letzter Instanz hergeleitet, dennoch in ihrer Ausbildung sehr verschiedene geworden sind; nämlich zu den Lehren Rasori's und Broussais'. Es würde wohl unmöglich sein, Rasori's contrastimulistisches System auf irgend folgerechte Weise mit großen Bewegungen des philosophischen Geistes in unserer Zeit in Zusammenhang zu bringen; vielmehr zeigt es, als System und abgerechnet die einzelnen genialen Blicke, eine solche Dürrheit und Verlassenheit der Abstractionen, daß man zu dem Princip der Unordnung und des Zurückbleibens hinter der allgemeinen Bildung der Zeit wird seine Zuflucht nehmen müssen, um die Entstehung desselben zu begreifen. Deutschland hat diesen einförmigen Gedanken der äußeren Einwirkungen und inneren Rückwirkungen ohne bestimmt qualificirte Gegenwirkungen und immanente Gesetze bereits überstanden, und wird schwerlich jemals wieder dafür eine lebhafte Theilnahme zeigen. So weit nun neben diesem Systeme auch Broussais' Lehre auf jenem einfachen Gedanken beruht, beziehen wir uns in Rücksicht auf sie auf das Vorhergehende; dagegen ist dieses zweite System auch noch aus einem andern, dem vorigen total entgegengesetzten Standpunkte anzusehen. Obwohl auch Rasori für seine beiden Diathesen des stimulo und contrastimulo die charakterisirenden anatomisch-physiologischen Data anzugeben Miene macht, so verbleibt dies doch dort in ziemlich weitem Felde; bei Broussais dagegen geht der abstracten Lehre die fortwährende Beziehung auf einen bestimmten physiologischen Hergang, nämlich den der Congestion und Entzündung, zur Seite, und diese Partie des Systems, obwohl mit Verachtung aller Erfahrung verallgemeinert, hat doch darin eine nicht zu verkennende Bedeutung, daß sie den abstracten Pathologien ein concretes Verhältniß vorhält, und so auf den Weg hindeutet, den ein großer Theil der Krankheiten wirklich nimmt, während er andere nach allgemeinen Möglichkeiten ebenfalls nehmen könnte.

Wir haben nicht versucht, eine Zusammenstellung aller jener Maximen zu geben, nach denen man in der Praxis ohne Rücksicht auf ein System die Gegenwirkungen im Körper zu beurtheilen pflegt, sondern wir haben bloß diejenigen herausgehoben, welche in unserer Zeit sich zu selbständigen pathologischen Systemen herausgebildet haben. Wäre es möglich, hier weitläufiger auf die Geschichte vergangener Zeiten zurückzukommen, so würden wir sehen, daß der ganze Fortschritt der wechselnden Systeme bloß darin besteht, daß die gut begründeten nach der Vervollkommnung der Physiologie und der praktischen Erfahrungen immer nur die bestimmteren concreten Verhältnisse herbeischaffen, auf die jene allgemeinen Maximen anzuwenden sind. Vor der Entdeckung der Circulation waren diese abstracten Grundsätze der Therapie im Allgemeinen dieselben wie jetzt; allein diese Entdeckung gab ein neues wichtiges Object, auf welches jene allgemeinen statischen Ansichten angewandt werden mußten, und bestimmte zugleich, welche Beschränkungen die Natur des organischen Lebens in jenen allgemeinen Rechnungen nöthig macht. Auf diese Weise bleiben die abstracten Maximen immer dieselben, und die Erweiterung der Pathologie besteht in der successiven Bestimmung der absoluten Werthe jener unbekannten Größen, die, welche sie immer sein mögen, auf irgend eine Weise den erwähnten abstracten Gesetzen gehorchen müssen. Eine der wichtigsten Bestimmungen dieser Art ist, was in neuesten Zeiten unter dem Namen der Physik der Nerventhätigkeit ausgebildet worden ist; hier wird die Pathologie vielen Stoff finden, ihre abstracten Grundgedanken mit den concreten Functionsformen in Einklang zu bringen, und wenn man Zukünftiges in wissenschaftlichen Dingen voraussagen kann, so ist es wahrscheinlich, daß das nächste große System seinen Inhalt und seine Eigenthümlichkeit der Verallgemeinerung der bei den Nerven vorgefundenen Formen der Thätigkeit über alle physiologischen Processe verdanken wird. In unserer Zeit läßt sich die Summe der herrschenden Meinungen einfach so überblicken. Die wahre praktische Medicin, die systemlose, enthält nach wie vor in ihren therapeutischen Methoden alle jene Maximen, die wir namhaft gemacht haben, und schreitet fortwährend erfreulich vorwärts durch die sucessive Bestimmung der concreten Verhältnisse, welches Geschäft die Physiologie und die pathologische Anatomie zum größten Theil übernommen haben. Daneben stehen die naturgeschichtlichen Systeme von Schönlein, Stark, Eisenmann u. A., welche mit Uebergehung jener therapeutischen Maximen nur die Formen des Zusammenhangs zwischen den Thätigkeiten und den äußeren Reizen, so wie die Gesetze der Entwicklung des Lebens und der Krankheit in ihrer qualitativen oder vielmehr schon ästhetischen Erscheinung berücksichtigen; diese bedürfen daher, um zur Praxis zu kommen, der Rückkehr zur alten Medicin. Endlich herrscht noch eine Schule, deren Lehren auf dem Grundsatze der Erhaltung der kleinsten Wirkungen beruhen, die einzige, welche mit der Entwickelung der Naturwissenschaften Nichts gemein hat, sondern in jeder Beziehung eine diagonale Stellung einnimmt. Zuletzt können als generalisirte Maximen unserer Zeit noch die Reste des Brownianismus und jene ausländischen Systeme gelten, die bis jetzt bei uns keinen Eingang gewonnen haben.

Völlig berührungslos mit den bis jetzt erwähnten Lehren kann die in neueren Zeiten aufgekommene und mit Jubel aufgenommene *Wasserheilkunde* gelten. Sie hat mit der Homöopathie nicht gleiches Schicksal gehabt, sondern ist von der alten medicinischen Schule theils ausdrücklich durch die immer mehr ausgebildete Benutzung der Bäder und Mineralwässer eingeleitet, theils nach ihrer scheinbaren Emancipation immer als eine obwohl widerrechtlich generalisirte, dennoch begründete und innerhalb gewisser Grenzen brauchbare Curmethode anerkannt worden. Im einzelnen ihre Berechtigung auszuführen, kann hier nicht unternommen werden, im Allgemeinen aber kann darüber nicht so viel gesagt werden, als es scheinen möchte. Die Wassercur ist überhaupt als eine metasynkritische zu betrachten, und ihre qualitativen Wirkungen werden sich auf sehr wenige Punkte beschränken lassen. Metasynkritische Curen sind in verschiedener Weise zu allen Zeiten angewandt worden, theils so, daß durch eine heftige Störung ein ganz neues Princip der Veränderung herbeigeführt wurde, dessen Wirkungen die Wirkungen der Krankheit absorbirten, theils so, daß durch unablässige Nöthigung des Organismus zu einer bestimmten Art von Thätigkeit die abnormen Actionen vernichtet wurden. Dieser Gedanke, dessen physiologische und mechanische Begründung allerdings weitere Voraussetzungen erheischen würde, liegt allen jenen ausgebildeten Curmethoden zu Grunde, die nach gewissen Regeln lange Zeit hindurch dem Körper constante äußere Reize verschaffen. Das Wasser bietet sich als das passendste Mittel nicht sowohl deswegen dar, weil es sehr viele feine Heilkräfte besitzt, sondern weil es im Gegentheil die möglich wenigsten, fast gar keine, aufweist, wodurch also die Wassercur zu einer einfachen Reizung ohne qualitative Beimischung wird. Nicht dem Wasser, sondern der langdauernden Aufregung aller Thätigkeiten, durch die es wieder eliminirt wird, sind die Erfolge zuzuschreiben, die diese Behandlungsart gehabt hat. Daß sie jetzt über ihre Grenzen gegangen ist, wird uns diese Grenzen mit mehr Bestimmtheit kennen lehren, als wenn dies nicht geschehen wäre, und die Medicin wird ihr die Erläuterung einer ihrer wichtigsten therapeutischen Maßregeln, der metasynkritischen Methode, verdanken. Dr. Lotze.

Instinct.

Zwischen die Bewegungen, welche unbelebte Massen durch die nach dem Sprachgebrauche der Physik ihnen inhärirenden mechanischen Kräfte hervorbringen oder von anderen erleiden, und jene anderen, die von selbstbewußten Wesen nach deutlich erkannten Zwecken willkürlich erregt werden, tritt für die umfassende Betrachtung der Naturerscheinungen die mannichfaltige Gruppe der instinctartigen Bewegungen in die Mitte, auf eine eigenthümliche Weise die charakteristischen Merkmale beider entgegengesetzten Arten in sich vereinigend. Einem genau bestimmten Plane mit der angemessensten, selbst in gewissen Grenzen den veränderlichen Umständen sich anpassenden Auswahl der Mittel zustrebend, zeigen uns doch diese Bewegungen nicht so unverkennbar die Merkmale eines durch das Selbstbewußtsein erkannten und gewollten Zieles, daß wir sie ohne allen Vorbehalt als freie Handlungen eines thätigen Subjects ansehen möchten. Aber anderseits tragen sie auch nicht den Anschein eines so völlig von inneren Motiven entblößten, nur einem allgemeinen Gesetze passiv folgenden Geschehens, daß wir sie gleich den Gegenwirkungen unbelebter Körper nur als determinirte Folgen gegebener Gründe dem allgemeinen Begriffe der durch ihre Ursachen hervorgebrachten Wirkung unterordnen dürften. Dieser Widerstreit einer innern Bestimmung, welche den Mechanismus, und eines unwiderstehlichen, im Ganzen keiner Abänderung unterworfenen Dranges, der die Willkürlichkeit zu beeinträchtigen scheint, gestattet uns also keinen der beiden deutlichen Begriffe anzuwenden, die wir sonst über die Entstehung von Bewegungen haben. Die Instinctbewegungen können weder im vollen Sinne Handlungen eines Subjects, noch auch Wirkungen von Ursachen sein; sie scheinen als etwas Mittleres betrachtet werden zu müssen, dessen Eigenthümlichkeit bald durch traumhafte Ideen, von denen die Thiere umhergetrieben werden (Cuvier), bald durch ein Uebergreifen der organisirenden Lebenskraft über die Grenzen des Körpers (Autenrieth), bald durch determinirte Seelenkräfte, einen gewissermaßen unwillkürlichen Willen (Reimarus), mit den nothwendigen Voraussetzungen unsers Verstandes versöhnt werden sollte.

Vielleicht ist indessen dieser Gang der Untersuchung nicht ganz der richtige gewesen, indem man das Verhältniß zwischen Mechanismus und Freiheit, welches mir in der That bei der Frage nach dem Instinct einen sehr untergeordneten Werth zu haben scheint, in einer Weise sich unrichtig vorgestellt hat, die allerdings die Anwendung beider jener Begriffe zur Erklärung der Instinctbewegungen unmöglich machen müsse. Nachdem so viele bedeutende Geister mit so viel Liebe und doch wenig Erfolg diesen Gegenstand durchforscht haben, hoffe ich nicht, in diesen wenigen Zeilen einen großen Fortschritt der Erklärung herbeizuführen. Mein Zweck ist nur dieser, mit Umgehung alles beschreibenden Details, welches man mit eben so viel Vollständigkeit als Eleganz in Autenrieth's gedankenreicher Abhandlung [1]) über unsern Gegenstand findet, durch Feststellung einiger psychologischen Grundlagen einer künftigen Lösung einigermaßen vorzuarbeiten.

Indem ich voraussetze, daß vielleicht einige der niedrigsten Instinctbewegungen sich vollkommen als Resultate eines physikalischen Mechanismus ansehen lassen und eben deßhalb keine weitere principielle Erklärung bedürfen, glaube ich doch, daß jetzt Niemand mehr diese Ansicht so auf alle thierischen Instincte ausdehnen wird, wie dies etwa zu Ende des vorigen Jahrhunderts und noch früher in manchen mechanistischen Philosophien geschah. Nur das, was Autenrieth namentlich als Instincte der Pflanzen bezeichnete, die Bewegungen der Mimosa, der Dionaea, der Vallisneria und ähnliche, glaube ich allerdings jener Erklärungsart vollkommen zuweisen zu müssen; es sind Erscheinungen, die entweder nur auf äußere Reize erfolgen, oder an bestimmte vegetative Entwicklungszustände gebunden sind, oder so rhythmisch mit allgemeinen Verhältnissen des Aeußern zusammentreffen, daß wir in ihnen keinen Anschein selbstständiger innerer Bestimmung mehr finden. In der Voraussetzung also, daß kein Instinct eine bloß physikalisch-mechanische Bewegung sei, sondern daß, um es allgemein auszudrücken, der Anfangspunkt der Bewegung irgend ein psychischer Vorgang sei, scheint mir die ganze Untersuchung in zwei Fragen zu zerfallen; 1) wie man überhaupt sich diesen psychischen Anfang der Bewegung zu denken habe, und in welcher Beziehung hier der individuelle Wille zu den zwangsmäßigen Aeußerungen des Instincts stehe; 2) woher jene psychischen Vorgänge überhaupt kommen, und wie namentlich jene Traumideen Cuvier's erklärt werden können, in denen wir später allerdings mehr, als einen bloß treffenden Vergleich finden werden. Wir kennen aus unmittelbarer eigener Beobachtung auch nur unsere eigene Seele; an diese müssen wir zunächst anknüpfen; die Seelen der Thiere sind uns nicht unmittelbar klar, vielmehr um sie in ihren Eigenthümlichkeit kennen zu lernen, haben wir fast keine andere Anknüpfungspunkte, als die nämlichen Erscheinungen des Instincts, über deren Räthselhaftigkeit

[1]) Ansichten über Natur- und Seelenleben. 1836.

wir klagen. Wir haben daher keinen andern Weg vor uns, als diesen, die Analogien aus unserer eigenen innern Erfahrung mit den Thatsachen der Beobachtung der Thiere und allgemeinen psychologischen Ansichten zusammenzuhalten.

I. In einem andern Aufsatze [1]) ist umständlicher der Schwierigkeiten gedacht, die sich überhaupt bei der Erläuterung des Einflusses der Seele auf den Körper zu erheben scheinen. Bei dieser Frage, deren Auflösung allerdings nicht ohne die Zuziehung eines gewissen Mechanismus gelingen kann, wendet man doch oft mechanische Principien gerade da an, wo allein sie unstatthaft sind; man verlangt nämlich eine zwischen Geistigem und Materiellem zwischen inne schwebende Maschinerie, durch welche der Einfluß der Seele überhaupt zu einer massenbewegenden Kraft werde; diese Maschinerie selbst aber hält man nun für eine ganz nach dem Belieben und der Willkür der Seele zur Anwendung gelangende, so daß die Seele über sie vollkommen dieselbe unbeschränkte und arbiträre Herrschaft ausübe, welche sie auf die Materie unmittelbar nicht erstrecken konnte. Man vergißt also, daß gerade hier in der That ein gesetzmäßiger Mechanismus gefordert sei, welcher bestimmte Zustände der Seele mit bestimmten des Körpers verknüpft. Es ist an dem angeführten Orte gezeigt, daß jene erste Frage nach der Art und Möglichkeit des Zusammenhanges zwischen Körper und Seele überhaupt, für die Wissenschaft nur einen sehr geringen Werth hat und im Grunde sich in sich selbst auflös't. Setzen wir daher jetzt voraus, daß die scheinbare Schwierigkeit dieses Punktes hinwegfalle, so können wir uns sogleich mit der andern, in der That wichtigen Frage beschäftigen: unter welchen Bedingungen und nach welchen Gesetzen die Seele im Stande sei, jene allgemeine Möglichkeit des Einflusses auf den Körper, den ihr ein irgendwie beschaffener, ein für allemal constanter Zusammenhang mit demselben gewährt, zur Hervorbringung der bestimmten concreten Bewegungen des Körpers zu benutzen. Wir wollen also wissen, wie die in abstracto oder im Allgemeinen den Körper beherrschende Willkür der Seele es anfängt, um etwas Bestimmtes in der That hervorzurufen.

1. Die einfachste Benutzung jenes Einflusses ist der Gebrauch der Glieder überhaupt und die Fähigkeit, ihnen bestimmte locale Directionen zu geben. Mit Recht hat schon Reimarus auch dieses einfachste Phänomen zu den Instincten gezählt, denn allerdings kommen schon hier jene Principien zum Vorschein, welche auch die zusammengesetztesten Instincthandlungen mit zu bedingen scheinen. Nehmen wir an, es handle sich darum, die Hand an eine Stelle des Körpers zu bringen, welche durch einen Reiz berührt worden ist. Die Seele kenne zwar die Lage dieser Stelle gegen andere Körpertheile, sie übersehe selbst die Bahn, welche die Hand bis zur Berührung durchlaufen muß, wie wird sie nun dennoch es anfangen, um den hier dienlichen Muskeln einen Impuls zu geben, aus dem das wirkliche Durchlaufen dieser Bahn hervorgeht? Daß alle Kenntniß der Oertlichkeit durch den Gesichtssinn, so vollständig sie auch immer sein mag, nichts zur Erklärung beiträgt, wie die Seele die Mittel zu den gewünschten localen Directionen zu benutzen lerne, ist immer eingestanden worden, und man hat in der Regel die Erklärung dieser Fähigkeit aus den Associationen verschiedener Stellungen der Glieder mit den Gefühlen, die sie erregen, hergeleitet. Gleich nach der

[1]) Ueber Leben und Lebenskraft. III. 3.

Geburt, behauptet Herbart [1]), entstehen aus bloß organischen Gründen unabhängig von der Seele gewisse Bewegungen in den Gelenken; jede erregt in der Seele ein bestimmtes Gefühl, wird aber zugleich durch das Gesicht wahrgenommen. So associire sich also die Vorstellung von der bestimmten Lage des Gliedes mit einem bestimmten Gefühl, und so oft später jene Stellung des Gliedes um irgend eines zu erreichenden Zweckes willen gewünscht wird, entsteht der Seele zunächst wieder dies Gefühl, welches nun rückwärts auch die wirkliche Bewegung reproducire. So sehr ich die Anwendbarkeit dieser auch außerdem sehr verbreiteten Associationstheorie anerkenne, so muß ich doch ihre Hinlänglichkeit zur Erklärung im Allgemeinen bestreiten. Es scheint mir unwahrscheinlich, daß bei dem stumpfen Unterscheidungsvermögen für Empfindungen, und dem schwachen Gedächtniß in den ersten Lebenstagen, wohin doch die Begründung solcher Associationen größtentheils fallen müßte, gerade jene undeutlichen Perceptionen, die aus der verschiedenen Lage der Gelenke entstehen können, sich so fest und bestimmt erhalten sollten, um später auf eine so künstliche Weise durch den Zweck reproducirt, selbst wieder die Bewegung reproduciren zu können. Diese Theorien sind wohl zumeist nicht sowohl aus der Beobachtung, als aus der anschauungslosen Erinnerung an das menschliche Kind hervorgegangen, wo die langsame Entwicklung der körperlichen Fähigkeiten, während die geistigen verhältnißmäßig weit vorausgeeilt sind, ein solches Lernen des Körpergebrauchs durch Vorstellungsassociationen wahrscheinlich machen könnte. Aber das Hühnchen, das aus dem Eie kommt, das Böckchen des Galenus, das aus dem Mutterleibe geschnitten, herumsprang, überhaupt alle Thiere, deren Kindheit sehr kurz ist, haben unmöglich sich solcher Associationen bedienen können. Auch würden wir bei näherer Betrachtung bald voraussetzen müssen, daß die Vorstellungen, die sich hier etwa verbunden hätten, unbewußte gewesen wären. Ueberall aber, wo wir auf die Forderung verwickelter Verhältnisse zwischen unbewußten Vorstellungen kommen, werden wir besser thun, nachzusehen, ob nicht der Mechanismus allein zur Erklärung hinreiche, ohne daß wir den in sich selbst dunklen und zu jeder unwissenschaftlichen Ausflucht dienlichen Begriff unbewußter Vorstellungen anzuwenden genöthigt sind. Es scheint mir gewiß, daß der Gebrauch der Gliedmaßen viel bestimmter durch einen physiologischen Mechanismus determinirt ist, als man sonst annahm, und daß dieser schon lange stattfindet, ehe die Seele, in diesem Bezuge ganz nach Reil's Ausdruck der Parasit des Körpers, sich seiner bemächtigt, und ihn als ein gutes Hülfsmittel zu ihren eigenen Zwecken benutzt. Die Natur muß der Seele recht eigentlich die Hand führen, damit sie in dem ihrem eigentlichen Wesen fremden Lande der Räumlichkeit und Materialität sich orientire, und was ihren eigenthümlichen Beschäftigungen ganz disparat ist, die räumlichen Bewegungen dirigiren lerne. Mit dem äußeren Reize, der eine Stelle des Körpers trifft, muß entweder eine bestimmte automatische Bewegung oder doch der Trieb zu einer solchen bereits gegeben sein, und eben dies bildet eine bestimmte Association von Vorgängen, welche die Seele zu ihren Zwecken zwar benutzen oder hemmen, zwar vielfach zweckmäßig weiter combiniren, aber in ihren einfachsten Elementen nicht erfinden noch construiren kann. Hätten die Physiologen nicht empirisch die Reflexbewegungen aufgefunden, so würde man sie psychologisch haben postuliren müssen; leider hat man mehrfach gerade diese Erscheinungen, welche allein

[1]) Psychologie. II. 464.

die Seele zur Hervorbringung zweckmäßiger Bewegungen des Körpers befähigen, selbst wieder aus einem unbewußten, und dennoch zweckmäßig wählenden Willen ableiten zu müssen geglaubt. Auf diese Weise würde eins der vortrefflichsten Hülfsmittel der Psychologie unbenutzt verloren gehen. In den Reflexbewegungen auf äußere Reize zeigt es die Natur durch rein physikalische Zusammenhänge der Seele, welche Bewegungen jetzt zweckmäßig sind; sie lehrt ihr die Lage der Theile, indem sie sie nicht einem unbestimmten Suchen überläßt, sondern sogleich selbst ein Glied nach der verletzten Stelle hinbewegt. Der Seele also, dem immateriellen, unräumlichen Wesen liegt es nicht ob, zu einer intendirten Bewegung die nothwendigen Anregungen an die motorischen Nerven, die sie gar nicht kennt, zu vertheilen; wie würden sie im Stande sein, gerade die dienlichen herauszugreifen, wenn diese sich nicht von selbst darböten, indem der äußere Reiz nicht nur Empfindung und Vorstellung erzeugt, sondern zugleich die motorischen Thätigkeiten, wenn auch noch so leise anstößt, so daß sie sich selbst der Seele als schlagfertig ankündigen, und diese den Mechanismus nur gewähren zu lassen braucht?

Ich gebe zu, daß das, was man gewöhnlich Reflexbewegungen nennt, noch ein sehr unausgebildetes und unzulängliches Hülfsmittel ist, das nicht alle Fälle der hier behandelten Frage deckt. Allein überhaupt wünsche ich nur, daß diese Bewegungen als offen vorliegende Beispiele einer aus theoretischen Gründen viel allgemeiner anzunehmenden Einrichtung angesehen werden, die in anderen Fällen unserer Beobachtung entgeht. Anreihen können wir ihnen noch die Thätigkeiten, welche die Balance und die einfache Locomotion des Körpers bedingen, die wir ebenfalls fortbestehen sehen, wenn aller Einfluß des individuellen Willens oder der Ueberlegung wenigstens für unsere Beobachtung wegfällt. Dagegen ist es ein auch durch die Associationstheorie unlösliches Räthsel, auf welche Weise die durch das Gesicht wahrgenommene Oertlichkeit eine Direction der Bewegungen nach diesem scheinbaren Orte hervorbringt. Außerdem muß nun zugestanden werden, daß diese einfachsten, durch den physiologischen Mechanismus gegebenen Bedingungen durch hinzutretende Associationen außerordentlich ausgebildet und nach Ueberlegung mannichfach combinirt werden können. Sie verhalten sich wie die Buchstaben des Alphabets, die zur vernünftigen Sprache verwandt werden: neue Worte können in's Unendliche geschaffen werden, aber neue Buchstaben oder einfache Laute können wir nicht erfinden, sondere nur benutzen, was uns die Natur suggerirt. So sehen wir nun auch diese einfachsten Reflexbewegungen, deren wir gedachten, im Leben sehr selten hervortreten; sehr häufig dagegen an decapitirten Thieren, deren Rumpf sich ohne Ueberlegung und durch seine mechanischen Mittel erhält. Der geköpfte Frosch, den man kneipt, bewegt seine Pfote abwehrend und zurückstoßend nach der Stelle des Reizes, wo das vollständige Thier sein Heil in der Flucht gesucht hätte, wohlwissend, daß jene Bewegungen zwar an sich selbst zweckmäßig, aber den Verwicklungen der Umstände nicht gewachsen waren. Der Gebrauch der Glieder also, insofern er überhaupt in einer localen Direction derselben besteht, ist keine unabhängig Alles selbst vollziehende That der Willkür, sondern nur eine Benutzung des vorhandenen Mechanismus, dessen Ablauf die Seele nur wollen oder nicht wollen, keineswegs aber selbst erst in seinen Einzelheiten einrichten kann.

2. Gruppenweis zusammengeordnet finden wir combinirtere Bewegungen, die zur Abwehr von Schädlichkeiten dienen sollen und bei denen

eben deßwegen die Tendenz zur Bewegung, durch den Reiz veranlaßt, so heftig auftritt, daß in den meisten Fällen die Seele sie nicht einmal durch eine willkürliche Gegenbewegung hemmen kann, z. B. Husten, Niesen. Wie wenig die Seele an der zweckmäßigen Einrichtung dieser Bewegungen Antheil hat, sieht man daraus, daß sie dieselbe oft nicht begreift, nachdem sie da sind, noch viel weniger aber sie erfinden würde. Man frage Jemand, wie er es anfangen werde, um einen fremden Körper aus der Luftröhre zu entfernen? Er wird wahrscheinlich eher auf Tracheotomie rathen, als auf Husten. Daraus und aus der Unwillkürlichkeit des Eintretens können wir schließen, daß auch diese Bewegungen völlig vorgearbeitete Effecte mechanischer Bedingungen sind, mit denen die Natur, mißtrauisch gegen den Erfindungsgeist der Seele, den Körper ausstattete. Wie schlecht würde es in der That um unsere Gesundheit stehen, sollte die Ueberlegung sie vertheidigen und nicht der Mechanismus! Was nun hier zum Schutze des Körpers und in einfachen Verhältnissen vorhanden ist, vielleicht finden wir dies in reicherer Ausbildung in einigen Formen des Instincts auch zu anderen Zwecken verwandt, deren Erfüllung die Natur ebenfalls der dem Irrthum unterworfenen Seele entziehen wollte. Ein unrichtiges Princip wird es wenigstens nicht sein, anzunehmen, daß alles Zweckmäßige, was von vielen Exemplaren einer Gattung stets auf die nämliche Weise ausgeübt wird, nicht aus dem Willen der individuellen Seele, sondern aus gegebenen Bedingungen der Organisation mit mechanischer Nothwendigkeit folge. Nur was augenscheinlich zwar mit Berechnung, aber in verschiedenen Fällen verschieden, oft verfehlt und unzweckmäßig geschieht, nur dies gehört unbestritten der zweckmäßig wollenden, aber vielfältig irrenden Seele.

Man verstehe dies nun nicht so, als sollten alle die complicirten Bewegungen, welche die Thiere, namentlich bei der Ausübung ihrer Kunsttriebe vollziehen, in ihrer rhythmischen Aufeinanderfolge unmittelbar als Effecte einer vorgebildeten mechanischen Einrichtung ihres Nervensystems angesehen werden. Es gehört dies offenbar zu den oben abgewiesenen mechanischen Ansichten; die Reihe von Bewegungen, die wir hier beobachten, kann nicht wie eine Melodie, von einer Walze abgespielt werden. Aber die einzelnen Manipulationen, aus denen die Reihe besteht, kann man sich organisch präformirt denken, und sie werden wahrscheinlich oft schon durch die physiologische Tendenz zur Bewegung, die in der Structur der Theile liegt, nur als spielende Bewegungen hervorgerufen und eingeübt, ehe sie sich associiren und zweckmäßig zur Instincthandlung verwandt werden. Nur das Einzelne also kann Mechanismus sein, die zweckmäßige Verbindung desselben aber eine Usurpation dieser organisch gegebenen Mittel durch die Seele.

3. Bei den bisher angeführten Bewegungen war der Einfluß der Seele überhaupt nur zufällig; bei den mimischen Bewegungen und der Sprache tritt dagegen offenbar ein psychischer Vorgang als Anfangspunkt der Bewegung auf, aber können wir von ihm mehr sagen, als daß auch er nur eine Veranlassung zum Ablauf eines schon vorgebildeten Mechanismus ist, den er höchstens weiter zu benutzen, aber nicht von vorne herein zu machen weiß? Von der bestimmten Art der Veränderung in den Gesichtszügen bei Freude, Trauer und anderen Affecten läßt sich für unsern Verstand weder Zweck noch Grund angeben. Könnte auch der erste darin gesucht werden, daß das Gesicht als Spiegel der Seelenstimmung ein Organ der Mittheilung sein soll, so ist doch keine Nothwendigkeit des Begriffs vorhanden, warum Freude durch Lachen, Trauer durch Weinen und nicht umgekehrt ausgedrückt werden

müßte. Für die Seele kann es daher gar keinen bewußten Entscheidungsgrund geben, sich der einen oder der andern mimischen Bewegung zu bedienen; ob daher zwar wohl ein geistiges Element, der Affect, hier der Anfangspunkt der Bewegung ist, so ist er es doch nur insofern, als er durch einen Mechanismus mit einer bestimmten Bewegung ein für allemal zusammengespannt ist. Er ist daher die Veranlassung zu ihrem Auftreten, aber nicht der Grund ihrer Qualität, die er gar nicht selbst wählen oder bestimmen kann. Geberden sind daher in ihren einfachen Grundzügen allen Nationen gemein, sie sind nie erfunden worden, und ihre künstlerische Nachbildung ist so schwer, daß sie dann am meisten geschätzt wird, wenn sie wie aus einem natürlichen Instinct hervorgegangen erscheint. Die mimischen Bewegungen können wir daher für wahren Instinct ansehen; der Körper folgt hier mit mechanischer Nothwendigkeit dem Zustande der Seele, und doch enthielt diese ihrerseits gar nicht den Willen, jene Bewegungen hervorzubringen. So zeigt sich hier vollkommen jener scheinbare Widerstreit zwischen Mechanismus und Freiheit, den wir oben als das Charakteristische des Instincts bezeichneten.

Aehnliches müssen wir von der Sprache sagen. Innere Zustände, Aufregungen des Gemüths durch Töne auszudrücken, treibt Thier und Menschen ein physiologischer Mechanismus, der selbst bei Anacephalen sich zuweilen noch wirksam bewies; wir wissen nicht, worin der Nutzen des lauten Schreiens bestehen mag, in das wir bei Schmerzen ausbrechen; auch dies also kann keine von einem besondern individuellen Willen der Seele ausgehende Handlung sein. Fragt man, warum alle Völker der Tonsprache, nicht der Fingersprache sich bedienen, so beruht dies gewiß nicht auf einer abenteuerlichen Ueberlegung des größeren Nutzens, den die erste gewährt, sondern darauf, daß kein Naturtrieb den Menschen zu telegraphischen Gesticulationen als Ausdruck innerer Zustände zwingt, während die Töne ihm durch einen physiologischen Mechanismus suggerirt werden als das passendste Mittel, gestaltlosen Gedanken eine Form zu geben. Der Mensch als Geschöpf betrachtet, sagt Wilh. v. Humboldt[1]) mit Recht, ist ein singendes Geschöpf, aber Begriffe mit den Tönen verbindend. Einen einfachen physiologischen Mechanismus hat hier die Gewalt der Seele ergriffen, und zu ihren höheren Zwecken ausgebildet; überhaupt ihrer Herrschaft unterworfen. Schweigen lernen wir erst im Laufe des Lebens, nachdem wir früher sprechen gelernt.

4. In den vorigen Beispielen, so weit die darin aufgeführten Bewegungen von allen später erlangten Combinationen getrennt gedacht werden, war kein ausdrücklicher Wille wirksam, sondern einem Gefühls-Zustande der Seele folgte eine mit ihm ganz incommensurable Bewegung mit Nothwendigkeit. Es giebt jedoch auch viele Fälle, wo Vorstellungen von Bewegungen in Bewegungen selbst übergehen, ohne daß ein bewußter Einfluß des individuellen Willens bemerkbar wäre. Außer den Nachahmungsbewegungen, die Joh. Müller treffend beschrieben hat, gehören hierher selbst jene traurigen Ereignisse, wo der Gedanke eines Verbrechens, das nicht gewollt, sondern im Gegentheil verabscheut worden ist, dennoch, nachdem es durch vielfältige Associationen immer wieder in das Bewußtsein zurückgekehrt ist, endlich die entsprechenden Muskelbewegungen hervorruft, die zur Consummation des factischen Thatbestandes des Verbrechens führen. Daß solche Hergänge wirklich stattfinden, wird für gleichgiltige Angewohnheiten, oder

[1]) Ueber die Kawi-Sprache.

für Vorstellungen von Handlungen, die kein moralisches Interesse haben, leicht zugegeben, aber Richter und Criminalpsychologen sind im Allgemeinen wenig geneigt, dieses psychologische Factum in Bezug auch auf schwere Fälle zuzugeben, indem ihnen mit Unrecht die Frage nach der Zurechnung durch eine solche willenlose und instinctartige Verübung von Verbrechen in Verwirrung zu gerathen scheint. Allein offenbar besteht eben darin das Verbrecherische der That, daß dem psychologischen Mechanismus gestattet worden ist, bis zu seinem Ziele abzulaufen, gleich als gebe es gar keine Verpflichtung, denselben durch die Energie des Willens aufzuhalten. Diese Rücksicht darf uns daher nicht abhalten, das psychologische Factum anzuerkennen, daß viele selbst sehr complicirte Handlungen, und unter ihnen auch manche Verbrechen, ohne bestimmten Willen vollführt werden, wenn die Vorstellung einer That, von allen Seiten durch andere Vorstellungen immer wieder erweckt und verstärkt, allmälig allen andern Inhalt des Bewußtseins verdrängt und zu dessen herrschender Anfüllung wird. Worüber wir lange brüten, das thun wir zuletzt, ohne es doch zu wollen. Ein seltsamer Grund ist von empirischer Seite her gegen die Annahme geltend gemacht worden, daß auf Vorstellungen von Bewegungen auch Bewegungen selbst folgten; denn wir wußten recht wohl, daß der bloße Gedanke einer Bewegung des Arms denselben nicht beuge, sondern daß der Wille hinzukommen müsse. Hierüber kann man jedoch kein Experiment machen, welches nicht die Bedingungen eines möglichen Erfolgs selbst wieder aufhöbe. Beobachten wir unsere Hand mit der Vorstellung ihrer Bewegung, und warten nun ab, ob diese eintreten werde oder nicht, so ist offenbar die Vorstellung des Eintretens der Beugung und die Vorstellung ihres Nichteintretens im Gleichgewicht; hier kann also nicht eher etwas folgen, als bis der Beobachter aufhört, unparteiisch zu sein, d. h. bis die Vorstellung der Beugung jeden Widerstand der entgegengesetzten, überhaupt jeden Zweifel überwunden hat. Die bloße Stärke oder Lebhaftigkeit einer Vorstellung ist es zwar wohl nicht, wovon der Uebergang in wirkliche Bewegung abhängt; allein was auch die Psychologie als die wahre Bedingung dafür angeben mag, jedenfalls werden die meisten Handlungen unseres gewöhnlichen Lebens auf diesem Wege mechanischer Administration vollzogen und gelangen gar nicht erst nach einer Entscheidung des Willens zur Wirklichkeit. Erst wenn verschiedene Vorstellungen gegen einander streben, entsteht der Zweifel und die Ueberlegung, aus ihr der bewußte Entschluß, der allein uns eine Garantie dafür giebt, daß die ausgeübte Handlung in der That von uns gewollt worden, daß sie nicht bloß aus der Verbindung des psychologischen Mechanismus mit den körperlichen Functionen entstanden ist. Vergleichen wir diese dem Menschen eigenen Bewegungen mit denen der Thiere, so können wir wenigstens zwei Erscheinungen an den letzteren hier anreihen, die Spielbewegungen namentlich junger Thiere und die eigenthümlichen Laute und Gesangsweisen. In beiden ist der Anfangspunkt ein psychischer Vorgang; wohl kaum eine bestimmte Vorstellung, sondern eine Gemüthsbewegung, die hier ihren Ausdruck wie die Affecte in der Physiognomie finden. Die Laute der Thiere scheinen durchgängig von ihrer Organisation abzuhängen; ihre Verbindung zu Gesängen bei den Vögeln bedarf zur Erklärung keiner angebornen Melodie; diese Gesänge verdanken ihren Reiz mehr der Scenerie der umgebenden Natur und dem timbre des Organs; an sich sind sie, musikalisch betrachtet, meist reizlose Bewegungen in chromatischen Intervallen, und ihre Variationen sind meist nur so groß, wie die Verschiedenheiten der Sprünge spielender Thiere, nur daß sie hier nicht mit den Beinen, sondern mit den Stimmbändern und Kehlkopfsmuskeln ausgeführt werden. Die Verschiedenheiten des menschlichen Lachens bieten einigermaßen eine Analogie.

5. Während in den vorerwähnten Beispielen zwar psychologischer Mechanismus, aber doch kein Wille vorhanden war, finden wir Fälle, in denen allerdings ein Wille thätig ist, aber ein solcher, der in Absicht seines Zweckes völlig ohne Willkür ist, und sich wählend nur in Bezug auf die Mittel erweis't, die zur Erfüllung jener führen sollen; ein Wille im Dienste einer Vorstellungsreihe. Hierher gehören die vielfach beobachteten Handlungen der Schlafwandler, diesen Ausdruck ganz abgetrennt genommen von Allem, was zu dem Sagenkreise des thierischen Magnetismus gehört. Da gerade diese Erscheinungen eine vollendete Analogie der Cuvier'schen Traumideen darbieten, so wollen wir sie genauer betrachten. Die Herrschaft der Vorstellungen über die Muskeln ist im Schlafe nicht ganz aufgehoben; wir sehen die Träumenden Bewegungen ausführen, die ganz zweckmäßig in Bezug zu der innerlichen Traumwelt, aber oft höchst lächerlich sind, mit den vorhandenen Umständen verglichen, von denen der Träumende nichts gewahr wird. So verfolgen die Jagdhunde im Traume das Wild, in dem sie, ohne aufzustehen, hastige Laufbewegungen ausführen; so macht der von Wassergefahr Träumende auf seiner Matratze verbleibend, Schwimmversuche. Diese Verhältnisse sind sehr seltsam; während die Seele hier die Glieder in Wirklichkeit, nicht bloß im Traume scheinbar bewegt, hat sie doch gar keine Kenntniß von ihrer wirklichen, sondern nur von ihrer scheinbaren Lage im Traume. Solchen Traumhandlungen können wir die Instincte nicht vergleichen, denn gerade in ihnen zeigt sich ja eine außerordentliche prädestinirte Harmonie der Bewegungen mit den äußeren Bedingungen, unter denen sie unternommen werden. Eine andere Gattung der Traumhandlungen dagegen scheint dem Instinct vollkommen zu entsprechen. Wenn während des Schlafes eine Vorstellungsreihe den Trieb zu irgend einer Handlung erweckt hat, so erweckt sie bei großer Lebhaftigkeit zuletzt auch das Bewußtsein der äußeren Umgebung, indem die Sinnesorgane wieder zu functioniren anfangen: der Kranke erwacht zwar, aber keineswegs sogleich vollständig. Vielmehr so groß kann die Energie eines Traumes sein, daß alle Hülfsmittel des wachen Zustandes dazu verwandt werden, um ihn, dessen Vorstellung als ein unabänderlich zu erreichendes Ziel das Bewußtsein anfüllt, wirklich zu realisiren. Erst allmälig erwecken die deutlicheren Perceptionen der äußeren Sinne Associationen der Gedanken, aus denen sich die Erinnerung an das individuelle Leben und die Ueberzeugung heraushebt, daß die eben intendirte Handlung keinen Sinn in der Reihe der Entwicklungen hat, durch welche die Seele sich zu einem individuellen, empirischen Ich geworden weiß. Mancher wird diese Zustände an sich selbst erfahren haben; auch ich beschreibe sie aus der Erinnerung eines früheren Erlebnisses. Wir werden in ihnen schwerlich einen Willen sehen wollen, der dem nämlichen Ich zugehört, dem wir sonst Verdienst und Schuld unserer Handlungen zuschreiben: es fand in diesen Fällen kein Selbstbewußtsein, wenngleich ein Bewußtsein, ein Innewerden des Aeußern Statt; denn eben das, was den Menschen zu der bestimmten individuellen Person macht, die zusammenhängende Erinnerung seiner Bestrebungen und Zustände, durch die er sich als sich charakterisirt, diese war aus der Reihe der Vorstellungen völlig verschwunden. Die Seele war nichts weiter mehr, um es deutlich, wenn auch craß auszudrücken, als eine Vorstellungsmaschine, in der ein

traumhaft entstandener Gedanke dominirt und alle äußeren Perceptionen uns nach einem bestimmten Ziele hinlenkt, ohne daß hier irgend ein individueller Wille, irgend ein Entschluß den Grund der Handlung abgäbe. In diesen Fällen nun scheint mir die Situation des Menschen in Bezug auf seine Handlungen genau die nämliche zu sein, in welcher sich das Thier zu den Producten seines Instincts befindet, und eben deßhalb hat wohl Cuvier mit seinen traumhaften Ideen nicht bloß einen geistreichen Ausdruck gegeben, sondern den Zustand bezeichnet, der bei dem Menschen wirklich dem Princip der Sache nach der nämliche ist.

6. Nach allen diesen Voraussetzungen löst sich die Frage darnach, ob in den Instincten Mechanismus oder Freiheit herrsche, von selbst auf. Sie entstand größtentheils aus dem Irrthum, daß man von unseren menschlichen Handlungen viel zu viel dem Willen zurechnete, und dadurch die Bedeutung dieses Wortes so ausdehnte, daß man andrerseits um die großen Unterschiede, die sich in den Arten unsers Wollens und Handelns doch empirisch zeigen, einigermaßen erklären zu können, zu den dunklen Begriffen eines unbewußten, unabsichtlichen, oder recht eigentlich unwillkürlichen Willens geführt wurde, die den gewöhnlichen Ansichten über Instinct zu Grunde liegen. In einer ganz bestimmten Bedeutung des Wortes können wir gewollt nur das nennen, dem ein zu völliger Klarheit der Apperception gelangter Entschluß vorhergegangen ist; alles Andere, mag es sich auch darstellen, wie es will, ist Resultat eines psychologischen Mechanismus, oft freilich ein solches, welches der wahrhafte individuelle Wille pflichtmäßig hätte verhindern sollen. In dieser Bedeutung ist es noch sehr fraglich, ob die Psychologie den Thieren, die nie eine andere Spur von Selbstbeherrschung zeigen, als solche, wo eine Vorstellung die andere bekämpft, wirklich einen Willen zuschreiben darf; Begierden freilich, selbst wenn wir wollen, Leidenschaften, können wir ihnen nicht absprechen. Gegen diese psychologische Wahrheit sträubt sich aber die so weit verbreitete Scheu vor Allem, was Mechanismus heißt, als könnte die Seele etwas von ihrer Würde verlieren, oder als ständen die höchsten moralischen Interessen auf dem Spiele, wenn nicht auch für das geringste Detail der Handlungen eine ernsthafte Entschließung von Seiten des freien Willens eine heilige Sanction darböte. Dies ist das Princip der Pedanterie. Die Aufgabe aller Erziehung ist es dagegen, gute mechanische Gewohnheiten durch Uebung hervorzubringen; Gedächtniß, praktische Rechnungsregeln werden möglichst maschinenmäßig ausgebildet, damit sie recht massenhaft die niederen Bedürfnisse des geistigen Lebens durch eine bloß mechanische Administration abthun, und zu der überlegenden Entscheidung des Geistes nur das gelange, was um seiner Wichtigkeit willen eine Beschlußnahme der Freiheit, oder des individuellen Willens verlangt. So beruht endlich aller Tact, alle Gemessenheit und Anmuth des Benehmens darin, daß alle gewöhnlichen Handlungen jede Spur von Absichtlichkeit und Willensimpuls verloren haben und nun, wie die Ergebnisse einer schönen Natur, sich aus sich selbst zu entwickeln scheinen. Beobachten wir uns selbst, so werden wir finden, daß von allen unseren Handlungen nur der allergeringste Theil wirklich expreß gewollt worden ist, daß vielmehr die allermeisten aus einem durchaus willenlosen psychologischen Mechanismus hervorgehen. Wir haben allen Grund anzunehmen, daß die Thiere überhaupt nur unter dem Einflusse dieses Mechanismus handeln; ihr Verhältniß zu ihren Thaten wird daher immer ein willenloses sein, und die Instincthandlungen der Thiere unterscheiden sich von allen ihren übrigen Bewegungen bloß durch die unver-

änderliche Constanz, mit der gewisse Vorstellungen als Anfangspunkte derselben in allen Exemplaren einer Gattung erregt werden.

II. Die Frage, wie sich bei den Instincthandlungen der Thiere der Wille zu der Art und Weise dieser Thätigkeitsäußerungen verhalte, können wir als erledigt betrachten; alle die oben erwähnten Arten der Bewirkung von Bewegungen werden in einzelnen Beispielen des Instincts, am meisten aber die unter 5) erwähnten, der Erklärung zu Grund gelegt werden können. Zwei Annahmen allein werden unstatthaft sein; die eines bloß physiologischen Mechanismus, denn sie erklärt uns die Möglichkeit zweckmäßiger Accommodation nicht, die wir bei vielen Instincten erfahrungsmäßig kennen; und die eines bewußten, sich entschließenden Willens, denn sie macht wiederum die Unveränderlichkeit der Instincte im Ganzen und Großen unerklärlich. Daß beim Instinct alle Hülfsmittel, welche die Seelenthätigkeiten zur Erreichung eines Zwecks darbieten können, auch wirklich benutzt werden, aber zu einem Zwecke, der von allem Anfang herein ein gegebener, vorbestimmter ist, an dem keine Willkür ändern kann: diese Ueberzeugung hat immer den Versuchen zu einer Theorie der Instincte zu Grunde gelegen. Die Frage aber, woher allen einzelnen Individuen eine solche Vorstellungsreihe entstehe, die nun die Hülfsmittel der Organisation, so wie sie schon fertig da sind, zu einem bestimmten Zwecke dirigirt, ist eine der schwierigsten und in ihrer Allgemeinheit bei dem jetzigen Zustande der Psychologie nicht auflösbar. Angeborne Ideen, traumhaft vorschwebende Musterbilder, Ausbreitungen der organisirenden Lebenskraft über die Grenzen des Körpers, so daß sie, gleichwie die Gleichung mancher Curven abgeschlossene kleine Figuren mit in sich begreift, auch noch die Werke der Kunsttriebe mitbestimmt, endlich determinirte Seelenkräfte, deren Wesen gerade darin bestehe, ein einziges beschränktes Werk oder eine Reihefolge von Bewegungen hervorzubringen, das Alles sind vor der Hand nur Worte, die eine mehr oder weniger überredende Vorstellungsweise, aber keinen wissenschaftlich besser bestimmten Begriff von dem Wesen des Instincts geben, und die überdies selbst erst mit den Voraussetzungen der Psychologie in Uebereinstimmung gesetzt zu werden bedürfen. Die folgenden Bemerkungen, ohne irgend einen Anspruch auf Abschluß dieser Zweifel zu machen, sollen nur einige der am meisten für eine künftige Theorie beachtenswerthen Punkte hervorheben; nämlich die Begriffe der angebornen, der durch körperliche Momente und endlich der durch psychische Associationen entstandenen Ideen; unter diesen Begriffen müssen wir einen oder vielleicht mehrere zusammen der Genesis der Instinctideen als Erklärungsgrund unterlegen.

1. Wie sehr auch der muthmaßliche Vorstellungsinhalt des Thieres bei seinen Instincthandlungen von dem unserer Seele abweichen mag, so müssen wir doch auch hier wieder an die letztere anknüpfen. Irre ich nicht, so wird die Unbegreiflichkeit des Instincts noch unnöthig durch einen ähnlichen Mißverstand vermehrt, wie jener über das Verhältniß von Mechanismus und Freiheit war. Während man die Thiere einem Traume nachjagen läßt, den sie sich nicht selbst gegeben, sondern den sie unmittelbar als factische Anfüllung ihrer Seele vorfanden, und dem sie nur gehorchen können, hebt man nicht genug hervor, daß auch in unserem inneren Leben unsere Zwecke, die Tendenzen, die wir verfolgen, und die Mittel zu ihrer Verwirklichung, nicht überall von der Freiheit unsers individuellen Wollens abhängen, sondern daß wir uns ebenfalls in sehr bedeutenden Rücksichten auf eine natürliche Qualität unserer Seele angewiesen finden, über welche wir keineswegs

hinaus können. Gerade im Gegensatze zum Instinct pflegt man sich wohl vorzustellen, als wäre das von allen empirischen Bestimmungen vollkommen freie Ich, diese reine Zurückbeziehung auf sich selbst, die anfängliche Grundlage unseres geistigen Lebens; aller bestimmter Inhalt dagegen, durch den dieses Ich sich gegen andere abgrenzt, eine aus seiner Freiheit hervorgegangene That. Die menschliche Seele erscheint als tabula rasa, die thierische als tabula inscripta; und wir staunen über ihr Schicksal, von der Natur mit angebornen Ideen beschrieben worden zu sein, indem wir vergessen, was wir außerhalb jenes Gegensatzes zum Instinct wohl wissen, daß unsere Persönlichkeit gar nicht bloß in jenem reinen Ich besteht, sondern in einem Inhalt, dem diese Ichheit als Form der Existenz zukommt: dieser Inhalt aber ist ein von uns selbst so vollkommen unabhängiger, als es nur irgend der Inhalt des Instincts für die Thiere sein kann. Ich meine hiermit noch nicht jene Bedingungen, die man leicht auf körperliche Gründe zurückführen kann, wie z. B. den Unterschied des Geschlechtes, welches allerdings eine Schranke auch für die geistige Entwicklung bildet, die kein Individuum überspringen kann; auch können wir noch absehen von den ethischen Ideen und dem Gewissen, welches, wenn irgend etwas, hinsichtlich der Dringlichkeit und Unabhängigkeit seiner Aussprüche von der Willkür, ein höherer Instinct heißen kann; beide Erscheinungen können, wer da wollte, noch immer auf eine freilich unzulängliche Weise uns den Verwicklungen körperlicher Lustgefühle mit den Associationen des berechnenden Verstandes herzuleiten versuchen. Mißlingen wird ein solcher Versuch bei den Formen der Erkenntniß, die wir als ein nothwendiges, uns eingebornes Factum ansehen müssen, welchem wir mit völlig willenloser Folgsamkeit zu gehorchen gezwungen sind. Gerade so also, wie wir annehmen, daß eine Reihe von Vorstellungen, anerschaffen oder angeboren, ohne das Verdienst der Thiere ihre Seelen erfülle, und daß sie nur unter dem Einflusse dieser herrschenden Ideen ihre Seelenfähigkeiten zur Ausübung bestimmter Handlungen verwenden, so giebt es auch in unserer Seele etwas, was gar nicht *wir selbst* sind, und was ebenfalls als ein Gegebenes und Anerschaffenes einen übermächtigen Einfluß auf unsere ganze Entwicklung ausübt. Nur anstatt bestimmter einzelner Vorstellungen treten in uns die Formen der Erkenntniß auf, die Gewohnheiten, zu allem Geschehen Ursachen zu suchen, in der Zufälligkeit der Ereignisse Zwecke zu vermuthen, überhaupt das Gegebene in einen höheren, idealen Zusammenhang zu bringen, so wie der Kunsttrieb mancher Thiere physikalisches Material zu bestimmten Formen verbindet. Das Instinctartige erscheint daher in der menschlichen Seele nicht vernichtet, sondern nur einen Schritt weiter zurückgedrängt. Diese Analogie wird indeß auf den ersten Anblick weit hergeholt scheinen und man wird den großen Unterschied zwischen allgemeinen Formen der Erkenntniß und bestimmten einzelnen Vorstellungen der Thiere hervorheben, der hier jede Vergleichung unmöglich mache. Ich muß mich hier auf psychologische Ansichten stützen, die ich nur kurz berühren kann, und deren weitere Erläuterung ich einer künftigen größeren Arbeit über Psychologie überlassen muß. Was mir am meisten der richtigen Beurtheilung der psychischen Erscheinungen entgegenzustehen scheint, ist dies, daß man gewohnt ist, den Allgemeinbegriff der Seele so zu Grunde zu legen, als drückte er das Wesen dessen aus, was allen geistigen Phänomenen zu Grunde liegt, obwohl er im Gegentheil nur ein phänomenologischer Ausdruck ist, welcher Alles bezeichnet, was die charakteristischen Erscheinungen des Empfindens, Wahrnehmens u. s. f. an sich hervortreibt. Was nun dieses sei, das sich in diesen Erscheinungen offenbart, bleibt noch unentschieden; jedenfalls aber muß es einen Inhalt für sich haben, der nicht dahin aufgezehrt werden darf, daß wir als Seele nur ein einfaches und gleichgiltiges, sonst bestimmungsloses Substrat jener Erscheinungen selbst betrachten. Die Gewohnheit aber, dies zu thun, und zu vergessen, daß die eigenthümliche Natur jeder einzelnen Seele im Voraus die Art bestimme, wie sie sich als Seele, d. h. in jenen Thätigkeiten des Empfindens, Wahrnehmens u. s. w. benehmen wird, hat die Vorstellung hervorgebracht, als lägen den verschiedenen psychischen Vorgängen, in Menschen und Thieren, gleichartige Seelensubstanzen zu Grunde, die nur durch die Gewalt der Umstände oder der körperlichen Organisation in so sehr verschiedene Entwicklungszustände hineingetrieben würden. Die gewöhnliche Ansicht ist also der Meinung, daß im Grunde alle Seelen homogene Substanzen unter sich sind, nur die Fähigkeiten und Vermögen seien verschieden ausgetheilt; während nach unserer Ueberzeugung die Seelen an sich gar nicht vergleichbar sind, während ihre Fähigkeiten und Vermögen gleichartig sind. Dies erscheint besonders wegen einer Zweideutigkeit des Sprachgebrauchs dunkel, welche wir heben müssen. Nennen wir Seele irgend eine Substanz nur insofern, als sie eben die Erscheinungen des Empfindens und Vorstellens entwickelt, welche uns überhaupt Veranlassugg zu der Erfindung dieses Namens gegeben haben, so sind natürlich alle Seelen gleichartig, denn wir bezeichnen dann mit dem Namen nicht mehr die Substanz, sondern eine ihrer Relationen. Nennen wir dagegen Seele die jenen Erscheinungen zu Grunde liegende Substanz an und für sich, abgetrennt von diesen Zuständen, die ihr nur widerfahren, während sie selbst etwas für sich ist, so ist kein Grund vorhanden, die verschiedenen Seelen für vergleichbar anzusehen, sondern sie können sehr wohl gänzlich unter einander verschieden sein, dennoch aber jede mit der andern darin übereinkommen, daß sie jede Erscheinungen des Vorstellens und Empfindens an sich entwickeln, nur mächtig modificirt durch das, was sie an sich sind. Suchen wir also das Leben irgend einer Seele vollständig zu begreifen, so liegt der Mittelpunkt aller Fäden, die sich hier verschlingen, gar nicht in dem Relationsbegriff Seele, sondern in dem specifischen Inhalt, der die Form der psychischen Existenz angenommen hat, und der es bestimmt, was mit den allgemeinen Hülfsmitteln des Vorstellens und Empfindens eigentlich producirt werden soll. Diesen specifischen Inhalt nun, das eigentliche Wesen jeder einzelnen Seele, kennen wir nicht unmittelbar; aber doch auf einem teleologischen Umwege können wir einigermaßen darüber eine Ueberzeugung fassen. Das Wesen der Seele wird immer ihrer Bestimmung, ihrem Zwecke entsprechen; können wir einen höchsten Zweck aufweisen, der das Leben der Seele beherrscht, so werden sich auch umgekehrt aus ihm die Eigenthümlichkeiten, die dieser Seele zukommen, als nothwendig zu diesem Zwecke geforderte Antecedentien darstellen lassen, während sie in Wirklichkeit die früher vorhandenen Bedingungen sind, aus denen das Leben der Seele, als der erfüllte Zweck, hervorgeht. Folgen wir diesem teleologischen Wege, so müßten mir als den Mittelpunkt der menschlichen Seelenentwicklung die moralischen Ideen nennen, und aus unserer Bestimmung zum sittlichen Leben müßte sich rückwärts, was hier weitläufiger zu zeigen nicht der Ort ist, die gesammte übrige Einrichtung unserer Seele begründen lassen. Es müßte sich zeigen lassen, daß und warum nur unser Wille, keineswegs auch die Erkenntniß frei ist, warum ferner die Formen die Erkenntnisse, die Grundbegriffe, denen wir den Zusammenhang aller Dinge unterwerfen, gerade die sind, welche sie sind; denn daß auch sie sich aus einem mechanischen Gegeneinandertreiben einzelner Vorstellungen als Resultate erklären lassen, ist ein irriges Vorgeben einer neuern psychologischen Schule. Endlich muß, wie längst anerkannt ist, in dieser Bestimmung der menschlichen Seele der Grund liegen, warum in ihr keine sie so vollständig ausfüllenden Instincte und namentlich keine einzelnen dominirenden Traumideen vorgefunden werden. Denn die Idee des Guten, die wir allenfalls den Instinctideen der Thiere parallelisiren können, bezieht sich ihrem Inhalt nach nicht auf ein bestimmtes Geschehen, ein bestimmtes Werk, sondern nur auf constante Relationen sehr verschiedenartiger Handlungen. Dem Seelenleben der Thiere, wenn wir es auch sonst sehr ähnlich dem menschlichen finden, können wir doch wenigstens nicht denselben Zweck der Moralität unterlegen, und diese Verschiedenheit weis't auch auf eine ganz andere Natur der diesen psychischen Erscheinungen zu Grunde liegenden Substanzen hin. Welches innere Gemüthsleben den Thieren auch eigen sein mag, wovon wir nichts wissen, ihre Bestimmung ist jedenfalls keine ethische und bedarf der Freiheit des wählenden Willens nicht; sie geht auf theils in einer ästhetischen Bedeutsamkeit ihrer Erscheinung, theils in den Zwecken, welche sie für den Haushalt der Schöpfung erfüllen. Dafür wird daher mehr gesorgt sein, und an die Stelle des Gewissens tritt für das Thier die determinirende Instinctidee als dasjenige, was eigentlich hier die Form des psychischen Lebens annimmt. Ein Hegelianer würde sagen, des Menschen Seele sei die sich wissende ethische Idee, die Thierseelen dagegen seien verschiedene sich wissende Naturideen. So sehr ich diesen Ausdruck aus anderen Gründen scheuen würde, so bezeichnet er doch eins mit hinlänglicher Deutlichkeit, nämlich dies, daß in Menschen- und Thierseelen nicht gleichartige Substanzen zufällig ungleichartige Fähigkeiten zeigen, sondern daß ganz abweichende, durch ganz verschiedenen Inhalt charakterisirte ideale Wesen vielmehr die gleichartige Form des Seelenlebens angenommen haben und diese nun auch, ihren Naturen gemäß, nach ganz verschiedenen Richtungen hin ausbilden, sie zu ganz verschiedenen Entwicklungen, jede ihrem Zwecke gemäß, benutzen. Der Stand der Frage nach den Traumideen Cuvier's und ihrer Rechtfertigung hat, wenn wir dies Obige zu geben, sich jetzt geändert. So wie im Menschen die Idee des Guten prädominirt, so ist es recht wohl möglich, daß in den Seelen der Thiere auf ganz ähnliche Weise andere, einzelnere und specialisirtere Determinationen zu bestimmten Handlungen vorhanden sind, welche bei den Thieren eben so evident sich von selbst verstehen, als bei uns die von unserer moralischen Bestimmung abhängigen Gesetze unserer Erkenntniß. Der Name angeborner oder anerschaffener Ideen ist allerdings nicht zweckmäßig, denn er setzt voraus etwas, dem sie anerschaffen seien, und als solches würden wir dann wieder das abstracte Seelenwesen ansehen müssen, d. h. ein Wesen, welches sich wahrnehmend, fühlend, vorstellend verhält. Aber umgekehrt gerade hat man dies zu fassen: nicht dies Wahrnehmen und Vorstellen ist der Grundcharakter der Seelensubstanz, welcher dann erst die determinirende Instinctidee anerschaffen würde, sondern der Inhalt dieser letztern oder vielmehr der Keim zu ihr liegt in dem unsprünglichen Wesen und bildet dessen Qualität, die dann, wenn dies Wesen die Form des psychischen Lebens annimmt, sich als Instinctvorstellung oder Idee äußern muß. Ich habe versucht, auf diese Weise nur erst den Begriff der Instinctideen zu rechtfertigen und zu zeigen, daß überhaupt ein Gebrauch davon gemacht werden kann; wo aber dieser Begriff zu Hülfe genommen werden müsse, darüber vorläufig nur wenige Worte. Er wird nie das einzige Erklärungsprincip der Instincte sein, weder so, daß er die Instincte aller Thierklassen, noch so, daß er die Totalität aller instinctartigen Handlungen einer und derselben Klasse erläuterte. Man kann, was das Erste betrifft, nicht einfach Menschenseele und Thierseelen unterscheiden; die letzteren zerfallen vielmehr in unendliche Verschiedenheiten, deren jede nach der obigen Consequenz eine besondere Betrachtung verdienen würde. Die wunderbarsten Instincte herrschen in den niedersten, nur wenige kommen in den höheren Thierklassen vor, die letzteren nähern sich mit der Volubilität ihrer Associationen von Vorstellungen dem Menschen an. Von allen den verschiedenen Urqualitäten ihrer Seelen, die wir voraussetzen müssen, oder von dem Inhalt, welcher in ihnen die Form des Seelenlebens annimmt, kennen wir überdies keinen einzigen. Eben deßhalb giebt es zweitens kein Kriterium, wonach beurtheilt werden könnte, wie viel von der ganzen Handlung, die der Instinct gebietet, von jenem rein psychischen Stamm, jener Urqualität der Seele direct abhängt, wie viel von den Anregungen, die die körperliche Organisation bietet, wie viel von psychologischen Associationen der Vorstellungen, und wie viel endlich von dem Zusammenkommen aller dieser Bedingungen.

2. So wie alle Körper, so verschieden auch sonst ihre innerliche Natur sein mag, doch dies eine gemein haben, der Anziehung gegen die Erde unterworfen zu sein und nach ihr hin zu fallen, so haben wir also angenommen, daß auch in ihrem eigentlichen Wesen höchst verschiedene ideale Substanzen darin übereinkommen können, S e e l e n zu sein, d. h. die Phänomene des Empfindens, Vorstellens und Wollens in sich zu entwickeln. Diese Annahme gab uns das Recht, im Allgemeinen die prädominirende Anfüllung einer Seele durch eine herrschende Idee nicht wunderbarer zu finden, als die Anfüllung einer andern durch eine andere, und es läßt sich daher nicht bezweifeln, daß in abstracto jene sogenannten angebornen Ideen ein mögliches Erklärungsprincip der Instincte sind. Allein diese wüste Allgemeinheit des Gedankens, daß jede beliebige Idee als der charakteristische Inhalt einer Seele angesehen werde, müssen wir doch beschränken. Wir können uns nicht im Ernst einbilden, daß die Vorstellung einer sechsseitigen Zelle das sei, was die Seele der Biene ausmacht, oder daß in der Vorstellung einer conischen Erdvertiefung die Seele des Ameisenlöwen bestehe, vielmehr werden wir immer diese letzte Gestalt der dominirenden Idee, so wie sie unmittelbar als das den Instincthandlungen zu Grunde liegende Muster betrachtet werden kann, als das Resultat ansehen müssen, was aus einer einfacheren, das Wesen der Seele wirklich ausmachenden Bestimmung durch den Hinzutritt noch vieler anderer Bedingungen hervorgebracht worden ist. Hierin liegt nun der eine Grund der Unmöglichkeit einer wirklichen Theorie der Instincte. Jene primitive Idee nämlich können wir durch Erfahrung nie kennen lernen, da uns das Innere jeder fremden Seele verschlossen ist. Es bliebe daher nichts übrig, als aus irgend welchen philosophischen Grundlehren die Reihe derjenigen Ideen zu entwickeln, welche man in Uebereinstimmung mit dem gesammten Sinne der Schöpfung als solche primitive, eine eigenthümliche psychische Existenz annehmende mit Recht ansehen darf. Für solche Unternehmungen wird wohl aber Niemand einen sichern Boden wissen. Wir müssen uns daher mit der Anerkennung des angeführten Princips in abstracto begnügen, aber auf jede Benutzung desselben zu wirklicher Detailerklärung verzichten.

Etwas glücklicher können wir vielleicht in Bezug auf die andere Frage sein, nach den zweiten in der körperlichen Organisation gelegenen Prämissen, die zu jenen primitiven Ideen hinzutretend, diesen eine bestimmtere, specialisirtere Richtung und Gestalt geben. Daß im Allgemeinen die gesammte Geistesentwicklung gar sehr von der des Körpers abhängt, wird Niemand bezweifeln; wir können uns sogar uns selbst nicht vorstellen, wie wir bei einer andern körperlichen Organisation sein würden. So ist das innere Leben des weiblichen Gemüths der männlichen Seele verschlossen, und gewiß bringt schon die Verschiedenheit des Geschlechts andere Formen des Vorstellungsablaufs herbei. Einzelne intercurrirende Veränderungen des Körpers durch Schmerzen oder Krankheiten bringen einen schleunigen Ablauf von Vorstellungen hervor, die sich oft deutlich auf ihre körperlichen Bedingungen zurückführen lassen; allein wir können diese Entstehungsweise von Vorstellungen nicht mit dem Instinct vergleichen, vielmehr kommt sie bei Thieren ganz in derselben Weise noch außer dem Instincte vor. Beschränken wir uns dagegen auf jene Einflüsse, die von einer festen, beständigen Einrichtung der Organisation oder von deren allmäliger Weiterentwicklung auf die Seele hinüberwirken, so können wir die Resultate dieser Psychagogie der Natur weniger in der Ausbildung bestimmter Vorstellungen, als vielmehr in der Hervorbringung gewisser stehender Gemüthsstimmungen oder gewisser Eigenthümlichkeiten der Gedankenbewegung finden, die als unaussprechbare, kaum bewußte Obersätze allen Ansichten im Leben, so wie allen Entschlüssen und Handlungen zu Grunde liegen. So wie nach und nach ein Organ des Körpers nach dem andern seiner Bestimmung entgegenreift oder abstirbt, so machen auch die im Einzelnen geringen und dunklen, in ihrer Summation aber bedeutenden und einflußreichen Sensationen, die von ihm ausgehen, in der Stimmung mehr oder weniger sich geltend, und diese an sich gestaltlose Gemüthsrichtung kann doch der Grund sein, welcher die übrigen Kräfte des Geistes auf einen Kreis ihr adäquater, bestimmterer Vorstellungen hinlenkt. Durch solche Veranstaltungen trägt sich die typische Entwicklung des Körpers in seinen verschiedenen Lebensaltern auch auf die geistigen Vorgänge über, und die Sinnesart wechselt nicht bloß mit der Erfahrung, sondern auch mit dem leiblichen Leben. Deutlicher sieht man den Einfluß dieser Umstände an der Verschiedenheit der Temperamente, die wir wohl mit Recht überwiegend von körperlichen Ursachen ableiten, mögen diese nun in einer besondern Einwirkungsweise besonders gearteter flüssiger Theile auf die empfindenden und bewegenden Nerven bestehen, oder in einem einseitigen Prädominiren der Sensationen gewisser Theile des Nervensystems. Andere Gedankenassociationen, andere Betrachtungsweisen der Dinge bilden sich unter dem Einflusse sanguinischer, cholerischer, phlegmatischer und melancholischer Stimmungen aus, und wenn dies im Allgemeinen noch gestaltlose Stimmungen sind, so sehen wir doch in den Geschichten der Wahnsinnigen, daß es vielleicht nur weniger Nebenumstände bedarf, um aus ihnen auch fixe, bestimmte einzelne Vorstellungen zu entwickeln, deren Inhalt dem Boden angemessen ist, auf dem sie wuchern, so wie die Dämonophobie beispielsweise der Melancholie entspricht. Einen ähnlichen Unterschied mag die Verschiedenheit des Geschlechts bilden, und es würde vielleicht gelingen, in den Auffassungsweisen und dem innern Leben männlicher und weiblicher Gemüther einzelne constante, sich von einander abgrenzende Züge aufzufinden, die insofern dem Instinct verglichen werden können, als sie ebenfalls ohne Absicht und Reflexion als vergeistigte Kunsttriebe aus den natürlichen Bedingungen der Seele sich entwickeln, und darauf ausgehen, zwar nicht rohes physikalisches, wohl aber das flüchtigere Material des Vorstellungslebens in gewisse harmonische Anordnungen einzureihen.

Allein anderseits sind doch alle diese Erscheinungen noch himmelweit von der Determination unterschieden, welche etwa die Biene zwingt, sechsseitige Zellen zu bilden, und wie bestimmt auch zuweilen die dominirenden Wahnvorstellungen sein mögen, die sich in Geistesstörungen entwickeln, so ist doch anzunehmen, daß sie sich immer aus Associationen früher dagewesener Vorstellungen zusammensetzen; dagegen können wir nicht glauben, daß eine Summe von körperlichen Empfindungen allein sie in einer erfahrungslosen Seele hervorbringen würde. Nun haben zwar alle Thiere außer ihrem Instincthandeln noch ein anderes gewöhnliches, den Associationen von Vorstellungen offenstehendes Leben; allein die zur Erklärung der Instincte anzunehmenden Associationen müssen so constant jedem Individuum widerfahren, daß wir sie wiederum nicht in der äußern Natur entstanden denken können, sondern die Ursachen der einzelnen Vorstellungen, aus denen sich das Muster der Instincthandlung associirt, selbst wieder, wenigstens großentheils, in körperlichen Bedingungen zu suchen genöthigt sind. Nun bieten sich allerdings der Analogie nach hier sehr viele Möglichkeiten dar. Einestheils giebt es Instincte, zu deren Ausübung ganz besondere Werkzeuge den Thieren gegeben sind; in jedem Gliede aber können wir eine physiologische Tendenz zur Ausübung seiner Function voraussetzen, und so mögen sie denn zuerst nur im Spiel gebraucht werden, bis sie ihren passenden Wirkungskreis finden. Es giebt jedoch auch Thiere, denen, wie es scheint, nur sehr gewöhnliche, nicht offenbar zu einem besondern Zweck prädestinirte Organe gegeben sind; bei ihnen können wir doch wenigstens eine bestimmtere Anordnung des Nervensystems voraussetzen, die vielleicht periodisch zu eben so bestimmten Bewegungen reizt, als manche pathologische Krampfformen ebenfalls bestimmte Combinationen von Bewegungen zeigen, zu denen sonst die Musculatur unseres Körpers nicht eingerichtet ist. Wir wissen nicht, wie weit wir uns dieser Voraussetzung specieller, in der Structur der Nervencentraltheile begründeter Anlagen hingeben dürfen, doch ist es wohl zweifellos, daß für die Combinationen der Empfindungen, die wir durch Sinnesorgane erhalten, auch besondere Anlagen besitzen können. So finden wir am häufigsten für Musik, Malerei, Baukunst, selbst für Geometrie bestimmte Talente; und eben so sehen wir nach Beschädigungen des Gehirns zuweilen einseitig solche Beschäftigungen auftreten, die mit den Bautrieben der Thiere und dergl. Aehnlichkeit haben. Auf solche Weise könnte den Thieren wenigstens die allgemeine Sphäre ihrer Instincthandlungen angewiesen sein. Wie wir von hier zu den einzelnen Musterformen gelangen, ist dunkel. Niemand wird die sechs Seiten der Bienenzellen von ihren sechs Beinen oder von dem hexagonalen Sehfelde herleiten wollen, das man ihnen ohne Grund zuschreibt. Aber doch, wäre es richtig, daß ein solches sechsseitiges Sehfeld von ihnen empfunden würde, so könnte dies den Grund enthalten, warum gerade diese geometrische Figur in ihren Vorstellungen überwiegt. So abgeschmackt die Erklärung selbst ist, so ist doch die allgemeine Formel richtig, nach der sie gemacht ist; Umstände solcher Art werden wir immer voraussetzen müssen, um die Specialitäten der dominirenden Vorstellungen zu erklären. Es ist selbst nicht zu entscheiden, ob nicht sogar die Verschiedenheiten des Geschmacks in den Künsten, so wie sie in verschiedenen Zeitaltern und Nationen verschiedene Formen besonders begünstigen, wenigstens zu einem geringen Theile von den Veränderungen in dem physiologischen Charakter abhängen, der auf die allgemeine Stimmung der Völker entschieden einen deutlichen Einfluß geäußert hat. Es ist indessen hierüber genug gesagt; thöricht würde es sein, von diesen Ideen eine bestimmte Anwendung machen zu wollen; nur müssen wir anerkennen, daß hier ein der Empirie zugängliches Feld liegt, aus dem sich Einiges vielleicht einmal erklären läßt. Die großen Abweichungen im Bau des Nervensystems, die ganz verschiedenen Verhältnisse des Sympathicus in der Thierreihe lassen uns vermuthen, daß nicht nur uns unbekannte Sinneswahrnehmungen bei manchen Thieren stattfinden mögen, die uns viele ihrer motivlos und wie durch eine prästabilirte Harmonie hervorgebracht erscheinenden Handlungen erklären, sondern daß namentlich vielleicht die inneren vegetativen Vorgänge im Körper selbst, die unserer Kenntniß durch den Mangel direct sensibler Nerven in diesen Theilen entzogen sind, bei mehreren Thierklassen einen bedeutenden Theil der Wahrnehmungen überhaupt ausmachen. Auf diese Weise könnte einiges Licht auf Instincthandlungen fallen, die bei den niedrigsten Geschöpfen gerade so sehr mit den Zwecken der Ernährung, der Metamorphose und der Fortpflanzung zusammenhängen.

3. Es wird wohl unnöthig sein, den dritten der oben erwähnten Punkte, die Entstehung der Instinctvorstellungen aus Associationen, weitläufiger zu erörtern. Wie leicht auch sich Associationen von Vorstellungen in manchen Thieren bilden, so finden wir die daraus hervorgehende Gelehrigkeit doch gerade vorzugsweis bei denjenigen, die dafür wenige Instincte zeigen; die Ausbildung der letzteren scheint eher eine jeder Entwicklung durch Associationen feindselige Starrheit einzelner Vorstellungsreihen hervorzubringen. Außerdem steht allen solchen Theorien die Unveränderlichkeit der Instincte in den einzelnen Individuen entgegen, noch mehr aber das Hervortreten derselben in Fällen, wo weder durch Nachahmung, noch durch Unterweisung, noch durch vorgängige Erfahrung sich jene Vorstellungsverknüpfungen gebildet haben konnten. Ob wir recht thun, auch der Zeit nach die Unveränderlichkeit der Instincte in allen sich folgenden Generationen der Vervollkommnung und dem stetigen Fortschreiten menschlicher Bildung so ohne Weiteres entgegenzusetzen, möchte ich zweifelhaft lassen; eine lange Zeit statarische Bildung finden wir bei rohen Völkern auch, und fragen wir nach dem Ursprunge menschlicher Cultur, nach den Umständen, die mit einem gewaltigen Ruck einzelne Nationen über diesen Naturzustand erhoben haben, so sind uns diese wieder so unbegreiflich, daß wir fast auch hier einen Instinct der Fortbildung voraussetzen möchten, wie bei den Thieren einen der Trägheit. Jedenfalls indessen ist unter allen Erklärungsprincipien der Instincte dieses der Associationen das schwächste und wird immer nur einzelne Theile derselben oder die Möglichkeit zweckmäßiger Modificationen erklären.

Ich eile, eine Darstellung zu schließen, deren letztes Resultat in der Kürze das Geständniß unserer Unwissenheit in allen diesen Dingen ist. Es könnte keinen Nutzen haben, hier die einzelnen Instincte jenen angeführten Erklärungsgründen zuweisen zu wollen, da es uns an allen empirischen Datis fehlt, um das Verwickeltere wirklich aufzuhellen, das Einfachere aber ohne weitere Erläuterung sich von selbst jenen Begriffen unterordnet. Indessen mag man doch über dem Vielen, was wir nicht wissen, das Wenige nicht übersehen, was wir wissen. Die Schwierigkeit der Sache liegt nicht in den Principien, nicht in den allgemeinen Formeln, die wir für die Natur unsers Gegenstandes geben müssen, sondern in der Unmöglichkeit, diese Formeln zu realisiren, die Constanten gewissermaßen oder die Angriffspunkte zu bestimmen, auf welche die allgemeinen nicht so dunklen Verhältnisse zu beziehen sind. In diesem Bezug nur noch ein kurzes Resümé. Der Name Instinct ist schwankend; ehe der Gegenstand erläutert ist, können hier keine scharfen, von Jedem anzuerkennenden Grenzen gezogen werden; jedenfalls gehört er aber nur den Handlungen, die der Seele der Gattung überhaupt, nicht den einzelnen nach ihren speciell gegebenen Verhältnissen und Umgebungen eigen sind. Eine metaphysische Schwierigkeit fand in der Beziehung dieser Handlungen zum Willen gar nicht Statt; das einzig Schwierige war die Erklärung der unveränderlichen Constanz, mit der die dominirenden Vorstellungen in jedem Individuum auftreten. In äußeren Verhältnissen konnte hier der Grund nicht liegen; er mußte im Thiere selbst sein. Dafür bot sich nun sowohl Seele als Körper an, also ein Ueberfluß von Erklärungsmitteln. Die allgemeine Idee der Handlung oder wenigstens den beherrschenden Zweck konnten wir uns wohl aus dem Wesen der Seele erklären, es fehlte nur die Bedingung, von der die bestimmten, speciellen Formen, namentlich in den Werken der Kunsttriebe abhängen. Diese mußten in dem Körper gesucht werden, aber hier bricht unsere empirische Zoologie und die vergleichende Anatomie so kurz ab, daß an eine wirkliche Ausführung der Erklärung nicht zu denken ist. Endlich eröffnen sich noch in einigen Phänomenen des thierischen Seelenlebens geheimnißvolle Felder, denen bis jetzt gar kein Erklärungsgrund die geringste Frucht abgewinnt, die Regierung der Instincte nämlich zu einer zusammenhängenden Lebensentwicklung, wie wir sie in den Republiken der Insecten z. B. finden. Während sonst nur das einzelne Thier von einer angeborenen Idee regiert schien, findet sich hier eine Uebereinstimmung in den Zwecken verschiedener, die unmöglich auf einen bloß gleichzeitigen Ablauf der nämlichen Entwicklung in verschiedenen Individuen zurückgeführt werden kann, und doch auch andererseits keine Mittel einer zwischen ihnen bestehenden Communication der Zwecke und Bestrebungen zeigt. Diese Thatsachen sind parallel jenen anderen im Haushalte der Natur, daß die Anzahl der verschiedenen Geschlechter z. B. in einem nahe gleichen Verhältnisse steht u. s. w., von welchen allen wir bis jetzt teleologisch zwar Manches angeben können, ohne aber über die verwirklichenden Ursachen das Geringste zu wissen.

H. Lotze.

Seele und Seelenleben.

Wie alle philosophischen Wissenschaften ist auch die Lehre von der Seele lange Zeit weit hinter derjenigen Erkenntniß ihres Gegenstandes zurückgeblieben, die sich unabhängig von ihr in der lebendigen Bildung der Gemüther entwickelt hatte. Die Schöpfungen Sophokleischer Kunst, die reiche Mannichfaltigkeit Homerischer Charaktere, der ganze Kreis Griechischer und Germanischer Mythologie, in denen neben den Erscheinungen der Natur so viele feine Züge geistiger Entwicklung ihren sinnigen Ausdruck gefunden; alle diese reiche Anschauung ist um Jahrhunderte den ersten entscheidenden Anfängen einer wissenschaftlichen Psychologie vorangegangen, die in dem einfachen Ausspruche des Cartesius von der vollkommenen Unvergleichbarkeit des Denkens und der Ausdehnung ihre erste, für einige Zeit wenigstens unbestritten gebliebene Grundlage erlangte. Zwar ist dies nur das allgemeine Schicksal philosophischer Theorien, die ja niemals mit einer höheren Erkenntnißquelle die Schichten so angehäufter Anschauungen durchbrechen, sondern nur denselben Instinct der Erkenntniß, der in der lebendigen Bildung sorglos sich der Beweglichkeit eines mannichfaltigen Fluges überließ, mit zusammengefaßter Besinnung auf seine eigenen Spuren zurückzukehren nöthigen. Indessen haben doch mehre Umstände diese wissenschaftliche Sicherung gewonnener Anschauungen in der Psychologie mehr als in anderen Gebieten verzögert. Zwei scheinbar widersprechende Hindernisse können gleichmäßig angeklagt werden; die unmittelbare Zugänglichkeit aller Seelenerscheinungen für jede selbst unvorbereitete innere Selbstbeobachtung, und andererseits die Unmöglichkeit, gerade die letzten Einschnitte des Weges zu überwinden, die uns von dem eigentlichen Eindringen in ein ringsum gesehenes Reich von Vorgängen abhalten. Unstreitig hat es für jedes thatkräftige Gemüth eine große Verlockung, lieber selbstthätig, ahnend und handelnd und etwas wagend den Seelen Anderer gegenüber zu stehen, und in dem Streite des Lebens jene individualisirte Menschenkenntniß zu erwerben, die keinem Lehrgebäude, sondern eigener durchdringender Ahnungskraft verdankt, ein eigenthümlich stärkendes Gefühl selbstständiger Errungenschaft mit sich führt. So wendet diese leichte Zugänglichkeit des Seelenlebens die Theilnahme oft der tieferen Gemüther von einer psychologischen Wissenschaft ab, deren die Welt so lange entbehren konnte, ohne darum weniger glücklich in der Ausbildung hoher Blüthen des künstlerischen und sittlichen Lebens zu sein. Erinneren wir uns aber in andern Stunden, daß dem hellen Colorit solcher Anschauungen, die nur das wirkliche Leben darzubieten vermag, doch nicht ohne Schaden für die allseitige Ausbildung die an sich trockne Strenge wissenschaftlicher Zeichnung fehlen darf, so stört uns die Unnahbarkeit des Gegenstandes, der selbst die größeren Züge, die aus seiner mannichfaltigen Abwechselung bedeutsam hervortreten, doch nicht wohl an ausnahmslose, genau gemessene und dann doch immer noch bedeutungsvolle Gesetze zu knüpfen verstattet. Allgemeines, aus einzelnen Erscheinungen gewonnen, hat nur dann Werth für uns, wenn es der Schlüssel wird zur Erkenntniß dessen, was von der Beobachtung abgewandt liegt; aber es wird zur leeren Wiederholung, wenn es uns nur die allgemeinen Umrisse desjenigen zeigt, was wir in seiner vollen Mannichfaltigkeit ohnehin vor Augen sehen. Die Psychologie hat bis in die neueste Zeit nicht zu den Wissenschaften gehört, die aus den Principien, welche sie der Beobachtung entnommen, die mögliche Beobachtung erweitern; sie hat vielmehr fast nur das Ergebniß gehabt, die wahrgenommenen Erscheinungen auf einen abstracteren und nicht überall klareren Ausdruck zu bringen, so daß mehr die Unterwerfung auch dieses Gebietes der Ereignisse unter systematische Vorüberzeugungen, als eine weitere Aufschließung und Erhellung des Gegenstandes in ihm selbst, das Ziel ihrer Bemühungen gewesen zu sein scheint. In wie weit die neuesten Leistungen auf diesem Gebiete jene Uebelstände beseitigt haben, mag hier noch dahingestellt bleiben; diese Klagen aber über dieselben schließen nicht mein Versprechen ein, die Arbeit, der so viele Kräfte fast fruchtlos gewidmet wurden, plötzlich zu fördern, sondern sie wünschen dem hier zu machenden Versuche Nachsicht, wenn er seinen Zweck, die Punkte anzudeuten, an denen Physiologie und Psychologie gegenseitig sich fördern können, theilweise verfehlen und die Aufmerksamkeit seiner Leser zuweilen vielleicht auf Wege hinausweisen sollte, die sich später ungangbar zeigen

I. Veranlassungen und Bedürfnisse der Psychologie.

Die erste Mühe in jeder wissenschaftlichen Untersuchung gilt der Begrenzung des Gegenstandes und der Verdeutlichung unserer Bedürfnisse, und dies hier ohne Zweifel um so mehr, als die verschiedenartigsten Ansichten in neuerer Zeit noch über den Boden streiten, auf dem ein Gebäude der Psychologie aufgeführt werden dürfe, und je mehr die kämpfenden Meinungen verrathen, daß sie selbst über das, was eine Erklärung leisten soll, keine gemeinschaftliche Ueberzeugung haben. Welches also ist unser Gegenstand, und was verlangen wir von ihm zu wissen? Die Frage, was die Seele sei, hat nicht nur an der Stelle des Was ein Unbekanntes, sondern auch das andere Glied des Satzes ist unbekannter, als in ähnlichen Fällen, da keine Anschauung uns erlaubt, auf die Seele als auf ein festgezeichnetes Bild hinzuweisen, wie auf Pflanze, Thier und Stein die Naturgeschichte. Die erste Frage daher, die wir zu beantworten haben, ist diese: mit welchem Rechte bilden wir den Begriff der Seele, und wo scheidet sich dasjenige, dem dieser Begriff und unsere Untersuchung gilt, als ein in sich Zusammengehöriges von dem übrigen Gegebenen ab? Daß aber auch, diese Beantwortung vorausgesetzt, die Verdeutlichung unserer Bedürfnisse ein wesentlicher Punkt der Vorbereitung ist, wird Niemand in Abrede stellen, der sich aufrichtig selbst sagt, wie sehr der Name der Seelenlehre in uns nur die unbestimmte Erwartung eines irgendwie und irgendwoher aufgehenden Lichtes zu erregen pflegt, ohne daß wir die bestimmten Probleme, auf welche dieser Strahl entscheidend fallen soll, bereits aus der allgemeinen Sehnsucht unserer Erkenntniß herausgearbeitet und in die Richtung des einfallenden Lichtes gerückt hätten. Darum pflegen auch gewonnene Aufklärungen unbefriedigt zu lassen; denn sie können, wären sie selbst vollendet, doch nicht jede Frage beschwichtigen, die ihnen aus unklaren Bedürfnissen selbst unklar entgegenkommt.

A. Entstanden ist der Begriff der Seele in der lebendigen Bildung der Sprache nicht so, daß aus dem Thatbestande verschiedener Erscheinungen das Gleiche und Entsprechende zu einem allgemeinen Bilde zusammengezogen worden wäre, sondern vorahnend, wie so oft, hat die Sprache theoretisirt, und in diesem Begriffe die Ueberzeugung ausgesprochen, daß eine Gruppe mannigfaltiger Erscheinungen um einer inneren Verwandtschaft willen auf einen eigenthümlichen Erklärungsgrund zurückweise, durch welchen sie sich als ein in sich Zusammengehöriges von anderen Kreisen der Erscheinungen abschließe. In drei Zügen besonders scheint jene Hindeutung zu liegen; zuerst in der beobachteten Thatsache des Vorstellens, Fühlens und Begehrens, dreier Formen des Geschehens, in denen allen sich eine über das bloße Sein und Geschehen noch hinzukommende Wahrnehmung dieses Seins und Geschehens, das Phänomen des Bewußtseins im weitesten Sinne, zeigt; dann in der Einheit des Bewußtseins, welche nicht gestattet, die geistigen Thätigkeiten an ein Aggregat in's Unendliche theilbarer und isolirter körperlicher Massen zu knüpfen; endlich in dem nicht beobachteten, sondern aus Beobachtungen vorausgesetzten Umstande, daß alles übrige bloß Seiende sich in allen seinen Verhältnissen nur als wirkende Ursache benimmt, die nach allgemeinen Gesetzen mit Nothwendigkeit vorausbestimmte Folgen erzeugt, während das, was wir beseelt nennen, als handelndes Subject Bewegungen und Veränderungen, Thaten überhaupt, mit neuem Anfange frei aus sich hervorgehen läßt. Prüfen wir nun, ob diese Züge die Annahme eines eigenthümlichen Princips, der Seele, zu ihrer Erklärung rechtfertigen, so werden wir finden, daß die Psychologie sich nicht auf alle mit gleichem Rechte stützen kann.

1. Gehen wir zuerst jenen Erscheinungen des Bewußtseins nach, so finden wir sie durchaus in der Erfahrung nur als vergängliche Phänomene an einer ebenso vergänglichen Zusammenfassung körperlicher Massen, dem lebendigen Leibe, gegeben. Es liegt daher nahe, zu versuchen, ob diese körperliche Basis nicht selbst die Erklärungsprincipien für das geistige Leben enthalte, ein Umstand, der jede Psychologie als eigenthümliche Wissenschaft nicht nur unnöthig, sondern unmöglich machen würde. Philosophische Ansichten, die sich mit den Problemen der Psychologie ausführlicher beschäftigt,

haben sich indessen in dieser Beziehung der gewöhnlichen Meinung zugewandt, die trotzdem, daß ihr jene Verkettung körperlicher und geistiger Ereignisse fortwährend vor Augen lag, doch dem Geistigen ein eigenthümliches Substrat unterzulegen sich getrieben sah. Alles, was physikalischen Massen als solchen, oder was dem lebendigen Körper als einer Zusammenfassung derselben begegnen kann, die Gesammtheit der Bestimmungen der Ausdehnung, Bewegung, Mischung u. s. f. ist durchaus unvergleichbar mit der Natur des Bewußtseins, das in den verschiedenartigsten geistigen Ereignissen gemeinsam vorkommt. Auf der klaren Anerkennung dieser absoluten Verschiedenheit des Denkens und der Ausdehnung, um uns dieser historisch gewordenen Worte zu bedienen, meinte die Psychologie das Recht begründen zu können, geistige Ereignisse nur von einem ebenso eigenthümlichen Grunde ableiten zu dürfen. Ehe wir die Einwürfe berühren, die diesem einfachen Grundsatze gemacht worden sind, ist die Vermeidung eines sehr häufigen Mißverständnisses zu verlangen. Wer wegen der völligen Unvergleichbarkeit des Bewußtseins und der physikalischen Vorgänge in der Körperwelt das erstere von einem eigenthümlichen Principe begründet werden läßt, behauptet nichts weiter, als daß analytisch die geistigen Ereignisse nicht aus den körperlichen abgeleitet werden oder aus ihnen hervorgehen können, aber er leugnet darum keineswegs, daß ihr thatsächliches Vorkommen häufig, vielleicht immer, an die Bedingung körperlicher Vorgänge mit geknüpft sei. So wie jede Wirkung von dem Zusammentreten mehrfacher Bedingungen abhängt, deren keine, isolirt für sich, mit unveranlaßter schaffender Kraft eine Folge erzeugt hätte, so mögen wir einstweilen zugestehen, daß jenes eigenthümliche Princip, die Seele, aus sich allein nie jene Ereignisse entwickelt hätte, in deren Verlauf es durch die Anregung körperlicher Bewegungen hineingezogen wird. Aber ebenso meinen wir auch, daß diese zwar die veranlassende Ursache, oder die ergänzende Bedingung enthalten, unter deren Gewährung allein die geistigen Erscheinungen entstehen, daß sie aber eben ein fremdes Princip, zu dem sie nur ergänzend hinzutreten, voraussetzen. Wir können noch mehr Zugeständnisse machen, und müssen es hier, wo es auf die Vermeidung unmotivirter Mißverständnisse ankommt. Weil physikalische und psychische Ereignisse gänzlich disparat sind, haben wir noch kein Recht, beide an verschiedene Gattungen von Substanzen zu vertheilen, vielmehr mag die Aussicht auf ein einziges, Denken und Sein in sich vereinigendes, mithin die physischen und psychischen Attribute in sich zusammenschließendes Subject vorläufig offen gehalten werden. Allein selbst in diesem Falle, selbst wenn Nichts überhaupt existirte, dem nicht ein, unserer Beobachtung freilich leicht entgehender Grad geistigen Lebens zukäme, selbst dann würde die theoretische Betrachtung von dieser thatsächlichen Vereinigung des Körperlichen und Geistigen keinen unmittelbaren Nutzen ziehen. Nicht im Mindesten würde durch eine solche Annahme die Kluft verengert, die sich zwischen beiden ausbreitet, wir würden im Gegentheil nichts Anderes gewonnen haben, als jene spinozistische Vorstellung einer einzigen Substanz, die auf völlig unbegreifliche Weise zwei absolut getrennte Attribute in sich trägt, aus deren einem der Erkenntniß kein Uebergang in das andere möglich wäre. Nur die Hoffnung bliebe, daß irgend eine beiden Attributen äußerliche Macht sie so gegenseitig verbunden habe, daß mit den Abwandlungen des einen gewisse Modificationen des andern correspondirend verknüpft wären, doch so, daß Qualität und innere Mannichfaltigkeit der letzteren durchaus nur aus dem allgemeinen Charakter dieses, nicht des andern Attributes begriffen werden könnten. Möchte also auch factisch eine solche Einheit vorhanden sein, die theoretische Betrachtung könnte sich ihrer wenigstens am Anfange ihrer Untersuchung nicht freuen, denn wie sehr auch immer zwei disparate Kreise von Ereignissen einander bedingen mögen, so wird doch nie der eine in der Art ein Erkenntnißprincip des andern sein können, daß die Erscheinungen des letzteren ihrem vollen Inhalte nach daraus sich ableiten ließen, sondern nur insoweit, daß die Form und der Rhythmus ihres Zusammenhangs in seiner Proportionalität mit den Zusammenhangsformen des anregenden disparaten Kreises aufgezeigt wird. Um dieser Ursachen willen meinen wir, daß die Psychologie allerdings auf dem angeführten Princip als unabhängige Wissenschaft beruht, und daß die Annahme der Seele als eines besonderen Princips zur Erklärung jener Erscheinungen des Bewußtseins unerläßlich ist. Wir äußern aber diese Meinung gerade hier am Anfange unserer Betrachtungen, denn hier allein ist sie gerechtfertigt. Daß eine scharfe Trennung des Geistigen und Körperlichen gegen manche Bedürfnisse unseres Geistes feindselig verstößt, wissen wir recht wohl und theilen die Sehnsucht, die diese Gegensätze in einer höheren Einheit verschmelzen sehen möchte. Aber es ist Thorheit, zu wähnen, daß, was in seiner Wurzel identisch sei, es auch in seinen Zweigen sein müsse. Wir, von der gegebenen Erfahrung beginnend, haben die letzten Ausläufer und Blüthen eines unbekannten Processes vor uns, und hier zeigen uns die Beobachtungen schlechterdings nichts, als ein harmonisches Ineinanderpassen körperlicher und geistiger Erscheinungen, deren keine ihrem Begriffe nach auf die andere zurückführbar ist. Uns bleibt mithin nichts Anderes übrig, als zunächst an dieser Trennung der Principien festzuhalten, und nachdem wir jedes in seiner Weise entwickelt und die Art ihrer Zusammenstimmung überblickt, uns umzusehen, welche Möglichkeit einer höheren Vereinigung sich für diese beiden nun bekannt gewordenen Kreise von Ereignissen denken lassen werde. Dieser Weg der Betrachtung, obgleich derselbe, dem wir sonst in naturwissenschaftlichen Forschungen zu folgen pflegen, ist jetzt der weniger betretene. Anstatt der Klarheit unserer Vorstellungen zu Liebe sorgsam auseinanderzuhalten, was zunächst als zu scheiden sich ankündigt, anstatt die vielen einzelnen Fragen über das Verhältniß des Geistes und des Körpers zu wenigen concentrirten Problemen zu sammeln, aus deren Auflösung auch jenen ihre Entscheidung zukäme, hat man lieber bei den ersten Anfängen der Betrachtung das Verschiedenste zusammengeworfen, und aus einer Einheit beider jener Erscheinungskreise, die man voreilig voraussetzte, oft mit leichtfertiger Keckheit Ansichten entwickelt, denen die ersten Bedingungen logischer Klarheit abgehen, und die sich wesentlicher Ahnungen des Geistes nur bemächtigen, um sie in einer unpassenden Anwendung zu profaniren.

Wir konnten den Ansichten, die Geistiges und Körperliches nicht sowohl identificiren, als von einem gemeinsamen Substrate ausgehen lassen, das dann natürlich an sich weder das Eine noch das Andere sein würde, zunächst nur einen methodologischen Einwurf machen, denn sie stellen an die Spitze der Untersuchung einen dunklen Begriff, der vielleicht als Ergebniß derselben klar gewesen sein würde; es giebt jedoch andere eigentlich sozunennende materialistische Ansichten, denen wir allerdings jede Berechtigung streitig machen müssen. Ausgehend von dem rohesten Augenschein, der uns allerdings nur Nerven mit Hülle und eiweißartigen Inhalt zeigt, und nicht bedenkend, daß vielleicht der Begriff der Materie zu große innere Widersprüche hegt, als daß er die Grundlage für etwas Anderes sicher darböte, sind sie geneigt, körperliche Thätigkeit mit geistiger zu identificiren, oder doch die letztere als ein Nebenproduct der ersten zu fassen, das ohne ein anderweitiges Princip aus ihr hervorgehe. Sollte über die Giltigkeit einer Ansicht der Erfolg ihrer Bemühungen allein entscheiden, so würde diese gewiß einen sehr schwierigen Stand haben. Noch erwarten wir von ihr die Aufklärung, warum eine innere Veränderung des Sehnerven mehr als solche Veränderung sei, wie sie der Nervensubstanz zustoßend gedacht werden kann, warum sie hier plötzlich die Empfindung leuchtenden Glanzes aus sich erzeuge; noch erwarten wir ferner von ihr den Nachweis, warum eine Bewegung des Nerveninhaltes nicht bloße Bewegung bleibe, sondern das Gefühl eines Strebens oder das Wissen um die Bewegung erzeuge; noch erwarten wir endlich und dies vor Allem, die Nachweisung jenes untheilbaren Nervenpunktes, der zu allen diesen Ereignissen ein ebenso unwandelbares Subject abgeben könne, wie die Seele, die jene Vorgänge in ihr eines individuelles Bewußtsein vereinigt. Obwohl wir daher in solchen Ansichten nicht erfahren, wer oder was da eigentlich empfindet, fühlt und strebt, obwohl Niemand uns nachgewiesen hat, auf welche Weise die physikalische Veränderung des Nerven plötzlich in eine bewußte Empfindung sich umwandelt, so wollen wir doch noch einige Vorwürfe durchgehen, die von dieser Seite der psychologischen Annahme einer eigenthümlichen Seele gemacht zu werden pflegen.

Man sagt, deßwegen, weil räumliche Bewegungen oder chemische Veränderungen unvergleichbar mit Empfindungen und Vorstellungen sind, habe man nicht nöthig, eine besondere Seele zu denken, die durch jene angeregt, diese entwickle: wüßten wir doch, wie häufig der qualitative Gehalt der Erscheinungen auf bloß quantitativen Verhältnissen der bedingenden Gründe beruhe. So entstehe Klang und Licht aus Wellenbewegungen, die an sich weder tönen noch glänzen. Man hört dies unbegreifliche Beispiel nicht selten für jene materialistischen Ansichten anführen[1]), und es ist ganz geeignet, sie zu widerlegen. Allerdings haften jene Erscheinungen qualitativer Art an quantitativen äußeren Bedingungen, aber nie würden sie zu Stande kommen, wenn nicht eben jene Bedingungen und die durch sie erzeugten Veränderungen des Nerven in uns ein anderes eigenthümliches Princip anträfen, an dem sie sich brechen, und das auf sie durch Erzeugung einer Empfindung zurückwirkt, so daß in unserer Auffassung, nie außerhalb ihrer, durch unsere Seele, nie ohne sie, das Qualitative der Empfindung den quantitativen Veranlassungen folgt, ohne aus ihnen allein hervorzugehn. Es ist das Nämliche mit allen anderen solchen Fällen, wo Qualitäten der disparatesten Art auf nur quantitativen Unterschieden beruhen sollen. Sie sind nicht Beispiele aus einem andern Gebiete, die unabhängig von allem Psychischen, die nämlichen Verhältnisse auch in diesem glaubhaft machen könnten, sondern es sind Beispiele, die in dieses streitige Gebiet selbst fallen, und die Wahrnehmung, daß Wirkungen aus Ursachen erfolgen, aus denen unser Denken sie nicht nachconstruirend entwickeln kann, ist daher nicht geeignet, unseren bisherigen Behauptungen entgegengestellt zu werden. Es ist wahr, daß wir nicht im Stande sind, nachzuweisen, warum aus Farbe und Geschmack zweier sich verbindender chemischer Körper die neue Farbe und der neue Geschmack ihres Productes hervorgehen müsse; aber dieses Räthsel ist eben darauf zurückzuführen, daß überhaupt keine physikalische Eigenschaft der Dinge allein uns die Art erklären kann, wie sie uns in unserer sinnlichen Empfindung erscheinen. In dem physikalischen oder chemischen Processe selbst aber hat eine solche Erzeugung ganz disparater Wirkungen nicht stattgefunden. Die frühere Dichtigkeit und Anordnung der Elemente in den beiden zusammensetzenden Körpern ertheilte den Lichtwellen eine bestimmte Art der Bewegung, aus der erst unter Mitwirkung der Seele sich die bestimmte Farbe für uns entwickelte. Ebenso giebt jetzt die veränderte Dichtigkeit und Anordnung denselben Lichtwellen eine andere Modification, die an sich von der vorigen

[1]) Z. B. von Drobisch in einer Recension über Beneke's Psychologie, Gersdorf's Repert. 14. Nov. 1845.

10*

ebenso nur durch mathematische Eigenschaften unterschieden ist. Aber zwischen diesen Lichtwellen und unserer Anschauung liegt die Natur unserer Seele, und wie in jedem Beispiele der Reizbarkeit, bei dem der zwischenstehende Organismus, auf den der Reiz wirkt, dessen Effecte ändert, so geht auch hier aus den veränderten mathematischen Eigenschaften des Reizes nur durch die eigenthümliche Mitwirkung der Seele die qualitativ neue Erscheinung der andern Farbe hervor. Nur in unserer Auffassung also verwandelt sich die stetige, in demselben Elemente quantitativer Unterschiede sich bewegende Veränderung der Objecte in ein sprungweis verschiedenes Auftreten von Qualitäten, die aus den früheren allerdings nicht nachconstruirt werden können, ohne daß wir eben auf dies Mittelglied einer auffassenden Seele zurückgingen, in deren Natur es liegt, auf äußere Veranlassungen die von äußeren Processen völlig verschiedenen Empfindungen zu produciren. Es ist leicht, diese Betrachtungen fortzusetzen und zu zeigen, daß überall, wo plötzlich und unvermittelt neue Qualitäten in der Natur aufzutreten scheinen, das Neue eben nur in unserer Auffassung liegt, während das wahrhaft objectiv Geschehende in demselben vergleichbaren Elemente der Wirkungen bleibt, und daß, wo sprungweise z. B. der Aggregatzustand eines Körpers verändert wird, da doch die bewirkenden Kräfte lange vor dem Maximum vorhanden gewesen sind, nach dessen Erreichung sie für unsere Wahrnehmung auf ein Mal die ganze Form der Erscheinung ändern.

Ein Fall aber ist noch übrig, und da ich selbst an einer andern Stelle ihn angeführt habe, so habe ich hier zu berücksichtigen, ob seine Consequenz nicht gegen die hier geäußerten Ansichten sich kehren lasse. Wenn auch zusammengesetzte Wirkungen sich als analytisch in höheren Gesetzen enthaltene Folgen aufweisen lassen, so finden wir doch, daß die letzten Naturgesetze den Dingen Wirkungen vorschreiben, die nicht in deren Natur und Begriff als nothwendig enthalten gelten können. So wenig wir wissen, wie das räumliche Zugleichsein der Körper die Annäherung derselben hervorbringt, die dem Gesetze der Schwere folgt, so wenig wissen wir vielleicht, wie physikalische Zustände des Körpers die Phänomene des geistigen Lebens bedingen, ohne doch an der Wirklichkeit dieses Bedingtseins zweifeln zu dürfen. Dieser Einwurf, der uns leicht gemacht werden könnte, regt manche andere Betrachtungen an, die hier zuweit führen würden; es ist aber ein Punkt hauptsächlich, der seine Wendung gegen unsere Ansicht entkräftet. Wo einfache Naturgesetze den Körpern gewisse Wirkungen auferlegen, die aus deren Begriffe vielleicht nicht folgen, da haben diese Wirkungen an jenen Körpern wenigstens ein bestimmtes Substrat, an dem sie haften oder von dem sie ausgehen. Jene Annahmen aber, die so gern die geistigen Erscheinungen von bloß körperlichen Ereignissen abhängig machen, sprechen nicht selten so, daß das Subject, dem Empfindung und Vorstellung hier zugeschrieben werden soll, völlig unbestimmt bleibt, als könne aus physikalischen Vorgängen im Körper eine geistige Thätigkeit nur überhaupt entstehen, ohne daß sie irgend einem Subject angehörte, in dem sie erweckt wird. Will man hier consequent sein, so muß man zugeben, daß die Empfindung und Vorstellung demjenigen Elemente zugehört, in dem der körperliche Proceß stattfindet. Dann aber wird man einer Alternative nicht entgehen. Entweder man wird jedes einfache Element der Nervensubstanz als eine körperliche Seele betrachten müssen, die von ihren eigenen Zuständen zwar Kenntniß hat, aber ohne daß sich daraus im Mindesten das eine Bewußtsein der Seele erklären ließe, das wir in uns vorfinden; oder man giebt zu, daß von den Elementen der Nervensubstanz nur eines diesen Vorzug genieße, seine Zustände wahrzunehmen, die übrigen aber nur dazu berufen sind, diese Zustände in einer geregelten Ordnung in ihm zu erwecken.

Im ersten Falle wird man anstatt einer Seele ein System von Seelen haben, das die Probleme der Erklärung zwar unendliche Mal vervielfacht, für die Lösung aber keine weiteren Vortheile gewährt; denn vom Empfinden einer Hirnfaser zu sprechen, würde ebenso wenig zulässig sein, als einem Sandhaufen ein Collectivbewußtsein beizumessen. Im zweiten Falle möchte es zwar vielleicht gelingen, die Individualität des Bewußtseins, die eine gegebene Thatsache ist, zu erklären, aber wir finden uns auch durch Annahme einer einzigen so die übrigen beherrschenden Monade dieser gesammten materialistischen Ansicht entrückt und zu der Forderung eines eigenthümlichen Princips für die geistigen Erscheinungen zurückgeführt, nur mit der Zugabe, daß dieses einige Princip zunächst als eine körperliche Masse angesehen werden soll, die den Vorzug einer zugleich geistigen Natur genieße. Eine weitere Verfolgung der Nothwendigkeit, daß das allen Seelenerscheinungen zu Grunde liegende Substrat eine völlig individuelle Einheit sein müsse, würde wegen der Unverträglichkeit dieser Forderung mit der unendlich theilbaren Natur aller Materie auch diesen letzten Rest verschwinden lassen, und uns überzeugen, daß eins der wesentlichsten Probleme der Psychologie, die Einheit des Selbstbewußtseins, keine Hoffnung habe, ohne Voraussetzung eines eigenthümlichen Erklärungsgrundes gelöst zu werden.

Wir dürfen daher behaupten, daß die Psychologie als abgesonderte Wissenschaft fest beruhen kann auf der Voraussetzung einer eigenthümlichen Seele, welche uns die Unvergleichbarkeit der Seelenerscheinungen mit allen körperlichen Processen und die Einheit des Bewußtseins unerläßlich machen. Indessen kann diese Behauptung nicht in größerer Ausdehnung gelten, als in welcher man überhaupt einzelne Wissenschaften besondere Gebiete behandeln läßt. Ausgehend von der Erfahrung verwickeln wir uns bei der Annahme einer Identität zwischen Körper und Seele sogleich in Mißverständnisse, welche die Auffassung auch der einfachsten Beziehungen zwischen beiden nur trüben könnten. Es scheint uns daher eine methodologische Forderung zu sein, den Gegensatz beider zunächst scharf ausgeprägt zu Grunde zu legen, um die ohne Zweifel zwischen ihnen stattfindende enge Verknüpfung deutlicher beobachten zu können, als wenn sie als etwas sich von selbst Verstehendes ohne weitere Analyse vorausgesetzt würde. Auf diesen Punkt fortwährend zu dringen, scheint mir nothwendig, da er zu häufig vernachlässigt wird; auf die Ergänzung dieser Ansicht aber, bei der wir freilich uns zuletzt nicht befriedigen werden, durch eine Nachweisung der Einheit zwischen Körper und Seele noch einmal hinzudeuten, ist hier weniger nöthig, da ich am Schlusse dieser Betrachtungen darauf zurückkomme. Fehlte überdies Jemandem das Bewußtsein, wie wenig solche dualistische Trennungen das letzte Wort in dieser Sache sein dürfen, so dürfte ich nur auf die in der That häufig sehr treffende Kritik verweisen, die Grabau[1]) diesen Ansichten, die er leider für die meinigen hielt, angedeihen ließ, und mit der ich viel vollständiger einverstanden bin, als mit den theoretischen Erklärungsversuchen, die er von dem Standpunkt einer vorausgesetzten Identität zwischen Körper und Seele ihnen gegenüberstellt.

2. Wenn wir nun ferner die Einheit des Bewußtseins als einen Punkt nennen, auf welchen sich die Annahme eines eigenthümlichen Princips für die psychischen Erscheinungen mit Recht stützt, so lassen auch hiergegen mißverständliche Einwürfe schwerlich auf sich warten. Zuerst scheinen die Thatsachen vergessener und dann wieder erinnerter, oder die der scheinbar in verschiedenen Höhen im Bewußtsein schwebenden Vorstellungen selbst darauf hinzudeuten, daß

[1]) Neue Jenaische Literaturzeitung. 15. März 1845 u. ff.

das Bewußtsein nicht für allen seinen Inhalt eine gleich strenge Einheit darbietet, wie für den, der gerade auf dem Höhenpunkte seiner Entfaltung in ihm steht. Es ist jedoch leicht zu sehen, daß es sich hier nur um verschiedene Zustände des einen Princips handelt, und daß eine Vorstellung, die dem Bewußtsein entgangen ist, nicht als Vorstellung einem andern Subjecte sich zugewendet hat, sondern an demselben Subjecte verbleibend sich aus einer Vorstellung in einen andern Zustand desselben umgewandelt hat. Von dieser Seite, wie sich dies später erweisen wird, dürfte mithin keiner der körperlichen Theile der Seele zu substituiren sein, denn keiner von ihnen würde eher eine untheilbare Einheit darstellen, als bis man ihn allen Grenzen sinnlicher Wahrnehmung entrückt, und eben zu einem untheilbar und raumlos Seienden gemacht hat, das ohne Gestalt zu besitzen, doch recht wohl seinen bestimmten Ort im Raume hat. So umgeändert aber ist dies nicht der Begriff eines Materiellen mehr, sondern eines Seienden überhaupt, und ein solcher zwar, unter den auch eine psychologische Ansicht ihren Begriff der Seele subsumiren könnte. Allein es giebt Viele, die da glauben Einheiten machen zu können. Das Parallelogramm der Kräfte ist der verführerische Satz, dessen gewöhnlicher etwas laxer Ausdruck solche unerfüllbare Hoffnungen erregt. Zwei Bewegungen sollen eine dritte nicht minder einfache erzeugen, als sie selbst waren. Warum sollen nicht die vielen Thätigkeiten der Hirnfasern zuletzt eine resultirende Thätigkeit hervorbringen, die, so lange ihre componirenden Elementarkräfte nur aushalten, immer in derselben Weise regenerirt wird und uns so den Schein eines untheilbar einen Princips geben kann, von dem sie abhinge? Ich sagte oben, daß der laxe Ausdruck jenes Gesetzes solche Hoffnungen errege. Das Parallelogramm der Kräfte bedeutet nur: wenn auf einen und denselben Punkt zwei Bewegungen einwirken, ertheilen sie *diesem* Punkte eine resultirende, an sich aber einfache Bewegung. Diesen Punkt läßt jenes Raisonnement weg. Nicht irgend einem sich gleichbleibenden Substrate sollen die Hirnfasern eine resultirende Bewegung mittheilen, sondern ihre Thätigkeiten sollen überhaupt nur Resultanten bilden, ohne Voraussetzung solchen Punktes. Da nun Bewegungen nicht an sich existiren können, sondern nur Bewegtes, so muß man sich doch nach einem Subjecte umsehen, das diese Resultanten an sich trägt. Dies könnten nach dieser Ansicht nur die Theile sein, deren Thätigkeiten die Resultanten hervorbringen, d. h. die Hirnfasern. So wie zehn verschiedene Wasserströme, die sich treffen, ihren eigenen Theilchen freilich eine resultirende Bewegung geben werden, so würden auch die Hirnfasern, wenn nämlich die Bedingungen danach wären, allen ihren Theilchen resultirende Thätigkeiten durch ihre gegenseitigen Einwirkungen verleihen. Davon wäre die Folge etwa, daß jetzt viele Wassertheilchen, die sonst entgegengesetzt strömten, nach gleicher Richtung strömen, aber Niemand wird erwarten, daß sich nun auf ihrem Schaume plötzlich ein resultirendes Individuum werde erblicken lassen, welches diese Bewegungen von tausend Theilchen in einem Bewußtsein vereinigt. Um ohne weiteres Bild zu sprechen: nach Analogie des Parallelogrammes der Kräfte folgt wohl, daß verschiedene Zustände *eines und desselben* untheilbaren Substrates sich in einen Collectivzustand desselben zusammensetzen, aber nicht daß die Thätigkeiten von hundert verschiedenen Theilen eine für sich bestehende Resultante geben, die gar nicht an einem bestimmten Substrate haftete, auf welches die zusammensetzenden Thätigkeiten einwirkten.

Ist daher in neuerer Zeit geäußert worden, daß der Begriff der Seele ganz auf dieselbe fehlerhafte Art gebildet worden sei, wie der der Lebenskraft, so muß ich dieser Annahme, so wie dem gesammten tumultuarischen Bemühen, psychische Erscheinungen aus bloß organischen Gründen herzuleiten, entschieden widersprechen. In dem leiblichen Leben liegt nichts vor, als eine Reihe von Erscheinungen, die an verschiedene einzelne deutlich erkennbare Substrate gebunden sind, und die allerdings einen zusammenstimmenden Plan zeigen den sie der bestimmten Disposition der wirkenden Theile verdanken. Das Leben als eine Resultante verschiedener einfacher Kräfte anzusehen, haben wir daher allerdings ein Recht; denn die einzelnen Theile desselben vertheilen sich auch in der That an verschiedene Substrate, das ganze Leben aber gehört auch nur als Form des Ablaufs einer Erscheinungsreihe dem Ganzen des zusammengesetzten Körpers an. Gerade hier findet das Statt, was wir oben an dem Beispiele des Wasserstrudels dem geistigen Leben gegenüberstellten; die Resultante aus den Wirkungen einzelner Theile fällt auf sie selbst und auf andere Theile, und die Einheit, die sich zeigt, ist nur eine solche, die unsere Betrachtung dem zusammengesetzten Ergebnisse zuschreibt.

3. Anders als mit diesen eben betrachteten zwei Zügen des Seelenlebens verhält es sich mit dem dritten, mit der eigenthümlichen freien Lebendigkeit, die der Seele so zugeschrieben wird, daß sie Bewegungen anfange, zu denen sie durch keinen vollständig zwingenden Grund genöthigt werde, wie die übrigen unbeseelten Dinge. Dieser Zug ist keine Thatsache der Erfahrung, sondern eine Annahme. Die Reihe der Erscheinungen zeigt uns in mancherlei Abstufungen bald Wirkungen, deren sämmtliche Voraussetzungen deutlich in unsere Beobachtung fallen, und welche uns eben deßwegen als ganz durch diese nach allgemeinen Gesetzen bedingte Folgen sich darstellen; bald aber auch Dinge, deren innere uns unbekannte Organisation, nicht minder bestimmten Gesetzen zufolge, sehr mächtig die von außen ankommenden Eindrücke modificirt, so daß uns nur eine Endwirkung zu Gesicht kommt, die mit dem bekannten Theile der Bedingungen, nämlich den äußeren Eindrücken, nun nicht mehr nothwendig zusammenhängend scheint. Diese Phänomene der Reizbarkeit nun zeigen sich denn auch in den beseelten Wesen und es würde ein Fehlschluß sein, wenn wir, unbekannt mit den vielfältigen Gründen, die in der Organisation der Seele einem geschehenen Eindrucke neue Richtungen geben können, Resultate, deren Bedingungen uns entgehen, für unbedingte und freie ansehen wollten. Wenn daher dieser Charakter des Beseelten theoretisch gewiß nicht gerechtfertigt ist, so können wir ihn dagegen als ein vielleicht nothwendiges Postulat anderer, nämlich moralischer Bedürfnisse ansehen, und es würde ihm dann, zwar nicht bei dem Anfange unserer Betrachtungen, wohl aber bei der Gestaltung ihres Endergebnisses sein Gewicht zu lassen sein. Die Schwierigkeiten, die der Begriff der Willensfreiheit mit sich führt, sind zu groß, als daß wir auf ihn unsere weiteren psychologischen Ansichten bauen möchten; allein, obwohl über diesen Punkt hier noch gar keine Entscheidung zu geben ist, so würde es mir doch leid thun, wenn ich mir durch diese Ablehnung den Schein gäbe, vielverbreiteten Ansichten zu Liebe die Wichtigkeit auch dieser Betrachtung zurückzusetzen. Man hat es oft ausgesprochen, und ich habe diesen Vorwurf speciell gegen mich erfahren, daß Rücksichten auf die Freiheit des Willens, deren wir zu bedürfen glauben, uns am wenigsten abhalten dürften, die durchgängige Abhängigkeit der Seele vom Körper anzuerkennen; daß dagegen die Beschwichtigung jener moralischen Bedürfnisse dem Glauben zu überlassen sei. So lebhafte Aussprüche sollten wenigstens bedenken, daß jene Abhängigkeit nichts weniger als bewiesen ist, und daß auch ohne diese verurtheilte Rücksicht auf ethische Anforderungen den materialistischen Annahmen bisher noch nie erledigte Hindernisse entgegenstehen. Was aber jenen Glauben betrifft, so erkenne ich wohl einen an, der Lücken unserer Erkenntniß ausfüllt, aber nicht einen, der das wahr macht, was jener widerspricht, und ich

kann der Leichtfertigkeit, welche die Auflösung harter Widersprüche sorglos ihm zuschiebt, nur die Worte eines Dichters entgegensetzen, daß Anderes wissen, Anderes glauben, ein dummes Spiel sei. Auch dies ferner kann ich nie zugeben, daß überhaupt jene moralischen Rücksichten der Behandlung dieses Gegenstandes fremdartig seien. Alle wissenschaftlichen Untersuchungen müssen sich zuletzt einer gesammten Weltansicht unterwerfen, und nie dürfen wir einer Wissenschaft gestatten, ihre Lehren so auszubilden, daß sie zwar erträglich in sich zusammenstimmen, aber nach einer Richtung auslaufen, in der sie andere ebenso wesentliche Bedürfnisse nie befriedigen können. Ich mache den Anspruch, daß der untersuchende Geist bei jedem auch noch so unbedeutenden Gegenstande mit seinem ganzen Wesen thätig sei und alle seine Anforderungen, nicht die theoretischen allein, geltend mache, so daß die Ergebnisse der Wissenschaft, wo sie nicht den gesammten Menschen zu befriedigen vermögen, ihm wenigstens den Weg zu weiterer Befriedigung nicht versperren. Auch in naturwissenschaftlichen Untersuchungen sollen wir nicht von einem bloß theoretischen Bedürfnisse, wie die niederen Thiere von einer einseitigen Instinctidee, getrieben werden, sondern bedenken, daß bei allen von dem Gegebenen zu seinen Gründen aufsteigenden analytischen Untersuchungen wir zu einer Mehrheit möglicher Erklärungsgründe gelangen, von denen nicht der erste beste, der sinnlichen Anschauung nahe liegende sogleich festzuhalten, sondern der zu wählen ist, dem auch unsere ästhetischen und ethischen Bedürfnisse zustimmen. Denkenden Hirnfasern mögen solche Forderungen unhaltbar erscheinen, Geister aber werden ihnen beistimmen. Wie wenig es daher auch in der Richtung unserer Zeit liegen mag, und wie sehr sich selbst eine neuere psychologische Schule bemüht hat, durch täuschende Reden uns eine Frage vergessen zu machen, für die sie keine Antwort hatte, so gestehe ich dennoch hiermit ein, daß solche Rücksichten auf die Bestimmung des geistigen Lebens für mich etwas gelten, und daß ich in einer sie verletzenden Ansicht eher einen Fehler der Erkenntniß vermuthen werde, als ich mich dazu entschließe, sie ihr aufzuopfern.

Diesen Bemerkungen haben wir nun noch einen schon oben angedeuteten Punkt hinzuzufügen. Wir glauben kein Recht zu haben, für die Erklärung des Vorstellens, Fühlens und Strebens ein Princip voraussetzen zu dürfen, dessen ganze Natur eben nur darin bestünde, auf äußere Veranlassungen diese Erscheinungen in sich zu erzeugen: wir müssen vielmehr annehmen, daß diese Fähigkeit einem Inhalte zukomme, der für sich schon charakterisirt ist, und keineswegs in allen Fällen der nämliche zu sein nöthig hat. Der Name Seele bezeichnet mithin für uns keine abgesonderte Gattung von Substanzen, anderen Gattungen entgegengesetzt, vielmehr ist er nur ein phänomenologischer Ausdruck, und bedeutet jedes uns übrigens noch unbekannte Substrat, insofern es im Stande ist, die angeführten Phänomene hervorzubringen. Wollten wir voraussetzen, daß allen Beispielen beseelten Lebens überall gleichartige Wesen, deren ursprüngliche Function etwa nur im Vorstellen bestände, zu Grunde lägen, so würden wir nicht nur etwas alle Erfahrung Ueberfliegendes annehmen, sondern die innere Leerheit und Bestimmungslosigkeit solcher Wesen dürfte uns vielleicht in der Erklärung der Verhältnisse, nach denen ihre einzelnen Thätigkeiten zusammenhängen, öfters hinderlich sein, und wir würden nominalistisch einem Begriffe, der zunächst sich uns nur zur Bezeichnung einer Würde gebildet hat, eine reelle Giltigkeit beilegen, die dem noch unbekannten Würdenträger zukommt. Welches nun aber die Subjecte sind, die jene Erscheinungen des Seelenlebens in sich erzeugen, dies ist ein Gegenstand einer ganz andern Untersuchung und die Grenzen des Seelenreiches bleiben vor der Hand nach zwei Seiten völlig unbestimmt. Zuerst insoweit, als uns die Erfahrung keine Beobachtung eines sich nicht äußernden, dennoch aber vielleicht vorhandenen Seelenlebens gestattet. In dieser Beziehung kann den Phantasien, welche Pflanzen, Steinen und Weltkörpern ein solches Leben zuschreiben, hier nicht Schweigen auferlegt werden, sondern erst die Resultate der Betrachtung können zeigen, welche Wahrscheinlichkeit der Gedanke einer so weiten Verbreitung des dann genauer bekannten Seelenlebens haben mag. Aber auch andererseits in den Gegenständen, die uns für beseelt gelten, bleibt die Frage übrig, welche von ihren Erscheinungen von diesem Attribute der Geistigkeit, welche aus anderen Quellen abzuleiten sind. Obgleich nämlich nur wenige Ereignisse uns zur Annahme einer Seele auffordern, so kann doch außer ihnen noch Manches, was nicht ebenso deutlich dazu aufforderte, später sich von der Wirksamkeit des nämlichen Princips mit abhängig zeigen. Und so muß auch die Beurtheilung jener anderen Ansichten, die die Seele zugleich als Lebensprincip des Körpers betrachten, dem weiteren Verlaufe der Untersuchung überlassen bleiben.

Aus diesen Gründen allein schon, die sich leicht durch andere verstärken ließen, geht die Ueberzeugung hervor, daß unmöglich der anscheinend einfachste Weg, zuerst in einer empirischen Psychologie sämmtliche Seelenerscheinungen zu ordnen, um sie später einer erklärenden Theorie zu unterwerfen, eingeschlagen werden kann. Auch ist dieser Weg in keiner der Wissenschaften eigentlich verfolgt worden, denen es bis jetzt gelungen ist, bestimmte theoretische Erklärungsgründe zu finden. Sie haben die letzten vielmehr gefunden, zu einer Zeit, wo noch lange nicht die Thatsachen sämmtlich bekannt waren, die auf sie begründet sind. Auch hier geht es uns ähnlich. Die psychologische Erfahrung ist so beschränkt, daß es uns selten gelingt, zu unterscheiden, was als ursprüngliches, was als abgeleitetes Ereigniß aufzufassen sei; denn wir wissen fast Nichts von dem werdenden Bewußtsein, und nicht allzuviel von dem gewordenen. Auf eine große Anzahl von Thatsachen pflegen wir ohnehin erst aufmerksam zu werden durch Hypothesen, die ihrem Vorhandensein Werth geben. Es wird daher zwar an die Erfahrung angeknüpft werden müssen, aber doch nur an ihre hervorragenden, sicheren Spitzen; von ihnen aus müssen wir uns eine Ansicht über die Seele feststellen, um aus dieser zurückschreitend den Umfang und die näheren Gesetze ihrer Thätigkeit auch in dem übrigen Gebiete der Beobachtungen zu finden. Diese Ueberlegungen aber führen uns zur Beantwortung der zweiten oben angeregten Frage: welches die Bedürfnisse sind, die eine psychologische Erklärung befriedigen soll?

B. Man kann dieser Bedürfnisse drei anführen. Das erste wird befriedigt sein, wenn wir den gegenseitigen gesetzmäßigen Zusammenhang zwischen den einzelnen Seelenerscheinungen in unsere Gewalt bekommen, und die Art und Weise jedes Geschehens, den Eintritt jedes einzelnen Ereignisses aus den gegebenen Umständen vorauszusagen vermögen. Eine solche Aufgabe, die nur ein praktisches Ziel der Kenntniß nicht der Erkenntniß ihres Gegenstandes hat, wird jegliche Fiction vertragen, die nur der Erfahrung angepaßt wird, und sie wird aus den Beobachtungen ihre allgemeinen Gesetze durch Hypothesen entwickeln können, die sich noch gar nicht auf die wirkliche Natur der Seele zu stützen nöthig haben. Ganz ähnlich, wie so häufig in der Physik, ist hier nur das Resultat Wahrheit, das Gerüst der Hypothesen zu seiner Gewinnung aber ein im Ergebnisse wieder zu vergessender Weg. Die theorische Astronomie bietet ein Beispiel solcher Erläuterungen, bei denen man sich im Allgemeinen auf die Ueberzeugung stützt, daß ein regelmäßiges Geschehen sich von allen möglichen Standpunkten, nicht bloß von seinem inneren Mittelpunkte aus, regelmäßig zeigen werde, obwohl die scheinbaren Gesetze, die es für einen zufälligen äußerlichen Standpunkt beherrschen, sehr abweichen können von den wahren, die diesen regelmäßigen Schein bedingen. In der Psychologie, deren therapeutische und pädagogische Anwendungen den Besitz solcher wie immer gewonnener Abhängigkeitsgesetze der einzelnen Erscheinungen sehr wünschenswerth machen, hat man nach zwei Seiten hin etwas Aehnliches aufzuweisen. Zuerst haben die Theorien über die Seelenvermögen die allgemeinen Gewohnheiten des Ineinandergreifens der Thätigkeiten darzustellen versucht, unvollkommen allerdings, da sie jene Vermögen nur von der Qualität der Ereignisse im Seelenleben abstrahirten, nicht von den Gesetzen ihrer Wirkungen. Aber den unvollkommnen Anfängen gegenüber ließe sich eine vollkommnere empirische Psychologie denken, die auch die Gesetze jener scheinbaren Vermögen berücksichtigte. Dann aber ist namentlich die physiologische Seite der Psychologie Gegenstand solcher Auffassung. Hier ist es uns zunächst unmöglich, den causalen Zusammenhang körperlicher und geistiger Begebenheiten in seinen Einzelheiten zu verfolgen, und wir müssen uns begnügen, wenn wir die einen als Veranlassungen kennen lernen, denen die anderen nach allgemeingiltigen Gesetzen folgen, gleichviel, welches der innere Vermittelungsgang ist, der dem letzten Ergebnisse gerade diese Gesetze der Proportionalität zubringt. Auf eine solche Auffassungsweise, die wie die Hippokratische, beobachtend das Zusammengehörige zusammenstellt, ohne auf den Nerv seines Zusammenhangs grübelnd einzugehen, deuten Aeußerungen, die wir neuerdings wohl ausgesprochen sehn und nach denen es sich nicht darum handelt, die Eigenthümlichkeiten der Seelenthätigkeiten zu erklären, sondern nur nachzuweisen, an welche Bedingungen zum Beispiele an welche Thätigkeit körperlicher Organe sie geknüpft sind. Ohne Zweifel ist nun die Aufsuchung dieser organischen Bedingungen, deren Vorhandensein wohl Niemand je geleugnet hat, ein sehr wesentlicher vorbereitender Theil der psychologischen Untersuchungen, denn aus ihnen allein läßt sich der Gang der Entwicklung begreifen, den die Thätigkeiten der Seele in jedem einzelnen Falle nehmen können. Nichts desto weniger würde man, wollte man sich einzig auf sie beschränken, das eigentliche Gebiet der Psychologie umgehen. Ueberall zwar ist die Auffindung zusammengehöriger Ereignisse und die Aufstellung der Proportionen, in denen das eine in seinen Veränderungen sich nach denen des andern richtet, die erste Quelle weiterer Untersuchungen, aber ihr Ziel kann nur darin bestehen, eine so thatsächlich gegebene Verkettung auf ihre inneren Motive zurückzuführen.

Kennt man mithin die Gesetze der Erscheinungen, so verlangt man doch immer auch zu wissen, wie die Natur der Seele dazu komme, sich ihnen zu fügen. Man wird daher forschen müssen, wie diese Seele gedacht werden müsse, damit aus ihr sich jene Gesetze ableiten lassen, die man unter wenige einfache Gesichtspunkte zusammengefaßt hat. Dies ist die eigentliche Aufgabe der Erklärung, dieselbe, welche Newton für die angesammelten Erfahrungen über die Gesetze physischer Kreisbewegungen gelöst hat. Sie ist ohne Zweifel die, welche die meisten Schwierigkeiten umfaßt, und vielleicht nie endende Widersprüche erfahren wird. Denn hier kommt es nicht allein darauf an, irgend eine Fassung des Begriffs der Seele aufzustellen, die jenen Forderungen der Beobachtung Genüge thut, sondern dieser Begriff kann nur aus der kleineren Anzahl derjenigen gewählt werden, die gleichzeitig jene, aber auch unsere metaphysischen Voraussetzungen über die Natur der Dinge befriedigen. Hier aber haben nicht bloß die Verschiedenheiten metaphysischer Ansichten

Einfluß, sondern ihnen allen gegenüber machen sich auch Meinungen geltend, die überhaupt auf keinem metaphysischen Standpunkte stehen, indem sie bald das Unklarste von Allem, die Materie zum Princip der Erklärung machen möchten, bald sich unzufrieden zeigen, wenn die Psychologie keinen Begriff der Seele zu gewähren vermag, der ebenso viel palpable Anschaulichkeit besäße, wie die sinnlichen Dinge, auf deren übel begründete selbstständige Realität wir so oft, an die Erfahrung gewöhnt und von ihr geknechtet, auch das Uebersinnliche zurückführen möchten. Wir haben ausführlicher später diese Zweifel zu erörtern und begnügen uns hier mit der Aufforderung, daß man bei jeder Frage, was die Seele sei, sich erst den Inhalt jenes Was im Allgemeinen deutlich mache, nach dessen Gewährung man sich für befriedigt erkennen will.

Auch diese Betrachtungsweise bildet keine abschließende Ansicht. Man würde durch sie nur, um die Forderungen der Erfahrung zu befriedigen, zu Annahmen über die Seele und zu dem Zugeständnisse ihrer Existenz kommen, ohne daß diese Thatsachen sich gleichzeitig als in dem Zusammenhange der Dinge nothwendig geforderte darstellten. Die neuere Zeit hat nicht bloß in der Philosophie, sondern namentlich auch in den medicinischen Auffassungen der Psychologie sich sehr häufig mit Vorliebe dieser Aufgabe zugewandt, nicht bloß aus der factisch vorhandenen Natur der Seele ihre weiteren Entwicklungen zu folgern, vielmehr jene Existenz selbst und damit zugleich alle weiteren secundären Folgen aus ihr, von einer höchsten, alle Erscheinungen überhaupt beherrschenden Idee herzuleiten. Es ist begreiflich, daß solche Tendenzen sich immer großer Theilnahme erfreuen werden. Nicht nur gehen sie von einer Voraussetzung durchgängiger Vernünftigkeit in den allgemeinen Grundzügen der Erscheinungen aus, und werden damit immer einem Bedürfnisse des Geistes entgegenkommen, der sich nie durch Anerkennung eines bloß factisch gegebenen und deßwegen unabänderlichen, aber in sich selbst noch nicht bedeutungsvollen Zustandes befriedigt fühlt; sie versprechen vielmehr auch methodisch einen sichereren Weg zu zeigen. Indem sie nämlich gedenken, jenen wahrhaft werthvollen Inhalt, der die wesentliche Bedeutung der Welt bildet, in seinem ganzen Reichthum hinzustellen, und aus ihm die nothwendigen Vorbedingungen rückwärts aufzufinden, die erfüllt sein müssen, wenn er selbst verwirklicht gedacht werden soll, so würden sie dadurch zuerst die Nothwendigkeit von Erscheinungsformen nachweisen können, die ein bloß regressives von der Erfahrung anhebendes Verfahren auch nur als Thatsachen hinnehmen könnte. Aber außerdem würden sie den zweiten Vortheil noch besitzen, indem sie von der Seite der Maschinerie gewissermaßen eintreten, sogleich den vollständigen und in sich abgeschlossenen Begriff der Seele zu finden, aus dem alle einzelnen Theile, wie aus einem erzeugenden Mittelpunkte abzuleiten sein würden, während wir regressiv von der Erfahrung ausgehend, nur stückweis diesen Begriff aufbauen, nach den vereinzelten Anforderungen, welche diese an seine Natur macht, wobei wir nie eigentlich mit Gewißheit uns eines vollständigen Erfassens versichert halten können. Wir gestehen bereitwillig dieser progressiven Methode alle diese Vortheile zu; denn warum sollte einer Theorie, der es gelungen wäre, den absoluten Weltinhalt in einer demonstrablen Form der Erkenntniß vorzuführen, nicht auch die Lösung dieser verhältnißmäßig viel untergeordneteren Probleme gelingen? Nur daran zweifeln wir, daß eben jene erste ungeheure Bedingung je anders als mit einer gewissen ästhetischen Evidenz sich wird erfüllen lassen, die zwar wohl in ihrer Gewißheit, aber nicht in dem Reichthume ihres deutlich ausgeprägten

Inhaltes hinreichen würde, um so bestimmte Probleme der Erkenntniß auf sie zu basiren. Wenn wir daher auch dieser Betrachtungsweise gern ihr Wort vergönnen werden, so sollen doch derartige Ueberlegungen nicht für eine abschließende positive Wahrheit gelten, und wir glauben uns dadurch gerade in eine bessere Lage zu versetzen, als die, die für jene ästhetische Anschauung nur arme theoretische Begriffe aufstellen und dann doch verlangen, daß die Begeisterung für jene sich auf diesen oft so sehr unadäquaten Ausdruck übertragen soll.

Nach dieser vorläufigen Betrachtung der Aufgaben kann begreiflich unsere Untersuchung nur von dem ausgehen, was zu ihr auffordert: wir sehen daher nicht bloß von allem Unbelebten ab, sondern auch von denjenigen Processen des Lebendigen, die über die Erklärungsprincipien der Naturwissenschaften hinaus keine neuen verlangen. Sie muß ferner von dem ausgehen, was wir wissen, nicht von dem, was wir durch solches Wissen unterstützt errathen; wir sehen deßhalb zuerst von der Thierwelt ab, und halten uns an den Menschen, dessen innere Erfahrung allein uns zugänglich ist. Endlich muß sie ausgehen von dem, was anderen ausgebildeten Begriffskreisen nahe liegt, um von hier aus das Unbekannte zu finden. Wir lassen daher zuerst den Einfluß bei Seite, den in den verschiedensten Fällen die specifische Natur der Seele auf die Qualität der inneren Ereignisse haben mag, und fragen zuerst nach den physiologischen Bedingungen, unter denen physische Erscheinungen zum Vorschein kommen. Wir werden dann die Grenzen bezeichnen können, innerhalb deren bloß physiologische Erklärungen nicht mehr ausreichen und die theoretischen Meinungen über die Natur der Seele prüfen; endlich uns in einem letzten Abschnitt gestatten, die Ueberlegungen anzuführen, die etwa nach der dritten eben erwähnten Betrachtungsweise fähig sind, die zuerst nothwendige Trennung zwischen Seele und Körper zu versöhnen[1]).

II. Die Qualitäten der Empfindungen.

Aufnahme äußerer Eindrücke durch die Sinnesorgane, mannichfaltige innere Verarbeitung derselben durch die eigenthümlichen Kräfte der Seele und Aeußerungen der Ergebnisse dieser Umwandlung in den willkürlichen Bewegungen, bilden die drei Hauptheile des der Beobachtung geöffneten Gebietes psychischer Ereignisse. Wir versuchen zuerst, dem nach innen gehenden Zuge der Vorgänge zu folgen, und die Umstände darzustellen, die bei allen Empfindungen von gleicher allgemeiner Wichtigkeit sind, und theils ihre einfache Qualität, theils die Verbindung verschiedener qualitativer Elemente betreffen.

1. So weit die Erfahrung zuverlässige Thatsachen darbietet, wird allenthalben die Reihe verschiedener Vorgänge, die sich bei der Entstehung der Empfindungen entwickeln, durch Veränderungen der äußeren physikalischen Welt eingeleitet, die auf irgend eine Weise sich mit mechanischen Effecten bis an den lebendigen Körper verbreiten. Selbst die schwankenden Erzählungen über die Fähigkeiten der Magnetisirten werden doch nicht sowohl zur Begründung eines unmittelbaren, unveranlaßten Wissens benutzt, als vielmehr

[1]) Es werden hierbei die Punkte, welche in der vorangegangenen Abhandlung über Psychologie und Psychiatrie von Hagen eine weitere Erläuterung durch Beispiele schon erfahren haben, nur kurz berührt werden, und auch dies hauptsächlich nur, wo sie zu dem Zusammenhange dieser Abhandlung nothwendig gehören, oder wo diese eine andere Betrachtungsweise der dort angewandten entgegensetzen möchte.

auf eine das gewöhnliche Maß weit überschreitende Feinheit der Empfänglichkeit für diese äußeren Reize zurückgeführt. Sehen wir nun in der Thierwelt, die uns das einzige überzeugende Beispiel des Seelenlebens giebt, allenthalben ein eigenthümlich angeordnetes System diesen Reizen entgegenkommen, so müssen wir glauben, daß die Verbindung der Seele mit dem Körper eine Concentration der in dem letzteren zerstreut entstehenden Eindrücke zu einer engeren räumlichen Annäherung nöthig machte, und in der That sehen wir wenigstens bei höheren Thieren, an denen allein solche Beobachtungen unzweideutig zu machen sind, daß die Empfindung erst erfolgt, wenn die durch den äußeren Reiz in den Nerven gestifteten Veränderungen bis zu den Centraltheilen des Nervensystemes fortgeleitet worden sind. Wir müssen daher diese Leitung als eine nothwendige physiologische Bedingung der Empfindung anerkennen, obwohl die Frage, auf welche Weise diese Bedingung ihr Bedingtes erzeugen mag, vor der Hand wenigstens unbeantwortet bleiben muß.

2. Um klar zu sehen, was bei allen Empfindungen vor sich geht, haben wir mehrere Theile dieses ganzen Processes von einander zu trennen. Zuerst finden wir die ursprüngliche äußere Veranlassung, die immer in einer physikalischen Veränderung und meistens in einer Bewegung besteht, gegen deren Eindringen sich der Körper zunächst passiv verhält, während ältere Meinungen vielmehr den Sinnesorganen diese hinauswirkende Kraft zuschrieben, ein in Ruhe befindliches Object der Wahrnehmung zu erfassen. Wie weit nun diese ersten Processe, die Undulationen des Lichtäthers, die Schallwellen der Luft, die Eindrangsgeschwindigkeit stoßender Körper u. s. w. sich unverändert in die Tiefe des Leibes fortsetzen mögen, oder wie bald sie durch die Structur des Organs, auf welches sie treffen, in anders geformte Processe umgewandelt werden mögen, ist nicht überall zu entscheiden. Aber es ist um des Späteren willen hervorzuheben, daß der Effect, den derselbe Reiz auf zwei verschiedene Nerven ausüben kann, ohne Zweifel schon sehr durch die Construction des zwischenliegenden Gewebes und der Nervenendigung selbst mitbestimmt wird. Lichtwellen und Schallwellen, könnte man sie auch beliebig auf einen Nerven wirken lassen, der zu ihrer Aufnahme nicht bestimmt ist, würden doch in diesem nicht die Spannung der letzten Endigungen finden, die auf eine eigenthümliche Weise im Opticus und Acusticus hergestellt ist, und dem Reize überhaupt erst jene Art des Zugangs sichert, durch welche allein er die bestimmten Nervenprocesse erregen kann, die der Farben- oder Tonempfindung zu Grunde liegen. Mit Gewißheit aber können wir annehmen, daß wenigstens beim wirklichen Eintritt in das Nervensystem eine Umwandlung der äußeren Reize in eine andere, zum Theil vielleicht einfachere Form der Veränderung stattfinde. Denn der wenig gespannte, halbflüssige Nerveninhalt würde für die meisten der ihn treffenden Reize, wenn sie in ihrer ursprünglichen Gestalt ihn durchlaufen sollten, ein unpassender Leiter sein.

3. Gerade daß das Nervensystem in seinen verschiedensten Verzweigungen, soweit die bisherigen Untersuchungen reichen, dieselbe Structur und Mischung hat, scheint darauf hinzudeuten, daß die Nervenprocesse, die nach dem Vorigen den äußeren Reizen nicht ähnlich zu sein brauchen, noch eine bei weitem engere Verwandtschaft unter einander besitzen. Die Natur scheint in den Centralorganen nicht eine Menge qualitativ verschiedener Processe ansammeln zu wollen, wir können im Gegentheil meinen, daß sie den verschiedensten Reizen doch nur durch Modificationen eines und desselben Nervenprocesses antworte, und diese homogenen Elemente später zu weiterer Zusammenwirkung concentrire. Nach einer solchen Ansicht braucht der Zustand des

11*

Gehörnerven während seiner Empfindung von dem des Sehnerven während der seinigen nicht so unvergleichbar verschieden zu sein, wie etwa Ton und Farbe von einander abweichen, ja nicht einmal so weit, als Lichtwellen von Schallwellen sich unterscheiden, sondern zwei näher mit einander vergleichbare und enger zusammenliegende Modificationen desselben Processes können die physiologische Grundlage für jene verschiedenen Empfindungen werden. In wieweit diesem allgemeinen Gedanken eine bestimmtere Wahrscheinlichkeit gegeben werden kann, wollen wir späterhin zu zeigen versuchen.

4. Welches aber auch dieser Proceß sein mag, jedenfalls kommt er hier für uns nur insofern in Betracht, als er in irgend einer physikalischen oder chemischen Veränderung besteht, die sich in dem eiweißartigen Inhalte des Nerven weiter zu verbreiten vermag, ein Vorgang also, der so wenig schon Empfindung ist, als der äußere Reiz, von dem er ausging. Man hat viel davon geträumt, daß der Nerv nicht bloß Leiter eines mechanischen, später die Empfindung erzeugenden Vorganges sei, sondern daß er als lebendiger Theil des Körpers, während der Leitung seine eigenen Zustände selbst empfinde. Allein, zugegeben selbst, daß zwar nicht der Nerv als Aggregat mannichfaltiger Theile, sondern daß diejenigen einzelnen Molecüle, die allenfalls hier als Repräsentanten der Individualität gelten könnten, ihre inneren Zustände empfänden, so wäre doch das Bewußtsein dieser kleinen concatenirten Seelen ebenso bedeutungslos für unser individuelles Bewußtsein; als in der Gesellschaft eine nie sich äußernde Ansicht im Innern eines Gemüths für die Aufklärung eines andern ist. Es müßte mithin wenigstens diese Empfindung des einen Molecüls sich als eine mittheilende Kraft erweisen, die in dem nächsten und so fort in der ganzen Reihe die nämlichen Empfindungen hervorriefe. Nun könnte man zwar meinen, daß diese Fortpflanzung der Empfindung ohne weitere mechanische Vermittelung durch einen sympathetischen Rapport zwischen ihnen stattfinde, aber dann sieht man wenigstens nicht, warum nicht unsere individuelle Seele dieselbe Vergünstigung genießen solle, die Dinge durch ein mechanisch unvermitteltes Wissen anzuschauen, warum vielmehr sie allein dieser vorgängigen Verdauung durch das Bewußtsein der Nervenmolecüle bedürfe. Es bleibt mithin nichts übrig als anzunehmen, daß durch eine Mittheilung seiner mechanischen Zustände jeder Theil im nächsten dieselben mechanischen, und secundär jene vorausgesetzten psychischen Zustände erwecke; d. h. die ganze Annahme solcher Nervenempfindungen fällt als eine für die Erklärung unserer Empfindung ganz nutzlose und durch keine Erfahrung jemals zu begründende Hypothese aus unserer Betrachtung wieder aus. Ihre sonstige Glaubwürdigkeit würde der Frage nach der Ausdehnung des Seelenreichs unterzuordnen sein. Hier aber können wir den Nervenproceß nur als einen rein physikalischen Vorgang berücksichtigen, der an sich mit der Natur der Empfindung, zu deren Hervorrufung er dient, ebenso wenig Vergleichbares hat, als die Bewegung der hölzernen Taste mit dem Klange, der ihr entspricht.

5. So weit wir nun auch diesen Vorgang in das Innere des Körpers verfolgen, niemals werden wir einen Ort finden, an dem wir seiner Transsubstantiation in eine bewußte Empfindung zusehen könnten, vielmehr haben wir die letzte als eine nur der Seele angehörige Erscheinung zu betrachten, die von ihr auf Veranlassung eines Nervenzustandes hervorgebracht wird. Lassen wir dem Standpunkte unserer jetzigen Gedankenreihe gemäß die Frage noch gänzlich bei Seite, auf welche Weise diese Auslösung einer psychischen Thätigkeit durch den Anstoß des Reizes zu denken sei, so können wir

ihr gegenseitiges Verhältniß nur als das einer factisch vorhandenen allgemeinen und gesetzlichen Verknüpfung ansehen, so daß einem bestimmten Zustande des Nervensystemes eine bestimmte Empfindung jederzeit unwandelbar nachfolge. Aber wir sind nicht im Stande, aus der Natur des eindringenden Reizes oder der Veränderung, die er im Nerven gestiftet hat, den qualitativen Inhalt der ihm nachfolgenden Empfindung zu errathen. Nach einer willkürlichen Auswahl scheinen uns vielmehr zuerst Lichtwellen und ihre Folgen im Nerven mit Farbenempfindungen, Erregungen durch Schallwellen mit Tönen verbunden; sowie ein Signal sich nach Uebereinkunft gleichgiltig zu jeder Bedeutung bequemt, die erhaltene aber in allen Fällen festhält, so findet sich hier zwischen Nervenproceß und Empfindungsinhalt eine feste Verknüpfung, ohne daß dennoch der erste auf den zweiten von selbst hinwiese. Es geht hieraus das Eine sogleich hervor, daß unsere Empfindungen uns weder ähnliche Abbilder der äußeren Welt, noch unserer eigenen Zustände liefern können. Zwar entstehen sie aus diesen beiden Ursachen, aber sie sagen nichts aus über den Weg, auf dem sie entstanden sind; sie schweben vielmehr der Seele zunächst nur als unmittelbare Erscheinungen vor, die keinerlei Zurückdeutung auf ihre Ursachen enthalten, sondern vielmehr die Brücke zu diesen hinter sich abgebrochen haben und nun erwarten, durch Umschweife der Reflexion auf ihren Ursprung zurückgeführt zu werden. Spricht man daher von subjectiven Empfindungen, welche uns nur den Zustand unsers eigenen Körpers verrathen, so kann dies doch nicht heißen, daß ihr Inhalt uns eine wahrhafte Anschauung von den im Nervensystem eben obwaltenden Verhältnissen gebe, sondern wir haben in solchen Fällen nur Empfindungen, welche Folgen solcher inneren Zustände sind, und die wir auf diese, welche uns trotzdem völlig unbekannt bleiben, zurückzudeuten durch Erfahrungen gelehrt worden sind. Ist nun auf diese Weise durchaus keine Aehnlichkeit zwischen unserem Empfindungsinhalte und dem, wovon er erregt wird, so gestattet doch dieses Verhältniß immer eine reich ausgebildete Proportionalität beider, und auf ihr beruht die Kenntniß des Aeußeren, die wir durch die Sinne haben können. Die Dauer, die Abwechselung, die Reihenfolge der einzelnen Empfindungen wird auf gleiche Verhältnisse der Reize hinweisen; steigert oder schwächt sich die Intensität der Empfindung, so wird dies ein Zeichen für ähnliche Größenunterschiede der Reize sein, und selbst wo verschiedene Empfindungen in einer qualitativen, nicht auf bloße Größenverhältnisse reducirbaren Scala der Verwandtschaft stehen, dürfen wir annehmen, daß auch die Nervenzustände, die von den Reizen hervorgebracht sind, eine Mannichfaltigkeit von Formen haben mögen, die in abgestuften Verwandtschaften in einander überzuführen sein würden. Auf solchem Wege mithin werden uns die Sinnesempfindungen wenigstens die Verhältnisse zwischen den Objecten, wenngleich in eine andere Sprache übersetzt, vorzuführen vermögen.

6. Die vorigen Bemerkungen sprechen den allgemeinen Satz aus, daß wenn überhaupt eine Abhängigkeit der Seele vom Körper stattfindet, gleiche Bedingungen auch überall gleiche Folgen erzeugen, und daß mithin, sobald nicht zwischen den Nervenproceß und die Seele noch ein variables und den Erfolg mit bedingendes Glied eintritt, dann jedem bestimmten Nervenzustande immer nur eine bestimmte Empfindung nachfolgen könne. Dieser Grundsatz ist kein Gegenstand der Controverse, sondern ein einfacher Ausdruck eines logischen Gesetzes; wenn daher **Volkmann**[1]) sich scheut ihm beizutreten, so

[1]) S. dieses Wörterbuches Band II., Seite 521.

kann dies nur davon herrühren, daß er die oben angeführte Nebenbedingung nicht gewährt glaubt, oder daß er meinen Satz so verstand, als sollte jedem bestimmten Reize immer dieselbe Empfindung folgen. Allein zwischen dem Reize und der Seele steht freilich Vieles, was den Erfolg mitbedingt, die Gewebe des Körpers, das Nervensystem mit seinen höchst wechselnden Stimmungen. Daher konnte nicht ohne Weiteres von einer Proportionalität der Empfindung mit dem Reize, sondern nur mit der in jedem einzelnen Falle von ihm hervorgebrachten Veränderung des Nerven die Rede sein. Daß aber nun auch noch zwischen dem Nervenprocesse und der Empfindung ein anderes wandelbares Element, etwa die Zustände der Centralorgane, ständen, die da mitbestimmten, welche Empfindung dem Nervenprocesse folgen soll, kommt mir durchaus unwahrscheinlich vor, wenn ich bedenke, mit wie großer Gleichförmigkeit gerade die bestimmtesten Empfindungen der Farben und Töne ohne Veränderung ihrer Qualität in den verschiedensten Stimmungen des Nervensystemes wahrgenommen werden. Dagegen scheinen diese letzteren, sowie andere Zustände der Seele selbst, einen beträchtlichen Einfluß auf die Stärke des wahrgenommenen Empfindungsinhaltes auszuüben. Dürfen wir mithin über die oben erwähnte Nebenbedingung hinwegsehen, so können wir ohne Einschränkung den Satz aussprechen, daß mit einem Nervenzustand a immer die bestimmte Empfindung α und nie eine andere verbunden sein werde. Diese Behauptung wird dann wichtig, wenn wir bedenken, daß alles Wissen der Seele zunächst durch die Sinnlichkeit und den Lauf der Erinnerungen vermittelt werden muß. Denn dann werden verschiedene Qualitäten des Nervenzustandes das Einzige sein, was unmittelbar von der Seele unterschieden werden kann; die Orte dagegen, von wo diese Zustände stammen, und die Richtung, in welcher sie nach innen streben, können nie unmittelbare Gegenstände der Anschauung für die Seele sein, sondern selbst nur aus Erfahrungen, die sich zuletzt wieder auf verschiedene Qualitäten stützen, beurtheilt werden. Daraus folgt aber, daß die Seele die Empfindung α jederzeit bei dem Nervenzustande a produciren muß, gleichviel auf welchem Wege er durch das Nervensystem geleitet worden, oder wie er entstanden sein mag. Nur, wenn seine Richtung oder sein Entstehungsort ihm zugleich eine qualitative Differenz beifügt, wodurch er eben zu einem andern würde, könnte er im Stande sein, die Seele zur Erzeugung einer andern Vorstellung zu bestimmen. Dieser Satz setzt uns in Widerspruch mit der bekannten Meinung über die specifischen Energien der einzelnen Nerven: ein Gegenstand, der, obwohl nach meinem früheren Vorgange häufig jetzt behandelt, doch noch einmal hier berührt werden muß, weil er in manchen Fassungen auch psychologische Lehren in Verwirrung bringen kann.

7. Bei der Betrachtung der gewöhnlichen subjectiven Empfindungen legt man überall die erwähnte Voraussetzung zu Grunde, so daß ein bestimmter Zustand des Nerven, sei er nun an dem peripherischen Ende oder im Verlauf entstanden, allemal dieselbe Empfindung nach sich ziehen würde. Beachten wir, daß wir bis jetzt keine specifischen Unterschiede in Structur und Mischung der verschiedenen Sinnesnerven haben finden können, so glaube ich, daß wir auch sie nur als verschiedene Stellen des Nervensystemes ansehen dürfen, und daß der Seele nicht zugemuthet werden kann, den verschiedensten Anregungen, die ihr von einem und demselben Nerven überliefert werden, immer durch dieselbe Empfindung zu antworten, lediglich, weil diese Anstöße eben gerade von diesem Nerven kommen, und daß sie ebenso wenig auf zwei gleiche Nervenzustände zwei verschiedene Empfindungen folgen lassen wird,

blos weil beide in verschiedenen Fasern stattgefunden hätten. Sollen daher diejenigen Thatsachen erklärt werden, die man mit dem Namen der specifischen Energien gemeint hat, so muß nachgewiesen werden, wie entweder alle Reize, die einen und denselben Nerven treffen, selbst die unadäquatesten, dennoch in ihm nur mechanische Zustände von einem nur geringen Spielraum der Verschiedenheit anregen können, oder wie die den äußeren Reizen an bunter Verschiedenheit vielleicht noch ähnlichen Nervenprocesse an einem andern Punkte, etwa in den Centralorganen dieselbe Umwandlung in einförmigere Vorgänge erfahren. Der Seele jedenfalls, wenn sie eine bestimmte Empfindungsklasse erzeugen soll, wird auch immer nur eine gewisse Klasse von Zuständen durch jeden einzelnen Sinnesnerven dargeboten werden müssen. In der That haben sich in neuerer Zeit die Ansichten gewöhnlich in diese zwei Hypothesen getheilt, und es hat einige Wichtigkeit für unsern Gegenstand, das hier Annehmbare von dem weniger Wahrscheinlichen zu scheiden. Die erste Annahme würde am leichtesten durch den speciellern Gedanken zum Ziele kommen, daß es in der Natur der Nervensubstanz liege, durch alle äußeren Reize nur zu einer bestimmten Klasse innerer Zustände angeregt zu werden. Mein vortrefflicher Lehrer Volkmann hat bei Gelegenheit dieser Hypothese geäußert, daß gleichmäßige Rückwirkungen auf ungleichmäßige Einwirkungen die Gegenwart eines Correctionsapparates voraussetzen, der immer ein sehr zusammengesetzter werde sein müssen und zu dessen Herstellung weder die Nervenfaser noch die Hirnfaser allein genommen, geeignet sein würde. Soll dieser an sich gewiß sehr richtige Satz auf die specifische Energie eines bestimmten Nerven angewandt werden, und dies scheint Volkmanns Absicht, da er die Annahme specifischer Energien, die ungeachtet der verschiedensten Reize ihren prästabilirten Formen folgen, theoretisch verdächtig nennt, so scheint er mir hier weniger angemessen. Damit der Sehnerv auf alle möglichen äußeren Reize in einen bestimmten Zustand, oder eine bestimmte Klasse von Zuständen gerathe, ist durchaus kein sehr complicirter Correctionsapparat nöthig, der vielmehr nöthig sein würde, um das Gegentheil zu bewirken. Jener Anforderung liegt wohl der Mißverstand zu Grunde, als sei das Nächste und Natürlichste in jedem Falle dies, daß eine Wirkung sich auch qualitativ ändere, wenn ihre Ursachen sich so ändern und daß mithin jeder Fall, wo die durch verschiedene ganz abweichende Ursachen hervorgerufenen innern Zustände eines Objects sich doch innerhalb eines enge begrenzten Spielraums der Verschiedenheit hielten, allemal eine besondere Erklärung bedürfe. Es ist aber eher umgekehrt, und zwar so wie es Volkmann kurz vorher (a. a. O. S. 522 am Ende) richtig ausgesprochen hat. Der nächste Effect einer auf einen Gegenstand einwirkenden Ursache kann ganz passend als Erschütterung des diesem zukommenden Gleichgewichts bezeichnet werden, und der entferntere wird nur in einer Gegenwirkung der Theile bestehn, die dies Gleichgewicht herzustellen suchen. Wie sie sich dabei benehmen, kommt hauptsächlich auf ihre eigene Natur an, und sie können nichts thun, als was dieser gemäß ist. Mögen daher die Reize in ungeheure Verschiedenheiten auseinandergehn, die Reaction kann dies nicht, sondern wird ganz von selbst einen bestimmten engern Kreis von Processen entfalten. So sehen wir auf die mannigfaltigste Weise Electricität, Wärme erzeugt werden, so wird ein Holzstab durch alle möglichen Mittel doch nur zu innern Oscillationen seiner Theilchen gebracht werden, und so überhaupt wird der Effect jedes Reizes nur in dem Bestreben des erschütterten Objects bestehen, sich auf seine ihm einmal zukommende Weise in Gleichgewicht zu versetzen. Ich weiß nicht, ob Volkmann durch eine früher von mir gethane Aeußerung zu jener Meinung bewogen worden ist, da sie aber überhaupt hierher gehört, will ich sie vor einer Missdeutung schützen. Ich habe darauf aufmerksam gemacht, wie große Mühe die Natur sich giebt, an die höheren Sinnesorgane nur die ihnen adäquate Klasse der Reize überhaupt gelangen zu lassen: sie bildet ihre Structur so aus, daß die meisten unadäquaten Reize von den Vorwerken der Sinnesorgane absorbirt werden, und gar nicht zur Einwirkung gelangen. In diesem Verfahren der Natur sehe ich nun nicht eine Hindeutung darauf, daß jene ausgeschlossenen Processe etwa den Sehnerven und den Hörnerven nicht hätten zu ihren specifischen Empfindungen veranlassen können, und daß hierdurch nur das dazu Taugliche aus dem Schwarme der äußern Reize abgeschieden werde, sondern es liegt mir hierin das Geständniß der Gefahr, daß auch Schallwellen, Wärmedifferenzen, Luftströmungen u. s. f. unfehlbar in dem Sehnerven würden Farbenempfindungen erzeugt haben, wenn sie nur auf schicklichem Wege zu seiner Ausbreitung gelangen konnten. Hierdurch aber würde alle Distinction der Sinnesempfindungen aufgehört haben. Ich meine mithin, daß von dieser Seite jener obigen Annahme gar nichts im Wege steht, und daß rechtwohl das Factum, daß jeder Nerv durch alle Reize nur in eine bestimmte Klasse von Zuständen versetzt wird, wenn es nämlich ausnahmslos richtig wäre, auf eine in der Natur des Nerven begründete Form seiner Gleichgewichtsbestrebungen begründet werden könne. Allein das andere Hinderniß steht dieser Ansicht entgegen, daß jeder einzelne Nerv dann seine specifische Weise solcher Bestrebungen besitzen müsse, die von der aller andern unterschieden ist, und zu einer solchen Behauptung berechtigt uns die gleiche Structur und Mischung der Nerven gewiß nicht besonders. Indessen hätten doch vielleicht diese Structurunterschiede nicht nöthig, sich in sinnlich sehr kennbaren Zeichen auszuprägen. Bedenken wir vielmehr, wie leicht durch fortwährende Gewohnheit an gewisse Reize sich eine eigenthümliche Wirkungsweise im Nerven ohne so kenntliche Veränderungen ausbildet, so könnten wir die specifische Energie der Nerven als eine durch Gewohnheit erworbene wohl vertheidigen. Unter dem ausschließlichen Einflusse gewisser Reizklassen aber steht wirklich im gesunden Leben jeder Nerv, da seine umgebenden Hüllen ihn vor dem Eindringen der meisten fremdartigen Erregungen schützen, und so dürfte diese von Meyer [1]) vorgetragene Ansicht, daß der Nerv auf alle äußeren Einflüsse grade in diese durch überwiegende Gewohnheit immer schlagfertigen Formen seiner Thätigkeit ausbreche, nicht nur vereinbar mit den obigen allgemeinen Bemerkungen sein, sondern auch die beobachteten Thatsachen sämmtlich umschließen. Sie bewiese vielleicht nur zuviel, denn daran, daß jeder unadäquate Reiz die specifische Empfindung errege, darf allerdings noch sehr gezweifelt werden.

8. Die andere Annahme ist diese, daß die Nerven entweder gleichartige oder ungleichartige Zustände leiten, und diese erst dann, wenn sie die Centralorgane treffen, in solche bestimmte specifische Vorgänge umgewandelt werden, wie sie den Empfindungen zu Grunde liegen. Diese Ansicht ändert nichts in den Verhältnissen, die jetzt für uns von Werth sind. Vorausgesetzt, daß die Centralorgane nicht selber empfinden, sondern nur den letzten noch physikalischen Zustand bewirken, der die Seele zur Empfindung veranlaßt, mag man immerhin glauben, in deren noch unbekannterem Innern so viele specifische

[1]) Untersuchungen über die Physiologie der Nervenfasern von G. H. Meyer. Tübingen 1843.

Verschiedenheiten der Structur und Mischung zu finden, wie man sie in den Nerven noch vermißt. Ich halte diese Annahme für höchst unwahrscheinlich, und suche in gewissem Sinne die Aufklärung vielmehr an dem entgegengesetzten Ende. Zwischen den umgebenden Geweben und dem Nerven, da findet sich eine solche Unterbrechung der Structur und Mischung, daß man glauben kann, bei diesem Uebergange in ein neues Medium werde jeder vom Reize angestiftete Proceß eine beträchtliche Umwandlung erfahren; zwischen Nervenfasern und Hirnfasern sehe ich keinen solchen Unterschied, vielmehr einen wahrscheinlichen stetigen Uebergang selbst ohne beträchtliche Abwechselung der Mischung; daß mithin grade hier die Umgestaltung der vom Reize angeregten Vorgänge stattfinden sollte, ist mir wenig glaublich. Ich meine vielmehr, daß im Grunde jeder Nerv jeden möglichen Zustand an sich leiten könnte, daß aber sowohl die Gewöhnung, als die Endigungsweise in den peripherischen Geweben jeden Nerven in einen eigenthümlichen Spannungszustand versetzt, der sich vielleicht auch auf den Verlauf desselben erstreckt, und diesem eine vorwiegende Neigung zu einer bestimmten Art der Gleichgewichtsbestrebungen giebt. So kann einmal ein unadäquater Reiz doch die specifisch gewohnte Empfindung erwecken, während ein anderes Mal selbst der adäquate Reiz, wo er den Verlauf des Nerven und nicht die eigenthümliche zur Aufnahme des Aeußeren organisirte Endverbreitung trifft, sie nicht zu erregen vermag. Ein Nerv im Zusammenhange mit seinem bestimmt angeordneten Endigungsorgan scheint mir nicht unpassend einem zwischen zwei Punkte gespannten Seile zu vergleichen, das, so lange es in dieser bestimmten Spannung verbleibt, auf alle äußern Anstöße mit einer bestimmten Tonschwingung antwortet; wird aber sein eines Ende vom Befestigungspunkte gelöst und aufgedröselt, so wird es jetzt selbst einer wirklichen Schallschwingung unmöglich sein, dies zu keiner Aufnahme der Reize taugliche Ende in ähnliche Zustände zu versetzen. Die zweideutigen Erfolge, die man bei Anwendung von Reizen auf centripetale Nervenstümpfe erhält, scheinen hierin ihren Grund zu haben. Wir müssen indessen diese Bemerkungen abbrechen, die für die psychologischen Fragen weniger Bedeutung haben. Nur dies Eine sollte zunächst durch sie festgestellt werden, daß die Verwandlung der Reize in gleichförmigere Zustände immer auf körperlichem Gebiete irgendwo geschehen muß, und daß die Seele verschiedene Empfindungen nur producirt, weil die Nerven*zustände*, nicht weil die Nerven verschieden sind, durch welche sie geleitet werden. Wenn daher Volkmann den Gedanken der specifischen Energien zunächst ein Product unserer Abstraction nennt, die das Gleichartige der Empfindungen eines Sinnes auf Kosten des Ungleichartigen betone, so glaube ich doch nicht, daß dies in der Physiologie früher geschehen sei; die qualitative Differenz der einzelnen Farben ist zwar ein einleuchtendes Factum, aber es scheint mir keine Inconsequenz, vorauszusetzen, daß sie auf quantitativen Unterschieden der Nervenzustände beruhen; vielmehr würde es unwahrscheinlich sein, daß blos quantitativ verschiedene Lichtwellen grade qualitativ verschiedene Nervenzustände erregen sollen. Daß die specifische Energie auch ein Product der Reize sei, die trotz ihrer scheinbaren Verschiedenheit doch in ihren wesentlichen Kräften übereinstimmen, haben wir oben bestätigt, obwohl so modificirt, daß es überhaupt so bestimmter gleichartiger Kräfte nicht bedurfte. Wenn *Volkmann* sie endlich als Product mehrerer sich unterstützender und in ihren Wirkungen einander corrigirender Organe ansieht, so wünschten wir in dieser Beziehung die Aufmerksamkeit auf den Einfluß gelenkt, den die sorgsam eingerichtete Endigungsweise der Nerven darauf hat, ob ein Reiz in ihr Inneres überhaupt einen leichten Zugang gewinnen kann.

9. Diese Betrachtungen sind hauptsächlich gemacht, um eine Phantasie etwas zu motiviren, die wir hier hinzufügen möchten. Haben wir einmal gesehen, wie leicht durch jeden Reiz ein Körper in immer analoge oder homogene innere Gleichgewichtsstrebungen versetzt werden kann, und beachten wir den Mangel der Unterschiede in der Structur und Mischung der Nerven, so erscheint die Annahme sehr natürlich, daß überhaupt alle Nervenprocesse ursprünglich gleichartig sind, und daß die einzelnen Gruppen, welche specifisch verschiedenen Empfindungsklassen zu Grunde liegen, nur nach mathematischen Differenzen sich von einander unterscheiden möchten. Der Gegensatz des Qualitativen und Quantitativen, den man oft bei diesen Betrachtungen anwendet, scheint mir weniger hierher zu passen, denn auch das Mathematische hat gewisse, wenn auch auf Größen reducirbare oder wenigstens durch sie meßbare qualitative Verschiedenheiten der Richtung. Sobald man mithin nicht verlangt, daß die Nervenprocesse sich bloß der Größe nach unterscheiden sollen, sondern überhaupt nur auf mathematische Art, so wird der eben geäußerte Gedanke eigentlich nothwendig; denn in allen äußeren physikalischen Processen, sowie in den innern des Nervensystems lassen sich am Ende keine qualitativen Verschiedenheiten denken, die noch über Unterschiede der Größe, Richtung, Dauer und Combination der Wirkungen hinausgingen. Aber selbst innerhalb dieses Spielraumes liegen vielleicht die Nervenprocesse näher beisammen, als man anzunehmen geneigt ist. Sehen wir ganz ab von der unbeantwortbaren Frage, worin eigentlich die in den Nerven sich fortpflanzende Veränderung bestehe, so können wir doch immer annehmen, daß ihre Modificationen den äußeren Reizen proportional sein werden. Wo mithin diese in gewisser Zeit eine bestimmte Anzahl von Anstößen ertheilen, wird eine entsprechende Anzahl von Uebergängen aus einem in den andern Zustand auch im Nerven vorkommen, und wo in derselben Zeit sich die Menge jener Anstöße mehrt, werden sich auch diese Uebergänge mehren müssen. Unter solchen Voraussetzungen erscheinen uns nun Farben und Töne als zwei weitauseinanderliegende Gruppen von Nervenzuständen, deren erste durch eine außerordentlich große Anzahl von Anregungen vermittelt wird, während in derselben Zeit auch die höchsten hörbaren Töne eine ganz unverhältnißmäßig geringe Anzahl von Uebergängen oder Schwingungen zeigen. Wir könnten meinen, daß, wenn in dem Nervensystem eine der Häufigkeit nach den Schallschwingungen proportionale Reihe von Impulsen entsteht, diese zunächst der Seele die Empfindung der Töne abgewinnen, und zwar allmälig sich steigernd auch die aufsteigende Tonleiter bedingen, bis sie übermäßig anwachsend, in diesem Sinne verklingen, um nach einer großen unausgefüllten Lücke sich dem Gesichtssinne als Farben aufzudrängen und auch in dieser qualitativen Form eine gewisse Reihe von eng zusammenliegenden Empfindungen durch Steigerung ihrer quantitativen Verhältnisse zu veranlassen. Umgekehrt, wo die Impulse der Schallschwingungen zu langsam sich folgen, schwinden sie aus dem Bereiche des Gehörsinnes, während, wenn sie mit derselben Langsamkeit aber größerer Kraft auf andere Theile des Körpers wirken, sie vielleicht unter einer anderen qualitativen Form der Empfindung wiederkehren und eine neue Scala durchlaufen können. Obgleich Betrachtungen dieser Art nicht weiter verfolgt werden können, ohne vorläufig noch in leeren Phantasien sich zu vertiefen, so sind sie doch in einer Hinsicht merkwürdig. Früher nämlich haben wir behauptet, daß aus der Natur des ver-

anlassenden Vorganges im Nerven sich die Qualität der Empfindung nicht deduciren lasse, sondern daß beide nur als zusammengehörige, durch eine fremde Macht gewissermaßen verbundene Ereignisse anzusehen wären. Wir sehen nun in den beiden höheren Sinnen, daß diese Macht wenigstens nicht von der Möglichkeit Gebrauch gemacht hat, die wir ihr dort nicht abstreiten konnten, nämlich principlos mit diesem Zustande diese, mit jenem jene Empfindung zu verbinden; bei aller qualitativen Unvergleichbarkeit beider Vorgänge finden wir im Gegentheil doch eine Proportionalität, deren weitere Verfolgung der Psychologie mannichfaltige Aufschlüsse gewähren könnte. Die Töne bieten hiervon das einleuchtendste Beispiel. Nicht allein daß der Anzahl der Schallschwingungen, und so wohl ohne Zweifel auch der Häufigkeit der Uebergänge im Nervenprocesse die Scala der Töne nachfolgt, in der auch jedes unbefangene Gemüth eine eigenthümliche qualitative Steigerung sieht, sondern wir finden auch, daß die ausgezeichneten Verhältnisse des physikalischen Processes, wie die Verdoppelung der Wellenzahl in der Octave, zusammenfallen mit ebenso wesentlichen ausgezeichneten Punkten in der Reihe der Empfindungen. Man muß sich klar machen, daß dies durchaus kein logisch nothwendiges Verhalten ist, um den Werth zu begreifen, welchen diese Thatsachen haben. Schwieriger würde es schon sein, den Farben ähnliche Deutungen zu geben, obschon auch hier kaum zu leugnen ist, daß ihre Verschiedenheiten nicht gleichgiltig qualitative sind, sondern daß sich zugleich in ihnen eine ähnliche Scala gesteigerter qualitativer Energie ausdrückt, also ein Inhalt, der zwar nicht blos durch Größenverhältnisse in sich selbst unterschieden ist, dessen Unterschiede aber nicht ohne sogleich hinzutretende Schätzung darin enthaltener Größendifferenzen aufgefaßt werden. Die Farben, begründet auf einer an sich schon hohen Anzahl von Uebergängen in kleiner Zeit, sind in engere Grenzen als die Töne eingeschlossen, und so wie die Schwingungszahlen der bekannten farbigen Lichter nicht, wie die der Töne, bis zur Verdoppelung einer tiefsten fortschreiten, so kehrt auch die Reihe der Farbenempfindungen nicht in sich zurück, sondern endet mit den zwei Gegensätzen des Roth und Blau, zwischen welche sich die übrigen Tinten vermittelnd einschieben, nur daß vielleicht das Violet eine Rückkehr zum Roth andeutet. Aber die Farbenwelt erscheint uns fast noch reicher als die Tonwelt, weil, wie sich später zeigen wird, manche Umstände uns Combinationen von mehreren für einfache Farben halten lassen, während die Combinationen der Töne nicht ebenso häufig in einfache Empfindungen zusammenrinnen. Ueber die übrigen Sinnesorgane können wir diese Betrachtungen nicht ausdehnen, da ihre Empfindungen ebensowohl als ihre Reize uns keine bestimmtere Anwendung der Größenverhältnisse gestatten. Wie das Geräusch zum bestimmten Tone, oder die Helligkeit sich zur Farbe verhält, so ungefähr verhalten sich an Klarheit die Empfindungen des Hautsinnes zu denen der höheren Organe, und es muß unentschieden bleiben, ob jene große Lücke zwischen Farben und Tönen durch andere Empfindungen ausgefüllt wird, für die vielleicht nur andere Thierklassen empfänglich sind. Noch weniger gestatten Geruch und Geschmack die Anwendung solcher Ideen, die überhaupt hier nur dazu dienen sollten, auf die Proportionalität hinzuweisen, die zwischen der Entwicklung einer Sinnesqualität in ihre Modificationenscala und der andern Stufenleiter der äußeren Reize, muthmaßlich also auch der Nervenzustände stattfindet, und bei der nichtsdestoweniger eine vollkommne Unvergleichbarkeit des einzelnen Nervenprocesses mit der ihm zukommenden Empfindung besteht. Fügen wir noch hinzu, daß unter sonst gleichen Umständen auch die Stärke einer und derselben qualitativ identischen Empfindung nach der Größe der Erregung variirt, welche der Reiz hervorzubringen im Stande gewesen ist, so haben wir den Kreis der Abhängigkeitsverhältnisse erschöpft, die zwischen Empfindung und dem sie veranlassenden Reize stattfinden.

10. Ehe wir zu dem Einflusse übergehen, welchen die Empfindungen sich im Bewußtsein erringen, haben wir das Schicksal zweier empfindungserzeugenden Vorgänge zu verfolgen, die sich in demselben Elemente des Nervensystemes begegnen. Das Verfahren der Natur in Bezug auf die gleichzeitige Wahrnehmung mehrerer Empfindungen ist verschieden. Im Sehnerven dürfen wir wohl voraussetzen, daß die Endigung jeder einzelnen isolirten Faser nur einer bestimmten Farbenempfindung fähig ist, und daß zwei sie treffende verschiedene Farbstrahlen unfehlbar eine mittlere resultirende Farbenempfindung bedingen. Hier scheint mithin die Isolation der Fasern das wesentliche Mittel zur Erreichung distincter gleichzeitiger Empfindungen. Im Gehörnerven ist dies anders. So weit wir wenigstens die Sache hier überblicken können, ist es nicht anders möglich, als daß alle Schallwellen gleichzeitig auf alle Nervenendigungen treffen, und die Vorgänge, welche sie in diesen erregen, schmelzen so wenig in eine Resultante in der Empfindung zusammen, als die Schallwellen der Luft selbst bei ihren mannichfaltigen Durchkreuzungen sich stören. Nur eine verschiedene Intensität der Wahrnehmung wird den einzelnen Tönen, hier nicht erklärbar, zu Theil werden. In diesem Falle, der nicht unwichtig ist für die spätere Beurtheilung der Function der Centralorgane, finden wir mithin, daß die bestimmte Leitung der Eindrücke und die Möglichkeit, daß jedem von ihnen eine ebenso bestimmte Empfindung entspreche, keineswegs an die Abschließung der leitenden Bahn für andere gleichzeitige Eindrücke geknüpft ist. Inwiefern sich dieser Unterschied der Verhältnisse beim Hören von denen beim Sehen an einen Unterschied in der Natur der Reize binden mag, müssen wir dahingestellt sein lassen, wir erwähnen nur, daß diese störungslose Mischung der Nervenprocesse nur bei demjenigen Sinnesorgane vorkommt, dessen Empfindungen jeder räumlichen Anordnung durchaus unfähig sind, während Geschmäcke und Gerüche, wo sie dieselben Partien des Aufnahmeorganes treffen, ebenso wie die Farben sich zu Resultanten verschmelzen, während sie freilich auch oft verschiedene Stellen reizend, auf dunkele Weise neben einander vorkommen. Ueberblicken wir endlich das Nervensystem im Ganzen und Großen, so sehen wir nirgends aus Empfindungen verschiedener Sinne sich eine neue Empfindung ausbilden, selbst diejenigen Empfindungen eines und desselben Sinnes, die einmal als gesondert erweckt worden sind, wie die der verschiedenen Farben, existiren in der Seele ohne Beeinträchtigung ihres qualitativen Inhaltes fort, während dagegen die Gefühle des Angenehmen oder Unangenehmen, die sich an einzelne Empfindungen oder an Combinationen mehrerer knüpfen, allerdings häufig einen Gesammtzustand des Gefühles veranlassen können. Diese Fähigkeit der Seele, nicht nur eine Menge einander völlig unähnlicher Empfindungen zu umfassen, vielmehr selbst den nämlichen Gegenstand, wie einen farbigen Punkt, vielfach in Empfindungen zu verwandeln, ohne daß diese sich in einen Gesammtzustand summirten, bildet für unsere spätere Betrachtung einen der schwierigsten Punkte, auf den sich die Localisation der einzelnen Empfindungen gründet.

11. Von dieser Aufgabe einstweilen absehend, wollen wir zunächst fragen, welche Hülfsmittel der Seele zu Gebote stehen, um aus den Qualitäten

der Empfindungen, die bisher den einzigen Gegenstand unserer Betrachtung und ihr einziges Besitzthum bildeten, die geordnete Welt der sinnlichen Anschauung hervorzubringen. Ueberlassen wir uns gewöhnlichen naturphilosophischen Analogien, so müssen wir voraussetzen, daß ein länger dauernder Reiz keinen constanten, sondern einen mit gewisser Beschleunigung wachsenden Zustand des von ihm getroffenen Nerven hervorbringen werde, und setzen wir ferner voraus, daß der Stärke des Nervenprocesses in jedem Augenblicke auch die der Empfindung proportional sei, so würde sie bei beständiger, aber wachsender Erregung des Nerven in noch viel höherem Maße an Intensität zunehmen müssen. Wir finden erfahrungsmäßig keines von beiden. Die stetige Ernährung der Nerven mag in gewöhnlichen Fällen vollkommen hinreichen, um durch den Umtausch seiner Stoffe ihn fortwährend wieder in einen neutralen Zustand zu versetzen, in welchem er sogleich als ein ebenso unbefangenes Instrument zur Aufnahme des Reizes dienen kann, wie er es vorher war. In einigen wenigen Fällen krankhafter Art mag man vielleicht glauben, die Spuren einer solchen Summation der Effecte wieder zu erkennen, indem hier zuweilen ein Eindruck bis zu schmerzhafter Heftigkeit der Erregung fortgehen kann. Allein eines Theiles wird bis zu gewissen Grenzen der Aufregung muthmaßlich auch die Schnelligkeit des Stoffwechsels beschleunigt, der zu ihrer Ausgleichung bestimmt ist; andern Theiles kann ebenso leicht der übermäßige Reiz, jene Grenzen überspringend, eine zeitweilige Lähmung des Nerven hervorbringen, die der weiteren Vermehrung seiner Function, sowie der Empfindung Grenzen setzt. So entsteht hier ein Spiel der Erschöpfung und Wiederbelebung der Empfänglichkeit für äußere Eindrücke, das wir durchaus nur als eine Erscheinung in dem Gebiete der vorbereitenden, körperlichen Thätigkeiten ansehen können, während die Seele selbst durch die Unfähigkeit des Nerven, solche Zustände länger zu leiten, ihre Empfänglichkeit für dieselben nicht einbüßt. Das eine Auge, das von der Sonne geblendet, nichts mehr sieht, raubt dem früher geschlossenen, jetzt sich öffnenden, nicht die Fähigkeit, den Lichteindruck zu leiten, noch der Seele die Empfänglichkeit, mit der sie ihn in Lichtempfindung umsetzt. Die Größe der Theilnahme, die wir einem Eindruck zuwenden, mag allerdings mit seiner längeren Dauer abnehmen; aber man kann nicht sagen, daß die Empfänglichkeit der Seele für seine Anschauung dadurch litte. Sie bleibt im Gegentheile, durch den früheren Eindruck nicht präoccupirt, ein unbefangener Zeuge des späteren, und auch die merkwürdigen Thatsachen der complementären Farbenempfindungen müssen wohl ohne Zweifel auf eine eigenthümliche Art der Erschöpfung oder Rückwirkung der körperlichen Organe zurückgeführt werden, denen die Seele die Empfindung nur nachfolgen läßt, ohne an sich selbst zu solchen entgegengesetzten Thätigkeiten geneigt zu sein.

12. Wenn wir nun aber auch, wie dies oben angeführt wurde, bei einem beständigen Reize und ebenso beständigen Nervenzustande dennoch sich die Empfindung nicht so steigern sehen, daß das im vorigen Augenblicke Empfundene sich mit dem des nächsten summirte, so müssen wir auch in der Seele Verhältnisse ähnlicher Art annehmen, wie sie zur Ausgleichung des Nervenprocesses im Körper dienten. Zwar würde es vergeblich sein, diese Verhältnisse näher bestimmen zu wollen; aber das Ergebniß derselben steht fest und muß darin bestehen, daß die geschehene Veränderung durch irgend welche, dem Stoffwechsel des Körpers in ihren Wirkungen ähnliche Kräfte fortwährend auf ein Minimum herabgedrückt wird, ehe sie im Stande ist, sich durch die des nächsten Augenblickes zu vergrößeren. Es wird in dieser

Hinsicht theoretisch immer der einfachste Gedanke sein, wenn man diese niederdrückende Gewalt in einem ähnlichen Elemente, d. h. in anderen Empfindungen sucht, die von früheren Wahrnehmungen zurückgeblieben, die neu eintretenden Eindrücke stetig hemmen und sie zu einem außerordentlich geringen Grade der Klarheit herabsetzen. So gelangten wir zu einer Art mechanischer Ansicht, die auf den zwei Grundlagen fußt, daß zunächst dem Gesetze der Trägheit nach jede Empfindung so lange bestehen wird, bis sie durch andere Umstände verdrängt würde, und daß zweitens diese Umstände in der hemmenden Gewalt anderer schon vorhandener Empfindungsvorstellungen beruhen. Hierdurch würde allerdings, wenn diese Hemmung energisch genug erfolgte, die Stärke der Empfindung sich auf demselben Niveau erhalten, so lange Reiz und Nervenproceß dies Nämliche thun. Allein dieser Ansicht, die auch sonst zur Grundlage anderer psychologischer Theorien gewählt worden ist, stehen gerade bei dieser ihrer einfachsten Anwendung schon namhafte Bedenken entgegen. Wenn man bemerkt, wie augenblicklich in einem sonst gesunden Auge mit seiner Schließung auch das lebhafteste Empfindungsbild verschwindet und sich höchstens in eines jener Erinnerungsbilder verwandelt, welche farblos die Farben und lautlos die Töne reproduciren, so wird man gewiß geneigt sein, wie in den anderen Stücken, so auch in der Dauer der Empfindung eine Proportinalität zu der des Nervenprocesses anzunehmen, mit dessen Aufhören dieser Zustand der Seele ebenso wieder verschwindet und einem anderen Platz macht. Versucht man ferner zu erklären, warum die vorhandenen Hemmungen in der Seele nicht nur für alle verschiedene äußere Sinneseindrücke gleich passend sein sollen, sondern wie sie auch dem wachsenden Reize sich mit immer wachsender Widerstandskraft entgegenstemmen, so gelangt man zu Annahmen, deren verwickelte Gestalt sie erst dann bestechend machen würde, wenn das theoretische Princip, worauf man sich gleichzeitig stützt, zweifellos dastände. Allein mag das Gesetz der Trägheit, nach dem man hier verfährt, an sich keine Schwierigkeiten haben, so ist doch die große Frage, ob wir hier einen Fall seiner Anwendung vor uns sehen. Nichts anderes kann dies Gesetz bestimmen, als daß ein Substrat genöthigt sein wird, einen ihm einmal eingepflanzten Zustand gleichförmig fortzubewahren, sobald es weder in sich selbst eine gegen ihn zurückwirkende Kraft besitzt, noch dieser Zustand von einer fremden Kraft ihm abgenommen wird. So wird sich dies Gesetz gewiß auf die Bewegung eines Körpers im Raume anwenden lassen; denn ihm geschieht durch diese nichts, was sein inneres Wesen im Mindesten berührte: er wird mithin in jedem Zustande der Bewegung gleichgiltig beharren, bis eine andere Ursache ihn davon befreit. Aber ich glaube nicht, daß wir die mindeste Wahrscheinlichkeit dafür haben, daß die Seele nach denselben Gesichtspunkten zu betrachten sei. Was wir auch sonst über ihre Empfindungen denken wollen, wir können nicht glauben, daß sie ein Zustand seien, der das Wesen der Seele ebenso wenig berührt, wie die Bewegung den Körper; sie wird vielmehr als eine wirklich eindringende Veränderung zu betrachten sein. Unter dieser Voraussetzung bleibt uns nun die Wahl einer doppelten Anwendung jenes Trägheitsgesetzes. Entweder wir sehen die Seele, um uns hier bildlich auszudrücken, für eine ganz passive und völlig unelastische Substanz an, welche keine innere Reaction gegen den Zustand ausübt, in den sie durch äußere Reize gerathen ist, oder wir trauen ihr diese active Elasticität zu, nach dem Aufhören des Reizes sogleich und vielleicht noch während seiner Einwirkung die Folgen desselben wieder herabzusetzen, und sie, wenn sie dieselben auch nicht völlig vernichten kann, doch wenigstens in einen anderen Zustand zu verwandeln, der vielleicht jenen Erinnerungsbildern, vielleicht noch weiter auch den vergessenen Vorstellungen entspricht. Es ist allerdings völlig unmöglich, an diesem Orte und in diesem Zusammenhange ein entscheidendes Gewicht für eine dieser Ansichten beizubringen; auch die Erfahrung wird bei dieser Frage beständig stumm bleiben; denn ob eine Vorstellung, in der Seele allein entstanden, ewig dauern würde, wofern nicht eine zweite sie beschränkte, oder ob sie von selbst durch die zurückwirkende Kraft der Seele allmälig unterging, ist eine Alternative, die kaum selbst durch irgend welche metaphysischen Gründe, sondern fast nur durch eine Art ästhetischer Evidenz entschieden werden kann. Ueberlassen wir uns aber dieser letzteren, so dürfte die zweite Ansicht wohl eine überwiegende Wahrscheinlichkeit erlangen. Betrachtet man vollends, wie dies durch den Einfluß eines neuen psychologischen Systemes üblich geworden ist, die Empfindungen als Selbsterhaltungen der Seele gegen einen äußeren Reiz, der ihren inneren Zustand zu stören droht, so dürfte damit die Annahme jener ersten Trägheit schwer zu vereinigen sein. Denn offenbar ist es eine nicht geringe Sklaverei, oder wenigstens eine seltsame Art der Selbsterhaltung, wenn eine an sich zur Unveränderlichkeit bestimmte Substanz durch jeden Reiz in ein Reactionsstreben versetzt wird, von dem sie später nie wieder loskommen kann, wenn nicht durch glücklichen Zufall eine neue Störung die alte verdrängt. Wollen wir in der That, wie dies doch in dem Ausdrucke der Selbsterhaltung zu liegen scheint, der Seele diese ästhetisch werthvolle Lebendigkeit beilegen, die sich durch alle äußeren Reize nur um ihren eigenen inneren Schwerpunkt bewegen läßt, so dürfen wir sie nicht gleich einem aus seiner Ruhe aufgestörten Thiere sich in den vorgehaltenen Stock der Störung verbeißen lassen, sie muß im Gegentheil ihre Ungestörtheit dadurch beweisen, daß sie auch die Vertheidigungsanstalten einzieht, wo es keinen Feind mehr giebt. Allein diese Betrachtungen knüpfen sich doch nur an jenen Namen der Selbsterhaltung, der hier nichts zur Sache thut; wir müssen uns einstweilen ohne weitere Entscheidung dieser Frage damit begnügen, daß die Erfahrungen eine ungehinderte Fortdauer der Empfindungen in ihrer völligen Stärke auch nach dem Aufhören des körperlichen Reizes nicht nothwendig anzunehmen befehlen, und daß das Gesetz der Trägheit diese Ansicht ebenso wenig zu beweisen vermag. Geben wir uns daher einstweilen der Annahme hin, daß stetig auf einem Weg, den wir freilich nicht anschaulich machen können, die eigene Thätigkeit der Seele sich gegen diese aufgedrungenen Empfindungszustände stemmt, und daß dadurch nicht bloß die Summirung einer länger dauernden Empfindung bei fortwährendem Reize verhindert, sondern auch ihre ungestörte Fortdauer nach seinem Aufhören unmöglich gemacht wird.

13. Wir verfolgen diese Ansicht jetzt nur insofern, als sich aus ihr der Unterschied zwischen einer eigentlichen Empfindung, die nur im Momente der Wahrnehmung stattfindet und der Vorstellung ergiebt, welche den Inhalt der Empfindung zwar festhält, aber ohne dies schwer zu beschreibende Nebengefühl lebendigen Ergriffenseins, welches sie in jenem Momente begleitete. Wir sind im Stande, in unsern Erinnerungsbildern nicht nur die Qualität, sondern auch die Stärke des früher Empfundenen, seine Verknüpfungen und die Größe der Zwischenräume, welche verschiedene Empfindungen trennen, zu wiederholen und doch sind diese Farbenvorstellungen farblos, die erinnerte Melodie stört nicht mit dem leisesten wirklichen Laute die innere Stille, und wenn zwischen diese Erinnerungen plötzlich eine wahrhaft subjective Empfindung sich eindrängt, so werden wir von der völligen Schattenhaftigkeit jener noch

mehr durch die ganz andere lebendige Gewalt dieser überführt. Wir haben nun gemeint, daß diese Erinnerungsbilder oder Vorstellungen eben jener Rest der Empfindung sind, der von ihr nach dem Aufhören des Reizes von der zurückwirkenden Kraft der Seele noch übrig gelassen ist, und haben so in Zweifel gezogen, ob bei ihnen eine Mitwirkung der körperlichen Organe überhaupt noch stattfinde. Die gewöhnlichen Annahmen stehen jedoch unserer Meinung ziemlich allgemein entgegen, und die gebräuchlichste Ansicht ist wohl diese, daß die Vorstellungen nur beträchtlich geringere Grade der Nerventhätigkeit bezeichnen, als die Empfindungen, daß sie aber keineswegs eine von körperlicher Mitwirkung ganz entblößte Seelenthätigkeit darstellen. Die Voraussetzung, daß jeder einzelne Act der Seelenthätigkeit von einem körperlichen Processe begleitet werde, könnten wir zwar in gewisser Hinsicht zugestehen, aber doch nicht so, als müßte dies begleitende Phänomen als ein Mittel zur Hervorbringung jener Acte gefaßt werden; wir glauben im Gegentheile, daß der Körper wegen seiner einmal bestehenden Verbindung mit der Seele häufig sich den Rückwirkungen der Processe, die in dieser vorgehen, nicht entziehen kann. Diese Ansicht, die wir später im Allgemeinen rechtfertigen wollen, suchen wir hier zunächst in Bezug auf den eben betrachteten Gegenstand zu stützen. Daß von jedem einmal gewonnenen Eindrucke im Nervensysteme sich eine materielle Spur erhalten werde, wird nur der wahrscheinlich finden, der auf diesen Einfall auch um anderer Gründe willen kam. Einerseits ist es unbegreiflich, wie bei dem fortwährenden Stoffwechsel in den Sinnesorganen oder in den Centraltheilen die Nachwirkung jedes einzelnen Eindruckes ungestört von denen anderer sich erhalten sollte; höchstens von der langwierigen Summirung gleichartiger Eindrücke können wir eine solche chronische Umwandlung der Dispositionen des Nervensystems vermuthen, daß seine einzelnen Theile specifisch bestimmte Reizbarkeiten für einzelne größere Erregungsclassen gewönnen. Die Schwierigkeit solcher Aufbewahrung steigert sich aber andererseits noch mehr, wenn wir daran denken, nicht bloß die einzelnen oft schon zusammengesetzten Eindrücke, sondern auch die ganze unermeßliche Reihe ihrer höchst vielseitigen Associationen unter einander auf ähnliche Weise im Gehirne zu befestigen, und ebenso würde endlich teleologisch die Zweckmäßigkeit und Nothwendigkeit eines solchen Verhaltens gar sehr in Frage zu stellen sein. Für unseren jetzigen Standpunkt sind daher auch nur die mannichfachen Erscheinungen der Nachbilder im Stande, dieser Hypothese einige Gunst zuzuwenden. Allein, was zuerst die gewöhnlichen optischen Nachbilder betrifft, so beweisen diese eigentlich nicht sowohl, daß die Vorstellung in der Erinnerung durch einen Nervenproceß begleitet werde, als vielmehr, daß häufig die vollständige Absorption des Eindruckes durch den Stoffwechsel noch nicht beendigt ist, während die Erinnerung längst wieder die Vorstellung des Gegenstandes verloren hat, und erst bei Gelegenheit des Contrastes jener noch vorhandenen Nachwirkung mit dem Hintergrunde des Gesichtsfeldes wird sie auf's Neue zu einer Wahrnehmung genöthigt. Man sieht hieraus, daß bei einigermaßen intensiven Reizen des Auges jene Ausgleichung der Erregung zwar schnell genug noch erfolgen kann, um anderen beträchtlichen Reizen kein Hinderniß entgegenzustellen, aber nicht ohne weniger intensive und gleichartigere neue Wahrnehmungen etwas zu beeinträchtigen. Man hat jedoch in neuerer Zeit, hauptsächlich durch Henle's Beschreibungen der Gesichtserscheinungen veranlaßt, in denen er die Lineamente anatomischer Präparate, mit denen er sich viel beschäftigt, dann und wann wieder aufleuchten sah, von einem Gedächtnisse der Sinne geredet, welches Einige auf eine materielle Fixirung der Eindrücke basirten. Allein jene Visionen scheinen zur Begründung dieser Annahme untauglich. Man würde, um eine solche Fixirung zu bewirken, annehmen müssen, was sehr unwahrscheinlich ist, daß nämlich die Lineamente der Figuren während der ganzen Zeit der Beschäftigung unveränderlich auf dieselben Stellen der Netzhäute gefallen wären, indem sich sonst die verschiedenen Fixirungen dieser Bilder bis zu einem gestaltlosen Lichtscheine würden verschmolzen haben. Allein dies ist nicht nur an sich unwahrscheinlich, sondern bei einer wissenschaftlichen Beobachtung eines Objectes unmöglich. Man könnte höchstens noch dies eine einwenden, daß diese Fixation nicht in der Netzhaut, sondern im Centralorgane geschehe, und daß hierfür die Bahn, in welcher die einzelnen Eindrücke ankommen, gleichgültig sei. Allein dies consequent durchgedacht, würde nur ergeben, daß man überhaupt keine Figuren sehen könne, da bei diesen doch offenbar die Distanz ihrer Punkte auf der Netzhaut das Einzige ist, was diese Punkte unterscheidet. Es scheint mir mithin nothwendig, für diese Visionen eine andere Erklärung zu suchen, und ich glaube hier bei der Meinung stehen bleiben zu müssen, die ich bereits früher geäußert. Subjective Empfindungen werden dann von einem körperlichen Reiz des Nerven ausgehen können, wenn sie bloße elementare Functionsäußerungen, Lichtklumpen, Flammen u. s. f. sind, oder wenn sie keine andere Combination zeigen, als die, welche aus der gleichzeitigen Reizung der ihrer Lage nach bestimmten Nervenenden hervorgeht. Es mag daher wohl bestimmte stabile Gesichtserscheinungen geben, die aus dem feineren Bau der Netzhaut entspringen und sich unter sehr verschiedenen Umständen zeigen können. Wo dagegen specielle der Erinnerung angehörige Gegenstände den Inhalt der Visionen bilden, da werden wir sie aus einer jener eben erwähnten Rückwirkungen der Seelenthätigkeit auf die körperlichen Organe zu erklären haben. Wir wissen, daß diese Rückwirkung gewöhnlich nur in der Richtung der Bewegungsorgane stattfindet, wenigstens in merklichem Grade; allein unter besonderen Umständen erhöhter Erregung in einem sensiblen Organe kann sie gewiß auch in diesem bemerkbar werden. Wir müssen daher zwar unentschieden lassen, ob nicht mit jeder Vorstellung eine solche Rückwirkung in unbedeutendem Grade verbunden ist, allein dies kann für jetzt in der That auch dahingestellt bleiben; nur darauf kam es hier an, daß keine Nothwendigkeit vorliegt, Processe im Nervensysteme für nie fehlende excitirende Voraussetzungen der Erinnerungsbilder anzusehen. Wir werden diese vielmehr für die eigentlichen Thätigkeiten der Seele zu nehmen haben. Das, was man die Stärke der Vorstellungen genannt hat, wird uns noch einmal auf diesen Punkt zurückführen.

14. Wir haben in dem Vorigen die Mittel angeführt, mit denen die Seele sich die Anschauung einer geordneten Welt verschaffen soll. Zu ihnen gehören jedoch noch zwei Erscheinungen, deren wir hier nur gedenken, ohne ihre Betrachtung einem späteren Zusammenhange entreißen zu wollen, das Gedächtniß und die Associationen. Daß die einzelnen Vorstellungen aus dem Bewußtsein entschwinden, daß sie solche, in ihrem Zustandekommen völlig unbekannte Verknüpfungen mit einander eingehen, um später wiederbelebt auch die verbundenen Vorstellungen mit in's Bewußtsein zurückzuführen, sind bekannte Thatsachen, die wir in der Folge zur Hilfe nehmen müssen, ohne noch auf die Schwierigkeiten einzugehen, welche sie enthalten. Wir gehen also zu den ersten Anfängen der Localisation der Empfindungen über, welche, wie wir sehen werden, sich auf die Qualitäten derselben stützt. Wir werden

jedoch hierbei uns begnügen müssen, weniger Aufgaben zu lösen, als sie zu trennen. Mehreres bleibt hier zurück, was bis jetzt einer genügenden Erklärung durchaus unfähig scheint; Anderes werden wir freilich auch finden, was nur dann als ein Räthsel erscheinen kann, wenn man mit völlig unrichtigen Vorstellungen zu der Analyse dieser Phänomene kommt.

III. Die Localisation der Empfindungen.

15. Denken wir uns die Seele, wie wir unstreitig hier müssen, als begabt zwar mit qualitativ bestimmten Empfindungen, aber an sich jeder räumlichen Anordnung fremd und unkundig, diese mannichfaltigen Empfindungen nur in der Weise der Töne gegenseitig verbunden hegend, und fragen wir, wie sie nun dazu kommt, dieses Material in räumliche Formen zu gießen, so scheint uns das sogenannte Gesetz der excentrischen Erscheinung in der Nervenphysiologie die erste organische Grundbedingung dieser Localisation darzubieten. Indessen wird diese Hoffnung bald zu Schanden. Gegen jenes Gesetz nämlich, so wie es früher ausgedrückt wurde, daß immer das peripherische Ende der Nerven der Ort sei, wohin die Empfindung durch jede seiner irgendwo entstandenen Veränderungen verlegt werde, thut Erfahrung und Theorie gleichmäßig Einspruch. Weder Töne noch Farben verlegen wir an dies Ende, sondern in einen äußeren Raum, daß aber der Inhalt jenes Gesetzes, selbst wenn es richtig wäre, keine primitive, sondern immer nur eine sehr abgeleitete Erscheinung sein könnte, ergiebt sich daraus, daß wir dann der Seele eine Kenntniß des Ortes der Nervenenden schon zuschreiben müßten, womit dann das Meiste von dem gegeben wäre, was wir in dieser Frage nach der Localisation erst suchen. Denn dies ist der hauptsächlichste Fehler, den man gewöhnlich hier macht, daß man annimmt, die Seele habe eine fertige Anschauung des ganzen Raumes schon vor sich und deliberire bloß noch, in welchen Strahl der Windrose und in welche Entfernung sie die Empfindung, die einem Eindrucke folgt, placiren wolle. Diese Vorstellung des Aeußeren, in welches hinein die Seele ihre Objecte setzen soll, ist aber im Gegentheile eine abgeleitete, und sie bildet sich, wie wir später sehen werden, aus mehr als einer Quelle zugleich aus. Hier bleibt uns vor der Hand nichts übrig, als dem Gesetze der excentrischen Erscheinung die andere tautologische Bedeutung zu geben, daß jeder Empfindungsreiz im Nerven, mag er diesen berühren wo er will, eine Empfindung hervorruft, die jederzeit an dieselbe Stelle verlegt wird, oder mit anderen Worten, daß die Localisation derselben nur von ihrer Qualität, nicht von dem Orte ihrer Entstehung abhängt, weil von dem letzteren nicht, abgesehen von aller Qualität, noch eine besondere Kunde zum Bewußtsein gelangen kann. Welches nun aber der Ort ist, an den alle Empfindungen desselben Nerven verlegt werden, dies bleibt dabei noch völlig unbestimmt. In der letzten Zeit haben besonders die vortrefflichen Untersuchungen von Volkmann dem Gesetze der excentrischen Erscheinung seine letzten Stützen geraubt. Ich muß mir versagen, hier genauer auf den Inhalt seiner Betrachtungen einzugehen, mit dem ich nicht vollständig übereinstimmen kann; aber darauf muß ich aufmerksam machen, daß seine Ansichten keineswegs ein neues Licht über diesen Punkt verbreiten, sondern uns vielmehr durch Entfernung des trügerischen Lichtes, das uns bisher diese Gegenstände beleuchtete, in ein neues Dunkel hineinführen. Man wird dies natürlich nicht als einen Vorwurf deuten. Die Beobachtung der isolirten Nervenfasern, die wir in allen Sinnesorganen

finden, hatte in der neuern Physiologie zu der Annahme geführt, daß kein Reiz einen bestimmten Eindruck hervorbringen könne, es sei denn, daß er in der geschlossenen Bahn einer solchen Faser bis zu den Centralorganen geleitet würde, deren hierbei vorausgesetzte Wirksamkeit nicht weiter analysirt wurde. Dafür sollte aber auch innerhalb einer solchen Bahn keine Verschiedenheit des Vorganges und des Ortes seiner Entstehung einen Einfluß auf den Ort seiner Projection haben. Nach Volkmann ist dagegen eine und dieselbe Faser im Stande, vielleicht zehn Eindrücke an verschiedenen Stellen ihres Verlaufes aufzunehmen und für jeden die Wahrnehmung desselben an dem Orte seiner wirklichen Entstehung zu vermitteln. Es ist nicht zu leugnen, daß auf den ersten Anblick diese Ansicht die ganze Unerklärlichkeit eines unvermittelten Wissens wieder in diesen Gegenstand einführt; denn auf welche Weise die Seele zu unterscheiden vermöchte, aus wie großer Entfernung, oder von welchem Orte aus ein empfindungserzeugender Vorgang an sie gelangt, läßt sich gar nicht angeben, da die Verschiedenheit der Stärke, an die man etwa denken könnte, noch außerdem Gegenstand einer besonderen Wahrnehmung ist. Volkmann bemerkt hierzu, daß diese Thatsachen nur Denen unbequem sein können, welche an der Vorstellung kleben bleiben, daß die Seele im Gehirne ihren Thron aufgeschlagen habe und den herbeiströmenden Empfindungsreizen hier sitzend Audienz ertheile. Wir seien jedoch an diese Vorstellungsweise nicht gebunden *). In der That sind wir nun an das Komische dieses Ausdruckes nicht gebunden; aber die Ansicht selbst, die hier verworfen wird, scheint mir nicht ebenso unmotivirt. Wenn Volkmann hinzu fügt, es sei auch denkbar, daß etwas dem physischen Principe Angehöriges dem gereizten Punkte zuströme, um hier den Reiz zu finden, so mag zwar diese Ansicht der Seele nicht unwürdiger sein, als die erste, allein sie ist ganz unmöglich, und ich muß meinem verehrten Lehrer gegenüber darauf beharren, daß wir in der That in unseren Erklärungsversuchen mehr gebunden sind, als es ihm scheint, und daß nicht jede denkbare Hypothese hier Zutrauen verdient. Ich will nicht fragen, wie man sich dieses, dem physischen Principe angehörige Etwas oder seine Bewegung im Körper denken soll; mag sie auch geschehen, was kann sie je helfen? Angelangt an den Ort des Reizes würde dieses Etwas ihn nicht anders empfinden, als an jedem andern Orte, es würde höchstens irgend eine Nebenempfindung von der Länge des zurückgelegten Weges haben können; aber wie sollte es dazu gelangen, zu erfahren, daß dies Gefühl jenem zurückgelegten Raume angehöre, und wie könnte es die Richtung, in der es selbst vorwärtsgeschritten ist, je in ihrem bestimmten Verhältnisse zu anderen überblicken? Alles das würde nöthig sein, um diese Empfindung jedes Reizes an seinem Orte zu erklären; leistete die Seele aber das, so würde sie nur ein mit anderen Sinnen, und zwar ebenso unerklärlichen, ausgestattetes Individuum sein, das in unserem Leibe sich ebenso hin- und herbewegte, wie wir mit sammt dem Leibe und seinen Sinnen in der äußeren Welt. Finden können wir an einem bestimmten Orte etwas nur dann, wenn wir den Ort mit seinen Umgebungen schon vorher übersehen; die Bewegungen eines psychischen Principes können dies aber nicht leisten. Es bleibt mithin für uns allerdings gar keine andere Ansicht übrig, als diese, daß die Empfindung, wie Volkmann sagt, durch eine Welle entstehe, die vom gereizten Punkte ausgehend, an das Sensorium anschlägt, und die Schwierigkeit bleibt, wie die Seele erkennen soll, von wie

*) S. dieses Wörterbuch. Bd. II. S. 573.

weit her diese Welle kommt. Um aber zu sehen, in wie weit sie sich beseitigen läßt, müssen wir erst den Werth einer andern Ansicht prüfen, die hiermit nahe zusammenhängt, nämlich der von der Isolation der Nervenfasern.

16. Sehen wir, daß die Natur sich große Mühe mit der Herstellung abgeschlossener Bahnen für die Leitung eines Eindrucks gegeben hat, so ist die nächste Folge die Annahme, daß durch diese Bahnen der Eindruck einem ganz bestimmten Punkte des Centralorganes zugeführt werden soll, und daß von der Stelle, an welcher er diese berührt, nicht nur seine Localisation, sondern auch seine Qualität vielleicht abhänge. Diese Meinung von der Wirksamkeit der Centralorgane krankt an einem bedeutenden Fehler, den wir oben schon erwähnten. Indem sie durch das Anspielen der einzelnen peripherischen Nerventasten einzelne Hämmer gleichsam im Gehirn sich heben läßt, muthet sie der Seele zu, sich mit neuen Sinnen diesem Schauspiel gegenüber zu stellen, und in diesem Falle alle jene räumliche Localisation schon zu verstehen, die wir hier erst zu erzeugen suchen. Sie setzt mit einem Worte voraus, daß die Seele einen Proceß a, weil er in einem gewissen Theile des Centralorgans erregt wird, auf eine bestimmte Stelle α in der Peripherie bezieht; und dies schließt denn das andere ein, daß die Seele es dem Processe a ansehen könne, von wannen er kommt, oder in welchem Theil des Centralorganes er befindlich ist. Es ist jedoch für uns aus dem Früheren schon eine zweifellose Ueberzeugung, daß alle Localisation nur auf verschiedener Qualität beruhen kann, und daß die Seele zwei Prozesse, die qualitativ durchaus keinen Unterschied zeigten, auch keineswegs an verschiedene Punkte zu localisiren Veranlassung finden kann. Ist dies aber so, so ist es klar, daß für diesen Zweck der Localisirung der Eindrücke die Isolation der Fasern ganz unnöthig ist. Sie sollen nicht den Eindruck auf einer bestimmten Straße zu einem bestimmten Eingangsthore geleiten, damit er um seines Durchtrittes durch dieses willen an einen bestimmten Ort verlegt werde, sondern dieser Ort wird ihm nach seinem qualitativen Aussehn zukommen, und die Seele wird nach diesem seine Heimat ebenso gut zu beurtheilen wissen, wie wir die Nationalität der Fremden während einer Messe nach ihrem Aussehn und nicht nach dem Thorberichte bestimmen. Es hilft hier Nichts, den Centralorganen noch irgend welche verborgenen Kräfte zuzuschreiben: mag immerhin ein Eindruck bei seinem Durchgange durch einen bestimmten Theil derselben einen spezifischen Beigeschmack bekommen, den er sonst nicht erlangt haben würde, und von dem später seine Localisation bedingt wird, in letzter Instanz wird es doch immer diese wie auch erlangte Qualität sein, die über jene entscheidet. In der Physiologie ist diese Ansicht nicht üblich, aber gleich wohl auch nicht unerhört. Ich will mich nicht auf van Deen's Versuche beziehen, nach denen nicht überall unverletzte Isolation der Leitung nöthig ist, um einen Reiz an seinen Bestimmmungsort zu bringen und ihn seine Wirkung erzeugen zu lassen; liegt doch der Respirationstheorie und den Ansichten über die Reflexbewegung, die Volkmann aufgestellt hat, ziemlich deutlich dieselbe Ueberzeugung zu Grunde. Gleichviel auf welchem Wege sich der Reiz der im Blute enthaltenen Kohlensäure fortpflanzt, und auf welcherlei Nerven er unterwegs treffen mag; als dieser bestimmte Reiz regt er nur in den respiratorischen Nerven eine gruppirte Bewegung an. Ich habe nun diese Bemerkungen hier nur um deswillen gemacht, weil daraus hervorgeht, daß die Aufhebung des Gesetzes der excentrischen Erscheinung uns eigentlich nur einen eingebildeten Vortheil raubt. Daß nach der frühern Meinung jeder einzelne Eindruck besonders in einem isolirten Kanale fortgeleitet wurde, konnte für seine Localisation nichts nützen; findet es sich nun, daß ein und dasselbe Nervenende mehrere

Eindrücke gleichzeitig leitet, so entsteht daraus auch keine größere Gefahr für diese; so lange nur die verschiedenen Processe sich unter einander nicht bis zu einer Resultante mischen, werden nach unserer Ansicht Vortheile und Schwierigkeiten ganz dieselben sein wie früher. — Aber man wird einwenden, daß nach dieser Annahme ja alle Faserung der Nerven völlig unnöthig sei. Wenn es sich so verhält, wie wir meinen, so hätte es auch genügt, wenn zum Beispiel die Netzhaut eine einfache Blase wäre, die durch einen einfachen Kanal mit einem centralen Behälter zusammenhinge. In diesem Kanale würden die verschiedenen Eindrücke auf die Netzhaut sich eben so ungestört fortleiten lassen, wie die Schallschwingungen, die einen Luftraum durchkreuzen. Dächte man sich die Seele an irgend einer Stelle dieses Centralraumes wirksam, so würde sie auf diese Weise ganz ebenso gut von allen diesen qualitativen Processen getroffen, und könnte jeden an eine bestimmte Stelle, seiner Qualität nach, projiciren, ohne daß dabei die Richtung seines Eintretens von Werth wäre. Ich will hierauf zuerst antworten, daß unsere Ansicht nur in größerem Maßstabe dasselbe thut, was auch die Volkmann'sche voraussetzen muß. Ist ein Nervenelement im Stande, zehn verschiedene Eindrücke zu leiten, so ist auch hier für diese das Princip der Faserung ganz unnütz, und man könnte eben so wohl für tausend Reize eine ähnliche Fortpflanzung annehmen, wenn man nur wüßte, daß mit der Mannichfaltigkeit derselben nicht innere gegenseitige Störungen eintreten, die bei einer geringen Anzahl vielleicht nicht vorkommen. Ich mache ferner darauf aufmerksam, daß bei dem Gehörorgan (auch bei dem Geschmack und Geruch in gewisser Hinsicht) doch ohne Zweifel diese Fortpflanzungsart stattfindet, obwohl die Faserbildung hier nicht weniger vorkommt, so daß trotz des gegentheiligen Anscheins doch die Nothwendigkeit der isolirten Nervenfasern in etwas anderem zu beruhen scheint, als man gemeinhin annimmt. Diese Betrachtungen fortzusetzen und uns namentlich die Bedeutung der Faserung für die erwähnten Sinnesorgane zu zeigen, wollen wir Anderen überlassen; auch ob Volkmann mit allen seinen Annahmen, besonders mit denen über die Netzhautbilder, ganz Recht hat, mag dahingestellt bleiben. Einstweilen wollen wir glauben, daß die Isolation der Fasern wenigstens im Auge den Zweck hat, die Vermischung zu vieler Eindrücke zu verhüten, denn daß eine solche für verschiedene Farben schon bei einer gegenseitigen Entfernung eintritt, bei der wir hellbeleuchtete gleichfarbige Linien noch unterscheiden, dürfte kaum zu bezweifeln sein.

17. Ich glaube, daß es nöthig ist, die vorigen sich etwas durchkreuzenden Bemerkungen zu resümiren, um zu wissen, auf welchem Punkte wir jetzt stehen. a) Die gewöhnliche aber irrige Voraussetzung war die, daß die Seele, um irgend einen Eindruck zu localisiren, nachsehe, an welchem Punkte der Centralorgane er anschlägt, und zu dieser Annahme gehörte nicht bloß die isolirte Leitung eines einzigen Eindrucks durch eine Faser ganz wesentlich, sondern auch das Gesetz der excentrischen Erscheinung. b) Wir haben dem entgegengesetzt, daß ursprünglich nur verschiedene Qualitäten von der Seele unterschieden werden können, und daß mithin, wenn überhaupt eine bestimmte räumliche Anordnung der Eindrücke erfolgen soll, der Platz, den Jeder hier einzunehmen haben wird, durch seinen Inhalt bedingt wird. Kann mithin ein Eindruck auch ohne isolirte Bahn sich ohne Beeinträchtigung seiner Qualität bis zum Sensorium fortarbeiten, so ist für ihn die isolirte Faserleitung unnöthig; sie wird wieder nöthig in dem Maße, als diese Vorbedingung nicht erfüllt ist. Bringt ferner die Verschiedenheit der Stellen, an denen der Eindruck im Verlauf der Nerven erregt wird, durchaus keine Verschiedenheit seines qualitativen Inhaltes

hervor, so ist das Gesetz der excentrischen Erscheinung in dem Sinne, wie wir es modificirt haben, nothwendig, d. h. die Seele muß jeden solchen Eindruck an dieselbe einmal gewohnte Stelle versetzen. Soll dies letztere aber nicht der Fall sein, so muß sich nachweisen lassen, daß der Eindruck, so wie die Orte seiner Entstehung variiren, zu seiner sonst sich gleichbleibenden Qualität noch ein variables Element hinzu bekam, an welches die Seele später sich hält, um ihm einen bestimmten Ort anzuweisen. Doch kann dies Element nicht in der wechselnden Stärke des Eindrucks bestehen, weil für jeden Grad der Intensität vielmehr alle diese Verhältnisse noch einmal wiederkehren. Wir wollen den Anfang der weiteren Betrachtung mit der Localisation der Farbenempfindungen des Auges machen, und hier zuerst eine Ansicht Herbart's beleuchten, die, wenn sie sich nur halten ließe, für alle Schwierigkeiten die einfachste Lösung darbieten würde.

18. Herbart geht mit Recht von dem Gedanken aus, daß auch dann, wenn wirklich die äußern Dinge in einer räumlichen Ordnung befindlich sind, ihre Einflüsse auf uns doch zunächst nur eine Mannigfaltigkeit von an sich unräumlichen Empfindungen hervorrufen können, und daß die wahrgenommene räumliche Anordnung dieser gänzlich von Neuem durch die Seele reconstruirt werden muß. Diese Wiedererzeugung beruht nach ihm auf der Succession der einzelnen Eindrücke und den abgestuften Verschmelzungen, welche sie dabei eingehen. Das ruhende Auge, bemerkt er, sieht keinen Raum, indem es sich hin- und herbewegt, erzeugt es ihn. Denn beim Vorwärtsgehen sinken allmählich die ersten Auffassungen in ihrer Intensität und verschmelzen während des Sinkens immer mehr sich abstufend, immer weniger und weniger mit den nachfolgenden. Beim mindesten Rückkehren gerathen dagegen sämmtliche früheren Auffassungen, begünstigt durch die eben jetzt hinzukommende Wiederholung, in's Steigen, und so wird jede Vorstellung allen übrigen ihre Plätze anweisen. Zu dieser Ansicht, deren weitere Ausführung man bei Herbart nachsehen mag [1]), müssen wir uns folgende Betrachtungen erlauben. In jedem Augenblicke unserer jetzigen Erfahrung übersieht auch das ruhende Auge sogleich ein ausgedehntes Sehfeld und findet in ihm die Gegenstände in ihren respectiven Lagen, ohne daß es der mindesten Bewegung bedürfte, um etwa den Totaleffekt der äußern Reize, der in einer intensiven unräumlichen Vorstellung bestände, durch jene abgestuften Verschmelzungen und ihre Summation zu reconstruiren. Daß dies jemals, auch nur in der frühesten Kindheit anders sei, ist nicht im mindesten wahrscheinlich, denn wenn das menschliche Kind darüber in Zweifel ließe, so würden uns viele Thiere diesen Zweifel benehmen. Sollen mithin Herbart's Worte bedeuten, daß das Auge zunächst nur einzelne Punkte sehe, so fußte dieser Ausspruch auf keiner Erfahrung; es ließe sich aber zum Ueberflusse beweisen, daß unter solchen Umständen, namentlich wenn sie bei anderen Sinnen wiederkehrten, jede räumliche Anschauung unmöglich werden würde. Durch Verschmelzungsabstufungen successiver Vorstellungen bleiben mithin die einfachsten Thatsachen unerklärt. Es läßt sich jedoch hieran noch eine allgemeinere Betrachtung knüpfen. Auch dann nämlich, wenn eine solche Summation sich folgender Eindrücke hier stattfände, ließe sich noch gar nicht absehen, wie sich daraus gerade räumliche Vorstellungen entwickeln sollten. Das Auge habe zuerst den Punkt a gesehen und diese Empfindung mit dem Muskelgefühle α associirt; es gehe zum Punkte b über durch das Muskel-

[1]) Psychologie, Bd. II. S. 127 ff.

gefühl β, zu c durch das Gefühl γ u. s. f. Nun mag es sich zurückwenden und so allmählig die Reihe dcba rückwärts durchlaufen, deren jeder Punkt mit den entsprechenden Muskelgefühlen $\delta, \gamma, \beta, \alpha$ sich verknüpft. Wie man sich auch diesen Proceß variirt denken mag, so entsteht doch daraus von selbst noch nicht die Nothwendigkeit, daß diese Punkte als räumlich neben einander befindliche angesehen werden müßten. Vielmehr müßte dazu noch Jemand da sein, welcher zu der mit ihren Associationen aus Farben und Muskelgefühlen beschäftigten Seele sagte: wenn du erst von a bis d eine Reihe Vorstellungen erzeugt hast, und du erzeugst die andere Reihe d bis a, so ist die letztere nicht eine ganz andere, die sich an die vorige anfügt, so daß die Gesammtheit deines Vorstellens die Reihe abcddcba wäre, sondern die zweite Hälfte davon ist nur die wiederholte Vorstellung derselben Objecte, welche die erste Hälfte darstellt, so daß das Object einfach und feststehen geblieben ist, während das Vorstellen sich an ihm hin- und herbewegte. Oder kürzer, es müßte der Seele noch einmal besonders gesagt werden, daß sie nicht eine ganz gleiche, aber andere, sondern dieselbe Reihe durchmißt. Man kann dies nicht deutlicher machen, als durch ein Beispiel, in dem alle obigen Bedingungen vorkommen, aber ohne den ihnen zugeschriebenen Erfolg. Singen wir die Töne abcd der Scala, so verknüpft sich mit jedem ein eignes Muskelgefühl; singen wir sie rückwärts, so kehren diese ganz entsprechend wieder; variiren wir diesen Versuch, wie wir wollen, so zeigt er den ganzen Reichthum solcher abgestufter Verschmelzungen, wie sie Herbart verlangt; aber die umgekehrte Scala deckt doch nicht in verkehrter Richtung die aufsteigende; es wird aus alle dem nichts Räumliches. Damit dies entstehe, ist vor allen Dingen ein Erforderniß nothwendig; es müssen mehrere Vorstellungen gleichzeitig und in ganz bestimmten Verhältnissen gegeben sein, so daß der eine Theil derselben noch nicht verschwindet, während die Bewegung einen neuen herbeiführt, der sich nun sogleich an diesen Rest in bestimmter Bedeutung anschließen kann. Könnte das Auge nur einen Punkt sehen und würde durch jede Drehung es dergestalt in eine ganz neue Welt versetzt, daß es mit völligem Verschwinden des vorigen einen ganz neuen Eindruck erhielte, so wäre es ganz unmöglich zu enträthseln, was denn durch diesen Uebergang eigentlich bewerkstelligt worden sei, und wie sich das Neue an das Alte verknüpft. Dieser Punkt erfordert später noch eine andere Ueberlegung.

19. Leistet nun die Succession der Vorstellungen nicht das Verlangte, so wollen wir auf dem oben 17, b erwähnten Wege versuchen, wie weit sich in der Erklärung des augenblicklichen, geometrisch angeordneten Gesichtsfeldes kommen läßt. Es sind auf der Retina viele Punkte von völlig gleicher Farbe gegeben; wie kann die Seele ihnen anmerken, wo sie empfunden sein wollen? Daß nun das variable Element, welches wir hier suchen, in irgend einer leisen Verschiedenheit der Qualität bestehe oder in irgend einem bestimmten Nebengefühl, das sich an eine gewisse Stelle der Retina bei deren Reiz unmittelbar knüpfte, ist bei der gleichartigen Mischung und Structur derselben sehr unwahrscheinlich. Dagegen könnte ein anderes Phänomen einige Aufklärung versprechen. Schon das Kind, wenn ein glänzender Gegenstand von der Seite her seine Retina bescheint, wendet die Augen so, daß dieser in die Richtung des deutlichsten Sehens fällt. Bei dieser Bewegung sind uns weder die Reize, durch welche das schief einfallende Bild sie hervorruft, noch das Mittel klar, durch welches wir sie gerade nach der bestimmten, verlangten Richtung vollziehen. Man hat auch solche Fähigkeiten gewöhnlich freigebig von Associationen der Vorstellungen und Gefühle abgeleitet; indessen, obwohl ich zugebe, daß

auch eine zuerst ganz ungeordnete Bewegung des Auges leicht eine Menge von Erfahrungen darbieten kann, mit deren Hilfe diese Bewegung später regulirt würde, so glaube ich doch, daß die Natur solche Processe etwas bestimmter durch organische Hilfsmittel vorgebildet hat. Auch diese Bewegung möchte ich daher als eine Reflerbewegung ansehen, die von der gereizten Stelle der Retina abhängt, und das gesammte Muskelsystem des Augapfels eine Bahn durchlaufen heißt, welche den Punkt des deutlichsten Sehens jenem früher gereizten substituirt. Bei diesem Geschäfte würde sich für jeden einzelnen Punkt die Gesammtleistung auf eben so eigenthümliche, für jeden einzelnen Fall verschiedene Art auf die verschiedenen Muskeln des Auges repartiren, wie auch die drei rechtwinkligen Coordinaten des gereizten Ortes, auf irgend welche feststehenden Aren bezogen, eine unerschöpfliche Menge verschiedener Combinationen darbieten würden. Träfe mithin irgend ein qualitativ bestimmter Reiz eine bestimmte Stelle der Netzhaut, so würde es zwar hier nicht um dieses Auffallsortes willen ein variables Element aufnehmen, das seine Qualität veränderte, oder als eine neue Empfindung daneben gefühlt würde, wohl aber würde jeder gereizte Punkt eine ihm allein zukommende Combination von Bewegungstendenzen in den Muskeln des Auges bedingen, und an dieser Nebenwirkung, durch welche der Punkt sich gewissermaßen selbst die Coordinaten seines Ortes bestimmt, würde auch die Seele ein Motiv haben, dem Eindrucke ganz abgesehen von seiner Qualität, die ja für jeden Punkt der Netzhaut jede mögliche sein kann, eine bestimmte Stelle gegen andere anzuweisen. Damit der Sinn dieses Gedankens nicht falsch verstanden werde, füge ich noch Folgendes hinzu. a) Auf den ersten Anblick scheint diese ganze Vorrichtung so künstlich, daß sie um so weniger Vertrauen verdient. Das fühle ich selbst auch; nichts desto weniger ist doch eine solche verwickelte Messung der Orte der Netzhautreize erfahrungsmäßig gegeben; was aber durch eine Reihe von Associationen, wie andere wollen, entstehen kann, das muß auch, und muß vielleicht noch sicherer entstehen können, wenn solche Associationen in den mechanischen Beziehungen der Theile schon präformirt sind. b) Es ist dann schon oben erwähnt worden, daß wir die Reize, durch welche wir zur Einstellung der Augenaxe nach einem Punkte bewogen werden und die Mittel, durch die wir sie ausführen, nicht mit Bewußtsein wahrnehmen. Dasselbe soll auch hier gelten. Jene Bewegungstendenzen haben nicht nöthig, sich im Bewußtsein durch ein besonderes Gefühl geltend zu machen, und die Seele sitzt nicht, diese Acten beurtheilend, zu Gericht, um nach Maßgabe jener Combinationen dem Eindrucke seine Stelle erst anzuweisen; sondern dies alles ist eine Geschichte, die vor dem Bewußtsein sich ereignet. Unsere Voraussetzung war nur diese: durch jeden äußeren Sinnesreiz wird zuerst die Seele in irgend einen Zustand versetzt, den wir nie zu Gesicht bekommen; wir werden uns nur der Qualität der Empfindung bewußt, die auf eine nicht weiter zu analysirende Weise aus ihm folgt. Ebenso werden nun jene Bewegungstendenzen, die wir angenommen haben, jenem Zustande noch einen andern hinzufügen, den wir eben so wenig zu Gesicht bekommen, der aber die Ursache der bestimmten Localisation ist, so wie jener die Ursache der Qualität der Empfindung. In beiden Fällen ist nur das Ergebniß im Bewußtsein, sein Verwirklichungsgang nicht. c) Endlich haben wir nicht ohne Absicht oben, 17 a, gesagt, daß, *wenn überhaupt* eine räumliche Anordnung der Empfindungselemente stattfinden soll, dann der Platz eines jeden durch seinen Inhalt bestimmt werden müsse. Wenn wir nämlich nichts erschleichen wollen, so müssen wir zugestehen, daß aus allen bisher angenommenen Einrichtungen doch an sich noch die Nothwendigkeit nicht folgt, daß die durch jene Combinationen von

Bewegungstrieben bedingte gegenseitige Ordnung der Empfindungen sich gerade als eine räumliche Anordnung darstellen müsse. Durch alle jene Verhältnisse ist nur eine vielfach gegliederte Abstufung von Beziehungen bedingt; daß aber die Beziehung zweier Punkte sich zuletzt in Gestalt einer bestimmten Entfernung beider darstellt, ist daraus durchaus nicht mit Nothwendigkeit abzuleiten. Wir können daher die Production des räumlichen Charakters dieser Ordnung nur in dem Wesen der Seele selbst begründet finden, und kommen so allerdings zu der Kantischen Annahme zurück, daß der Raum nur als eine unserer Seele eigenthümlich angehörige Form der Anschauung zu betrachten sei. Das Vorige aber enthält, diese allgemeine Fähigkeit der Seele vorausgesetzt, einen Versuch, die Motive darzustellen, warum die einzelnen Empfindungen in dieser leeren Form sich ihre bestimmten Plätze suchen, und zwar auch dann, wenn keine successive Wahrnehmung sie ihnen anweis't, sondern ein ganzes Sehfeld gleichzeitig überblickt wird. Daß übrigens von allen Theilen der Netzhaut nur eine sehr kleine Stelle ein völlig deutliches Sehvermögen besitzt, und daß eine bestimmtere Wahrnehmung der Gestalt eines ausgedehnten Gegenstandes allerdings erst durch Bewegung des Augapfels vermittelt wird, welche successiv die Theile des Gegenstands unter diesen Focus bringt, bleibt nebenbei immer feststehen; nur durfte man darüber die immer vorhandene gleichzeitige Wahrnehmung durch indirectes Sehen nicht vernachlässigen.

20. Die vorigen, schon sehr langwierigen Bemerkungen haben doch erst das einfachste Phänomen des Sehens betrachtet, nämlich die gegenseitige Lage der Farbenpunkte in einer Fläche. Zweierlei Fragen pflegen damit gewöhnlich noch verbunden zu werden, die nach dem Aufrechtsehn der Objecte bei verkehrtem Netzhautbilde und die nach der Projection der Objecte nach außen. Hierin können wir viel kürzer sein, denn dies ist die Region nur scheinbarer Räthsel. Wir wollen einmal nicht sagen, daß das Bild des Objectes verkehrt auf der Netzhaut stehe: denn wenn man dies ein Bild nennt, so knüpft sich daran immer der falsche Nebengedanke, als sei für die Seele eine Veranlassung da, diese Affection der Netzhaut so wahrzunehmen, wie sie ist. Wir wollen lieber sagen: wenn wir mit unserm, wie auch immer zu erklärenden Sehen gleichzeitig ein Object, gleichzeitig aber auch die Sammlung der Strahlen dieses Objects auf einer zweiten Netzhaut beobachten, so finden wir, daß zwar die Strahlen von der Netzhaut, die wir beobachten, uns ganz in derselben gegenseitigen Ordnung, aber in der entgegengesetzten Lage auszugehn scheinen, als in welcher sie von dem direct gesehenen Gegenstande kommen. Was wir in dem beobachteten Auge sehen, setzen wir mit Recht auch im eigenen während des Sehens voraus; die Lage der Strahlen wird in ihm umgekehrt sein, wie am Objecte; daher wird auch die Lage der Strahlen, die von der beobachteten Retina in unsere fallen, noch einmal umgekehrt werden. Hierdurch ist bewiesen, daß es überhaupt für die Localisation unserer Empfindungen einen Unterschied macht, in welcher absoluten Lage sich ein und dasselbe Bild auf der Retina entwickelt, denn wir bemerken an dem empfundenen Bilde entgegengesetzte Lagen, wenn das Netzhautbild entgegengesetzte annimmt. Ich kann beinahe gewiß voraussetzen, daß man diese Bemerkung zu der Klasse der unnützesten Weisheit rechnen wird, sie enthält aber dennoch zweierlei, was ich den physiologischen Optikern dringend ans Herz legen möchte. Erstens versteht es sich ganz und gar nicht von selbst, daß das Auge nicht blos im Stande sein werde, die relativen Entfernungen der einzelnen Farbenpunkte von einander zu schätzen, sondern daß es auch fähig sei, zu beurtheilen, um wie viel Grade ein sich in seiner innern Structur ganz gleichbleibendes Bild in einer auf der Axe des deutlichsten Sehens normalen

Ebene herumgedreht werde. Es könnte recht gut auch blos das erste stattfinden, so daß wir die Verschiedenheit der Stellungen eines Bildes gar nicht gewahr würden, denn diese letztere muß offenbar auf einer irgendwie geschehenden Vergleichung mit einem andern Raume beruhen. Und das Zweite ist nun, daß der obige Ausdruck des Phänomens allein der richtige ist, denn er vermeidet, das einzumischen, wovon die Erscheinung gar nichts sagen kann. Sie sagt nämlich nichts davon, daß die Lage des Netzhautbildes die verkehrte, die des Gegenstandes die aufrechte sei, denn das Alles beruht auf Vergleichungen mit fest vorausgesetzten Axen der Richtung, die wir noch gar nicht besitzen; sie sagt nur, daß wo zwei Netzhautbilder entgegengesetzt liegen, da auch dieser Gegensatz sich im empfundenen Bilde zeigen werde. Wie dies nun zugeht, wollen wir später zu zeigen versuchen, und dies durch eine kurze Kritik einiger hierher einschlagender Ansichten einleiten.

21. Man stellt die Frage gewöhnlich so: warum sehen wir, da das Netzhautbild verkehrt steht, gleichwohl die Gegenstände in ihrer natürlichen Lage? Hierauf war die einfachste Antwort, man sehe Alles verkehrt, und dadurch komme Alles in seine richtige gegenseitige Lage. Diese Antwort ist, wie ich glaube, einer bestimmten Widerlegung fähig. Es ist eine Thatsache, daß unsere Ortbestimmungen durch Tastsinn und Muskelgefühl genau mit denen des Gesichtssinnes stimmen; man muß sehen, ob sich dies Factum mit jener Annahme verträgt. Es bezeichne s die Stirn, f den Fuß, die Linie fs die wirkliche Stellung des Körpers. Lassen wir zwischen f und s irgendwo die Retina sein, in der sich das Bild des Körpers verkehrt abbildet. Sehen wir nun Alles verkehrt, so sei $\sigma\varphi$ eine Linie, welche die scheinbare Stellung des Körpers andeutet. Sie wird zum Theil die vorige decken, wir wollen aber annehmen, der leichten Uebersicht halber, $\sigma\varphi$ sei gerade die Verlängerung von fs nach entgegengesetzter Richtung, so daß $fs\sigma\varphi$ in seiner ersten Hälfte die wahre, in seiner zweiten die scheinbare Stellung des Körpers angiebt. Nun ist leicht zu sehen, daß wenn eine Hand sich zum wirklichen Fuß f begiebt, nach denselben Gesetzen verkehrter Projection sich immer das Bild der Hand zum Fußbilde φ bewegen muß. Sobald dies letztere an φ angelangt, gelangt auch die wirkliche Hand nach f, gesehene und gefühlte Berührung sind daher in vollständiger Uebereinstimmung. Und so in einer Unzahl anderer Fälle, die ich hier nicht anführen kann, und die durchaus zu Gunsten jener Hypothese zu sprechen scheinen. Es läßt sich indessen schon im Voraus erwarten, daß, wenn überhaupt eine Discordanz eintritt, sie gewiß nur im Bereiche desjenigen Organes stattfinden werde, von dem es kein gesehenes Bild gibt, nämlich im Auge. Es sei zuerst in $fs\sigma\varphi$ an der Stelle der Retina eine darauf senkrechte Linie nach der vordern Seite des Körpers gezogen, die mithin zwei rechte Winkel mit der wahren sowohl als mit der scheinbaren Längenaxe des Körpers macht, und diese Linie bedeute die Richtung der gerade ausstehenden Augenaxe. Bewegt man das Auge nach dem wirklichen Oben, so macht seine Axe mit der wirklichen Axe des Körpers jetzt nach unten und vorn einen stumpfen Winkel, wovon man sich durch das Tastgefühl überzeugen kann, oder auch durch das Gesicht, indem hier nur eine Größenvergleichung zweier Winkel stattzufinden braucht, bei der alle jene Schwierigkeiten der Richtung keine Irrung weiter machen können. Zu gleicher Zeit verschwindet das Bild des Fußes aus dem Sehfeld. Die Combination dieser zwei Effecte ist verständlich, sobald man annimmt, daß wir den Körper in seiner wirklichen Richtung sehen, sie wird unverständlich und unmöglich bei der Annahme, daß wir alles verkehrt sehen. Es ist nämlich leicht einzusehen, daß irgend ein Theil der wirklichen Körperaxe um so weniger sichtbar

wird, je näher die Augenaxe senkrecht auf dieser steht, denn dann kann kein Strahl jenes Theils die Netzhaut treffen; er wird um so deutlicher sichtbar, je kleiner der Winkel ist, den die Augenaxe nach seiner Seite hin mit der Körperaxe macht; hätte daher früher sich durch wenige Strahlen auch noch ein Fußbild φ entwickeln können, so muß es doch ganz verschwinden, wo die Augenaxe nach oben gerichtet, einen stumpfen Winkel mit der wirklichen Körperaxe macht. Dies kann sie aber nicht, ohne einen spitzen Winkel mit der scheinbaren Axe zu machen und zwar nach der Seite des Fußbildes φ hin. Wenn wir daher wirklich Alles verkehrt sähen, so müßte in dem Augenbick, wo das Fußbild durch Drehung des Auges verschwindet, unser Tastgefühl zwar uns sagen, daß der Winkel der Augenaxe mit der wirklichen Körperaxe nach unten größer geworden ist, aber gleichzeitig mußte dieselbe Augenaxe einen spitzen Winkel mit der gesehenen scheinbaren Richtung des Körpers nach der Seite des scheinbaren Unten einschließen. Dies ist die einzige Discordanz, die eintreten könnte. Aber es ist augenfällig, daß sie nicht eintritt. Denn lassen wir unser Auge sich so drehen, daß es allmählig dem Fußbilde entgegenkomme, so bemerken wir leicht, daß die Augenaxe auch nach dem scheinbaren Unten zu einen immer mehr sich verkleinernden Winkel beschreibt, und daß alle Verhältnisse so sind, wie sie beim Aufrechtsehn sein müssen. Wir können daher nicht zweifeln, daß diese schwer auszudrückende und anschaulich zu machende Discordanz nicht stattfindet, und daß wir die Gegenstände keineswegs verkehrt sehen.

22. Ist nun das Factum einer nochmaligen Umkehrung des Netzhautbildes, also des Aufrechtsehens der Objecte sicher gestellt, so kann man noch fragen, wie es bewerkstelligt werde. Die einfachste Antwort scheint zu sein, daß wir die Richtung der ankommenden Lichtstrahlen bemerken. Allein, abgesehen davon, daß diese Ansicht nicht mit anderen Thatsachen stimmen würde, wäre sie auch nichts als ein Ausdruck, aber keine Erklärung des Vorganges, denn es würde zu zeigen bleiben, wie wir Richtungen einer Bewegung wahrnehmen könnten. Dasselbe gilt von der Annahme, daß wir die Empfindung in die Normale verlegen, welche auf die Tangente des Angriffspunktes des Reizes gezogen ist. Suchen Andere diese Annahme dadurch zu stützen, daß das Sehen nicht bloßes Leiden, sondern organische Reaction sei, jede Reaction aber senkrecht auf dem Einfallspunkte des Eindrucks stehe, so kann dieser Satz, verständlich, wo es sich um einfache Bewegungen handelt, doch hier mit nicht viel mehr Recht angewandt werden, als wenn man sagen wollte, daß der Zorn senkrecht auf der Beleidigung stehe. Ich habe schon oben angedeutet, daß ich hier nur scheinbare Schwierigkeiten sehe, und der Grund, warum man sie sich geschaffen hat, ist nicht schwer zu sehen. Man findet nur das wunderbar, dessen Gegentheil wahrscheinlicher gewesen wäre. Und nun glaubt man, deswegen, weil auf der Retina das Bild in der Richtung b a stehe, sei es höchst unwahrscheinlich und seltsam, daß die Seele es in der Richtung a b wahrnehme. Man setzt mithin voraus, daß überhaupt beide Richtungen einer gewissen innern Nothwendigkeit nach eigentlich gleich sein sollten, aber es unbegreiflicherweise nicht sind. Dies ist der Kern des Irrthums. Aber auch, ehe wir ihn weiter beleuchten, ist wohl die Frage erlaubt, warum wir diese Schwierigkeit überhaupt doch erheben, noch ehe wir wissen, ob nicht durch Lagenveränderungen im Verlaufe des Sehnerven wirklich sich zuletzt das Bild den Centralorganen in einer noch einmal umgekehrten, mithin aufrechten Stellung präsentirt? Denn von der Fortpflanzung dieses Bildes machen wir doch alle die wirkliche Empfindung abhängig. Ob dies wahrscheinlich sei oder nicht, ist hier ganz gleichgültig, aber es giebt wenigstens gar keine bekannte anatomische Thatsache, die

auf eine besondere Sorgfalt hinwiese, mit welcher die Natur den Parallelismus der einzelnen Nervenfasern geschützt hätte, damit, wie Drobisch meint, jeder senkrechte Schnitt des Sehnerven eine verkleinerte Copie des Netzhautbildes enthielte. Könnte man sich dies bis zum Chiasma auch denken, darüber hinaus wird es nicht weit mehr möglich sein. Ich meine mithin, daß diejenigen, die nun einmal glauben, die Seele müsse das Bild in derselben Stellung sehen, in der es sich befindet, zur Erklärung immer noch darauf würden provociren können, daß es im Verlauf des Sehnerven diese Stellung noch mehr als einmal wechseln kann. Allein, wenn nun endlich wirklich dieses Bild in aufrechter Stellung in den Centralorganen ankäme und sich den erstaunten geistigen Augen der Seele präsentirte, die mit Verwunderung bemerkt, daß sie das Sehen, welches ihr eben erklärt werden sollte, noch einmal unerklärt in Bezug auf dieses Bild ausüben soll, was wäre dann damit gewonnen? Offenbar gar nichts; die Existenz des Bildes in dieser Richtung erklärt nicht im Mindesten seine Wahrnehmung, weder in dieser, noch in einer andern Stellung; gerade so, wie die gegenseitige Lage der Theile des Bildes nicht wahrgenommen wurde, weil sie da war, sondern von der Seele neu construirt werden mußte aus den abgestuften Nebenbestimmungen, die jeder Theil vermöge seiner Lage auf der Netzhaut mitbrachte, gerade so wird auch die aufrechte oder verkehrte Stellung des Bildes im Ganzen nicht wahrgenommen so wie sie ist, weil sie da ist, sondern auch sie muß neu construirt werden aus gewissen weiterhin zu betrachtenden Nebenbestimmungen. Um hier Schritt für Schritt zu gehen, wollen wir dies zunächst so ausdrücken: welches auch immer die wirkliche Lage des Bildes sein mag, so folgt daraus allein niemals die wahrgenommene Lage, läge das Bild quer oder halbverkehrt, so hätte es damit noch nicht das geringste Vorrecht, quer gesehen zu werden; steht es verkehrt, so ist gar keine Nöthigung vorhanden, daß es verkehrt, steht es gerade, keine, daß es aufrecht gesehen werde. So lange man sich hiervon nicht überzeugt, wird man hier immer Gespenster sehen. Wollen wir also zuerst die Wahrscheinlichkeiten prüfen, so müssen wir sagen, daß die mechanische Wahrscheinlichkeit für jede beliebige Stellung, in der wir das verkehrte Netzhautbild sehen könnten, ganz gleich groß oder gering ist, d. h. durch die wirkliche Stellung des Bildes ist über die Stellung des wahrgenommenen noch gar nichts präjudicirt, und wenn die Natur es so einrichten will, daß wir die Gegenstände immer ihrer wahren Lage gemäß auffassen, so hat sie dabei nicht die geringste Schwierigkeit mehr zu überwinden, als wenn sie machen wollte, daß wir verkehrt sehen. Teleologisch aber hat der erste Fall allein Wahrscheinlichkeit, alle andern haben gar keine. Wenn nun aber die Natur hier auch keine Schwierigkeiten zu überwinden braucht, so muß sie doch etwas thun, um aus der Unentschiedenheit herauszukommen, denn es ist allerdings nothwendig, daß jedem Punkte der Netzhaut sein bestimmtes Oben oder Unten zukomme. Diese Einrichtungen nun im Einzelnen genau anzugeben, kann nicht unsere Absicht sein, denn wir kennen sie nicht: im Allgemeinen aber haben wir auf das zurückzukommen, was wir oben als Grund für die Anordnung der Elemente im Netzhautbilde anführten. Betrachten wir nämlich dies Bild, ohne Rücksicht auf die gedachten äußern Gegenstände, deren Stellung anschauen wir ja nie anders als vermittelst jenes Bildes können, so wird die Stellung irgend einer Linie in diesem immer nur durch die eigenthümlichen Bewegungen beurtheilt werden können, die wir machen müssen, um irgend einen ihrer Punkte in die Richtung der Augenaxe zu bringen. Derjenige Punkt des Bildes ist oben, den die Augenaxe nur erreicht, wenn sie einen kleineren Winkel mit der Stirn nach vorne zu macht, derjenige unten, den sie nur gewinnt, wenn sie diesen Winkel vergrößert, und ähnlich würden rechts und links sich bestimmen lassen. Ob die Lage dieses Bildes mit der des Gegenstandes übereinstimmt, ist eine andere Frage, die wir um der Uebereinstimmung des Sehens mit dem Tastgefühl willen oben bejaht haben. Hiermit ist aber auch die Antwort auf unsere jetzige Frage gegeben. Die Stellungen des Bildes sind nichts als Beziehungen desselben zu unserem Körper, und ebenso wie die Lage jedes einzelnen Punkts in ihm durch eine Combination von Bewegungstrieben vorgestellt wurde, so wird auch die Lage des Bildes danach beurtheilt werden, welche seiner Punkte eine aufwärtsstrebende, welche eine abwärtsgehende, welche endlich jene andern Bewegungen des Augenmuskelsystems provociren, die uns das Gefühl des Rechten und Linken geben. Die Kraft der Schwere und alle andern hierbei eingeführten metaphysischen Relationen sind dazu ganz nutzlos: genug, daß die Natur, was ihr eben so leicht fiel, als jede andere Einrichtung ihr gefallen wäre, die Eindrücke auf der Netzhaut dergestalt mit den Bewegungstrieben des Auges associirt hat, daß zuletzt das Unten der Netzhaut uns als das Oben des Bildes vom Gegenstande erscheint und umgekehrt. Uebrigens dürfen wir nur noch die oben schon gemachte Erinnerung wiederholen, daß auch diese Provocation einer bestimmten Stellung durch Bewegungstriebe nicht eine im Bewußtsein zu findende, sondern ihm vorausgesetzte Reihe von Ereignissen sein soll.

23. Die Fragen, die wir durchgegangen haben, sind physiologisch eigentlich von wenig Belang; sie sind es auch psychologisch; aber weil es verdrießlich ist, in den physiologischen Behandlungen derselben gar zu oft völlig willkürlichen Annahmen zu begegnen, haben wir versucht, zu zeigen, wie sie sich mit dem einfachsten psychologischen Grundsatze, den wir an die Spitze stellen, nämlich dem, vertragen, daß als direct Wahrnehmbares und von der Seele Unterscheidbares nur die Qualitäten der Empfindungen gelten dürfen. Und gerade in Bezug auf diese Mißverständnisse erlauben wir uns noch folgende erläuternde Bemerkungen hinzuzufügen. Die Gewohnheit, an gewisse Umstände gewisse Folgen erfahrungsmäßig geknüpft zu sehen, verführt uns gar häufig, zu meinen, es könne nicht anders sein, und es verstehe sich ganz von selbst, daß aus diesen Präcedentien jene Wirkung fließe. Und doch ist das, was wir als solches Präcedens wirklich beobachten, in der Regel eine sehr unvollständige Bedingung des Erfolges. Jeder, wie er geht und steht, glaubt, es verstehe sich von selbst, daß der stoßende Körper dem gestoßenen Bewegung mittheile, und meint das nicht aus der Erfahrung zu wissen, sondern a priori bis denn bei weiterer Ueberlegung sich zeigt, daß in diesem scheinbar sehr einfachen Vorgange Schwierigkeiten genug liegen. So geht es uns auch hier mit der Localisation der Gesichtsempfindungen. Wer von einem Bild auf der Retina hört, hält sehr leicht die Sache für abgemacht, obwohl doch dieses Bild im Grunde nur das wahrzunehmende Object darstellt, und nun die Frage, wie die Wahrnehmung selbst zu Stande kommt, erst angeht. Es wird daher Vielen auch seltsam vorkommen, daß das Dasein eines Reizes in einem bestimmten Punkte des Sehfeldes nicht schon ganz von selbst auch die Wahrnehmung desselben an demselben Punkte erklären soll, warum vielmehr eine so complicirte Einrichtung an die Stelle dieser einfachen Correspondenz treten soll; Andern wird vielleicht hierdurch noch nicht genug erklärt scheinen, da wir die Bildung des Räumlichen durch die Seele doch oben noch als unerklärbar bezeichnet haben. Man kann hierauf im Allgemeinen dies erwiedern, daß uns überall in unsern Untersuchungen letzte Thatsachen aufstoßen werden, die nicht selbst in ihrem Zustandekommen noch beobachtet werden können; und zu diesen haben

wir das Factum gerechnet, daß die Seele überhaupt die Mannichfaltigkeit ihrer Vorstellungen räumlich anordnen könne. Hierbei aber konnten wir nicht stehen bleiben; wir mußten wenigstens zeigen, worin für die Seele das Princip der specifischen Auswahl beruhe, nach der sie den Empfindungselementen ihre Plätze anweist. Nicht also das Wunderbare räumlicher Anschauungen überhaupt sollte erklärt werden, sondern nur auf Grund und Boden dieses allgemeinen Wunders die Möglichkeit seiner bestimmten gesetzmäßigen Anwendung. Bei diesem Versuche sind wir auf Annahmen gekommen, die sehr verwickelt scheinen können, wenn man vergißt, daß in der That schon die äußeren brechenden Medien des Auges eine so genaue und vielberechnete Structur haben, die uns hier den Gedanken einer solchen Einrichtung, wie wir sie aufgeführt haben, doch nicht als zu complicirt erscheinen läßt. Dann aber regen andererseits unsere Betrachtungen noch eine Frage an, die einen gewissen allgemeinen Werth hat. Die geometrische Regelmäßigkeit der Spiegelung auf der Netzhaut ist so schön und durch die Zusammenstimmung aller Theile des Auges so genau angeordnet, daß der Gedanke eine verführerische Gewalt hat, von der Bewahrung dieser Regelmäßigkeit müsse die Gesetzmäßigkeit der Empfindung abhängen. Da nun offenbar die weitere Verbreitung der Sehnerven, ihr Chiasma, ihr Uebergang ins Gehirn es durchaus zweifelhaft machen, ob diese Anordnung des Bildes sich auch nur mit einiger Aehnlichkeit zu den Centralorganen werde fortpflanzen können, so haben manche gemeint, daß die Wahrnehmung in der That auch im Auge selbst, in der Netzhaut erfolge, wo alle Elemente noch in der größten Ordnung vorhanden wären. Eine solche Meinung müßte freilich noch viel detaillirtere Stützen in dem aus ihr nachgewiesenen Nutzen der anatomischen Structur der übrigen Theile haben, wenn sie bei der völligen Dunkelheit, in der sie uns über die Art und Weise der Mitwirkung der Seele läßt, auf weitere Widerlegung Anspruch haben sollte. Wir aber haben gesehn, daß die Regelmäßigkeit des Bildes gar nicht Gegenstand eines unmittelbaren Wissens der Seele ist, sondern von ihr von neuem wieder erzeugt werden muß. Uns wird daher die Wahrnehmung nicht im mindesten unklarer dadurch, daß das gesammte schöne Gebäude des Bildes im Verlauf zu den Centralorganen wieder eingerissen wird; seine Theile waren nur bestimmt, regelmäßige Associationen mit Zuständen anderer Art zu bilden, die wir aus dem System der Augenmuskeln herleiteten, und diese bedürfen zu ihrer Wirksamkeit und Festhaltung keiner besondern, weiter fortgepflanzten geometrischen Zeichnung. Ich glaube daher nicht, daß Jemandem die Anstalten der Natur, im Auge ein Bild erst zu erzeugen, zu groß scheinen werden im Verhältniß dessen, was dieses leisten soll; denn darauf mußte es allerdings ankommen, daß die Lichtstrahlen irgendwo den Körper in derselben Ordnung berühren, in welcher sie vom Gegenstand ausfahren, und darin allein beruht die Wichtigkeit dieses Bildes. So wie alle Vorgänge in andern Sinnesorganen, ist es nicht anders, als eine Annäherung des Objects bis zur Berührung mit einer für seinen Reiz erregbaren Fläche; so wie das Ohr die Schallwellen sammelt, um sie, die sich sonst an der für ihre Aufnahme wenig geeigneten Textur der übrigen Körperfläche wirkungslos zerstreuen würden, überhaupt auf den Weg der Einwirkung zu bringen, so ist das Auge eine Sammellinse, welche das Object mit Wahrung seiner Verhältnisse dem Körper näher bringt; aber eine Erklärung der Wahrnehmung liegt gar nicht in ihm. Es vertritt vielmehr blos die Stelle des Objectes. Und auch insofern ist das Netzhautbild nicht etwas Nothwendiges, sondern nur das Vollkommenste. So gut wir durch den Tastsinn, mit Hülfe mancher Associationen die gegenseitige Lage zweier Punkte zu beurtheilen im Stande sind, so würden wir auch eine optische Raumanschauung haben können, wenn unsere Sehnervenfasern an die einzelnen Punkte des Körpers, den Tastnerven gleich, zerstreut wären. Auch dann, wo kein solches Bild in einer Fläche entstände, würden sich an die Reizung jeder Faser bestimmte Nebeneffekte knüpfen können, die der daraus entstehenden Empfindung ihre bestimmte räumliche Stelle neben andern in unserer Wahrnehmung anwiesen. Wir wissen nicht, ob etwas der Art in der Natur vorkommt, aber die musivischen Augen enthalten eine Annäherung dazu. Daß eine förmliche Ausführung der obigen Möglichkeit in dem übrigen Organisationsplane eines höhern Thieres sehr wesentliche Unzweckmäßigkeiten enthalten würde, begreift sich aber leicht, und eben so, warum wir die Isolirung des Sehapparates an einer bestimmten Stelle des Körpers für die vollkommenste Einrichtung halten müssen. Nur darf sie uns psychologisch nicht verführen, die Existenz einer Regelmäßigkeit mit ihrer Wahrnehmung zu verwechseln.

24. Wir haben bisher nur die Nebeneinanderordnung der einzelnen Farbenpunkte auf der Netzhaut zu einem Bilde betrachtet, ohne dessen Deutung auf einen äußeren Gegenstand zu berücksichtigen. Bis hierher bedurften wir der Associationen der Vorstellungen zu unserer Erklärung nicht, die weiteren Fragen aber namentlich schon in Bezug auf den Tastsinn werden sie nöthig machen. Hierüber dürfen wir jedoch kurz sein, da diese Dinge anderweitig schon auseinandergesetzt sind. — Für den mit Hilfe der Muskelbewegung allen Gegenständen entgegenkommenden Hautsinn können Größe, Lage, Härte, Gestalt der Dinge offenbar auch nicht Gegenstände einer unmittelbaren Wahrnehmung sein, sie müssen vielmehr auf ähnliche Art, wie von dem Gesichtssinne, aus einer mannigfachen Combination qualitativer Empfindungselemente reconstruirt werden. Ob die Qualität, welche die Hautnerven empfinden, ausschließlich in der Reihe der Temperaturgrade bestehe, und alle fernern Unterschiede des Rauhen and Glatten, des Trocknen und Feuchten auf verschieden variirten Successionen von Temperaturempfindungen beruhen, kann hier dahingestellt bleiben, jedenfalls kann nur durch eine solche Qualität, wie wir sie auch zuletzt nennen mögen, die Wahrnehmung jener abstracteren Verhältnisse gestützt werden. Aber alle diese Empfindungen des Tastsinns werden nicht nur größtentheils durch Bewegungen erst vermittelt, sondern auch die Beurtheilung der Festigkeit und des Widerstands der Dinge entsteht erst durch das Gefühl der Anstrengung zu ihrer Ueberwältigung, so daß der Tastsinn im Ganzen kein einfacher, sondern ein aus Hautgefühl und Muskelgefühl zusammengesetzter Sinn sein würde. Auf die anatomische Begründung des Muskelgefühls haben wir hier uns nicht einzulassen; Spieß hat neuerlich seine Existenz ganz bezweifelt und es durchaus auf das Gefühl der an die bewegten Muskeln anstoßenden Hautflächen zurückgeführt; ich kann diese Ansicht nicht theilen, obwohl ich selbst die Wichtigkeit dieser associirten Hautgefühle für eine andere Frage zugestehe. Die Gefühle der Ermüdung nach heftigen Muskelanstrengungen scheinen mir durchaus anderer Natur zu sein, als alles, was das Hautgefühl darbieten kann; auch würde sich fragen, ob denjenigen Thieren, deren Haut weniger fähig zu solchen Mitempfindungen ist, deswegen ein geringeres Gefühl von der jedesmaligen Lage der Muskeln zukommen sollte. Das aber, was wir bei dem Muskelgefühle empfinden, besteht weder in dem motorischen Impulse der Nerven, noch in dem Stoße, den die Seele ihnen giebt; es wird nicht die Anstrengung, sondern ihr Resultat, die Veränderung des Muskelzustandes empfunden, und an der Größe dieser Empfindung erst schätzen wir rückwärts die der Anstrengung.

So wichtig und unleugbar das Muskelgefühl ist, so wenig ist es im Stande, für sich allein etwas zu leisten. Denn es vermag zunächst nichts weiter, als irgend eine einfache, gradueller Unterschiede fähige Empfindung zu gewähren, die noch besonders interpretirt werden muß. Denn woher wüßte sonst die mit keinem andern Sinn versehene Seele, daß dieses Gefühl eine Bewegung von Gliedmaßen bedeutet, die sie nie vorher anders wahrgenommen? Klar also, daß nicht nur die Bedeutung des Muskelgefühls im Allgemeinen, sondern auch die jedes einzelnen erst durch die von einem andern Sinne beobachteten begleitenden Umstände festgestellt wird, indem die Bewegung entweder gesehen oder durch den Tastsinn empfunden wird. Bei dieser Ausdeutung der Bewegungen aber durch Associationen anderer Sinne wird immer vorausgesetzt, daß wenigstens jede einzelne Bewegung eine ganz specifische Empfindung veranlasse, so daß der geschehene Effect sich nur mit diesem Muskelgefühle specifisch, nie aber mit andern associire, und mithin später jedes Muskelgefühl, dessen Ursache nicht gleichzeitig beobachtet wird, doch um seiner Qualität willen nur auf diese eine bestimmte Bewegung bezogen werde. Und hier liegen nun einige Schwierigkeiten, die für jetzt nicht ganz zu erledigen scheinen. Wir können nicht ernstlich glauben, daß die Zusammenziehung jedes Muskels ein eigenthümliches Gefühl erwecke, das von dem bei der Contraction jedes andern specifisch verschieden sei. Wenn wir dennoch unterscheiden, welches Glied des Körpers, und in welcher Richtung wir es bewegen, so scheinen hier gerade jene associirten Hautempfindungen von Wichtigkeit zu sein; denn die Haut breitet sich mit so vielen Modificationen ihrer Gestalt, Dicke und Anspannung über die einzelnen Theile des Körpers, daß jede Bewegung eines Gliedes einen Kreis nur ihr allein eigenthümlicher Hautempfindungen erregen kann, an dem sie später wieder erkannt werden mag. So würden wenige Beobachtungen hinreichen, um uns zu lehren, welches Gefühl auf eine Bewegung des Armes, welches auf eine des Fußes zu deuten sei. Auch dies kann jedoch schwerlich das einzige Hilfsmittel dieser Interpretation sein, denn wir können es in keiner großen Ausbildung bei manchen der niedern Thiere voraussetzen, bei denen doch diese Beurtheilung selbst nicht fehlen kann. Ohnehin würde auch nach dieser Ansicht der Unterschied des rechts und links, oder allgemein aller Bewegungen in streng symmetrisch liegenden Theilen noch unerklärt sein. Dieser Unterschied ist überhaupt von den gewöhnlichen Associationstheorien nicht gehörig berücksichtigt worden; wie es sich mit ihm verhalten mag bei Thieren, die um einen Mittelpunkt herum einen durchaus symmetrischen Bau besitzen, läßt sich nicht vorstellen; bei den höhern Thieren bleibt uns zu seiner Erklärung fast nichts übrig, als eine Rücksicht auf jene kleinen Unsymmetrien der rechten und linken Seite, die sonst den regelmäßigen Plan des Körperbaues nur zu stören scheinen. Daß die Mehrzahl der Menschen mit der rechten Hand arbeitet, ist gewiß keine Sache der Tradition, sondern in einer vorwiegenden Ausbildung dieser Seite begründet; man könnte sich denken, daß hierdurch die Bewegungen der rechten Seite ein eigenthümliches Nebengefühl veranlaßten, das sie von denen der linken unterscheidet, und daß Bewegungen derjenigen Theile, bei denen eine solche überwiegende Ausbildung der einen Seite nicht mehr wahrscheinlich ist, sich jenes eigenthümliche Element durch Mitbewegungen verstärkten oder verschafften, die sie in andern Muskeln derselben Seite zu veranlassen streben. Dieselben Schwierigkeiten, die wir hier in Bezug auf das Muskelgefühl gefunden, kehren beim Hautgefühle wieder. Es reicht nicht hin zu sagen, daß die Gesichtsvorstellung eines Hautreizes sich mit dem von ihm entstandenen Gefühle associire und überall, wo später das zweite auftritt, die Erinnerung auch die Vorstellung des früher gereizten Ortes reproduciren werde. Man müßte erst nachweisen können, daß ein Nadelstich am Fuße eine qualitativ andere Empfindung giebt, als einer am Arme; denn ohne dies würde bei der Erneuerung dieses Reizes das Gedächtniß zwischen tausend Orten unschlüssig zu wählen haben, deren durch das Gesicht beobachtete Reizung allenthalben mit dem nämlichen Gefühle verbunden war. Einestheiles mögen nun auch hier die irradiirten Hautempfindungen an Ausbildung und Intensität für jede gereizte Stelle verschieden sein; anderntheiles können die Empfindungsreize Bewegungstriebe veranlassen, welche die Eigenthümlichkeit jener verstärken, und so der sonst qualitativ gleichen Empfindung nach Maßgabe der Körperstelle, von der sie ausgeht, jenes früher von uns geforderte variable Element beifügen, an welches sich die Associationen, namentlich der Gesichtsvorstellungen anknüpfen können [1]).

Wir haben in diesen Betrachtungen dem Hautsinne eine andere Entwicklungsweise zugeschrieben, als dem Gesichtssinne. Eine Bemerkung **Volkmann's** [2]), welche die entgegengesetzte Meinung zu vertreten scheint, veranlaßt uns, darauf noch ausdrücklich zurückzukommen. **Volkmann** glaubt, daß die Ansicht, wir lernten erst durch Erfahrung die Hautempfindungen localisiren und sie namentlich an die Endpunkte der gereizten sensiblen Fasern verlegen, auf einer Verwechslung ursprünglicher Raumanschauung und erworbener Ortskenntniß beruhe. Ich glaube jedoch, daß überhaupt die ganze Sache etwas anders zu stellen ist. Zuerst können wir nicht zugeben, daß das reine Empfinden immer nur in der Form des Räumlichen möglich sei, denn selbst, wenn man diese Aeußerung auf diejenigen Empfindungsclassen beschränkt, die überhaupt räumlicher Anordnung fähig sind, wird doch diese nur ein secundärer Effect der ursprünglich allein empfundenen Qualitäten sein. Was nun das Sehen betrifft, so müssen wir mit **Volkmann** behaupten, daß hier die Wahrnehmung einer graden Linie als solcher nicht erst durch Associationen der Erfahrung gelernt zu werden braucht, sondern augenblicklich geschieht, sobald das Auge geöffnet wird; aber daraus folgt nicht, daß ein Gleiches mit den Empfindungen des Hautsinnes stattfinde, denn die Verhältnisse sind hier sehr verschieden. Bei dem Sehen wird die relative geometrische Lage einzelner Punkte auf der unverändert feststehenden Fläche des Sehfeldes wahrgenommen, und diese Fläche, als der Hintergrund, an dessen einzelnen Theilen jene Punkte ihre Orte finden, erzeugt sich unvermeidlich bei jeder einzelnen Wahrnehmung von selbst. Die Theile des räumlichen Bildes werden daher nicht auf ein außer ihnen liegendes System von Ortsverhältnissen bezogen, sondern bringen dies durch ihre gleichzeitige Wahrnehmung hervor. Dies ist ganz anders bei dem Hautsinne. Wenn **Volkmann** sagt, daß auch ein neugeborenes Kind ein Jucken im Gesichte ganz wo anders, als ein Jucken am Beine fühlt, dann aber hinzufügt, es lerne nur später diese gereizte Hautstelle in ihrer geometrischen Lage zu anderen beurtheilen, so scheinen mir die beiden Theile dieses Satzes eine und dieselbe Leistung zu bezeichnen, aber sie zwei verschiedenen Entstehungsweisen zuzuschreiben. Wir können nur so viel zugeben, daß das Jucken im Gesichte ein qualitativ anderes Gefühl sein werde, als eins am Beine; daß mithin dem Kinde bei beiden

[1]) Siehe dieses Wörterbuch. Bd. II. S. 193 ff.
[2]) Siehe dieses Wörterbuch. Bd. II. S. 573.

verschieden zu Muth sein werde, daß es beide zwar anders, aber vor aller Kenntniß räumlicher Anschauungen durch den Gesichtssinn nicht wo anders empfinden wird. Denn grade dieses Wo kann hier nichts anderes bedeuten, als eben jene relative Lage des gereizten Punktes zu den Formen des Körpers, weil bei einer Hautempfindung sich nicht, so wie bei einer Gesichtsempfindung ein von aller relativen Oertlichkeit freies Gesichtsfeld miterzeugt, in welchem dem Gefühle seine Stelle an einem bestimmten Orte zukäme. Es scheint mir daher nicht, als wäre hier von den Anhängern dieser Ansicht jene Verwechselung zwischen Raumanschauung und erworbener Ortskenntniß begangen, vielmehr glaube ich, daß Volkmann nicht mit Recht die beim Gesichtssinne vorkommende Möglichkeit, verschiedenen gleichzeitigen Empfindungselementen ihre gegenseitige Lage in einem idealen mit und durch sie geschaffenen Raume anzuweisen, auf das Hautgefühl übertragen hat, das seine Empfindungen entweder, wie Töne, aus Mangel jenes ideellen Hintergrundes ganz unräumlich lassen, oder sie sogleich auf den nur durch andere Sinneserfahrungen zu erkennenden Raum beziehen muß, in dem sich der Körper wirklich befindet. Daß hiergegen die Erfahrungen an Blindgeborenen nicht streiten, werden wir weiter unten sehen.

25. Um diesen weitläuftigen Betrachtungen ein Ziel zu setzen, verflechten wir, was noch übrig ist, in einen Ueberblick der gegenseitigen Hilfsleistung der Sinne. Besäßen wir bloß einen Hautsinn, so würden zwar verschiedene gleichzeitige Reize wohl verschiedene Empfindungen in uns erwecken, aber weder würden wir überhaupt Veranlassung haben, sie räumlich auseinander zu halten, noch würden wir sie an bestimmte Stellen verlegen können; sie würden uns erscheinen, wie Accorde von Tönen, dissonirend oder consonirend. Besäßen wir neben der Beweglichkeit unserer Gliedmaßen keinen andern Sinn, als das Muskelgefühl, so würde zwar jetzt auch jede Bewegung uns eigenthümliche Empfindungen zuführen; aber wir würden nicht wissen und nie erfahren, daß diese Empfindungen Folgen von Bewegungen wären, und selbst, wenn wir durch correspondirende Vorwärts- und Rückwärtsbewegungen eines Gliedes auch correspondirende Empfindungen in directer und umgekehrter Reihe erhielten, würden wir doch nicht ahnen können, daß die Aehnlichkeit oder Gleichheit derselben von gleicher Richtung oder Weite einer Bewegung abhinge, sondern wieder würden sie uns als eine bald auf-, bald absteigende Skala von Tönen vorkommen, die wir auf nichts Räumliches weiter zu deuten wüßten. Kommt Hautsinn und Muskelsinn zusammen, so unterstützen sich beide, und wie es Thiere giebt, die aller Wahrscheinlichkeit nach den Gesichtssinn entbehren müssen, so wird sich auch leicht zeigen lassen, daß mit der Vereinigung dieser beiden Sinne die Grundlage für räumliche Localisation der Empfindungen gegeben sei. Denken wir uns jedoch zunächst, daß nur ein einziger empfindender Theil, etwa ein Finger, zugleich beweglich sei, so würden seine Bewegungen, die durch Muskelgefühl wahrgenommen werden, allerdings sich mit gewissen Empfindungen der übrigen berührten Körpertheile associiren; aber noch würde man nicht wissen, daß die willkürliche Thätigkeit, die man ausübte, indem man die Bewegung vollzog, und durch welche man von der Empfindung A zu der zweiten B überging, in der Durchlaufung eines bestimmten Raumes bestand. Es würde vielmehr hier noch immer, wie beim Sprechen sein, wo ebenfalls mit dem Wechsel der Muskelgefühle im Kehlkopfe sich ein Wechsel der Wahrnehmung dadurch erzeugter Töne verknüpft; an die Stelle der letzteren würden hier die Hautgefühle, an die der ersteren die Muskelgefühle des bewegten Fin-

gers treten. So wenig nun, als man vom Tone C zu dem D einen Raum zu durchlaufen glaubt, so wenig würde man hier wissen, daß das Hautgefühl eines berührten Knochens deswegen dem Hautgefühle eines betasteten Weichtheiles nachfolgt, weil der tastende Finger von dem einen dieser feststehenden Objecte sich zum andern bewegt hatte; man würde nur sagen können, daß durch eine unbegreifliche Magie sich den verschiedenen Spannungsgefühlen der Muskeln verschiedene Tastempfindungen zugesellten, sowie etwa Erhitzung der anstrengenden Bewegung folgt. Damit es zu einer räumlichen Anordnung komme, ist es durchaus nothwendig, daß der Seele bekannt wird, die Ursache der ersten Empfindung bestehe fort, während die zweite eintritt, beide noch, wenn die dritte; oder, daß ihr bekannt wird, wie das, was diese Empfindungen bedingt, nicht ein Ablauf von Zuständen sei, welche den Inhalt derselben ganz erst erzeugen, sondern daß es ein Wechsel der Wahrnehmung und Nichtwahrnehmung dessen sei, was abgesehen von aller Wahrnehmung besteht. Die Seele muß überhaupt die Empfindungen nicht mehr als bloß abhängig von gewissen Gefühlen veränderlicher Zustände ihrer selbst, sondern als abhängig von Objecten erkennen lernen. Dies würde in der einfachsten Weise schon dann geschehen, wenn noch ohne allen Gesichtssinn wenigstens zwei bewegliche empfindende Glieder vorhanden wären, welche auf der übrigen Fläche des Körpers, oder auch auf einem fremden Gegenstande gleichzeitig sich bewegen können. Hätten sie zunächst beide denselben Punkt betastet, so würden sie das Gefühl gegenseitiger Berührung und das der Berührung des Objectes haben. Entfernt das eine sich und umläuft durch seine Bewegungen den Gegenstand, so hält das andere einstweilen den Punkt fest, und überzeugt das Zurückkehrende, daß es sich nicht bloß eine phantastische Welt successiver Eindrücke durch seine Bewegungen erworben hat, sondern daß diese Eindrücke von einer Welt gleichzeitiger Gegenstände herrühren, in deren Grenzen es durchaus geblieben ist. Diese Betrachtungen lassen sich leicht weiter fortsetzen. Bei der unendlichen Anzahl sensibler und zugleich beweglicher Punkte unserer Hautoberfläche dient jede Bewegung, da sie zugleich Empfindung verursacht, zur Auslegung einer anderen, und so kann sich hieraus allerdings schon ein System der Auffassung des Gleichzeitigen in seinen bestimmten Verhältnissen entwickeln. Wir sagen ausdrücklich nicht, daß hieraus schon eine vollkommen räumliche Anschauung hervorgehen werde. Zwar ist das Auge nichts anders, als ein Apparat, der in größerer Vollkommenheit dem nämlichen Prinzipe huldigt, allein eben diese größere Vollkommenheit erleichtert dem Sehenden die Ausbildung räumlicher Anschauung so sehr, daß wir wohl nicht mit Unrecht ihm allein eine solche, dem Blindgeborenen nur eine schwer anschaulich zu machende Analogie derselben zuschreiben dürfen. Hierauf hat schon Hagen aufmerksam gemacht [1]), auf dessen Darstellung ich hier verweise, obschon ich zögere, mit ihm die gesammte Raumvorstellung der Blinden auf Zeitvorstellungen zu reduciren. Der Vortheil, den der Gesichtssinn darbietet, liegt in der ganz mühelosen, durch keine Nebenempfindung getrübten, gleichzeitigen Beherrschung einer Unendlichkeit mannichfaltiger Objecte, während der bloße Tastsinn diese ganze Kenntniß mühsam durch eine Menge von Associationen erwerben muß. Daher wird der Blindgeborene, sollte er sich eine Totalanschauung der räumlichen Umgebung bilden, sie immer aus einer Menge einzelner Erinnerungen fast berechnend zusammensetzen, und so in eine Succession umwandeln müssen, keineswegs aber diesen sich von selbst machenden Eindruck des Simultanen besitzen, des-

[1]) Siehe dieses Wörterbuch. Bd. II. S. 713.

sen sich der Sehende freut. Manches Andere scheint diese Begünstigung des Sehenden zu vergrößern, so die eigenthümliche Empfindung der Klarheit und Helligkeit, die von der Qualität des Gesichtssinnes, den Farben, auch noch den Erinnerungen und den Abstractionen aus ihnen bleibt, und sie umschwebt. In der Tageshelle ist uns der Gedanke der Unendlichkeit des Raumes ganz familiär; in der dichten Finsterniß der Nacht scheint er uns gar nicht ebenso überredend, und einen finstern Weltraum würden wir uns nur dadurch zur Vorstellung bringen, daß wir die Macht unseres sich ausbreitenden Strebens in ihn verlegten, und so seine Ausdehnung für die Phantasie noch einmal nacherzeugten.

Wir schließen hiermit diese Betrachtung der Localisation der Empfindungen: denn was noch hierbei gefragt werden kann, beruht auf anderen Voraussetzungen. Warum wir z. B. unsere Empfindungen, nämlich besonders die des Gesichtssinnes, nach außen versetzen, darf man hier nicht fragen, denn darin liegt die falsche Voraussetzung, daß wir den Begriff dieses Außen schon gehabt, und hinterher es mit unseren Empfindungsbildern bevölkert hätten. Man wird daher erst diesen Begriff in seiner Entstehung zu beobachten haben. Was ferner die Localisation der Gehör-, Geruch- und Geschmackempfindungen betrifft, so beruht diese auf sehr bekannten Associationen; über unsere Beurtheilung der dritten Dimension des Raumes, der Entfernungen und Größen der Gegenstände und Aehnliches hat Hagen a. a. O. ausführlich gehandelt, und wir haben unsere Betrachtungen bis zu dem Punkte verfolgt, wo die seinigen aufgenommen werden können.

IV. Von den Gefühlen.

26. Ehe wir zu denjenigen Ereignissen des Seelenlebens übergehen, die von der Natur der Seele selbst näher abhängen, haben wir noch das zu erwähnen, was ohne Zweifel noch durch körperliche Einflüsse bedingt wird. Wir haben die Empfindungen bisher nur als Schauspiele betrachtet, für welche der Geist ein gleichgiltiger Zuschauer bleibt. Sie sind dies nicht immer, sondern veranlassen häufig Gefühle, d. h. solche Empfindungen, an denen der zuschauende Geist zugleich einen durch Lust oder Unlust charakterisirten Antheil nimmt. Es würde vergeblich sein, für die Gefühle weitere Definitionen zu suchen, denn dieses Interesse, welches wir in ihnen allen vorfinden, ist eine Grunderscheinung, die man auf keine Weise aus irgend einer andern Thatsache ableiten kann, und so würden alle Definitionen sich nur in einem Kreise von Begriffen bewegen können, die aber auf verschiedene Art schon von jenem allgemeinen Begriffe der Theilnahme durchdrungen sind, ohne diesen aus einem außerhalb seiner gelegenen Standpunkte aufzufassen. Indem wir uns jetzt auf die Betrachtung der sinnlichen Gefühle beschränken, schicken wir daher die Bemerkung voraus, daß es uns zwar vielleicht gelingen mag, die veranlassenden Bedingungen, unter denen Gefühle entstehen, in irgend einer Harmonie oder Disharmonie gleichzeitiger Eindrücke unter sich, oder mit gewissen inneren Zuständen der Seele zu finden; aus ihnen aber folgt noch nicht analytisch das Gefühl: die Seele könnte vielmehr solchen Mißverhältnissen ebenso gleichgiltig unterliegen, wie etwa ein unbelebter Stoff von disharmonirenden Gewalten zerrissen wird. Die Nothwendigkeit aber, daß das Bestehen solcher Wohl- oder Mißverhältnisse nicht bloß für die Seele das Object einer gleichgiltigen theoretischen Wahrnehmung wird, daß vielmehr ein Gefühl der Lust oder Unlust sich zu der Wahrnehmung hinzugesellt, oder öfterer noch das einzige im Bewußtsein auftauchende Ergebniß jener Verhältnisse ist, müs-

sen wir in dem noch unerörterten Wesen der Seele begründet denken. Wir beschränken uns daher jetzt darauf, die äußere Entstehungsgeschichte der sinnlichen Gefühle, oder ihre Veranlassungen zu betrachten.

27. In den Begriffen der Lust und Unlust, des Angenehmen und Unangenehmen liegt offenbar eine Beziehung eines gegebenen Eindruckes auf einen Maßstab, mit dem sich der Empfindende identisch weiß, und man ist daher immer geneigt, Lust vom Einklange, Unlust vom Mißklange der Eindrücke abzuleiten. Man geht jedoch hiermit eigentlich im Cirkel. Denn Einklang und Mißklang sind an sich gar keine Objecte, die in den Gesichtskreis einer bloß theoretischen Wahrnehmung fallen könnten; nur die schon fühlende Seele kann ein sonst bekanntes Verhältniß mit diesem Namen belegen. Behalten wir nun der Kürze wegen dennoch obige Bezeichnung bei, so ist doch unter Einklang und Mißklang der Reize etwas Anderes zu verstehen. Wir werden nämlich sagen müssen, daß das Einige oder Mißliche derselben zuletzt in Beziehung auf irgend eine rein theoretischen Gedanken zugängliche Scala bestimmt werde, und daß es nach dem Platze, den es hier erhält, als das Motiv betrachtet werde, warum seine Empfindung sich in der Seele in die Gestalt der Wohl- und Wehgefühle kleidet. So weit nun Gefühle sinnlich bedingt sind, ist offenbar der einmal durch die Idee der Gattung vorgeschriebene Rhythmus der Lebensfunctionen jener bevorzugte und allein sein sollende Proceß, dessen Veränderungen durch äußere Reize al's Störungen zu betrachten sein werden, und so werden wir einen Einklang der Reize da finden, wo das gleichzeitige Auftreten mehrerer die normalen Functionen des Lebens nicht stört, sondern begünstigt; einen Mißklang, wo der Effect einer Combination der Reize eine Aenderung jenes Rhythmus hervorzubringen droht. In diesen Vorgängen mithin suchen wir im Allgemeinen die Veranlassungsursachen der Gefühle, aber hier, wie bei den Empfindungen, sind zweierlei Gedanken fortwährend festzuhalten. Erstens, was wir oben schon wiederholten, sehen wir den Uebergang von den veranlassenden Ursachen zu dem Erfolge nicht; denn aus dem Dasein solcher Wohl- oder Mißverhältnisse folgt weder ihre Wahrnehmung überhaupt, noch unter der bestimmten Form der Gefühle. Dann aber zweitens, so wenig wir bei gewöhnlichen Empfindungen etwas von den Zuständen unseres Nervensystemes oder unserer Seele erfahren, so wenig sehen wir den Streit der Eindrücke mit den Bedingungen unseres normalen Lebens mit Augen vor uns; nicht diese vermittelnden Ereignisse sind das, was wir im Gefühle wahrnehmen, sondern die Störung unseres innern Wesens, unserem Bewußtsein selbst abgewandt, wird nur die Veranlassung, daß in diesem die eigenthümliche qualitative Empfindung des Wohl oder Wehe auftritt, die wir dann durch Reflexion oder Erfahrung auf einen solchen Vorgang zurückdeuten. Auf diese schon früher von mir deutlich hervorgehobenen Punkte muß ich einige Mißverständnisse zurückverweisen. Spieß[1]), indem er meine Aeußerung über den Schmerz, daß in ihm eine unbewußte Beurtheilung der Congruenz einer Veränderung mit den Bedingungen des Lebens die Gestalt einer einfachen unmittelbaren Empfindung annehme, als eine Definition des Schmerzes aufführt, versichert, längst zu wissen, was von solchen unmittelbaren Gefühlen zu halten ist und braucht sich daher in eine Widerlegung solcher Ansicht nicht einzulassen. Hierbei hat Spieß nicht beachtet, daß seine Einwürfe bereits auf der nächsten Seite meines Buches[2]) deutlicher, als er selbst sie entwickelt

[1]) Physiologie des Nervensystemes. S. 99.

[2]) Allgemeine Pathologie und Therapie. S. 187 u. 188. (Bei Sp. ist durch Druckfehler S. 196 citirt.)

hat, berücksichtigt sind, und ebenso übersieht er, daß die nächste Seite seines Buches eine Definition des Schmerzes bringt, die vollkommen das enthält, was er der meinigen vorwirft. Denn eine absolut oder relativ abnorm gesteigerte Erregung eines Gefühlsnerven, die zum Bewußtsein kommt, dürfte doch wohl eine nicht unbedeutende Vergleichung der geschehenen Erregung mit dem normalen Zustande enthalten. Dagegen bin ich mit ihm auf Seite 99 einverstanden, daß er mit dieser Definition Seite 100 Unrecht hat. Denn, wie oben bemerkt, kann zwar eine abnorm gesteigerte Erregung sich unter den Veranlassungsursachen der Schmerzen finden, aber zum Bewußtsein gelangt sie keineswegs als solche, sondern sie ruft im Bewußtsein nur die ihrem eigenen Inhalte ganz unvergleichbaren Gefühle der Unlust hervor. — Indessen wichtiger ist es mir hier, eine Bemerkung über eine andere Differenz der Ansichten zu machen. Wir haben angenommen, irgend eine nicht näher bestimmte Incongruenz zwischen der durch einen Reiz gestifteten Veränderung und den normalen Lebensbedingungen sei die Ursache der Wehgefühle: dem gegenüber setzen Andere, wie Henle, Romberg, denen sich auch Volkmann anschließt, die Veranlassung der Schmerzen immer in eine übermäßige Stärke der Erregung oder Thätigkeit des Nerven. Nun ist klar, daß diese Ansicht, wenn man ihr Geltung zugesteht, sie doch immer nur unter Voraussetzung der unserigen haben wird. Denn nicht die vermehrte Thätigkeit an sich wird das Motiv des Wehthuns enthalten, sondern nur, weil auch sie unter den Begriff jener Mißverhältnisse fallen kann. Daß aber von allen möglichen solchen Incongruenzen immer nur diese eine Art den Veranlassungspunkt der Schmerzen abgeben soll, scheint mir durch Nichts zu beweisen, obwohl in einer Hinsicht nicht unwahrscheinlich. Wie so viele Punkte der Nervenphysiologie, so hat auch diesen Volkmann in seinem vortrefflichen Artikel zuerst so scharfsinnig erörtert, daß eine Polemik dankenswerth wird [1]). Nach seiner Meinung sind durch den schmerzerzeugenden Reiz Kräfte in's Spiel gesetzt worden, deren sinnlich wahrnehmbares Phänomen die Schmerzempfindung ist; das einzige Maß für diese freigewordenen Kräfte sei die Intensität der Empfindung, und das Bewußtsein sage uns unmittelbar, daß der Schmerz ein intensiveres sei, als ein normales Tastgefühl. Gegen diese beiden Sätze könnte man wohl mit ebenso vielem Rechte die entgegengesetzten einstellen: daß durch den schmerzerzeugenden Reiz nicht sowohl Kräfte, als vielmehr Zustände erweckt worden sind, deren Gegensatz seiner Größe nach durch die Empfindung des Schmerzes sinnlich gemessen wird; während die Steigerung eines und desselben Schmerzes auf der absoluten Größe der entgegengesetzten Theile beruhen mag; und daß zweitens in dem Schmerze eben nur die Intensität des Wehthuns empfunden wird, nicht aber etwas, was, abgesehen von allem Unlustgefühle, mit einer gewöhnlichen Empfindung der Stärke nach noch vergleichbar wäre. Das Wehthun, als solches, ist ein uns intensiver ergreifender Zustand, als das bloße Empfinden; nicht aber empfinden wir im Schmerze etwas objectiv Intensiveres, als in der gleichgiltigen Wahrnehmung. Ich sehe nicht, wie man im Allgemeinen die erste dieser Ansichten gegen die andere stützen könnte; wenn ich ihr aber oben in einer Hinsicht wenigstens Geltung zuschrieb, so mein' ich dies so. Vermehrung der Thätigkeit kann ebenso gut, wie jeder andere Zustand, allmälig zum Mißverhältnisse werden; daß es daher Schmerzen aus dieser Ursache giebt, ist von Anfang nicht zu bezweifeln; aber auch die Mehrzahl derselben scheint keine andere Ursache zu haben, nur konnte man dies

[1]) S. dieses Wörterbuch. Bd. II. S. 520.

nicht als sich von selbst verstehend betrachten. Man berücksichtigt nicht genug die übrigen Gefühle der Unlust, die sich aus Farbencontrasten, aus unreinen Tönen, Dissonanzen, aus Gerüchen, Geschmäcken entwickeln, die Gefühle des Ekels u. s. w. Diese ganze Classe wird man nicht ohne die größte Unwahrscheinlichkeit von übermäßigen Erregungen ableiten können, denn man sieht durchaus nicht, warum zwei Töne, zwischen denen ein halbes Intervall, uns mehr erregen sollten, als eine Terz oder Quinte. Sie beruhen offenbar auf allerhand Mißverhältnissen der angeregten Nervenprocesse, die entweder in einem und demselben Nerven sich stören, oder deren Dasein im ganzen Systeme des Körpers Störungen verursacht. Aber gerade bei dieser ganzen Classe findet man den eigenthümlichen Charakter des Schmerzes, jenes intensive Wehthun nicht; dies findet sich vielmehr fast nur bei den Hautnerven ein, die auch sonst wenig für sehr fein distinguirte Eindrücke geschaffen sind, sondern mehr durch die Größe ihrer Veränderungen zu wirken scheinen. Daher mag es empirisch wohl so sein, daß das Mißverhältniß, das bei den eigentlichen Schmerzen zu Grund liegt, hauptsächlich, wenn auch nicht ausschließlich, in einer zu sehr anschwellenden Erregung besteht, die von der stetigen Ernährung nicht ebenso schnell ausgeglichen werden kann.

28. Fehlerhafte Structur und Mischung der Nerven können zwar auch die einfachen Empfindungen in einzelnen Individuen so stören, daß demselben äußeren Reize andere Empfindungsqualitäten als gewöhnlich entsprechen, wovon die Mängel des Farbensehens ein Beispiel liefern; weit veränderlicher aber ist das Reich der Gefühle, die nicht zur gleichgiltigen Auffassung eines objectiven, sondern zur Wahrnehmung seines Verhältnisses zu den häufig wechselnden eigenen Zuständen des Körpers bestimmt sind. Wir sehen daher das Angenehme und Unangenehme weder für alle Individuen, noch für das nämliche Individuum in allen seinen Zuständen an den nämlichen Beschaffenheiten der Reize haften, und in den Idiosynkrasien bedeutendere Eigenthümlichkeiten der individuellen Organisation die allgemeinen Regeln häufig verletzen. Man bemerkt hierbei leicht, daß zwischen der Lebhaftigkeit der Gefühle und der feinen Objectivirbarkeit der Empfindungen in den einzelnen Sinnesorganen ein ziemlich beständiges Verhältniß obwaltet. Die höheren Sinne, dazu bestimmt, mit möglichster Entäußerung der Subjectivität eine treue Darstellung des Aeußeren zu liefern, werden nur durch die äußersten Mißverhältnisse der Reize zu wirklichen Schmerzgefühlen getrieben; gegen die Mehrzahl ihrer Reize verhalten sie sich entweder gleichgiltig oder zeigen bei geringer Intensität der Lust und Unlust ein desto feiner ausgebildetes Urtheil über die Verhältnisse der Eindrücke. Der objectivste Sinn, das Gesicht, dessen Wahrnehmungen durch ihre geometrische Regelmäßigkeit sogleich zur Deutung auf einen äußeren Gegenstand auffordern, zeigt das wenigste Gefühl, und die schreiendsten Dissonanzen der Farben unterliegen zwar einem gewiß auf körperliche Vorgänge mit begründeten ästhetischen Urtheile, ohne doch eigentlich eine merkliche Affection hervorzubringen. Die Töne, nicht ebenso unmittelbar zur Darstellung des Aeußern bestimmt, erwecken die Gefühle lebhafter, und wir empfinden bereits den Zwang, den eine Dissonanz unseren Nerven zumuthet, wie denn auch Reize des Gehöres lebhafte Rückwirkungen in den beweglichen Organen erregen können, während Lichtreize höchstens die Iris bewegen. Geruch und Geschmack aber sind als reine Empfindungen kaum zu denken, sondern mit ihnen, die den Zwecken des vegetativen Lebens viel enger verwandt sind, verknüpfen wir eigentlich immer zugleich Gefühle des Angenehmen und Unangenehmen und selbst die indifferenten Geschmäcke nennen wir fast nur so, weil

sie die Erwartung des einen oder andern, die immer vorhanden zu sein pflegt, täuschen. Ueberläßt man sich dem Gedanken, daß jede Lust oder Unlust das erscheinende Ergebniß einer unbewußten Messung des Reizes an den Bedingungen des Lebens ist, so kann man, aufsteigend vom Hautgefühle eine allmälige Verfeinerung dieser Gefühle bemerken. Die Reize der gewöhnlichen sensibeln Nerven, bestehend in Druck, Stoß, Zerrung, Zerreißung, drohen durch ihre Einwirkung der individuellen Existenz die unmittelbarste Gefahr und sie empfindet der Organismus in Gestalt des eigentlichen Schmerzes, der näher als jedes andere Gefühl den individuellen Lebenspunkt erschüttert. Aber über diesem energischen Gefühle geht die Wahrnehmung dessen, wodurch es erregt wurde, fast ganz zu Grunde. In den Reizen, die den vegetativen Sinnen, Geruch und Geschmack dargeboten werden, liegt keine dringende Gefahr, das Gefühl kleidet sich in die Gestalt der Abneigung und des Ekels, wo es einen Reiz von sich ablehnt, gegen welchen sich die ganze Organisation, spätere Beeinträchtigung vorausahnend, sträubt, und mit diesem Gefühle, das weniger intensiv, aber zu feinerer Unterscheidung der eigenthümlichen Differenzen des Angenehmen und Unangenehmen geneigt ist, verknüpft sich auch eine deutlichere Auffassung des veranlassenden Objectes. Die Harmonien und Mißklänge der Töne und Farben scheinen kaum noch zu den Bedingungen des individuellen organischen Lebens in Beziehung zu stehen, man könnte geneigt sein, sie mehr mit den Gesetzen zusammenzuhalten, an welche das allgemeine sinnliche Leben der Seele und der Lauf ihrer inneren Ereignisse gebunden ist, so daß wir in ihnen zwar das Rechte oder das Widrige, aber ein solches anschauen, das unvermögend ist, unsere individuelle Existenz zu begünstigen oder zu beeinträchtigen. Und so, wenn dies zwar nicht ganz, doch annähernd richtig ist, erklärt sich, warum diese Gefühle, weit entfernt die Natur des egoistischen Schmerzes zu zeigen, vielmehr von selbst den Uebergang zu ästhetischen Gefühlen machen, in denen der Geist das Gegebene nicht an den Bedingungen seiner einzelnen Existenz, sondern in gewissem Sinne an seiner allgemeinen Bestimmung mißt. Man kann diese Betrachtungen auch auf die Idiosynkrasien ausdehnen. Sie finden sich selten im Gebiete der Hautnerven; die gröbere Organisation ist allen Menschen gleich gegeben: was dem einen Schmerz, wird dem andern nie Wohlsein erregen, wenn auch nach dem Stande der Erregbarkeit geringeres Weh. Gegen manche Eindrücke, die der normale Körper überwindet, wie die kitzelnden Gefühle bei Berührung sammtartiger Flächen, wird der Reizbarere größere Blößen geben. Unendlich häufig sind dagegen die Idiosynkrasien des Geschmackes und Geruches; die feinere chemische Zusammensetzung der Säfte, die erregbaren Massen des Nervensystemes sind in verschiedenen Constitutionen und in verschiedenen Augenblicken gewiß so variabel, daß die verschiedene chemische Natur der Stoffe hier sehr abweichende Gefühle leicht erregen kann. Im Gebiete der höchsten objectiven Sinne verhalten sich die Idiosynkrasien eigenthümlich. Wenn verschiedene Thierklassen denselben Reiz bald angenehm, bald unangenehm finden, so kann dies auf Unterschieden in der Structur ihrer Sinnesnerven beruhen; innerhalb des menschlichen Geschlechtes hingegen kommen solche eigenthümliche Neigungen zwar vor, aber sie scheinen weit mehr von einem gewissen Zustande der ästhetischen Bildung, von intellectuellen Gefühlen und geistigen Stimmungen bedingt zu sein, als daß sie von den körperlichen Organen und Thätigkeiten erregt würden. Doch soll dies letztere hiermit nicht geleugnet sein. Die eigene Vorliebe wilder Völker für schreiende Farben und doch zugleich für chromatische Tonläufe oder Molltöne, die Wahl der verschiedenen Trauerfarben bei den einzelnen Nationen, der Einfluß der Farben bei Geistesstörungen bieten Beispiele zur Bestätigung des Gesagten.

29. Trotz so vielen Abweichungen wird es doch gewisse Formen gleichzeitiger Nervenzustände geben, die unter allen Umständen dieselbe Lust oder Unlust erregen, doch ist es nicht möglich, sie im Einzelnen zu verfolgen, da in den höheren Sinnen, wo wir allein wenigstens die äußeren bedingenden Reize der Empfindungen etwas genauer kennen, umgekehrt die Intensität des Gefühles nachläßt. Nächst der zu großen Stärke der Empfindungen können wir die zu lange Dauer desselben Reizes als Quelle des Ueberdrusses und Schmerzes bezeichnen; sie bringt einen Zustand des Nerven stabil hervor, den die normalen Processe der Ernährung, nur wenn er flüchtig ist, in seinen Folgen leicht verwischen. Als eine dritte und hauptsächliche Ursache der Gefühle müssen wir die gleichzeitige Mischung verschiedener Nervenprocesse ansehen, und hier läßt sich, wenn auch nicht weithin, noch ein Blick auf die inneren Zustände der Nerven thun. Einfache, intensive, lichtsatte Farben und reine Klänge haben den Vorzug vor allen Mischungen und den zusammengesetzten Geräuschen, von welchen letzteren einige, wie das Knirschen, heftigere Erschütterungen hervorbringen. Es scheint, daß weniger einzelne Töne oder Tonfolgen, als vielmehr das Timbre mancher Klänge das Object der Gefühle wäre, wenigstens finden sich in Bezug auf dieses die meisten Idiosynkrasien, wenn man gleich nicht ahnen kann, durch welche Eigenthümlichkeit des Nervenprocesses diese Nebenbestimmungen des physikalischen Reizes repräsentirt werden mögen. Bei den Harmonien und Dissonanzen gleichzeitiger Töne zeigt sich so deutlich eine Anknüpfung des Gefühles schon an die einfacheren oder weniger zusammenstimmenden Zahlenverhältnisse des äußeren Reizes, daß wir auch als das nächste Motiv der Gefühle ähnliche in dem Nerven annehmen dürfen, der bald zwei Functionen, deren einzelne Theile ein gemeinschaftliches Maß zulassen, bald andere auszuführen hat, die jederzeit als zwei formell getrennte neben einander laufen und so seine Thätigkeit stören. Denken wir uns nämlich, daß jede Wahrnehmung der Töne auf einer in vollkommen gleichmäßigen Intervallen erfolgenden Wiederholung von Stößen beruht, so werden wir nicht Unrecht haben, wenn wir jede in der kleinsten Zeit eintretende Unregelmäßigkeit in der Vertheilung der Stöße als etwas bezeichnen, was der Thätigkeit des Hörnerven nicht angemessen ist, während er immer in seinem Elemente bleiben wird, so lange ihm bei immerhin wachsender oder abnehmender Schnelligkeit der Wiederholung doch diese Regelmäßigkeit gesichert bleibt. Treffen ihn nun zwei Schallwellen, die um eine Octave auseinanderliegen, so wird entweder der erste Impuls beider gleichzeitig sein, dann aber jeder ungrade Impuls des höheren Tones mit einem der tiefen in gleiche Augenblicke fallen, während die graden die Hälfte dieses Zeitintervalles markiren, oder wenn wir die ersten Anstöße in verschiedene Zeitelemente fallend denken, so wird doch auch daraus bei der Commensurabilität ihrer Intervalle eine Reihe von Stößen sich bilden, die aus einzelnen ähnlichen, in sehr kurzer Zeit ablaufenden Gliedern gebildet wird. Treffen dagegen C und Cis gleichzeitig das Gehörorgan, so wird kein Impuls des letzteren zwischen den einzelnen Wiederholungen von C auf dieselbe Zeitstelle treffen, sondern so anticipiren, daß bei der Vollendung von 24 Stößen des C, er selbst 25 vollzogen hat. Nach Ablauf dieser Periode tritt zwar dieselbe gegenseitige Lage der Tonschwingungen und der Nervenprocesse wieder in, allein diese Rückkehr verlangt so viel Zeit, daß sie für das Gehörorgan ganz verloren geht, das ja bekanntlich Schwingungen, die zu selten in einer Zeiteinheit

wiederkehren, nicht mehr als Töne aufzufassen vermag. Auf diesen und ähnlichen Verhältnissen mag es beruhen, daß hier dem Sinne nur die Incommensurabilität beider Processe wahrnehmbar wird und die Veranlassung zu einem Gefühle der Dissonanz giebt. Die Farbenconsonanzen sind zu wenig energisch ausgesprochen, als daß man Gleiches von ihnen sagen könnte. Dennoch scheint in dem guten Zusammenstimmen complementärer Farben eine ähnliche Hindeutung auf die Verträglichkeit der Nervenprocesse zu liegen, die ja auch successiv einander gern ablösen. Was nun hier von den gleichzeitigen Eindrücken galt, gilt ohne Zweifel auch von den sich folgenden. Gewiß hat es für die Functionen des Nervensystemes eine sehr verschiedene Leichtigkeit, entweder continuirlich in nahe Abwandlungen ihrer vorigen Zustände überzugleiten, oder sprungweise auf andere weniger verwandte Formen überzugehen, und sowie die Hautnerven durch plötzliche Temperaturabwechselungen, so mögen auch andere Sinnesnerven auf ähnliche Weise überrascht werden. Doch muß man bedenken, daß hier sehr häufig eine anderweitige Gewohnheit oder Neigung, eine Angewöhnung der Strebungen des ganzen Geistes mitspricht, die individuell unendlich verschieden, dasjenige angenehm findet, was ihr entspricht. Auch in dem Muskelgefühle kommen ähnliche Verhältnisse vor. Der Reiz schöner räumlicher Formen beruht außer dem geistigen Verständnisse ihrer Bedeutung gewiß auch auf der Symmetrie der Bewegungen, mit denen das Auge sie umläuft, die regelmäßige Abwechselung der Anspannung und Erschlaffung der Muskeln bei leise motivirten Uebergängen des Blickes bringt wie bei jenen consonirenden Tönen ein wohlthätiges Gefühl der Zusammenfaßbarkeit in einen Plan hervor, das bei Eindrücken fehlen wird, die uns in jedem ihrer Punkte in eine andere nachconstruirende Thätigkeit werfen [1].

30. Die bisher durchgegangenen Gefühle konnten wir objective nennen; sie entstanden bei Gelegenheit der Auffassung eines Aeußeren und knüpfen sich an das Verhältniß der Eindrücke zu unseren ihnen entgegenkommenden Functionen. Gehen wir jetzt zu den subjectiveren über, in denen die veranlassende Ursache verschwindet, um das Gefühl allein hervortreten zu lassen, ein Fall, der am meisten bei den Wahrnehmungen unserer eigenen allgemeinen Körperzustände eintritt, so können wir unmittelbar an die zuletzt erwähnten Muskelgefühle anknüpfen. Das Gleichgewicht des Körpers wird im Allgemeinen unwillkürlich festgehalten durch die stetige Spannung der Muskeln, die keinen besonderen Entschluß verlangt; diese, sowie Bewegungen, die keine neuen Anstrengungen zur Festhaltung ihrer Richtung und Stärke erfordern, geben das angenehme Gefühl freier Herrschaft über sich selbst; alles gewandte Spiel der Glieder führt daher dieses Gefühl mit sich. Die Empfindung der fortwährenden lebendigen Spannung der Muskeln oder der müden Erschlaffung, die zu den sonst unwillkürlich besorgten Functionen eine ausdrückliche Anstrengung erheischt, die Empfindung der Schwierigkeit oder Leichtigkeit mancher Bewegungscombinationen setzen sich mit den kleinen fortwährenden Empfindungen des Hautsinnes und der inneren Organe zu einem allgemeinen Lebensgefühle zusammen, das nicht bloß die disponible Kraft des Lebens dem Bewußtsein gegenwärtig erhält, sondern zugleich ein ästhetisches Gefühl der eigenthümlichen graziösen oder ungeschickten Art des ganzen Seins und der Haltung unterhält, durch welche der Einzelne seine eigene Persönlichkeit vor sich selbst vielleicht mehr, als durch allen andern Inhalt, charakterisirt. Mit diesen fei-

[1]) Bemerkungen über Verwandtes s. in dem Abschnitte: »Physiognomik des menschlichen Blickes« in Ruete, Lehrbuch der Ophthalmologie S. 187.

neren sinnlichen Gefühlen hängen ästhetische nahe zusammen. Sowie Thätigkeit, Kraft, individuelle Neigungen des Körpers zu einzelnen Bewegungen verschieden sind, so wird sich schon durch diese Anlässe eine Verschiedenheit des ästhetischen Geschmackes ausbilden, eine individuelle Vorliebe für die Arten der Kunstgenüsse, deren Uebergänge in Strenge oder zerschmelzender Weichheit, leise motivirtem Uebergleiten oder plötzlichen Sprüngen, gerundeten oder eckigeren Formen den angewohnten Bewegungsgefühlen des Einzelnen entsprechen. — Analog diesen Gefühlen des Muskelsystemes entstehen auch ähnliche aus den übrigen Kreisen der Lebensfunctionen und tragen ihren Theil zu dem Allgemeingefühle bei. Wir werden sie hier nicht im Einzelnen durchgehen, sondern mit Verweisung auf Hagen [1]) nur einige allgemeine Bemerkungen hinzufügen. Von dem Zustande der Ernährung hängt die Thätigkeit auch der Nerven ab; Ueberfüllung oder Mangel der Nahrungsbestandtheile im Blute muß daher ein mächtiger Reiz zur Aufregung des Gemeingefühles sein. Nach den verschiedenen fehlerhaften Zuständen des Blutes werden sich auch verschiedene Gefühle ausbilden, das des Hungers und Durstes bei mangelnden Bestandtheilen, das der Beklemmung, Unbehaglichkeit und Angst bei Ueberfüllung mit verbrauchten Bestandtheilen, welche zunächst die respiratorische Thätigkeit zur Abhilfe auffordert; mancherlei weniger charakterisirbare Zustände des Ekels und Uebelbefindens bei verschiedenen qualitativen Abnormitäten der Zusammensetzung der Säfte. Normal entstehen diese Gefühle wohl alle nur aus einer Zusammenleitung dieser im Körper zerstreut entstehenden Eindrücke, die dann an einen bestimmten Punkt des sensiblen Nervensystemes fixirt werden, und zwar hauptsächlich an den, von welchem aus Bewegungstriebe oder reflectirte Bewegungen zur Abhilfe erregt werden sollen. Unzweifelhaft aber können hier, wie in jedem Empfindungsorgane, auch intercurrirende fremdartige Reize sogleich diese letzte Localisationsstelle treffen und dasselbe Gefühl hervorrufen, das sonst den jetzt nicht vorhandenen Bedürfnissen nachzufolgen pflegt. Im Allgemeinen hat die Betrachtung dieser einzelnen Gefühle für uns jetzt kein psychologisches Interesse.

31. Eine ebenso große Mannigfaltigkeit, wie die sinnlichen, bieten die intellectuellen Gefühle dar, deren jetzt aus einer Ursache schon zu gedenken ist. Zunächst nämlich scheint es, als könnten überhaupt alle Gefühle nur zwischen den zwei Polen der Lust und Unlust oscilliren, ohne daß die Zwischenstufen noch besondere qualitative Eigenthümlichkeiten besäßen. Genauer betrachtet zeigt sich aber eigentlich kaum irgend ein Gefühl, das einen dieser abstracten Namen verdient, sondern überall ist Lust und Unlust auf eigenthümliche Weise colorirt. Will man diese Mannigfaltigkeit ordnen, so ist zuerst der gewöhnliche Sprachgebrauch zu berichtigen, der Schmerz, Hunger, Trübsinn, Vaterlandsliebe u. s. f. unter dem Namen der Gefühle zusammenfaßt. Freundschaft und Vaterlandsliebe sind gar keine Gefühle, sondern Gesinnungen, die nach der Lage der Umstände uns die ganze Skala aller Gefuhle zwischen Lust und Unlust durchlaufen lassen können. Trüsinn, Andacht u. s. f. sind ebenso wenig selbst Gefühle, sondern Stimmungen, auf deren gleichbleibendem Hintergrunde freilich nicht mehr die ganze Mannichfaltigkeit der Gefühle mit ihren natürlichen Farben, aber doch deren mehr, als eines sich abzeichnen kann. Zorn, Wuth endlich sind Affecte, indem sie eine im Ganzen feststehende Gesinnung plötzlich zu dem Aeußersten der Unlust treiben, die eben durch jene Basis ihre eigenthümliche Färbung erhält. Die meisten wahren intellectuellen Gefühle sind den Stimmungen verwandt, in welche sie bei län-

[1]) S. dieses Wörterbuch. Bd. II. S 743 ff.

gerer Dauer übergehen; sämmtlich Grade der Lust oder Unlust, unterscheiden sie sich durch die Erinnerung an die Ursachen, durch die sie erregt wurden, durch die Reihe der Vorstellungsassociationen, die sie um deswillen bedingen, und die ihnen einen Hintergrund geben, in dem ein großer Theil ihrer ganzen Eigenthümlichkeit besteht, dann durch die Mischungen, die sie mit einander eingehen, und in welche sie Bruchstücke des sie begleitenden Gedankenkreises mitbringen; endlich aber auch durch die gleichzeitigen Empfindungen der körperlichen Nachwirkungen, die sie hervorbringen, und die auf's Neue in sinnliche Gefühle verwandelt, als eine eigenthümliche colorirende Gewalt zu dem ursprünglichen Gehalte des intellectuellen Gefühles hinzutreten. Es ist schwer, die Grenzen dieses letzteren Einflusses, der uns hier allein angeht, zu bestimmen; aber sie sind gewiß sehr weit, und man kann zweifeln, ob nicht das kältere ästhetische und sittliche Urtheil oder die Reflexion, die wir über Gefahr und Glück eines Zustandes uns ausbilden, erst ihre lebhafte Innigkeit durch diese nebenherspielenden sinnlichen Gefühle erhalten, die uns das an sich Werthvolle zugleich in seiner Harmonie mit den innersten Bedingungen unserer eigenen individuellen Existenz zeigen. Der heitere Genuß schöner Verhältnisse ist nicht bloß diese abstracte Freude, sondern in dem lebhafteren, freieren Athmen, dem beschleunigten Herzschlage und der gediegenen Spannung der Muskeln fühlen wir unser eigenes Selbst davon getragen und gehoben; Reue und Bekümmerniß um Vergangenes, ist nicht bloß ein sittliches Verdammungsurtheil, das innerlich ausgesprochen, nur von der Seele vernommen wird; die Erschlaffung unserer Glieder, die mindere Größe des Athmens, die Beklemmung der Brust, vielleicht im Aerger selbst die krampfhaften Verengerungen der Bronchien und die aufwürgende Bewegung der Speiseröhre, die den Bissen im Munde stocken macht, zeigen, wie selbst die leibliche Organisation symbolisch ein Verschmähtes, unter dessen Drucke sie seufzt, auszustoßen versucht. Selbst das Gefühl der Andacht ist nicht eine rein geistige Erhebung, sondern indem unvermerkt mit ihr auch der Gang das gewöhnliche hastige Wesen läßt, die Bewegungen langsamer und gehaltener werden, die Stellung ein eigenthümliches Gepräge, nicht der Erschlaffung, sondern sich unterwerfender Kraft annimmt, kehrt von allen diesen körperlichen Thätigkeiten auch ein Gefühl in das Bewußtsein der Seele, ihre Stimmung verstärkend, zurück.

32. Es zeigt sich in diesen Erscheinungen, deren weitläuftigere Aufzählung wir vermeiden müssen, eine Einwirkung der Gemüthszustände auf die motorischen, sowie die vegetativen Functionen, ganz der umgekehrten ähnlich, die diese auf jene ausüben können. Wie weit dieser Einfluß gehe und wodurch er vermittelt werde, ist nicht zu entscheiden; aber es ist kein unmöglicher Gedanke, daß es vielleicht eigenthümliche Nervenfasern gäbe, die bestimmt sind, die Ernährung und Gestaltung des Körpers ebenso mit herrschenden Gemüthsstimmungen in einen gewissen Einklang zu versetzen, wie diesen mancherlei ausdrucksvolle Bewegungen schon mechanisch zugeordnet sind. Diese Bewegungen zerfallen in solche, die man etwa symbolische nennen könnte, und in andere, die wirklich auf den Zweck berechnet sind, welchen die Gemüthsstimmung verfolgen würde. Die geballte Faust des Zornigen ist so eine directe Vorandeutung des nächsten Zweckes, dem die Leidenschaft nachgeht, das Weinen, Lachen, Seufzen, die bebende Respiration sind symbolische Bewegungen, die nichts unmittelbar realisiren, als den Ausdruck des Inneren. Ich habe früher [1]) bemerklich gemacht, daß die Verknüpfung einer

[1]) Siehe dieses Wörterbuch. Bd. II. S. 196 u. 197.

bestimmten solchen mimischen Aeußerung mit einem bestimmten Gemüthszustande eine mechanische Einrichtung ist, und daß wir aus dem Begriffe des letzteren nicht die Nothwendigkeit der Wahl gerade dieser Ausdrucksweise begreifen können. Obwohl ich hierbei bleiben muß, läßt sich doch im Allgemeinen wenigstens noch eine Bemerkung machen, die das Symbolische dieser Erscheinungen betrifft. Die körperlichen Gebiete, in denen Gemüthsbewegungen sich geltend machen, sind namentlich die Gesichtsmuskeln und die Respiration. Die verschiedenen Anspannungen der ersteren leisten gar nichts für die übrigen Zwecke der thierischen Oekonomie, und grade dadurch eignen sie sich, wozu sie bestimmt sind, zu der bloß-symbolischen Darstellung eines Innern, das noch zu keiner bestimmten Handlung nach außen übergehen will. In ähnlichem Falle befinden sich die Athmungsorgane. Allerdings ist ihr wesentlicher Zweck in die thierische Oekonomie sehr tief verflochten, aber ihre Function wird sehr wenig beeinträchtigt, selbst durch große Variationen in der Reihenfolge und dem Rhythmus der Muskelbewegungen, die ihr dienen. Auch an ihnen hat daher die Seele ein Mittel zu höchst mannichfachem Ausdrucke innerer Unruhe, ohne daß doch durch diesen Ausdruck schon eine Hindeutung auf eine bestimmte Handlung gegeben wäre; es wird vielmehr durch alles Seufzen des Traurigen und das gewaltsame Respiriren des Zornigen nichts weiter geschafft. Nun wollen wir nicht leugnen, daß die Mitwirkung der Athmungsorgane bei manchen Gemüthsbewegungen nicht auch tiefer in die thierische Oekonomie eingreifende Gründe habe, aber in den beiden äußersten Formen des Weinens und des Schreiens bei Schmerzen, und des Lachens, scheint doch fast nur das Erwähnte vorzukommen, so daß das letztere, ausgehend von innerlichem Kitzel, eine das Nichtige verspottende, selbst nichtige und resultatlose überschwellende Erschütterung der rastlos beweglichen Organe des individuellen Lebens ist, der sich fast nur eine passive Erweiterung des Mundes zugesellt, um den Strom der Luft zu entlassen, während das Weinen mehr von den Gesichtsmuskeln beginnend, die respiratorischen Muskeln nur in Mitleidenschaft zieht, indem es ihren Rhythmus durch die Mitbewegungen zerstört, in welche sie jene zu versetzen suchen. Könnte man die Ansicht durchführen, die Oken in dieser Beziehung aufstellte, daß nämlich die einzelnen Knochen und Muskeln des Kopfes und der Brust selbst als transformirte Extremitäten zu betrachten wären, so könnte man, wie er es selbst andeutete, auch die mimischen Bewegungen als sympathische fassen, oder als kleinere, vorandeutende Copien der Bewegungen, durch welche die Glieder einen bestimmten Zweck zu erfüllen vermögen. Manches, was zu diesem Gedankenkreise noch gehört, läßt sich aus dem Artikel Instinct noch leicht hier ergänzen und auf ihn muß ich auch hinsichtlich der übrigen Bewegungen des Körpers verweisen, die sich hier am leichtesten würden anschließen lassen, über die ich aber dem dort Gesagten nichts Erhebliches hinzuzusetzen habe [1]).

33. Gefühle so wenig als Empfindungen werden in der Erinnerung mit ihrer völligen Stärke und Energie aufbewahrt, vielmehr läßt diese nur die schmerzlosen Vorstellungen des Schmerzes, dem tonlosen Klangbilde gleich, wieder auftreten. Doch leidet dies allgemeinere Verhalten einige Ausnahmen, die man indessen nicht zur Regel machen muß. Man sagt wohl, daß man in der Erinnerung vergangene Schmerzen noch einmal durchlebe, allein diese Aeußerung hat Wahrheit nur in Bezug auf das geistige Weh, das zuerst durch Dissonanzen der Gedanken erzeugt wurde, und dessen Ursachen

---

[1]) Siehe dieses Wörterbuch. Bd. II. S. 193 ff. und bei Hagen. S. 755. ff.

mithin die Erinnerung selbst vollständig reproduciren kann. Aber die Vorstellungen sind nicht bestimmt, regelmäßig Rückwirkungen in den sensiblen Nerven hervorzubringen, und daher erneuern sie auch nicht jenes wirkliche Mißverhältniß zwischen den Zuständen derselben, aus denen das sinnliche Gefühl früher entsprang. Der geringste Nadelstich erscheint sogleich mit ganz anderer Realität des Schmerzes zwischen den Vorstellungen der größesten Martern, die wir lesen und wird nie mit ihnen verwechselt. Aber die Vorstellungen haben allerdings eine Macht über die motorischen Nerven, und so entwickelt sich leicht bei der Vertiefung in solche Scenen eine Menge von unwillkürlichen Spannungen und Bewegungen der Muskeln, durch die wir dem vorgestellten Schlag entgehen oder unsere Qual mildern möchten. Rückwärts nun erregen diese Reactionen selbst wieder Gefühle, und so kann es zuweilen scheinen, als habe die Vorstellung unmittelbar das Gefühl wiedererzeugt. Bei einigen Gefühlen, wie dem des Ekels, scheint allerdings eine wirkliche Reproduction einzutreten; doch darf man nicht vergessen, daß dies Gefühl in der That ebenso wohl zum körperlichen Ausdrucke intellectueller Verabscheuung dient, als es aus selbst körperlichen Ursachen zuerst entstanden und dann reproducirt sein kann. So wie die Vorstellungen, gehen ferner auch die Gefühle unter sich und mit diesen Associationen ein, und zum Theile durch diese letztere verwandeln sie sich in das, was man gewöhnlich Triebe nennt. Wir haben bis jetzt Gefühle nur als Erscheinungen angesehen, die ein irgendwie entstandenes Quantum von Wohl und Weh zum Bewußtsein bringen, ohne daß sie nothwendig auf den Ursprung derselben zurück oder auf die Mittel vorausdeuteten, die dem Wehe abhelfen könnten. Man pflegt jedoch häufig Gefühle sowohl auf intellectuellem, als auf sinnlichem Gebiete so zu verstehen, als enthielten sie zugleich gewisse Erkenntnißquellen und deuteten von selbst ahnend auf die dem Leben nothwendigen Ergänzungen hin. Dies müssen wir entschieden verneinen; diese Fähigkeit, ein Trieb nach irgend etwas Bestimmtem zu sein, kann den Gefühlen nur auf zwei Wege erworben werden. Zuerst durch zufällige Erfahrungen, die uns gelehrt haben, daß der peinvoll empfundene Zustand durch ein bestimmtes Mittel gelindert werde, und auf diesen Ursprung werden wir die sämmtlichen heilsamen, oft auch schädlichen Appetite der Kranken zurückführen müssen. Zu ihnen giebt irgend ein Gefühl, z. B. ein der Zunge oder ihren Nerven inhaftender Geschmack die erste Veranlassung; man sinnt, was diese unbequeme Empfindung tilgen kann, geräth hier zunächst auf irgend eine Classe von Geschmäcken, die diesem entgegengesetzt sind, und dann vollendet irgend eine Association oder Lieblingserfahrung den Weg bis zu dem Sauerkraute, das den Fieberkranken bald heilt, bald verschlimmert, da nichts die Richtigkeit dieser Appetite, noch weniger die Zweckmäßigkeit der Wahl ihres Befriedigungsmittels verbürgt. Daß Essen den Hunger und Trinken den Durst stillt, ist ebenso wenig eine Offenbarung, die in diesen Gefühlen liegt; aber diese Triebe beruhen zugleich auf einer andern Ursache, welche eben die Gewinnung solcher leitender Erfahrungen außerordentlich erleichtert, nämlich auf den halb automatischen, halb spielenden Bewegungsdrängen, denen die Glieder sich überlassen, und die sie lange vor aller weiteren Reflexion die Mysterien des Kauens und der Befriedigung der Nahrungsbedürfnisse entdecken läßt. Die Gefühle werden also dann zu Trieben, wenn ihnen frühere Erfahrungen diese Beziehung auf ein Object durch Associationen anheften, oder wenn mit ihnen zugleich eine wirkliche Bewegung sich einfindet, die die Seele gewähren läßt, ohne sie hervorgebracht zu haben. Den Begriff des

Strebens, der hierin spielt, haben wir bei späterer Veranlassung weiter zu berühren.

34. In den sinnlichen Gefühlen liegt eine außerordentlich wirksame Bedingung für die gesammte spätere Entwicklung des individuellen Geistes, und es ist wenigstens einiger Worte werth, sogleich hier auf die Schranken hinzuweisen, die die Natur uns zieht, und aus denen wir nie heraustreten. Die Tausende kleiner Empfindungen, die fortwährend theils die Spannung unserer Muskeln und den Zustand unserer Kräfte verrathen, theils gedämpfte und ungewisse Nachklänge der unserem Bewußtsein entzogenen vegetativen Verrichtungen uns zuführen, begründen jenes allgemeine Lebensgefühl, das sich als ein beständiger Hintergrund hinter alle unsere bewußten Vorstellungsmassen schiebt. Obwohl es den Inhalt dieser und der äußeren Erfahrung nicht ändern kann, ändert es doch gar sehr die Gewohnheiten des Auffassens und Verknüpfens selbst, und sowie uns eine Landschaft durch ein farbiges Glas gesehen, einen ganz eigenthümlichen Eindruck gewährt, so beleuchtet für jeden Menschen dies Colorit seines Lebensgefühles alle einzelnen Gegenstände anders, läßt Verbindungen deutlicher hervortreten, die in jedem andern Lichte unscheinbar würden und bildet sich überhaupt zu dem obersten leitenden Principe aus, nach dem unsere Gedanken sich associiren. Wird daher die auffaßbare objective Welt auch nicht dadurch geändert, die subjective geschaffene Welt der Phantasie wird es gar sehr, werden die theoretischen Umrisse der Erfahrung auch nicht verzogen, die Werthbestimmung ihrer einzelnen Theile werden in weitere Grenzen dadurch verschoben. Die Natur aber bannt uns auf viele Weise in solche Kreise von Lebensgefühlen. Den Unterschied des Geschlechtes kann Niemand überwinden, und doch, so wenig wir auch Genaueres darüber wissen, bestimmt er auf eine durchgreifende Weise das Benehmen gegen alles Aeußere und den Werth, den wir auf Gedanken und Anschauungen legen. Nicht minder wird die angeborene Constitution uns eine Menge von Eindrücken fortwährend zuführen, aus deren Mitte heraus wir kaum einen Blick in das Lebensgefühl eines Anderen werfen können, um zu wissen, wie ihm die Welt erscheint und wie ihm in ihr zu Muth ist. Aehnliche Schranken trennen Nationalitäten und Menschenraçen. Aber wie die Natur durch diese Gefühlskreise die Individuen scheidet, so bedient sie sich auch dieser stillen und großartigen Psychagogie, um sie und die Generationen zu reifen und zu verwandeln. Wenn in der Entwicklung des Körpers allmälig Organe zur Thätigkeit erwachen, die früher geschlummert haben, so wird durch den Beitrag ihrer Empfindungen die Summe der Lebensgefühle um ein eigenthümliches nun vorwaltendes Element vermehrt; die ausgebildete Respiration der vollendeten Jugend, die Gefühle der nahenden Reife ziehen einen zugleich kräftigeren und sehnsüchtigeren Hintergrund den Associationen der Vorstellungen unter, welche sie zugleich nach anderen Richtungen lenken; und ebenso wird bei dem allmäligen Sinken der Lebenskräfte und dem fortschreitenden Verstummen der Functionen im Alter sich der farblosere und herbstliche Horizont zeigen, an dem die unendlich bereicherten Erfahrungen doch nicht mehr die Fülle der jugendlichen Lust erzeugen können, sondern sich ernsteren und ermüdeteren Gedanken unterordnen, die vielleicht nie ausgesprochen, sich unbewußt mit dem wechselnden Lebensgefühle gebildet haben. Die Kraft dieser Verhältnisse reicht gewiß über die Schicksale der Individuen hinaus und erstreckt sich auf die der Gattungen. Wie wenig auch exacte Untersuchungen diesen Gegenständen nachkommen können, daß in den verschiedenen Generationen andere Krankheitsanlagen, andere Reactionsformen auf-

treten, darin hat gewiß die alte Lehre von dem wechselnden Genius der Krankheiten Recht; und dies wird nicht bloß großen langsam fortschreitenden Revolutionen des Aeußeren, sondern auch ähnlichen des Inneren beizumessen sein. So mögen sich für verschiedene geschichtliche Zeitalter mit dem Wechsel inflammatorischer, gastrischer, nervöser Krankheitsgenien auch verschiedene physiologische Anlagen und so auch mannichfache Gefühle entwickeln, die ein Zeitalter beherrschen, und neben dem Ideenkreise, den der fortlaufende Faden der Geschichte erzeugt, wird der allgemeine Geist einer Periode, sowie er namentlich in seinem Kunstgeschmacke und seinen religiösen Ueberzeugungen sich zeigt, zum Theile von den Lebensgefühlen mitbedingt werden, die in jedem einzelnen Individuum die herrschende physiologische Constitution hervorbringt. Wie groß und bedeutend diese Umstände in den Gang der Geschichte selbst eingreifen können, lehrt das häufige epidemische Auftreten furchtbarer Nervenkrankheiten in Zeiten des Mangels und Kummers, oder jene Hexenphantasien, die vielleicht nicht ohne Schuld unbefriedigter sinnlicher Triebe nach langen Kriegesjahren, die eine Menge Männer hingerafft, sich weiblicher Gemüther bemächtigten und eine unselige Verkehrtheit der Ansichten langen Zeiträumen einprägten.

V. Vom Verlaufe der Vorstellungen.

Wir haben bisher die Bedingungen betrachtet, die den Eintritt aller Empfindungen ermöglichen, die gegenseitige Anordnung, die sie erfahren und die Beurtheilung ihres Einklanges oder Mißverhältnisses, zu der sie noch insofern Veranlassung geben, als die sie erzeugenden Vorgänge des Nervensystemes sich bekämpfen oder begünstigen. Wir haben uns jetzt zu den Schicksalen zu wenden, die die entstandenen Empfindungen im Innern der Seele erleiden, zu jenem wechselvollen Verlaufe, der dem rastlosen Stoffumsatze des organischen Körpers zu vergleichen ist. Hier aber müssen wir, nöthiger Kürze zu Liebe, einen großen Abschnitt der Psychologie, die Darstellung aller höheren Thätigkeiten der Erkenntniß, ganz übergehen und uns darauf beschränken, die Schicksale des Vorstellungsverlaufes und des Bewußtseins zu verfolgen, deren Zusammenhang mit physiologischen Bedingungen nicht bloß von irgend einer barocken Theorie, sondern schon von den gewöhnlichsten Hypothesen behauptet wird, die selbst in der alltäglichsten Auffassung unseres inneren Lebens nie fehlen. — So verschieden auch der Inhalt ist, mit dem bei einzelnen Individuen die Anregungen der äußeren Erfahrung und die des Willens die Seele anfüllen, so bemerken wir doch leicht, daß in allen Gemüthern gewisse Zusammenhangsweisen des Vorstellungsverlaufes vorkommen, die ebenso von jeder Willkür, wie von der besonderen Qualität der einzelnen Vorstellungen unabhängig sind und sich vielmehr nach gewissen allgemeinen Eigenschaften zu richten scheinen, die den mannichfaltigsten Vorstellungen in mancherlei Abstufungen zukommen. Man hat sich längst gewöhnt, die Frage nach den allgemeinen Gesetzen, nach denen der Wechsel des Eintretens, Vergessenwerdens und Wiederauftauchens der Gedanken und ihre Verknüpfung unter sich erfolgt, als die Aufgabe einer Art psychischer Mechanik anzusehen. Inwiefern wir den Grundsätzen einer solchen Lehre beipflichten können, wird sich später zeigen; da aber ihre Begründung und Widerlegung weit über die Grenzen eines physiologischen Buches hinausgehen würde, so wollen wir hier nur aus den Anleitungen der empirischen Thatsachen eine Meinung zu bilden suchen, deren vollständige Ausführung einem andern Orte vorbehalten bleiben muß.

35. Daß von allen durch äußere Empfindungsreize erweckten Vorstellungen in jedem Augenblicke nur wenige Gegenstand des Bewußtseins, daß aber die verschwundenen dem Seelenleben nicht verloren sind, sondern in das Bewußtsein zurückkehren können, überzeugt uns, daß es eine Menge von Zuständen der Seele geben muß, die unserem Bewußtsein abgewandt sind, und dieselbe Annahme müssen wir ohnehin auch bei der Entstehung jeder wirklichen Empfindung machen. Denn welche Ansicht man sich auch weiter hierüber bilden mag, der erste Angriff, den die durch den Körper fortgeleiteten Reize auf unsere Seele machen, muß in irgend einer Veränderung ihres Zustandes bestehen, von der wir so wenig, als von den Zuständen des Nervensystemes eine abbildende Vorstellung erhalten. Der Inhalt unserer Empfindungen, blau, süß, warm u. s. f. drückt in seiner durchaus adjectivischen Natur gar nichts von den physischen oder psychischen Ereignissen aus, die ihn veranlassen; selbst wenn er auf einer Selbsterhaltung der Seele gegen das Aeußere beruhte, würde er doch nicht eine Vorstellung von dieser, sondern eine aus ihr entspringende sein, und diese Thätigkeit, wie jede andere unseres Nervensystemes würde sich mithin unserer Wahrnehmung immer entziehen, und nur ihr Product, die Erscheinung jener Sinnesqualität dem Bewußtsein als Object überliefern. Es hieße den Sinn dieser Betrachtungen ganz mißverstehen, wenn man von uns nun eine Beschreibung jener Zustände und der Art, wie sie das Bewußtsein auf sich zu lenken vermögen, verlangen wollte. Denn man würde damit nur wünschen, diese rein psychischen Vorgänge einer physisch-mechanischen Vorstellungsweise und dadurch einer Anschaulichkeit sinnlicher Art genähert zu sehen, der sie ihrer Natur nach widerstreben. Allein wenn es auch widersinnig ist, wissen zu wollen, wie Bewußtsein gemacht wird, so dürfen wir dagegen wohl fragen, an welchen sonst erkennbaren Bedingungen dieses immer wunderbare Phänomen haftet, und durch welche Ergänzungen jene unbewußten Zustände, die man mit nicht sehr zu billigendem Namen unbewußte Vorstellungen genannt hat, zu Vorstellungen wieder übergehen können. Zwei Ansichten laufen hierüber um. Der gewöhnlichen Auffassung nach sind die vielen in jedem Augenblicke vorhandenen latenten Vorstellungen nur von der Aufmerksamkeit nicht beleuchtet, die als ein beweglicher Sinn der Wahrnehmung diese Welt innerer Zustände ebenso durchläuft, wie die äußeren Sinne die äußere. Sie selbst erscheint uns wie ein Licht von an sich gleicher Stärke, das schwächer jedes Einzelne beleuchtet, je mehr es sich auf eine Mannichfaltigkeit vertheilen muß und dessen Zuschärfung nur in der Concentration seiner Strahlen auf wenige Punkte besteht. Diese bildliche Vorstellung muß man von zwei Seiten betrachten, um ihr Gerechtigkeit widerfahren zu lassen. Sollte nämlich erstens durch die Annahme dieses inneren Sinnes das Phänomen des Wissens und Wahrnehmens überhaupt erklärt werden, so würde man mit Recht noch einmal erklärt verlangen, wie der innere Sinn sich besser zur Wahrnehmung dessen schicke, was der äußere Sinn zu aufmerksamem Bewußtsein nicht zu bringen wußte. Allein nach dieser Seite hin unternimmt diese Ansicht gar nicht, die Entstehung des Wissens zu erklären, sondern die Wirkungsweise des bestehenden zu beschreiben, und in dieser Hinsicht ist der Name eines inneren Sinnes glücklich gewählt. Durch alle von außen geschehenden Eindrücke ist in der Seele zunächst nichts weiter bewirkt, als eine dauernde Concentration dessen, was in der äußeren Erfahrung flüchtig vorübergeht, zu einem Systeme von an sich noch unbewußten Zuständen, die für die Seele ebenso gut ein erst noch zu erfassendes Reich der Objecte bilden, wie die fortwährend neu sich erzeugenden äußeren Ereignisse. Die Seele wird hier

aufgefaßt als ein Substrat, zu welchem sich die in der Zeit vergänglichen, durch ewige störende Gegenwirkungen anderer Begebenheiten verwischten äußeren Processe flüchten, um durch den Eindruck, den sie hier machen, eine dauernde Spur ihres Daseins zu begründen, so daß, wenn überhaupt einmal der Sinn des Wissens sie aufsucht, er sie nicht deswegen vermißt, weil sie im gegenseitigen Zusammenstoße verschwunden sind. Es ist mithin keineswegs in dieser Annahme des inneren Sinnes ein nutzloses idem per idem, sondern grade, was man ihr vorwirft, ist ihre bedeutungsvolle Absicht. Die Seele ist dieser einzige windstille Hafen, in dem die äußeren Ereignisse ruhige Niederschläge bilden und sich aus ihrem bloß zufälligen zeitlichen Verlaufe in eine gleichzeitige, ihrem inneren Sinne angemessene Verknüpfung retten können, ein Material, eine Welt der Objecte bildend für künftige Wahrnehmung und Erinnerung, die sich ihrer ebenso, wie jede erste Anschauung der gegenwärtigen äußeren Objecte erst wieder bemächtigen muß. Darum also würde die Stellung der Aufmerksamkeit oder des Wissens als eines inneren Sinnes der Stellung der äußeren Sinne zu ihren Gegenständen entsprechen. Das Zweite ist nun, daß in jener Annahme die Voraussetzung liegt, alles Wissen und Wahrnehmen bestehe in einer von der Seele selbst ausgehenden und wesentlich einigen, in sich zusammenhängenden Thätigkeit, die um ihrer eigenen Natur willen nicht auf eine unbegrenzte und nicht auf jede beliebige Mannichfaltigkeit der Objecte sich ausdehnen, nicht von jedem zu jedem übergehen kann, sondern in ihren Bewegungen gewissen eingeborenen Gesetzen folgt, denen freilich, wie allen Gesetzen, die Punkte ihrer Anwendung, d. h. der Inhalt der einzelnen Vorstellungen, welche sie trifft, jene Untersätze oder Nebenbedingungen hinzufügen, durch welche die Richtung der Bewegung im Einzelnsten bestimmt wird.

36. Die zweite Ansicht nun, schweigend über jene ursprünglichen Erregungen der Seele, als deren uns zugewandte Erscheinungen die Vorstellungen uns galten, geht vielmehr davon aus, daß Vorstellen die ursprüngliche Thätigkeit der Seele sei, und daß der Grad der Klarheit, der dem Bewußtsein einer einzelnen Vorstellung zukommt, nicht von einer besondern Richtung jener Beleuchtung durch den inneren Sinn herrühre, sondern in der eigenen Stärke bestehe, mit welcher die Vorstellung sich unter anderen geltend zu machen weiß. Wäre das Bewußtsein nur von einer Vorstellung eingenommen, so würde sich diese unfehlbar in gleicher Deutlichkeit fortwährend erhalten; treffen sich aber mehre im Bewußtsein, so werden sie um ihres Inhaltsgegensatzes willen sich stören, sich gegenseitig verdunkeln, bis einige von ihnen an Klarheit so weit abgenommen haben, daß sie aus dem Bewußtsein verschwinden. Ebenso wird es eine wiedererlangte Intensität sein, die sie von Neuem dahin emportreibt. In dieser Ansicht liegen nun zunächst einige Voraussetzungen, die wir jetzt nur andeuten, aber noch nicht weiter prüfen wollen, z. B. die, daß überhaupt die einzelnen Zustände der Seele, die durch irgend welche Eindrücke entstanden sind, bis zur Erzeugung der Vorstellungen ungestört neben einander laufend gedacht werden, dann aber die Producte, die bewußten Vorstellungen, unter einander in einen Kampf gerathen, der eine besondere Ursache grade in der Natur des Bewußtseins voraussetzt. Eins dagegen müssen wir uns sogleich deutlich zu machen suchen, nämlich den Begriff einer Stärke der Vorstellungen, der nicht nur von wissenschaftlichen, sondern auch von außerwissenschaftlichen Betrachtungen über den Gedankenlauf sehr häufig gebraucht zu werden pflegt, und bei dem sich sehr Verschiedenartiges zu unterscheiden findet. Denken wir uns zwei Töne von gleicher Höhe, so können sie mit unendlichen

gradweisen Abstufungen der Stärke gegeben werden, für welche sich in der Natur der Schallwellen noch eine physikalische Unterlage findet. Die ganze Empfindung des Tones wird daher immer aus zweierlei Theilen zusammengesetzt sein, welche beide vereinigt den Inhalt ausmachen, der der Auffassung des Sinnes vorliegt: nämlich Höhe und Stärke des Tones. Die Thätigkeit der Auffassung selbst aber, die darauf verwandt wird, giebt zu einer ähnlichen Unterscheidung gradweiser Abstufungen gar keine Veranlassung. Nicht nur daß unsere Wahrnehmung des leisesten Tones von gleicher Deutlichkeit sein kann, als die des stärksten; auch dann, wenn ein und derselbe Ton von einem Individuum, das in Gedanken versunken, ihm weniger Aufmerksamkeit zuwendet, weniger intensiv als von einem Andern empfunden wird, auch dann wird von ihm nicht dieselbe Stärke desselben Tones zwar empfunden, aber mit geringerer Deutlichkeit, sondern es wird überhaupt gar nicht dasselbe Quantum des Reizes wahrgenommen. Vielmehr ist der Effect, den hier der Reiz auf die weniger empfänglichen Organe macht, derselbe, wie er normal von einem minder intensiven Reiz ausgegangen wäre; und diesem Erregungszustande angemessen, producirt die Seele die Empfindung eines qualitativ gleichen, aber quantitativ schwächeren Tones, ohne daß dabei die Größe ihrer wissenden Thätigkeit abgenommen hätte. Man kann hier allerdings einwenden, daß doch in der That die Vorstellungen, die wir in solchen unaufmerksamen Zuständen erhalten, auf eigenthümliche Weise undeutlich sind, und daß sie eigentlich gar keine bestimmte Größe haben, sondern durch ihr unbestimmtes Schwanken zwischen verschiedenen Intensitätsgraden, die man ihnen hinterher zutrauen möchte, grade auf eine mindere Feinheit der Wahrnehmung als solcher hindeuten; allein dieser Umstand, so richtig er ist, wird sich doch späterhin in etwas anderm begründet zeigen. Wir wollen daher einstweilen hierbei stehen bleiben, daß die Empfindung, wo sie sich nicht mit Gefühlen vermischt, Großes und Kleines mit gleicher Intensität darstellt, und daß alle quantitativen Unterschiede hier immer in den wahrgenommenen Inhalt fallen. Die Empfindung einer lichthelleren, saturirteren Röthe ist nicht stärkere Empfindung, sondern Empfindung des Stärkeren; von einer und derselben Farbe, demselben Tone können wir uns nicht eine mehr oder minder starke und deutliche Vorstellung bilden, sobald wir uns jede Veränderung der Nüance, der Lichtstärke, oder der objectiven Stärke des Tones versagen; und umgekehrt ist die Vorstellung des früher wahrgenommenen Donners keine intensivere That des Vorstellens, als die des Mückensummens, sondern die beträchtliche Größenverschiedenheit fällt hier immer in den Inhalt des Gedachten. Man muß jedoch beachten, daß mit den Empfindungen sich häufig auch Gefühle der Erschütterung verbinden, die das Sinnesorgan durch den Reiz erfährt, und für sie giebt es ohne Zweifel verschiedene Intensitätsgrade. Daher scheint es wohl, als verursachten heftige Klänge, stechende Farben eine intensivere Empfindung, weil sich dazu ein deutliches Gefühl des Ergriffenseins der Organe gesellt.

37. Ist dies nun so, wie wir angaben, so dürfen wir nicht mehr sagen daß jede einmal erregte Empfindung allmälig ihre Klarheit einbüße und durch eine Reihe von Zwischenstufen der Undeutlichkeit in das Unbewußtsein versinke; wie denn auch wohl Niemand je eine so in die Entfernung ziehende und scheidende Vorstellung in sich beobachtet haben wird. Höchstens könnten wir meinen, daß der Inhalt des Vorgestellten fortwährend sich ändere und nicht mit einem Male zu Null werde, sondern vor der ihn festzuhalten, mit gleicher Kraft sich bestrebenden Vorstellungsthätigkeit allmälig zu einem quantita-

14*

tiven Nichts einschrumpfe, das ihrem Blicke entgeht. Allein auch davon weiß unsere Erfahrung gar nichts. So lange die actuelle Erregung des Nerven noch dauert, im Reiche der Nachbilder, giebt es allerdings ein solches Abklingen des Reizes, proportional der allmälig sich beruhigenden Nervenaufregung; aber was einmal zur affectlosen Vorstellung geworden ist, zeigt nichts von einer solchen Verdunkelung. Was wir bis jetzt bei den einfachen Sinneswahrnehmungen nachwiesen, gilt auch von zusammengesetzteren Gedanken. Wenn wir bei einem Hause vorbeigehen und es uns später zu reconstruiren suchen, so mißlingt das nicht deswegen, weil wir ein wirklich vollständiges Bild vom Hause hätten, nur ein sehr lichtschwaches, sondern wir werden bald gewahr, daß wir ein lückenhaftes und unvollständiges Bild mitnahmen, in dem zwar einzelne Theile sich noch mit aller Deutlichkeit finden, aber nicht die Verbindungsformen derselben mit anderen. Wir werden sehen, daß die Wiedererinnerung dieser nicht nach einem einmaligen Anblick gelingen kann, und deswegen schwanken wir bei der Reproduction zwischen vielen möglichen Verzeichnungen, ohne die wirkliche zu wissen. So gelangt in das zusammengesetzte Bild die Undeutlichkeit, und dieselbe ist es auch, die selbst unsere Anschauungen der allergewöhnlichsten Gegenstände begleitet, denen wir selten eine absichtliche Aufmerksamkeit, auf die Verzeichnung ihrer Gestalt gerichtet, zuwenden. Findet sich also eine fortschreitende Verdunkelung zusammengesetzter Vorstellungen, so scheint sie uns doch nicht auf Intensitätsschwächung eines gleichartigen Ganzen, sondern auf der Auflösung einer Combination zu beruhen. Auch hier glauben wir daher den Begriff einer Stärke der Vorstellung gar nicht anwenden zu dürfen, und es ist in der That ersichtlich, daß das, was wir einmal vollständig denken, jederzeit mit derselben nicht mehr zu steigernden Klarheit gedacht wird, während uns die Klarheit oft zuzunehmen scheint, wo vielmehr das Object des Gedankens reicher geworden ist. Niemand wird ein Dreieck sich mehr oder weniger deutlich vorstellen; die Klarheit, die diese Vorstellung einmal hat, ist nicht zu vermehren; aber sie scheint es doch zu werden, wenn wir in einer geometrischen Beweisführung aus der Natur desselben einen uns früher unbekannten Lehrsatz herleiten sehen. Aber hier ist offenbar das Object in sich inhaltvoller geworden, oder vielmehr, man sieht es mit anderen Augen an, weil man eine größere Menge Nebengedanken mit hinzubringt. Auch sonst wird die Deutlichkeit einer Vorstellung von einem Gegenstande, der uns nicht hinlänglich bekannt gemacht worden ist, nicht in der größeren oder geringeren Stärke einer wirklich schon inhaltvollen Vorstellung von ihm bestehen, sondern in dem Gefühle der größeren oder geringeren Unsicherheit der Bewegungen, mit denen man ihn in anderen Kreisen bekannterer Gegenstände sucht und seine Vorstellung eigentlich erst zu erzeugen strebt. Nach diesen Betrachtungen müssen wir die Ansicht aufgeben, daß den Vorstellungen, sofern sie Thätigkeitsäußerungen sind, irgend eine graduelle Abstufung der Stärke zukommen könne; das Gewußtwerden erscheint uns vielmehr als ein nur qualitativ bestimmtes Schicksal, das einem Zustande der Seele entweder zustößt oder nicht, und wir dürfen daher das Verschwinden der Vorstellungen aus dem Bewußtsein und ihre Wiederkehr nicht von einer Schwächung und wiedererfolgter Stärkung abhängig machen.

38. Wenn man sich auch von dem eben Bemerkten überzeugt, so bleibt doch noch immer eine Dunkelheit. Man fühlt nämlich wohl, daß wir mit dem Namen der Stärke und Schwäche der Vorstellungen doch etwas nicht Erdichtetes, sondern etwas Wahres bezeichnen, wo es auch liegen möge. Wir brauchen auch wirklich diese Bezeichnungen nicht bedeutungslos zu nennen,

nur bezeichnen sie nicht eine ein- für allemal bestimmte, inhärirende, sondern eine relative erworbene Eigenschaft der Vorstellungen. Sie sind nicht durch eine einfache stärkere Intensität deutlicher und wirken nicht durch diese, sondern durch die hinzu erworbene Kraft, die sie aus ihren Relationen zu anderen ziehen, oder kürzer, die Stärke, durch welche die Vorstellungen zu wirken scheinen, ist selbst von dem Werthe derselben für den Verlauf der Gedanken abhängig, nicht aber dieser von jener. Die Betrachtung der inneren Erfahrung scheint diesen Ausspruch mir entschieden zu bestätigen. Halten wir uns nämlich, wie wir hier müssen, an gesunde Zustände des Seelenlebens, so ist es nicht möglich, in diesen jemals einen Tanz von Vorstellungen zu finden, auf denen gar kein herrschendes und durchdringendes Interesse des Geistes läge. Auch wo der Inhalt der Gedanken an sich keine Veranlassung zu deutlichen Gefühlen geben würde, ertheilt ihm doch schon die auf irgend eine Weise motivirte Beschäftigung mit ihm einen momentan vorwiegenden Werth für das ganze Streben des Geistes, das wir auf keine Art aus unserer Berechnung der Umstände auslassen dürfen. Könnten wir uns eine Seele präpariren, die durchaus gar kein Interesse an ihrer eigenen Vorstellungswelt nähme, und ruhig zusähe, wie diese nach irgend welchen mechanischen Gesetzen ihre Evolutionen ausführte, dann könnte weiter davon die Rede sein, daß Bestimmungen der Größe und Intensität hier die maßgebenden wären. Allein selbst das armseligste Thier wird mehr als ein solcher Spiegel sein, und indem es für einen irgendwie entstandenen Gedanken einmal Antheil fühlt, ist es präoccupirt für jeden später auftauchenden oder wird überhaupt sein Vorstellen nur auf diejenigen Gedanken richten, die einen bestimmten abgestuften Zusammenhang des Werthes mit dem eben gehegten besitzen. Indem wir uns vorbehalten, dies weiter auszuführen, wollen wir hieraus zuerst Folgerungen für den ersten Eintritt der Vorstellungen zu ziehen suchen. Wenn in unserem Bewußtsein eine Gedankenreihe mit Antheil verfolgt wird, so kann man die hierbei so häufig stattfindende mindere Empfänglichkeit für äußere Eindrücke dreifach erklären. Einmal nämlich können wir wenigstens die Möglichkeit nicht leugnen, daß z. B. bei der lauschenden Anstrengung eines Sinnesorganes die Erregbarkeit der körperlichen Massen, welche überhaupt Eindrücke vermitteln, in anderen Organen gemindert, in dem aufmerksamen erhöht wird, Zustände, die sich bekanntlich bis zur völligen Unempfindlichkeit des einen und zu subjectiven Visionen in dem anderen steigern können. Außer dieser Reihe von Dispositionen, die sich von der einfachsten gespannten Aufmerksamkeit bis zur ekstatischen Verzückung verfolgen lassen, giebt es zweitens andere Erscheinungen, die entweder dahin zu deuten sind, daß neu eintretende Vorstellungen gleich, ehe sie zu vollem Bewußtsein gelangen können, durch den Druck einer schon vorhandenen, vielleicht selbst aufgeregten Vorstellungsmasse in den unbewußten Zustand übergeführt werden, aus dem sie später wieder erwachen können, oder daß sie überhaupt gar nicht zu bewußten Vorstellungen sich ausbilden, sondern als unbewußte Seelenzustände fortexistiren, bis sie später unter günstigen Bedingungen doch noch in das Bewußtsein eintreten können. Beispiele für das letztere sind jedoch kaum aufzutreiben; vielmehr besinnen wir uns bei den meisten im Momente der Wahrnehmung nicht beachteten Empfindungen hinterher doch, freilich sehr unvollkommen, daß sie im Bewußtsein gewesen sind, aber sich nicht haben geltend machen können. Es bleibt uns mithin bloß die erste Deutung übrig, und ihr liegt denn deutlich die Voraussetzung zu Grunde, daß das Verschwinden der Vorstellungen nur durch den Gegendruck anderer zu erklären sei, bei dessen Wegfall sie ungehindert im Bewußtsein würden geblieben sein. Dieser Voraussetzung sind wir nun, wie schon bei den Empfindungen einmal, veranlaßt, die andere dritte entgegenzusetzen, nach welcher jede Vorstellung, vielmehr um im Bewußtsein zu bleiben, einer besonderen zurückhaltenden Kraft bedarf, während sie sich selbst überlassen, verschwinden würde, doch so, daß dies Verschwinden allerdings durch die Wirkung anderer Vorstellungen sehr beschleunigt werden kann. Einen strengen Beweis kann weder Theorie noch Erfahrung für eine dieser beiden Annahmen geben, man kann nur die Wahrscheinlichkeiten derselben prüfen. Die erste stützt sich fast nur auf eine Anwendung des Gesetzes der Trägheit, nach dem jede entstandene Vorstellung unendliche Dauer zu fordern hätte. Es ist hier unmöglich, die Bedenken zu entwickeln, die man einer solchen Ausdehnung dieses Gesetzes entgegenzustellen hätte; so wenig wir seine Richtigkeit bei einfachen Bewegungen, von denen es zunächst handelt, in Zweifel ziehen, obwohl auch hier seine Giltigkeit keineswegs eine so einfach sich von selbst verstehende Vernunftwahrheit ist, so sehr müssen wir uns vor seinem Gebrauche bei Effecten hüten, die mit jenen Bewegungen gar keine Analogie haben. Indessen da eine realistische Metaphysik schwerlich hiervon überzeugt werden würde, wollen wir auf einen näher liegenden Punkt aufmerksam machen. Sei es auch so, daß eine einmal entstandene Wirkung nie wieder verloren gehe, so kann man doch nur dann ihre Fortdauer unter derselben Form erwarten, wenn keine Motive der Formumwandlung da sind. Dergleichen können aber sehr wohl in der Seele liegen, und wenn wir einmal Uebersinnliches in mechanischen Bildern aussprechen wollen, so dürfen wir der Seele eine solche Elasticität wohl zutrauen, durch welche sie die Anfüllung des Bewußtseins von selbst in einen anderen unbewußten Zustand verwandle, ohne zu erwarten, ob eine andere Vorstellung ihr in dieser Verdrängung zu Hilfe komme. In dieser Hinsicht ist es nun bloß eine Hypothese, daß dem anders sei. Und diese Hypothese ist nicht sehr wahrscheinlich, wenn man die innere Erfahrung überblickt, sie wird zu einer ganz anderen, wenn man die gradlose Stärke der Vorstellungen berücksichtigt. Wir wollen dies an einer kurzen Betrachtung der hauptsächlichsten Erscheinungen zu zeigen versuchen.

39. Denken wir uns das aufmerksame Bewußtsein mit einem Gedanken beschäftigt, so wird eine neu eintretende Vorstellung eine gewisse Macht über diese Beschäftigung ausüben, die von der Menge der associirten Vorstellungen abhängt, welche sie mit in das Bewußtsein zu rufen weiß, und die selbst sich wieder darnach richtet, in wie weit das Neue dem schon bestehenden Streben der Seele von Werth ist. Viele Vorstellungen scheinen uns zwar leicht gleichzeitig mit einem gehegten Gedankenkreise, aber in minderer Höhe und Klarheit durch das Bewußtsein zu ziehen; in Wahrheit aber finden wir hier oft nur einen vielfach unterbrochenen Zusammenhang einer Gedankenreihe, von der die Aufmerksamkeit durch eine neu auftauchende Vorstellung momentan abgelenkt wird, zu der sie aber zurückkehrt, wenn das Neue zu gleichgiltig und fremdartig ihrer eben obwaltenden Richtung ist, als daß es mit allem Reichthume seines Inhaltes sich in sie verflechten und dadurch längere Zeit im Bewußtsein sich zu halten wüßte. Unter diesen Gesichtspunkt fällt gewiß eine außerordentlich große Menge der sogenannten undeutlichen Vorstellungen; was sie darstellen, wird eigentlich mit derselben gradlosen Stärke vorgestellt, wie alles Andere, aber der Act der Vorstellung selbst ist auf eine verschwindende Zeit beschränkt, und die nachfolgende Erinnerung, die den ganzen Gedankenlauf überblickt, schreibt nun diesen machtlosen Elementen eine geringere eigene Intensität zu. Zu größerer Klarheit und Deutlichkeit gelangt dagegen

die Vorstellung dadurch, daß sie ihre Beziehungen zu anderen zu entwickeln Zeit erhält. Die Vorstellung eines Dreieckes, wenn sie einmal zufällig durch eine andere Gedankenreihe liefe, wird nicht dadurch intensiver wirken, daß sie etwa in der Armuth ihres Inhaltes, in der sie zuerst auftrat, nur immer heller glänzte, sondern dadurch, daß an sie immer mehr Nebengedanken ihrer Beziehungen zu anderen, Bruchstücke des geometrischen Verständnisses der Figur sich ansetzen, die sie alle als ihren Mittelpunkt anerkennen, immer auf sie zurückführen und sie dadurch im Bewußtsein erhalten. Wo unsere Aufmerksamkeit sich je mit einem Gegenstande beschäftigt, da erlangt sie nie durch ein festes Hinstarren auf diesen unwandelbaren Punkt eine größere Klarheit und Bedeutung; es wird nicht dieser isolirten Vorstellung größere Klarheit zu Theil, sondern das Bewußtsein ist in rastlosem Streben begriffen, das Object von immer neuen Seiten zu betrachten, um durch die Vielseitigkeit und Ausdehnung der Nebengedanken ihm diejenige Stärke zu geben, die intensiv das Vorstellen nicht zu graduiren vermag. Selbst das Brüten über einem Kummer saugt daraus Vergrößerung des Leides, daß es immer geschäftig neue betrübende Aussichten an ihm entdeckt, und wohin es sich auch wendet, alle Verhältnisse durch ihn verschoben findet; aber das Gefühl würde bald, wie das eines körperlichen Schmerzes, sich abstumpfen, wenn es bei der Anschauung des zuerst dargebotenen Gedankens stehen bliebe. Klarheit und Deutlichkeit der Vorstellungen oder ihre Stärke hat überhaupt, wie man sich durch Fortsetzung dieser Betrachtungen leicht überzeugen kann, gar keine Bedeutung, wenn diese nicht in eine solche Ausdehnung der Beschäftigung des Gemüths mit ihr durch den Ueberblick zahlreicher Relationen gelegt wird. Können wir uns nun ein bloß theoretisches Bewußtsein auch so denken, daß in ihm Tausende von Vorstellungen gleichzeitig sich von dem allgemeinen Lichte des Wissens bescheinen ließen, so entsteht doch eine nothwendige Enge des Bewußtseins da, wo ein seinem Begriffe nach einiges und untheilbares Streben den eigentlichen Nerv desselben bildet; und wir werden Vorstellungen, die zu diesem in keinem Grade der Verwandtschaft stehen, schnell spurlos verschwinden sehen, während andere, die ihm verwandt sind, sich mit großem Reichthume ihrer Beziehungen in dasselbe verflechten. Hierin scheint uns nun derjenige Gegensatz der verschiedenen Vorstellungen begründet zu sein, der bei dem Gedankenlaufe in der That wirksam ist. Grade der Verschiedenheit und des Gegensatzes finden zwar auch bei den einfachen Empfindungen Statt, allein schon hier nicht fest und unwandelbar. So wie jeder Gegensatz erst eine Skala voraussetzt, an der die Distanz zweier Elemente gemessen wird, so wird z. B. ein bestimmter Gegensatz der Farben, der Töne nur für den unbefangenen Sinn stattfinden, der durch Nichts präoccupirt ist; im Laufe einer Melodie aber, die ein bestimmtes Streben bereits angeregt hat, kann das einen weiten Gegensatz bilden, was in der Skala nahe zusammenliegt. Wir sehen daher auch nicht, daß man bestimmte Regeln gegenseitiger Hemmung und Begünstigung der Vorstellungen auf diese nur nach einem Maßstabe gemessenen Gegensätze gründen könnte. Noch vielmehr aber findet dies in Bezug auf zusammengesetzte Vorstellungen Statt, die überhaupt gar keine festen, sondern Gegensätze von sehr verschiedener Weite bilden, je nach dem Gesichtspunkte, unter dem ein schon bestehender Gedankenkreis sie unter einander zu vergleichen strebt. Auch der Gegensatz der Vorstellungen ist daher, wie ihre Stärke, keine ihnen fest inhärirende, sondern eine durch Relationen ihnen erworbene variable Bestimmung.

40. Festes Eigenthum der Seele wird nur das, was in ein bestimmtes

Streben aufgenommen worden ist, und die Erinnerung früherer Eindrücke ist eigentlich eine Erinnerung früheren Strebens, die großentheils selbst sich an die äußerlichen Formen hält, unter denen die erste Wahrnehmung allein möglich war. Keines complicirten Gesichtseindruckes erinnern wir uns vollständig wieder, wenn nicht in die allerdings gleichzeitige Auffassung seiner Theile doch unser den Gegenstand umlaufendes Auge ein System eigener Thätigkeiten hineingetragen hätte, und diese erworbene Methode der Construction ist das, was leicht in der Erinnerung wieder reproducirt wird. Nicht das qualitativ Gleiche der sinnlichen Eindrücke ist daher auch das, was wir vergleichend zu einem allgemeinen Bilde zusammenziehen, sondern die Methode der Verzeichnung, die wir an vielem qualitativ Unähnlichen doch gleichartig finden, bestimmt unsere allgemeinen Begriffe. Einer Melodie erinnern wir uns dann, wenn wir sie, was fast immer zu geschehen pflegt, selbst mit leisen innerlichen Strebungen begleitet haben, und die Ungewohnheit, den gemeinsamen strebenden Gedanken einer Menge sich durchkreuzender Harmonien festzuhalten, hindert uns dagegen in der Auffassung einer Musik. Eine Menge unverbundener Vorstellungen gleichzeitig in der Erinnerung zu fassen, ist uns unmöglich, denn sie theilen unser Streben, ohne eine Einheit zu finden; denken wir das Mannichfaltige dagegen in irgend einer gegenseitigen dramatischen Beziehung, so erlaubt uns seine Aufnahme in diese gemeinsame Einheit sehr wohl seinen gleichzeitigen Ueberblick. Zugleich sich eine Schlange und einen Löwen vorzustellen, ist unerreichbar; dies würde verlangen, daß unsere Phantasie zwei verschiedene nachconstruirende Bewegungen gleichzeitig verrichte, die sich unaufhaltsam stören würden; den Kampf beider können wir dagegen wohl vorstellen, obgleich auch hier die Aufmerksamkeit, wenn sie von diesem Verhältnisse sich auf die Gestalt der Kämpfer schärfer richten wollte, immer nur von der einen abwechselnd zur andern überspringen würde. Eine Gegend mit ihren Farben, Tönen, Düften und Luftströmungen stellen wir uns nie anders vor, als so, daß wir in unserem Erinnerungsbilde selbst wieder als auffassendes Subject mit auftreten, und wie in der wirklichen Wahrnehmung, so hier unsere Sinnesorgane den ankommenden Reizen öffnen, um ihnen in unserer Gesammtempfindung eine sonst unanschauliche Einheit zu geben. Einen vierseitig umschlossenen Hof überblicken wir auch in der Erinnerung nur dann gleichzeitig, wenn wir uns in die Vogelperspective versetzen, die einen gleichzeitigen Eindruck auch während der wirklichen Sinneswahrnehmung zulassen würde, und so ist überhaupt unsere Erinnerung niemals ein bloßes Wiederauftauchen von Vorstellungen, sondern eine Reproduction unseres ganzen Benehmens und Strebens während früherer Wahrnehmung. Und wie jedes Streben an den Bewegungen des Körpers einen sehr natürlichen Ausdruck findet, so associirt es sich auch so leicht mit diesen, daß beide zusammen für eine einzige That gelten können. Mit dem Gedanken verknüpft sich der sprachliche Laut, anfänglich durch instinctartige Nachahmung des Vorgestellten onomatopoetisch; dann diese rohe Aehnlichkeit durch die noch nachklingende Erinnerung an die etymologische Bedeutung des Wortes ersetzend, die die Phantasie in gleichartige Strebungen versetzt, wie der bezeichnete Gegenstand, endlich durch Rhythmus und Metrum der Klänge die Art der Bewegung vorandeutend, in welcher die Vorstellung weiter gehen soll. Auf solche Weise denken wir uns mithin das Bewußtsein keineswegs als einen bloß umschließenden Rahmen, in dem die einzelnen Vorstellungen nach mechanischen Gesetzen auftauchten, die von der Natur dieses umschließenden unabhängig wären; sondern eine fortwährende Thätigkeit bestimmt selbst erst durch ihren Inhalt den eintretenden Vorstellungen ihren Werth und die Stärke, mit der sie sich gegen andere wirkend verhalten können.

41. Suchen wir nun, welche Einflüsse die Gestalt und Richtung dieses Strebens selbst noch bedingen, so ist hier ohne Zweifel zunächst ein Punkt, an welchem die eigenthümliche specifische Natur jeder einzelnen Seele mit in Betrachtung zu ziehen sein würde, wenn wir mehr über sie wüßten als dies, daß solche individuelle Unterschiede statthaben werden. Der Werth, den einzelne Gedanken oder Gefühlskreise haben, wird gewiß nicht für Jeden derselbe sein, und so dürfen wir in dem Phänomen der Phantasie keineswegs bloß ein Spiel der Vorstellungen sehen, die hier sich ganz bloß den Consequenzen ihrer mechanischen Verhältnisse überließen, vielmehr wird die eigenthümliche Natur der Seele auch den specifischen Weg mitbestimmen, den die Associationen der Vorstellungen nehmen. Dasselbe Schauspiel wird verschiedenen Individuen zur Quelle sehr abweichender Gefühle, und wenn auch hiervon ein großer Theil von der Mannichfaltigkeit der Lebenserfahrungen abhängt, welche der Gegenstand in ihnen anklingt, so ist doch nicht zu zweifeln, daß ein anderer auch von der specifischen Erregbarkeit der individuellen Seele herrühren werde; und auf sie müssen wir gewiß jene charakteristischen Unterschiede der poetischen Phantasie rechnen, die weder ihrem Inhalte, noch ihrem Werthe gemäß aus einem Spiele mechanischer Associationen hergeleitet werden würden. Diese vielmehr sind das dienende Mittel, dessen das eigenthümliche Colorit der Phantasie sich bemächtigt, um die Natur eines an sich nur ethisch oder ästhetisch meßbaren Strebens in Qualitäten und Combinationen an sich gleichgiltiger Vorstellungen auszudrücken. Deutlicher ist der Einfluß, den theils körperliche Bedingungen, theils die immerwährenden neuen Zuwächse der Vorstellungswelt ausüben. Wir haben schon früher an die Gewalt der allgemeinen Stimmungen erinnert, die aus unzähligen kleinen Empfindungen erwachsen, dem Geiste ein eigenthümliches Lebensgefühl zuführen. Unter ihrem Einflusse hauptsächlich steht die Richtung und die Mannichfaltigkeit unseres Gedankenlaufes, und dies bringt man in der That zu wenig bei der gewöhnlichen Betrachtung der Vorstellungsassociationen in Rechnung. Sprechen wir nämlich nicht von außerordentlichen Fällen, sondern von unserem alltäglichen Gedankenlaufe, der vor allen Dingen eine Erklärung verlangt, so werden wir in ihm größtentheils Vorstellungen finden, die in unzähligen Wiederholungen sich so oft mit anderen associirt haben, daß die Richtung, in welcher die neue Reproduction einiger derselben jetzt vor sich geht, kaum anders, als durch den Ausschlag gewährt wird, den eine herrschend gewordene Stimmung ihr giebt. Unter ihrer Anleitung wendet der Traurige tausendmal denselben schmerzlichen Gedanken hin und her, und alle Vorstellungen, die er associirend erregt, scheinen nur von der Seite ihrer Verwandtschaft mit dem Gegenstande des Kummers von Werth, und nur nach dieser Seite hin erwecken sie ein weiteres Gefolge, so daß hier zwar eine große, aber monotone Menge von Vorstellungen durch das Bewußtsein zieht. Allerdings werden diese Vorstellungen nicht hier von Neuem erzeugt, sie sind ein früheren Erfahrungen verdankter Schatz; aber sie streben in das Bewußtsein nicht von selbst und jede vereinzelt durch die Macht ihrer eigenthümlichen Stärke empor, sondern werden von der beweglichen Thätigkeit emporgehoben, wie von einer Anziehung, die das Gleichartige in einen Gedanken zu vereinigen sucht. Und hierin arbeitet jeder Augenblick des Lebens dem künftigen vor; nicht immer wird ein solches Streben der Seele erst vereinzelte Elemente wieder in das Bewußtsein zu führen haben, sondern früher schon werden einzelne Wahrnehmungen nur durch das Band einer solchen Verwandtschaft verknüpft worden sein

und leicht von selbst wieder in das Bewußtsein treten. Dieser Verlauf der Gedanken wird nun in verschiedenem Maße durch neue Vorstellungen und durch den Wechsel jenes körperlichen Gemeingefühles verändert, und wenn von der geistigen Stimmung hauptsächlich die allgemeinere Richtung der Reproductionen abhängt, so mag von dem letzteren namentlich die Geschwindigkeit des Wechsels der Vorstellungen und die Reichhaltigkeit des Gedankenlaufes, so wie manche Hinlenkung desselben auf sehr specielle Einzelheiten bedingt sein. Abgesehen von den angeborenen Anlagen für gewisse Gedankenkreise, über welche später noch zu sprechen sein wird, gehören hieher die verschiedenen Temperamente. Zwar versucht man ihre Schilderung häufig so, daß eine Menge von moralischen Charakterzügen darein mit aufgenommen werden; es scheint uns jedoch passender, sie jetzt nur als verschiedene Modificationen in der Schnelligkeit und dem Reichthume des Gedankenwechsels zu betrachten, die man wohl nicht mit Unrecht auf größtentheils körperliche Grundlagen zurückführen dürfte. Und zwar scheint hier die Schnelligkeit des körperlichen Stoffwechsels und die disponible Kraft, die aus dessen qualitativer Eigenthümlichkeit hervorgeht, dem Laufe der Gedanken zur Seite zu gehen. Wo wir, wie dies meist bei sanguinischem Temperamente der Fall ist, einen lebhaften Stoffumsatz finden, der auch zu Erkrankungen eigenthümliche Anlagen und den Krankheiten besondere Formen des Verlaufes giebt, wo sich dazu ferner eine leichte Aufregbarkeit der Reflexbewegungen in allen Gebieten des Körpers findet, da erscheinen auch die Gedanken durch die fortwährenden mehr oder minder lebhaften Gefühle, die dies körperliche Treiben erregt, in einem raschen Wechsel, und die Strebungen der Seele werden schnell über eine Menge von Vorstellungen hingleiten, jeder eine kurze Zeit lang lebhafte Theilnahme zuwendend. Wo ein trägerer Stoffwechsel weder leichten Zugang den Reizen verstattet, noch ihre Folgen schnell auszugleichen versteht, werden weder die Stimmungen des Gemüthes ebenso leicht erregbar wechseln, noch der Gedankenlauf schnell und beweglich jede ihm dargebotene Association weiter verfolgen, vielmehr wird ein gewisses zähes Festhalten der einmal entstandenen Vorstellungsreihe dem Bemühen des Körpers entsprechen, eingetretene Störungen durch langsame mühevolle Verarbeitung wieder zu entfernen. Wir beschränken uns, hierauf nur hingedeutet zu haben, eine weitere Ausführung würde noch vieler bestätigender Voruntersuchungen bedürfen. Im allgemeinen aber würde man diesen Einfluß körperlicher Bedingungen auf ein stabil gewordenes Lebensgefühl zurückzuführen haben, das der Seele eine größere oder geringere Intensität ihres Strebens verstattet.

42. Die nämlichen Einflüsse setzen im Schlafe und in einigen anderen Erscheinungen die Größe des Vorstellungslaufes auf ein Kleinstes herab. Auf welche Weise sie hier wirken, wird wohl lange noch ein Gegenstand des Streites zweier Meinungen bleiben, von denen die eine den Mangel einer Mitwirkung der nervösen Centralorgane, die andere ein Uebermaß hemmender Eindrücke, die von ihnen ausgehen, als Ursache betrachtet. Da die erstere Ansicht die geläufigere ist, so wollen wir versuchen, wie weit sich die zweite verfolgen läßt, die uns verschiedene Vorzüge in anderen Rücksichten darzubieten scheint. Sehen wir das Bewußtsein derjenigen Vorstellungen, die nicht durch eine ebengeschehende Wahrnehmung gestützt, sondern nur in der Erinnerung aufbewahrt werden als eine That der Seele an, die überdies als eine Substanz sich in einer fortwährenden Wechselwirkung mit den Theilen des Körpers befindet, so ist es im Allgemeinen wahrscheinlicher, daß ihre verschiedenartigen Zustände durch die Einflüsse der Centralorgane geweckt, geleitet und

gehemmt werden können, als daß sie überhaupt von ihnen erzeugt würden und mit ihrem Wegfall verschwänden. Sowohl dann, wenn wir die Vorstellungen dem Gesetze der Trägheit nach bis zur Vernichtung durch eine fremde Gewalt fortdauern ließen, als auch dann, wenn wir ihr Aufsteigen in das Bewußtsein einem sie aufsammelnden thätigen Streben der Seele zuschreiben, könnten wir wohl einer Reihe körperlicher Zustände die Macht zuschreiben, durch eine freilich nicht anschaulich zu machende Einwirkung auf den Zustand der Seele die Größe ihres Bewußtseins zu mindern. Allein auch hier scheint uns die letztere Ansicht, in einigen Fällen wenigstens deutlich, anwendbarer. Der gesunde Schlaf entsteht, wenn körperliche Ermüdung der Seele eine Menge von Eindrücken zuführt, die allmälig mit dem Gefühle der Ohnmacht nach außen, das sie erwecken, auch den Geist vermögen, von der Lebhaftigkeit seines Strebens nachzulassen und in den Zustand zurückzukehren, aus welchem seine inneren Zustände nur durch die That jener Aufmerksamkeit zu einem bewußten Leben hervorgehoben werden. Aber die vorausgesetzte Erschöpfung der Centralorgane, sofern sie etwa nicht mehr fähig sein sollten, das bewußte Leben durch ihre Mitwirkung zu erhalten, wird schwerlich zuzugestehen sein, denn wir sehen, daß wie irgend ein den Geist lebhaft ergreifendes Streben sich plötzlich erhebt, jene höheren Thätigkeiten keineswegs, wohl aber die Kraft der Seele, nach außen Wirkungen zu erregen, bedeutend abnimmt. Je gesünder ein Mensch ist, desto leichter ist er, wie wir namentlich an Kindern sehen, im Stande, fast augenblicklich einzuschlafen, obwohl er vorher im ungetrübten Besitze aller sensiblen und intellectuellen Fähigkeiten war. Es gelingt ihm, indem er willkürlich seiner strebenden Thätigkeit Ruhe gebietet, und wo kein dadurch nicht zu beschwichtigendes Gefühl sich ihm entgegenstellt, wird die Ruhe der Glieder, die Schließung der Augen, diese selbstgeschaffene Passivität und Abschließung gegen alle abzuhaltenden neuen Reize denselben Erfolg haben, wie die körperliche Ermüdung im andern Falle. Es scheint mir daher, daß auch diese keineswegs dadurch den Schlaf bedinge, daß Kräfte der Centralorgane aufgezehrt wären, ohne welche das Bewußtsein nicht herzustellen wäre, sondern daß positive Empfindungen körperlicher Erschöpfung, selbst also geistige Ereignisse, sich als Gegengewichte der bewußten strebenden Kraft der Seele anhängen, und sie ebenso in ihrer Beweglichkeit zu lähmen vermögen, wie andere intellectuelle Gefühle sie bald steigen, bald erschlaffen lassen, bei denen es schwer halten würde, eine ähnliche Steigerung oder Minderung in der Thätigkeit der Centralorgane vorauszusetzen, die nicht erst von diesen Gefühlen ausgegangen wäre. Wir meinen daher, die zusammenströmenden Empfindungen von der beginnenden Unfähigkeit der peripherischen Organe lähmen den Eifer des Bewußtseins, und wo die Centralorgane durch ihre Leiden dasselbe zu bewirken vermögen, bringen sie die Verdunkelung des Bewußtseins nicht durch Mangel ihrer Function hervor, sondern durch die Störungen derselben, die den Zustand der Seele ebenso positiv verändern können, wie jeder Empfindungsreiz, der sich in einem sensiblen Nerven eingefunden hat. Wir sehen daher die Schläfrigkeit eintreten, wenn die Ermüdung der Augen schon besondere Anstrengungen erfordert, sie dem Lichte gezwungen offen zu erhalten, wenn die Haltung des Körpers nicht mehr unwillkürlich von den motorischen Nerven besorgt wird, sondern eine willkürliche Zusammennehmung der Kräfte verlangt, und alle anderen Einflüsse, die diese Summe von Lebensgefühlen schneller als eine gewöhnliche Ermüdung erwecken, werden, wo nicht ein sehr lebendiges Streben ihnen das Gleichgewicht hält, dieselbe Neigung zur Ruhe erwecken. Selbst einzelne Theile dieser ganzen

Stimmung, die längere Blendung der Augen durch trübes, weißes Wolkenlicht, sind schon im Stande, gewissermaßen associirend diese Disposition der Seele zu erzeugen. Diese Betrachtungen sind der gewöhnlichsten Erfahrung entsprechend. Nur eine wissenschaftliche Hypothese kann darauf führen, daß die Gewalt, die uns dem Schlafe in die Arme führt, in einer Unfähigkeit der Hirnorgane bestehe, länger Bewußtsein zu produciren; wer sich selbst beobachtet, wird immer zugestehen müssen, daß eine Fortführung unserer Gedankenreihen uns nur durch eine tiefe Abneigung schwer gemacht wird, und daß wir vielmehr auf die wachsenden Müdigkeitsgefühle hinhorchen und auf sie einen größeren Werth legen, als auf die Vorstellungen, die uns in solchen Fällen gewöhnlich beschäftigen.

43. Es ist nun freilich die Frage, wie weit sich diese Annahmen auch auf die Fälle von plötzlichem Schwinden des Bewußtseins ausdehnen lassen, die aus verschiedenen Ursachen vorkommen. Wenn Jemand vor Schmerz oder Angst ohnmächtig wird, so ist es wohl ebenso glaublich, daß durch dies Gefühl, als psychisches Ereigniß, eine Erschütterung der Seele, wenn wir uns dieses Bildes bedienen dürfen, hervorgebracht wird, welche die Ausübung ihrer Thätigkeit hemmt, als daß eine Erschütterung der Centralorgane dieser Thätigkeit ihre sie bedingenden Substrate entzogen habe. Und in der That überredet uns davon noch mehr die Art, wie allmälig ein steigender Schmerz alle unsere Vorstellungen unterdrückt und sie fast in die einzige Schmerzempfindung verwandelt, noch lange, ehe jene vorgebliche Unfähigkeit der Centralorgane eintritt, und sie wird weiter bestätigt durch die ähnlichen Folgen rein psychischer Affecte des Schreckens, der Ueberraschung, bei denen es wenigstens nur einer eigensinnigen Theorie gefallen kann, zur Erklärung der nachfolgenden Bewußtlosigkeit den Umweg durch eine Adynamie der körperlichen Centralorgane zu nehmen, die offenbar im Gegentheile erst durch dieses Nachlassen der geistigen Herrschaft entsteht. Anders scheint es sich zu verhalten, wenn Jemand bei plötzlicher mechanischer Erschütterung des Gehirnes bewußtlos hinstürzt, und in diesem Vorgange liegt ohne Zweifel das Ueberredendste, was der Materialismus als gewöhnliches Experiment für seine Ansicht vorführen kann. Indessen können wir doch nicht umhin, auch dieses Beispiel mehr überraschend, als beweisend zu finden. Ein beträchtlicher Stoß auf die epigastrische Gegend, ein heftiger Schlag auf die Testikeln reicht zu plötzlicher Bewußtlosigkeit auch hin; und doch scheint es ziemlich ungereimt, anzunehmen, daß hierdurch eine bedeutende Störung sämmtlicher dem intellectuellen Leben dienender Centralorgane hervorgerufen werde. Wer sich erinnert, welche namenlose Angst häufig die Leiden von Organen erregen, die dem sympathischen Systeme unterworfen sind, und welches Gefühl der Vernichtung sich an plötzliche mechanische Beeinträchtigungen derselben knüpft, der wird nicht anstehen, auch bei der Erschütterung des Gehirnes eine sehr schnell bis hohem Grade ansteigende Schmerzempfindung für möglich zu halten, die den Ablauf des Bewußtseins unterbrechen kann. Aber die Bewußtlosigkeit wird hier länger als in vielen anderen Fällen dauern, da allerdings durch die Verletzung theils eine fortwährende Quelle hemmender Eindrücke geöffnet ist, theils die Zuleitung aller neuen Eindrücke durch sensible Nerven auf das Mannichfachste gestört sein kann. Wir wollen indeß nicht leugnen, daß vielleicht die Erklärung noch andere Punkte zu berücksichtigen hat. Wir haben bisher nur angenommen, daß wirklich im Bewußtsein schon aufgestiegene Empfindungen oder vielmehr Gefühle des Schmerzes, die bewußte Thätigkeit der Seele gelähmt haben;

aber allerdings können wir diese Lähmung uns auch entstehend denken von Veränderungen in dem inneren Zustande der Seele, die keineswegs selbst zum Bewußtsein gelangen. Wo das eine, wo das andere stattfindet, ist schwerlich zu entscheiden, obwohl die chronischen Bewußtlosigkeiten und die Erscheinungen des Blödsinnes auf die letzteren Ursachen zu deuten scheinen. Nur dazu finden wir keinen hinlänglichen Grund, anzunehmen, daß überall ein Mangel der Mitwirkung körperlicher Organe das Bewußtsein, gleich als hänge es nur von ihnen ab, verschwinden lasse; wir fanden vielmehr die Möglichkeit körperlicher Störungen und Hemmungen, die dem an sich nicht an die Centralorgane gebundenen Bewußtsein entgegentreten. Wie solche Einflüsse hier hemmend, so wirken sie auch oft beschleunigend und geben dem Gedankenlaufe verschiedene Richtungen. Manche Stoffe bringen nach dem Genusse einen lebhaften Ideenflug hervor, in welchen zuletzt alles individuelle Streben der Seele verloren geht und sich der Anschauung dieser Phantasmagorien hingiebt; allein keines dieser Mittel thut dies, ohne zugleich die ganze Summe der Lebensgefühle zu ändern, die Empfänglichkeit der Sinnesorgane für die Außenwelt bald zu erhöhen, bald abzustumpfen, ohne ferner eine Menge neuer, ungewohnter Gefühle, subjectiver Empfindungen anzuregen, und so die Seele in eine anamorphotisch verzogene Umgebung zu versetzen, in welcher sie sich ebenso wenig unzerstreut erhalten wird, als beim Schwindel unter einer beweglichen Flut einstürmender Gesichtseindrücke. Mit der Mannichfaltigkeit der Abwechselungen, welche diese körperliche Aufregung hat, wird auch die Schnelligkeit dieses Gedankenfluges übereinstimmen, und man wird zuweilen in dem Inhalte dieser Delirien selbst noch erkennen können, welche Organe durch ihre Aufreizung den überwiegendsten Antheil zu diesem Gefühlskreise gegeben haben; denn er wird in Gedankenverbindungen wiedererscheinen, die ihm eine irgend welcher früheren Erfahrung entlehnte Umgebung und Deutung zugesellen. In ähnlicher Weise haben wir uns die Entstehung der Träume und der fixen Ideen Wahnsinniger vorzustellen. Nicht Alles ist in den Träumen nur eine sich fortspinnende Erinnerung der früheren Beschäftigungen oder Vorstellungen; Vieles mag nur von den fortwährenden Eindrücken, die von inneren Organen der Seele zugeführt werden, zum Theile selbst von noch möglichen Wahrnehmungen des Aeußeren herrühren, zu welchen Empfindungen die Seele, unbewußt der eben stattfindenden wahren Verhältnisse, aus ihrer Erinnerung eine passende Scenerie hinzudichtet. So mag das Fliegen, das Herabsteigen in Abgründe, das Gefesseltsein an eine Stelle, Traumbilder, die so häufig vorkommen, von Unordnungen in den motorischen Centralorganen, Hyperästhesien und Anästhesien des Muskelgefühles herrühren, während Schmerzen und unangenehme Empfindungen zu erlittenen Grausamkeiten umgewandelt werden. Von diesen flüchtigen Traumbildern geht durch eine Reihe subjectiver Empfindungen, durch die Sinnestäuschungen des Flockenlesens, Mückensehens, durch die wandersüchtige Unruhe der Sterbenden diese Gewalt der körperlichen Eindrücke zur Beherrschung des Gedankenlaufes bis zu den Vorstellungen über, die in verschiedenen Graden das Bewußtsein beherrschen, und von dem einfachen Irrthume an, durch die zähe festgehaltenen Vorurtheile sich bis zu den fixen Ideen des Wahnsinnes steigern. Irgend ein krankhafter Zustand des Körpers kann mit peinigender Consequenz ein bestimmtes Gefühl im Bewußtsein unterhalten, an welches bald sich die ganze hypochondrische Aufmerksamkeit gefangen giebt, um entweder bei einer Wahnvorstellung stehen zu bleiben, die irgend eine zufällige Erinnerung dem Uebel unterschob, oder fortwährend von einer abenteuerlichen Deutung zur anderen überzuspringen. Allein so viele Beispiele sich auch für diese Entstehung finden sollten, so müssen wir doch nicht vergessen, daß solche Leiden auch aus dem Innern des geistigen Lebens selbst entspringen können, und selbst jene körperlichen Grundlagen würden sie nicht hervorzubringen im Stande sein, wenn nicht das geistige Leben in sich selbst schon die Möglichkeit trüge, durch einige seiner Ereignisse in eine innere krankhafte Spannung zu gerathen.

44. Der Kürze halber hinweggehend über manche Ausführungen, die sich hier noch darbieten würden, haben wir noch einen zu unserem Plane gehörigen Gegenstand zu erörtern. Zu der Gesammtheit der sinnlichen Weltanschauung, die wir abgetrennt von allen höheren geistigen Thätigkeiten, als Object einer Physiologie der Seele hier behandeln wollen, gehört noch der Unterschied, den das Bewußtsein zwischen uns selbst und der Außenwelt stiftet. Eine Betrachtung der verschiedenen Formen des Bewußtseins und Selbstbewußtseins muß daher dem Vorigen zur Ergänzung dienen und wird einige noch zurückgebliebene Dunkelheiten zu zerstreuen suchen. Wir werden in dieser Beziehung hauptsächlich darauf zu sehen haben, in wie weit die bisher namhaft gemachten Umstände wirklich das vorhandene Seelenleben erklären, und ob es nicht Erscheinungen in ihm giebt, die aus diesen nur deswegen hervorzugehen scheinen, weil wir, die ausgebildeten Seelen, die in der That dazu noch fehlenden Bedingungen stillschweigend sogleich suppliren. Mit dem Namen des Bewußtseins nun bezeichnen wir zuerst jenes einfache transitive Wissen, welches alle Vorstellungen, Gefühle, Strebungen dergestalt durchdringt, daß von ihnen allen ohne dieses Gewußtwerden überhaupt nicht die Rede sein könnte. So wenig von den Farben alles Licht, so wenig läßt sich von diesen Erscheinungen allen dies Bewußtsein abstrahiren, sie haben ihr Dasein nur für das Subject, das überhaupt wissen kann. In diesem Sinne haben wir bisher vom Bewußtsein gesprochen und seinem Inhalte die Reihe jener uns unbekannten, unbewußten Seelenzustände gegenübergestellt, die der Seele nur ebenso wie jeder anderen Substanz, die des Wissens unfähig ist, widerfahren können. Ein solches Bewußtsein nun erklärt keineswegs schon die Gesammtheit der inneren Erscheinungen; es absorbirt sich vielmehr in dem jedesmaligen Inhalte, auf den es trifft, und so oft diesem ein anderer substituirt wird, würde es auf diesen übergehen, ohne den vorigen festhalten zu können. Denken wir uns jede Vorstellung nämlich der Seele durch einen äußeren Eindruck abgewonnen, so würde zunächst dem Wechsel dieser Eindrücke nur ein Wechsel des Wissens, nicht aber ein Wissen von diesem Wechsel nachfolgen können, und anstatt der Einheit des Bewußtseins, welches das Mannichfaltige zusammenfaßt, würde ein ebenso vielfaches Wissen vorhanden sein, als gleichzeitig oder successiv Eindrücke auf uns eingewirkt haben. Hier ist der erste Fall, wo wir mit einem sehr häufigen Irrthume in dem gegebenen Thatbestande alle nothwendigen Bedingungen zu einer Folge schon vorhanden glauben, weil wir das Eintreten der Folge zu sehr gewohnt sind. Indem wir überlegen, was wohl geschehen werde, wenn eine Reihe von Eindrücken auf die Seele wirkt, fassen wir sie eben in unserer Ueberlegung schon in eine Reihe zusammen und glauben dann, dies müsse die zu untersuchende Seele sogleich auch thun; wir bedenken aber nicht, daß wir jene Zusammenfassung durch eine Thätigkeit vollziehen, von der sich in der Seele, so weit sie bis dahin Gegenstand der Untersuchung gewesen ist, noch gar nichts vorgefunden hat. Man muß daher anerkennen, daß wenn überhaupt auch ein Wissen von dem Uebergange und Wechsel des Wissens statt-

finden soll, dann auch die gegenseitigen Verhältnisse gleichzeitiger Eindrücke oder ihre successiven Zusammenhangsformen ebenso als neue Eindrücke zweiter Ordnung betrachtet werden müssen, die nur, wenn es auch für sie eine Empfänglichkeit des Wissens giebt, Gegenstände des Bewußtseins werden können. In diesem Umstande liegt der Grund zu der Annahme eines inneren Sinnes, die man früher zu machen pflegte, und die keineswegs durch die andere ersetzt werden kann, nach der um der Einheit der Seele willen alle einzelnen Zustände derselben ohnehin in Zusammenhang stehen müßten. Denn der Einheit der Seele wegen würde ihren Zuständen nur eben dieser Zusammenhang zukommen, den die Einheit einer Substanz ihren Zuständen gewähren kann, nämlich ein an sich nicht gewußter; daß aber jene Verknüpfung in einem alles Mannichfaltige durchdringenden Wissen von dieser Mannichfaltigkeit bestehe, daß also die daseiende Verbindung zugleich eine Vorstellung von dieser Verbindung sei, folgt nur durch eine Subreption aus jener Einheit der Seele. Denn offenbar, so gut es es in dieser unbewußte Vorstellungen giebt, so gut konnte auch jener Zusammenhang ein eben nur vorhandener, vom Bewußtsein aber keineswegs wahrgenommener sein. Es ist daher ausdrücklich als die zweite Form des Bewußtseins zu erwähnen, daß es auch ein Wissen vom Wechsel und den Verhältnissen des Gewußten giebt. Dagegen kann man die Nothwendigkeit bezweifeln, nun noch ein drittes unmittelbares Wissen der Seele von sich selbst anzunehmen. In der That scheint die Seele, wenn sie von sich wissen soll, zur Bildung ihrer Kenntniß von sich selbst nur auf demselben Wege gelangen zu können, wie zur Bildung jedes andern Begriffes, indem sie nämlich in dem Inhalte ihrer Vorstellungswelt sich selbst findet, oder doch Spuren ihrer eigenen Thätigkeit, die auf sie selbst zurückleiten. Dennoch fragt es sich, ob diese Abweisung jener Meinung ganz richtig ist. Der Name Ich hat die Unbequemlichkeit, dreierlei bezeichnen zu sollen, was man doch nicht verwechseln darf. Zuerst nämlich bezeichnet er die Seele als das Subject der Untersuchung, welches diese Frage nach seiner eigenen Natur aufwirft; zweitens die Seele als das Object, um dessen nähere Kenntniß es sich eben handelt; drittens aber bezeichnet er auch noch das Bild, die Vorstellung, die sich das erste von dem zweiten macht. Soll daher das Wesentliche des Ich in der Identität des Subjectes und Objectes bestehen, so ist dies nur insofern richtig, als jedenfalls das Wesen der Seele das Object ist, das sie als untersuchendes Subject erreichen und erfassen will; aber unrichtig, wenn die gewöhnliche Vorstellung vom Ich, wie sie sich im Bewußtsein als ein Phänomen neben anderen ausbildet, als eine gelungene Auflösung dieser Aufgabe betrachtet wird. Die Natur der Seele, wie alles Uebrige, kann dieser selbst nur nach den Auffassungsformen modificirt erscheinen, welche sie für alle Objecte besitzt; daß aber die Producte dieser Auffassung gerade hier dem Wesen des Aufzufassenden vollkommen entsprechen sollten, ist eine sehr unwahrscheinliche Voraussetzung, und viel wahrscheinlicher, daß ohne ausdrückliche Vorbereitung des Gedankens für dieses Problem das Bild, das die Seele von sich faßt, ziemlich weit von einer getreuen Darstellung ihrer Natur entfernt sein werde. Wenn wir nun einige Bemerkungen über die Art hinzufügen, wie die Vorstellung vom Ich sich ausbildet, so betrachten wir diese ausdrücklich nur als ein solches innerliches Phänomen und verfolgen ihre Entwicklung so weit, bis das Bedürfniß sichtbar wird, sich dieser bloß mechanisch-psychologischen Ausbildung unserer Kenntniß vom Ich zu entschlagen und die weitere Aufklärung in einer wissenschaftlichen Theorie über die Natur der Seele zu suchen.

45. Allein auch nach dieser Theilung der Aufgaben enthält die Frage, wie sich eine Vorstellung vom Ich ausbilde, zwei verschiedene, nur zu großem Schaden aller Untersuchung vermischte Fragepunkte; einmal nämlich müssen wir wissen, welcher Inhalt überhaupt auf jeder Stufe der Entwicklung den Begriff des Ich erfüllt; zweitens aber, wie wir dazu kommen, irgend einen Inhalt als nicht der übrigen Mannichfaltigkeit der Vorstellungen coordinirt, sondern ihnen allen entgegengesetzt, mit dieser Innigkeit einer Zurückbeziehung auf uns selbst mit uns zu identificiren. Dem Späteren überlassend, den Sinn der zweiten Frage noch besser hervorzuheben, beginnen wir mit der ersten. Der einfachste Inhalt, den die Vorstellung vom Ich haben kann, ist die Wahrnehmung des eigenen Körpers. Nicht allein, daß sie sich im Wechsel aller übrigen Wahrnehmungen gleich bleibt, auch unsere Empfindungen sehen wir vielmehr an Veränderungen dieses abgeschlossenen Gebietes sinnlicher Anschauungen gebunden, und grade die Sinneswahrnehmungen, die uns durch Widerstand am meisten den Begriff fremder Realität aufdringen, entstehen erst bei wahrnehmbarer Berührung mit diesen sinnlichen Grenzen, in denen unser geistiges Leben eingeschlossen ist. Dennoch, wäre es nur dies, daß die Erscheinung unseres Körpers sich zwischen alle anderen Eindrücke eindrängte, so würde dies noch nicht dazu führen, diesen Gegensatz zwischen Innerem und Aeußerem hervorzubringen, der der Vorstellung vom Ich zu Grunde liegt. Aber daß die Grenzen des Körpers zugleich die Grenzen sind, innerhalb deren Gefühle der Lust und Unlust die Veränderungen begleiten, Regungen des Willens unbedingten Gehorsam finden, dies erst legt auf seine Vorstellung ein so entscheidendes Gewicht, daß er, als das eigene Selbst uns ganz unvergleichbar mit allem andern, diesem gegenübertritt. Säße eine bloß vorstellende, nie Schmerz und Lust fühlende, nie begehrende Seele in einem Körper, der ihren Anregungen nicht gehorchte, so hätte sie nie Veranlassung, dies Substrat ihres Daseins von der äußeren Welt zu unterscheiden. Hier ist mithin der Körper der Inhalt der Ichvorstellung, das sinnliche Gefühl der entscheidende Charakter, der ihn vom Aeußeren abtrennt, und darnach muß man das beurtheilen, was dieses Selbstbewußtsein für das übrige Seelenleben leistet. Denn dies scheint allerdings nicht sehr viel, und man kann anstehen, ob man dieses erste Bewußtwerden eines Unterschiedes zwischen Innerem und Aeußerem schon mit dem Namen eines Selbstbewußtseins belegen soll. In der That ist hier eigentlich bloß ein Unterschied gefühlt, ohne daß dieses Selbst irgend einem deutlichen höheren Begriffe untergeordnet wäre, der seinen Inhalt und die Rechtsgründe seiner Entgegensetzung gegen das Aeußere angäbe. Allein dieser Mangel einer Reflexion über die Bedeutung der entgegengesetzten Glieder hebt die Energie des Gegensatzes nicht auf, mit dem in dem geringsten sinnlichen Schmerze die Seele sich als ein Selbst dem Aeußeren gegenüber fühlt. Es scheint mir daher eine fruchtlose Weisheit, den Thieren, bei denen alle diese Umstände vorkommen, ein Selbstbewußtsein absprechen zu wollen; nur dies wird man behaupten dürfen, daß der Inhalt, den ihr Vorstellungskreis diesem gefühlten Selbst unterschieben kann, sich nicht über einige, dem wahren Wesen der Seele unangemessene Bilder erheben wird, obwohl denn auch die Vorstellung, die der Mensch von seinem Ich hat, auf so absolute Wahrheit keinen Anspruch machen kann. Dreierlei wollen wir daher hier bemerken: erstens, daß der Grund einer Entgegensetzung überhaupt schon in dem einfachsten sinnlichen Gefühle gegeben ist, das auch das armseligste Thier behüten wird, sich mit der Außenwelt zu verwechseln; und auf diesem oder anderen

Gefühlen wird auch bei jeder spätern Ausbildung die eigenthümliche Innigkeit der Zurückbeziehung beruhen, die dem Begriffe des Ich gehört; zweitens, daß der Reichthum des Selbstbewußtseins nur verschieden sein wird nach der Bedeutung, die dem Ich gegeben wird, nicht nach der Energie des Gegensatzes; drittens, daß schon diese einfachen Umstände jene Beziehungen zu einer Außenwelt erklären, die bei allen unsern sinnlichen Wahrnehmungen vorkommen. Wir haben früher die Frage berührt, wie unsere Sinnesempfindungen dazu gelangen, auf ein Aeußeres bezogen oder nach Außen versetzt zu werden; wir sehen jetzt, wie grundlos die veralteten Annahmen eines eigenthümlichen Nachaußenwirkens unserer Sinnesorgane sind, denn sie würden voraussetzen, daß die Seele eine Vorstellung von diesem Draußen schon habe, während sie doch erst im Verlaufe der Sinneswahrnehmungen entstehen kann. Und zwar ist dieses Außen, das wir hier im Gegensatze zum Selbst auftauchen sehen, zunächst noch kein räumliches, sondern ein ideelles; nur der Gedanke dessen, was nicht Ich ist; erst weitere Erfahrungen, die der sich gleichbleibende Körper durch seine Bewegung in der Welt mannigfacher Objecte macht, welche alle den Charakter dieses nicht-Ich tragen, lehrt uns die äußere Welt als eine räumliche Aeußerlichkeit fassen, und auf sie alle die Empfindungen beziehen, die für sich selbst betrachtet, durchaus keine solche Hindeutung enthalten. Lassen wir lange von einer einzigen Farbe unser ganzes Sehfeld ohne Unterschiede der Helligkeit und Gestalt beleuchten, so können wir uns noch, trotz des Widerstrebens unserer an die Außenwelt gewöhnten Erinnerung, in diesen Zustand bloßer auf nichts Aeußeres bezogener Empfindung zurückversetzen; Farben und Töne erscheinen dann wie das Wärmegefühl, als unsere eigenen Affectionen. Aber Gesichts- und Gehöreindrücke mit ihrer mathematisch-regelmäßigen Mannigfaltigkeit begünstigen, da wir in uns keinen Grund dafür finden, allerdings sogleich die erfolgende Beziehung auf ein Aeußeres [1]). So wie aber das Gefühl der Selbstheit diese Auslegung der äußern Welt bedingt, so bereichert sich umgekehrt aus dem Fortschritt derselben die Vorstellung jenes Selbst. Nicht der Körper allein wird sein Bild darstellen, sondern die Erfahrung wird leicht den Unterschied des Beseelten und des Unbeseelten auch dem blödesten Sinne begreiflich machen, und so wird selbst das Thier sich unter dieses Bild des beseelten Körpers, wenn gleich nicht unter den Begriff der Seele subsumiren. Es wird ferner mit jenem Bewußtsein, welches verschiedene Vorstellungen gleichzeitig und successive in ein höheres Wissen vereinigt, aus den zahllosen Bildern, die es von sich in jedem Zustande seiner Thätigkeit und seines Leidens erhielt, sich eine Lebensgeschichte zusammensetzen, deren einzelnen Theilen wieder das mittlere Bild, das aus allen Erinnerungen sich ergiebt, als beständiges Subject gegenübertritt. Vermittelst jenes Bewußtseins wird es nicht eine bloße Höhle sein, in der Vorstellungen nach mechanischen Gesetzen der Association und Reproduction nur auf- und niedertanzen, es wird nicht die reproducirte Vorstellung als eine ganz neue ansehn, sondern wissen, daß sie im Ganzen seines Lebens schon ihren Platz hatte, und so wird denn diese Gestalt des Selbstbewußtseins alles das leisten, was wir nothwendig auch den Thieren zuschreiben müssen. Ob nun, und wie weit die Intelligenz der Thiere sich über diesen Standpunkt erhebt, mögen die entscheiden, die dies wagen; genug für uns, wenn ohne unwahrscheinliche Voraussetzungen das erklärbar ist, was wir durch die deutlichsten Erfahrungen ihnen zuzuschreiben gezwungen sind. Diese Gestaltung nun eines empirischen Ich erlaubt uns zuerst, davon zu spre-

[1]) Vergl. meine allgemeine Pathologie. S. 150 ff.

chen, daß wir nicht blos ein Wahrgenommenes wissen, sondern uns seiner bewußt sind, indem wir über jenes blos transitive Wissen hinaus, das in jeder einzelnen Sinnesempfindung stattfindet, noch jene empirische Vorstellung unserer selbst mitbringen, und dem Wahrgenommenen seine Beziehungen zu ihm geben. Diese Einreihung eines neuen Eindruckes in das empirische Ich kann mit größerer oder geringerer Ausdehnung erfolgen; wir meinen uns unserer nicht blos dann nicht bewußt gewesen zu sein, wenn wir schlaftrunken auffahrend, von jeder früheren Erinnerung entblößt, den Sinneseindrücken wie ein ganz neues Wesen entgegentreten, das erst ein Ich werden soll; auch im Zorne glauben wir uns zu vergessen, wo wir zwar ein Ereigniß mit der äußerlichen Lebensgeschichte unseres Ich zusammenreihen, aber nicht mit den Gesinnungen und Vorsätzen, die einen beständigen Zug dieses Ich bilden sollten. Je nach dem Reichthum des Inhalts mithin, den in jedem Augenblicke das Bewußtsein des empirischen Ich hat, werden wir uns einer Sache, die wir mit ihm zusammenfassen wollen, mehr oder weniger bewußt sein [1]). Und hier ist denn auch der Wohnsitz jener Schwäche oder Undeutlichkeit der Vorstellungen, die wir nicht als eine primitive Eigenschaft derselben ansehen konnten. Jene Vorstellungen erscheinen uns unklar, denen das empirische Ich nicht mit einem solchen Reichthume verwandter Vorstellungen entgegenkam, daß sie durch mannigfaltige Verflechtung mit ihnen eine bestimmte Stelle im Bewußtsein hätten erhalten können. Außer andern geht dies gewiß auch manchen Traumvorstellungen so, die entweder ganz vergessen werden, weil sie sich während des Traumes mit keiner bestimmten Lebenserinnerung verbinden konnten, und für die es daher dem Bewußtsein an Handhaben der Reproduction fehlt, oder die, durch irgend eine einseitige Association wiedererweckt, fremd und seltsam durch unser Gemüth schweben, ohne irgendwohin eingereiht werden zu können, und die doch oft mit unerklärlichen Nachklängen des Gefühls, mit eigenthümlichen Stimmungen uns überraschen und unser Bewußtsein überschatten.

46. Jede neue höhere Thätigkeit, die sich in der Seele entwickelt, wird auch dem Bilde des Selbst eine neue und gesteigerte Bedeutung geben, obwohl sie die Kraft des Gegensatzes zwischen ihm und dem Aeußern nicht steigern kann, wie diese schon in der einfachen sinnlichen Lustempfindung lag. Ueber diese unserm eigentlichen Gegenstande fremde Reihe von Phänomenen erlauben wir uns nur einen kurzen Ueberblick. Ohne Zweifel bilden sich auch bei dem Thiere im Laufe der Vorstellungen aus dem mannigfaltigen Einzelnen durch Verstärkung des Analogen und Abschleifung des Verschiedenen allgemeine Bilder aus, die in der Anwendung ihm die allgemeinen Begriffe unseres Denkens ersetzen; auch bei ihm wird eine oftmals wiederholte Reihe von Wahrnehmungen, denen ein anderes Ereigniß folgte, bei jedem neuen Eintreten der Anfangsglieder auch die Erwartung des neuen Eintrittes jenes Schlußgliedes erwecken, und so wird sich bei ihm dieselbe Routine der Erkenntniß ausbilden können, die bei uns sich auf die Schlüsse des Denkens gründet. Während wir aber im gewöhnlichen Leben uns allerdings häufig ebenfalls diesem Mechanismus des Gedankenlaufes hingeben, so daß der Fortgang unserer Gedanken an einem solchen Faden der Reproduction und Association verläuft, so unterscheidet sich doch davon anderseits das Denken dadurch, daß es eine Kritik ist, welche die durch die Wahrnehmung dargebotenen Verknüpfungen von Vorstellungen zu rechtfertigen sucht, indem sie dieselben auf Begriffe zurückführt, die eine in dem Inhalte der Vorstellungen vorhandene objective Nothwendigkeit solcher Ver-

[1]) Vergl. Instinct. Dieses Handwörterb. Bd. II. S. 199.

knüpfung bedeuten. Das Urtheil verbindet zwei Begriffe nicht deswegen, weil der Lauf der Erinnerungen sie zusammen, wie zwei Töne der Musik, emporführt, sondern sie als Subject und Prädicat gegenüberstellend, rechtfertigt es ihre Verknüpfung, indem es den einen als die Substanz ansicht, die dem andern eine Stätte der Anheftung gewährt. Baculus stat in angulo, ergo pluet, ist ein thierischer Schluß, in welchem die Erinnerung einer Wahrnehmung die Erwartung einer früher damit verbundenen erregt; der Schluß des Denkens dagegen rechtfertigt solche sinnliche Verknüpfungen des Vorstellungsverlaufes, indem er ein Ereigniß durch Unterordnung eines speciellen Falles unter ein allgemeineres Gesetz beweist. Diese eigenthümliche Thätigkeit des Denkens nun, wie sie dem ganzen übrigen Kreise unserer Erfahrungen größere Klarheit und Sicherheit verleiht, wendet sich auch auf den Inhalt des Ich zurück und sucht ihn nach allen jenen Begriffen abstracter Art zu bestimmen, welche sie auch in die übrigen Wahrnehmungen hineinarbeitet. Einfache Erfahrungen, wie die von der Entbehrlichkeit mancher Körpertheile für die Existenz des Ich, die Anschauung des Todten, unterstützen sie; bald wird das Bild des belebten Körpers unzureichend zum Ausdruck des Ich, und der Begriff einer beständigen, den Wechsel überdauernden, unsinnlichen, denkenden Substanz tritt hier an seine Stelle ebenso, wie an die der gewöhnlichen Sinneserscheinungen der Begriff des Dinges oder der unbeseelten Substanz an sich. Und wie in dieser der Sitz der Kräfte, welche die äußere Natur bewegen, so wird in der Seele die letzte Ursache gesucht, die der inneren Erfahrung zum Grunde liegt. So aber hat das Denken nur den Allgemeinbegriff der Seele geschaffen, nicht Jedem *sein* Ich erläutert. Das Wesentliche der Individualität liegt mithin nicht in dem Wesen der Seele als denkender unveränderlicher Substanz, sondern in dem empirischen Ich allein, das jetzt nur bezogen auf einen inneren Punkt erscheint, in welchen das Specifische des Individuellen nicht reicht.

47. Aber gerade dies scheint unerträglich. Denn die Summe unserer Lebenserfahrungen, die das empirische Ich bilden, ist von uns unabhängig; wir würden mithin andere geworden sein, wenn es uns anders ergangen wäre. Von diesem Gedanken sucht sich das Bewußtsein zu befreien, indem es einen ästhetischen Inhalt seines Ich an die Stelle des theoretisch allgemeinen oder des empirisch individuellen setzt. Denn im Allgemeinen wird es stets die Tendenz des noch unwissenschaftlichen Vorstellens sein, das Ich, welches sich spröde gegen das Denken zeigt, desto inniger im Gefühl zu erfassen. Das Denken ist das Mittel, Allgemeines zu erkennen, das Individuelle entgeht ihm und steht nur einer unmittelbaren Anschauung offen. Und wie die sinnlichen Gefühle zuerst unser noch mit dem Körper belastetes Ich von dem fremden äußerlichen Universum abschieden, so meint man jetzt in reinerer Weise sich in intellectuellen Gefühlen selbst anzuschauen. Schon die eigenthümliche Stimmung des Geistes, das Temperament, halten wir für einen nähern Wohnsitz dieses gesuchten Ich; unbeschreiblich und unausdenkbar, wie es ist, fühlen wir doch, daß wir es mit Niemand vollkommen ähnlich theilen. Nicht sowohl durch die Masse seiner Kenntnisse und den Inhalt seines Erlebten charakterisirt sich jetzt der Mensch vor sich selbst, sondern ausdrücklich diese ganze Objectivität nur für einen zufälligen Uebungsplatz seines eigenen Wesens haltend, findet er sich vielmehr in der ihm bewußten Grazie, Manier und Gewohnheit seines Verhaltens, seines Gebahrens mit seiner eigenen Gedankenwelt wieder. Während die Formen des Denkens allen Individuen gemeinsam, die Gegenstände ihrer Anwendung aber allen zufällig sind, ist hier allerdings die Selbstbetrachtung auf eine Grundlage gerathen, die unendliche Mannigfaltigkeit zuläßt, und jedem Indi-

15*

viduum seine specifische Verschiedenheit von anderen ermöglicht. Allein man kann sich nicht verhehlen, daß auch auf diesen ästhetischen Charakter die zufälligen Verkettungen des Lebens vom größten Einfluß sind, und daß es selbst einem ahnenden Gefühle auch nur in seiner Weise schwer fallen müßte, durch die großen Umwandlungen der Sinnesart hindurch, die wir so oft eintreten sehen, ein und dasselbe Bild des Ich zu verfolgen. Ein anderer Hang kommt hinzu. Wäre auch der ästhetische Charakter der feste Kern des Ich, aus dem jede seiner Aeußerungen sich später entwickelt, so wäre er doch als eine Naturbestimmtheit der Seele, an die wir durch Geschlecht, Constitution u. s. f. gebunden sind, zwar etwas im Ich, aber nicht das Ich selbst; wir haben uns nicht gemacht zu dem, was wir sind. Diese extreme Forderung, nichts dem bloßen Sein, sondern alles sich selbst zu verdanken, führt zu dem neuen Begriff der Seele, sich als reine Thätigkeit, sich selbst gestaltendes Handeln aufzufassen; jene natürliche Bestimmtheit aber, so weit sie vorhanden ist, als eine der eigentlichen Natur der Seele fremde Seite der Endlichkeit und Aeußerlichkeit zu betrachten. Man glaubt sich jetzt nur noch in seinen Strebungen, seinen ästhetischen oder moralischen Productionen zu besitzen. Zwar auch hier sieht sich das Ich durch eine nicht aus seinem bewußten Selbst hervorgehende, sondern ihm nothwendige Gesetzgebung der Werthbestimmungen begrenzt, aber doch nicht in seinem Streben durch sie beherrscht. Vielmehr scheint ihm seine eigenste Substanz in einer That der Freiheit zu liegen, durch die es sich seinen Charakter und dessen Consequenzen selbst bestimmt hat. So ist die letzte Stufe erreicht, wo aus dem Begriff des Ich jeder substantielle Inhalt aufgezehrt ist, und der Kern der Individualität aus einer durchaus grundlosen That, für die es schwer halten würde, ein Subject zu finden, hervorgehn soll. Dies sind einzelne hervorstechende Züge aus einer Phänomenologie des Selbstbewußtseins. Man sieht in ihnen, wie drei Fragen sich kreuzen und ihre Beantwortung gegenseitig stören; zuerst die nach der allgemeinen Natur der Seele, des Substrates aller beobachteten innern Erfahrungen, dann die zweite nach der specifischen Natur, durch welche die eigene Seele unterschieden ist von jeder anderen, die dritte endlich, nach der Art, wie sie sich auf sich zurückbezieht, und in dem Begriffe, oder vielmehr in dem Bewußtsein der Ichheit diesen Unterschied noch einmal selbst vollzieht. Die Rathlosigkeit dieser Gedanken ist der Ursprung der wissenschaftlichen Untersuchung, die zwar an sich nicht weniger ein psychologisches Phänomen, in anderer Rücksicht doch als Gegensatz zu diesen gefaßt werden muß. Ueber die verschiedenen Wege, welche sie einschlägt, versuchen wir später einen Ueberblick, und schließen hier, indem wir auf die frühere Bemerkung hinweisen, wie groß der Unterschied zwischen dem Selbstbewußtsein, als einer Zurückbeziehung auf sich selbst und zwischen der Erkenntniß des Substrates ist, das diese Zurückbeziehung unternimmt. Was auch die Natur der Seele sein mag, und welches Motiv in dieser auch für die Existenz eines Selbstbewußtseins liegen mag, dies Bewußtsein selbst wird, wie schon früher durch das sinnliche Gefühl, so überhaupt nur durch Gefühl vermittelt, und nur jene Interpretation der Natur des sich auf sich Beziehenden, so weit sie stattfindet, hat die Eigenthümlichkeit des Erkennens. Die Erkenntniß kann leicht zu irgend einem Begriff von der Seele kommen, kann selbst diese durch das wesentliche Merkmal solcher Zurückbeziehung auf sich selbst bestimmen, aber daraus folgt noch nicht, daß wir dies so gefundene Substrat unserer selbst mit jener Innigkeit als mit uns eben zusammenfallend denken, wie dies überall geschieht, wenn wir den Namen Ich aussprechen. Gesetzt wir wüßten, Seele sei das Subject, das sich selbst auch Object ist, so fragt sich, welche unter allen Substanzen, die diesen Vorzug theilen, nun unser Ich sei? Freilich diejenige, die eben Subject und Object **unserer** inneren Erfahrung ist, aber welche ist diese unsere? Man sieht leicht, daß wer Ich zu sich sagt, nicht ein bloßes theoretisches Bewußtsein vom Zusammenfallen des Subjectes und Objectes habe, sondern er fühlt, daß dieses Schicksal ihm jetzt eben selbst zustößt, während er den allgemeinen Fall denkt. So wenig als Jemand erkennen könnte, daß ihm selbst ein Glied schmerze, wenn er nicht eben im Gefühl evident dies theoretisch ganz unausdrückbare Zusammenfallen des Ereignisses mit **seinem** Selbst empfände, so wenig würden wir ohne dies Gefühl der Einheit mit uns aus bloßer Erkenntniß den Begriff des Ich jemals mit jener energischen Innerlichkeit bilden, die ihm zugehört. Wir würden vom Ich sprechen, so wie vom Schmerze überhaupt, wie von einem Gegenstande, dessen Natur wir kennen, der uns aber weiter nichts angeht. Diese Bemerkungen, deren voller Zusammenhang etwas zu schwierig für diese kurze Darstellung ist, haben hier nur den Zweck, die früher gethanen Aeußerungen über das Selbstbewußtsein auch der niedersten Thiere zu rechtfertigen. Sie besitzen es unstreitig; aber es wird arm sein, nicht zwar nothwendig an Energie, aber gewiß an ausgebildeten Vorstellungen über die Natur des Subjectes, dem es zukommt. Diese **Selbsterkenntniß** mag allerdings durch sehr verwickelte und vielfach verschlungene Gedankenreihen allmälig entwickelt werden; aber das Gefühl der Selbstheit gewinnt dadurch kaum an Lebhaftigkeit, noch weniger darf es als ein Product aus allerhand Verkettungen von Vorstellungen betrachtet werden. Ueber die Gegenstände dieses Abschnittes vergleiche noch VII.

VI. Die Seele und die Centralorgane.

48. Gewiß nur auf dem Wege der Beobachtung und des Versuchs werden sich unsere Kenntnisse über die Grenzen und die Art und Weise der Wechselwirkung zwischen Seele und Centralorganen, und so zwischen ihr und dem Körper überhaupt erweitern; aber wie überall, so werden wir auch hier von den Erfahrungen erst dann einen Vortheil ziehen, wenn wir uns über die Grundsätze verständigt haben, nach welchen ihre Aussagen zu deuten sind. Auch diese Grundsätze zwar mögen sich zum Theil mit dem Fortschritt der Erfahrungen selbst durch deren evidente Hindeutung auf gewisse Wege der Erklärung feststellen, zum Theil aber sind sie von der Art, daß sie sogleich auch für die Unternehmung der einfachsten Versuche eine vorgängige Sicherung bedürfen. Diese Betrachtungen sind bisher sehr wenig gemacht worden; ich habe früher einen Versuch dazu gemacht, dessen Hauptpunkte hier einer erneuerten Prüfung unterworfen werden sollen [1]). Nicht auf eine Vermehrung der unendlich vielen Phantasien über die Wirkungen dieses oder jenes Centraltheiles kommt es daher hier hauptsächlich an, sondern auf die Beantwortung der Frage, welche allgemeine Ansicht über die Art des Zusammenhanges zwischen Körper und Seele an sich sowohl vertheidigt werden könne, als für die Erklärung des Seelenlebens die meisten Vortheile darbietend. Daß hierüber die Meinungen unbestimmbar schwanken, ist bekannt, und man kann aus ihrer Menge hauptsächlich vier hervorheben, die sich noch gegenseitig bekämpfen. Die erste ist jene materialistische Ansicht, welche alle geistigen Thätigkeiten ebenso als sonst freilich nicht weiter erklärliche Prädicate des Stoffes betrachtet, wie etwa auch die chemischen Verwandtschaftskräfte uns als solche gelten. In so weit stimmt diese Ansicht

[1]) Vergl. meine allgemeine Pathologie. §§. 9. 10. 11.

nicht blos mit jener anderen überein, welche die Realität des Stoffes überall von der Idealität des Gedankens durchdrungen sein läßt, sondern sie eröffnet auch der Phantasie einen bestechenden Ausblick in eine Welt des unendlich Kleinen, in welcher kein Stoff ohne innerlich beseelende Lebendigkeit gedacht wird. Wenn mithin diese Theorie sich einestheils durch die Leichtigkeit ihrer Grundannahme, anderntheils durch diese scheinbare Befriedigung einer Sehnsucht des Geistes empfiehlt, die nirgends einen unversöhnbaren Zwiespalt zwischen Stoff und Seele ertragen möchte, so hat sie ebenso einen theoretischen Punkt und ein unbefriedigtes Bedürfniß gegen sich. Wir haben schon früher angeführt, daß die Einheit der Seele, oder vielmehr die Einheit des Bewußtseins, selbst wenn dieses nur zwei Empfindungen gleichzeitig in sich vereinigte, dieser Ansicht entgegensteht. Der höher organisirte lebendige Leib würde nur als eine Kolonie kleiner Seelen erscheinen können, deren inneres Leben zu keiner Einheit eines Totallebens zusammenfließen könnte. Wie sehr man daher auch geneigt sein möchte, einzelne geistige Verrichtungen an die Thätigkeiten einzelner Hirnfasern oder noch kleinerer Hirnelemente zu knüpfen, immer würde man über dieser körperlichen Organisation noch einen höheren Schlußpunkt suchen müssen, den man nur in der Annahme eines untheilbaren, bevorzugten Elementes finden könnte. Damit aber treibt diese Ansicht über sich selbst hinaus, denn sie wird nun noch ein Mal zu erklären haben, wie die ganze Mannigfaltigkeit der Körpertheile, die man immerhin als in sich selbst beseelt zu denken fortfahren mag, sich in eine Welt der Reize und der Organe für dieses individuelle Princip umgestalten kann, und auf welche Weise eine gegenseitige Wechselwirkung zwischen ihnen zu Stande kommt. Verfolgt man diesen Weg, so wird sich dann bald zeigen, daß nicht der Begriff der Seele, sondern der des Stoffes der eigentlich völlig unausdenkbare und ganz für unsere Erkenntniß undurchsichtige Begriff ist, so daß man vom Materialismus zu spiritualistischen Ansichten übergehend, eher den Leib aus geistigen Monaden erbauen wird, als daß man die Phänomene des Seelenlebens nur an der Combination von Massen haften ließe. Andererseits empfehlen sich jene materialistischen Ansichten für einen unbefangenen Sinn wenig dadurch, daß sie zwar an aller Materie die Fähigkeit des Vorstellens haften lassen, jedes ausgebildete Seelenleben aber, da es immer auf eine Verknüpfung wesentlich selbstständig bleibender Massentheilchen gegründet sein würde, nur als ein precäres Phänomen betrachten können, das nach der Auflösung jener Combination in das allgemeine dumpfe Weben der sinnenden Materie zurücksinkt. Man muß gestehen, daß Ansichten dieser Art, mehr oder weniger fein ausgebildet, in neuester Zeit immer mehr Anhänger finden; man kann ihnen jedoch nichts weiter entgegenhalten, als die Frage, wie sie die erwähnten Aufgaben der Erfahrung lösen wollen. So lange dazu keine Anstalt gemacht wird, ist es ganz fruchtlos, sie bekämpfen zu wollen, da sie auf einer Willkürlichkeit beruhen, die weder Beweis noch Gegenbeweis kennt. Leicht wären freilich alle Schwierigkeiten erledigt, wenn man sagen könnte, das Gehirn denke, fühle und strebe; allein wenn es auch gesagt wird, so richtet sich doch die Wirklichkeit nicht nach diesen capriciösen Paradoxien. Am wenigsten darf man glauben, daß solche Ansichten auf der Ueberzeugung von der Unmöglichkeit einer anderen Auskunft beruhen; wir haben hinlänglich bereits gezeigt, wie wenig der Begriff der Seele unter dieselbe Kategorie der Täuschungen gehört, in welche z. B. der der Lebenskraft zu verweisen sein würde; aber einer Tendenz, die angesteckt von einer an sich richtigen Ansicht, zu der Monomanie ausartet, mit einem und demselben Gedanken ohne Berücksichtigung wesentlich verschiedener Nebenumstände alles beherrschen zu wollen, wird dies wenig wahrscheinlich vorkommen. Irre ich mich nicht, so treibt zu diesen Ansichten nicht immer eine allerdings weit verbreitete Rohheit der Begriffe, sondern häufig auch ein falscher, bestechender Heroismus, der den Gipfel der Wissenschaft dann zu erreichen meint, wenn er destruirend wirkt gegen Alles, was der unbefangenen Betrachtung gewohnt und werthvoll ist; aber es wird auch gewiß eine Zeit wiederkommen, in der man erkennen wird, daß die Entfernung von dem, was die Uebereinstimmung unzähliger, durch theoretische Bedenken unbeirrter Gemüther geheiligt hat, am häufigsten auch eine Entfernung von der Wahrheit ist.

49. Man kann dem Materialismus völliges Unvermögen zur Erklärung eines Hauptpunktes vorwerfen; dies abgerechnet, ist er eine klare und einfache Ansicht. Nicht dasselbe können wir von der zweiten Betrachtungsweise sagen, welche das Gehirn nur als Organ der als selbstständig gedachten Seele gelten lassen will. In diesem Ausdruck, Organ, Werkzeug, verbergen sich unzählige Unklarheiten, und man kann der gewöhnlichen Ansicht höchstens das Lob lassen, eine Protestation eingelegt zu haben gegen eine vollständige Vermischung der Seele mit dem Körper, ohne daß sie doch beide auseinander zu halten und zu verknüpfen gewußt habe. Hört man von einem Organ des Denkens sprechen, so drängt sich sogleich die Frage auf, in wiefern wohl diese Thätigkeit überhaupt eines Organes bedürfe, oder welche bestimmten Dienste diese gegebene Masse des Gehirnes sammt den in ihr voraussetzbaren Kräften diesem Zwecke zu leisten im Stande sei? Hierauf vermisse ich in den gewöhnlich umlaufenden Ansichten eine Antwort, denn die ganz kopflosen Einfälle, die irgend eine Bewegung oder Veränderung im Gehirn sogleich Denken n e n n e n, können wir natürlich nicht für eine solche gelten lassen. Aber noch weiter, nicht blos die bestimmte Art der Hülfsleistung der Organe ist ganz im Dunkeln gelassen, sondern auch die Beweise für die Existenz derselben überhaupt stehen auf sehr schwachen Füßen. Daß irgend eine Zerstörung des Gehirnes eine Geistesthätigkeit für unsere Beobachtung verschwinden läßt, kann im Allgemeinen nur für die oberflächlichste Betrachtung ein Beweis dafür zu sein scheinen, daß jene Thätigkeit direct von dem zerstörten Organe abhing. So groß ist jedenfalls und so mannigfaltig die Verkettung der einzelnen Körpertheile und der geistigen Verrichtungen, daß eine der letzteren aufhören kann, wenn ursprünglich nur ein sehr unbedeutendes Rad in dem ganzen Getriebe schadhaft wurde, dessen Effect aber durch den Zusammenhang mit andern wichtig wird. Ebenso möglich ist es, daß eine geistige Thätigkeit verschwindet, nicht weil ihr das Mittel ihrer Existenz, jenes Organ, entzogen ist, sondern weil ihrer Ausübung bei aller Integrität der ihr zunächst zugeordneten Organe doch von anderen ein Widerstand entgegengesetzt wird. Wie das Aufhören, so ist auch jede Steigerung einer Geistesthätigkeit in demselben Sinne mehrdeutig, und nur der feinsten und umfassendsten Beobachtung wird es hier gelingen, die Abwesenheit bewirkender Mittel von der Gegenwart hemmender, die Störung eines nächsten Organes von der eines nur indirect einwirkenden zu unterscheiden. Wir haben die ganze Gewalt dieser ungünstigen Umstände bei der Ausdeutung der Gehirnfunctionen eintreten sehen. Es schien als Grundsatz zu gelten, daß jedes Organ, durch dessen Reiz man Veränderungen in irgend einem Theile hervorbringen konnte, die Functionen dieses Theiles regulire; da gab es denn bald fast keinen Gehirntheil mehr, der nicht in der Blase und den Gedärmen Bewegungen hervorrief; ist deshalb nun das Gehirn nur ein Regulationsapparat für diese? Offenbar hatte man hier nur einen, und zwar vielleicht einen nicht sehr nahen Angriffspunkt dieser Theile neben anderen aufgefunden, und ebenso

wird man sich hüten müssen, Seelenfunctionen ohne weiteres als bewirkt von den Theilen zu betrachten, deren Veränderungen auf sie zurückwirken. Allein über die Führung der Untersuchungen in dieser Hinsicht läßt sich keine allgemeine Regel geben; wir kehren daher zu unserer obigen Frage zurück, deren Beantwortung einigermaßen diesen Mangel ersetzen wird. Und hier glaube ich, wird sich leicht zeigen lassen, daß diese gewöhnliche Lehre von den Seelenorganen ein völlig fruchtloser Mittelweg ist, welcher die augenscheinliche Nothwendigkeit des Gehirns für das Seelenleben und die Unabhängigkeit des letztern nicht zu vereinigen weiß. Zu der nothwendigen Voraussetzung eines Werkzeuges können wir nur getrieben werden, wenn sich nachweisen läßt, daß dasjenige, welches sich seiner bedienen soll, zu dem beabsichtigten Effect allein mit seinen eigenen Kräften nicht hinreicht; daß ferner das Mittel, das doch nur mit seiner immanenten Natur weiter wirken kann, jenen Effect hervorzubringen im Stande ist; daß endlich die Seele in diesem Falle selbst wieder die nöthigen Fähigkeiten besitze, um die Natur des Mittels so zu handhaben, daß aus dieser Form der Anwendung dieser, aus einer andern ein anderer Erfolg entstehe. Ich weiß wenigstens nicht, durch welchen dunklen Begriff man sich diesen drei Anforderungen entziehen will, die wir überall stellen müssen, wo von Werkzeugen die Rede ist, und die wir auch in der That alle befriedigt finden, wenn wir das Verhältniß der äußern Körperorgane, z. B. der Extremitäten zu den Intentionen der Seele ins Auge fassen. Macht man aber Ernst damit, ihnen auch in diesem Falle zu genügen, so wird sich Vieles ganz anders stellen, als man gemeinhin annimmt. Auf die erste Frage, ob die Seele überhaupt, um vorzustellen, um zu denken, zu urtheilen, zu schließen, der körperlichen Organe bedürfe, wird die in Rede stehende Ansicht nur so antworten können, daß zwar nicht die allgemeine Natur dieser geistigen Vorgänge aus einer Mitwirkung jener erklärt werden solle, daß aber jedes Vorstellen und Denken, sofern sein Inhalt aus der äußern Wahrnehmung aufgenommen wird, allerdings jene Mitwirkung bedürfe. Nur dazu nöthigen die Erfahrungen und nur dies gestatten sie. Daß wir eine Melodie in der Reihenfolge ihrer Töne hören, ist nicht durch eine bloße Thätigkeit unseres Vorstellens, sondern durch eine Anregung desselben möglich; damit wir überall zu einer Vorstellungswelt kommen, die sich der äußern Welt anschließt, müssen wir voraussetzen, daß mit gewissen Zuständen der körperlichen Massen, durch welche hindurch jene äußere Welt allein wirkt, bestimmte Thätigkeiten der Seele ein für allemal verbunden sind, und nie wird daher auch nur eine wahrhafte subjective Empfindung entstehen, der nicht dieselbe aus irgend einer Ursache entstandene Veränderung der Nervenmassen vorangegangen wäre. Die Nerven erscheinen aber hier nicht eigentlich als Organe, durch welche empfunden wird, sondern ihre Zustände sind nur die Bedingungen, die dem an sich unkörperlichen Empfinden einen Inhalt und zwar diesen bestimmten, geben. Dieser eine Punkt mithin ist gewiß. Mit ihm hängt zunächst ein zweiter ungewisser zusammen, dessen Inhalt aber doch nicht unmöglich ist. Die gewöhnlichen Beobachtungen nämlich zwingen uns ebenso wenig als irgend eine an sich begründete Theorie zu der Annahme, daß auch den Vorstellungen, sofern sie nicht mehr Wahrnehmungen, sondern Erinnerungen sind, eine Thätigkeit körperlicher Organe zum Grunde liege. Unsere Erfahrung läßt uns gar nichts davon sehen, keine anatomische oder physiologische Beobachtung unterstützt diese Meinung; an sich nothwendig ist sie ebenso wenig, denn es handelt sich hier nicht mehr darum, daß die Seele die Gestalt einer außer ihr befindlichen Reihe oder Combination von Objecten kennen lernen soll, was sie freilich nur durch Vermittelung körperlicher Eindrücke gekonnt hätte; sie soll vielmehr nur reproduciren, was sie wirklich in sich besitzt, und diese Mannigfaltigkeit der Vorstellungen hat ohne Zweifel in ihr eben so wohl Platz, als wenn sie sich etwa wie tausendfach sich durchkreuzende Schallfiguren den einzelnen Elementen des Gehirnes eingeprägt hätte. Es bleiben mithin, um diese Annahmen zu stützen, nur einige außergewöhnliche Fälle übrig, in denen der Zerstörung eines Gehirntheiles Mangel der Erinnerung überhaupt oder der an einzelne Kreise von Gedanken nachfolgt. Auf diese Fälle kommen wir später zurück, da wir ohnehin ja schon hier zuzugestehen bereit waren, daß diese so wenig begründete Ansicht dennoch nichts Unmögliches enthält. Man kann sich, wenn man will, die Seele allerdings dermaßen träge denken, daß sie nie aus ihrem unbewußten Dasein sich zum Bewußtsein emporarbeitet, außer wenn Bebungen des Körpers auch ihre Substanz erschüttern, und so möchte der Lauf der Associationen und Reproductionen der Vorstellungen jederzeit an der Hand einer abrollenden Kette körperlicher Veränderungen sich selbst entwickeln. Allein selbst wenn wir dies bereitwillig zugestehen wollten, so würde dennoch das Centralorgan auch in diesem Falle durch seine inneren Processe nur eine Reihe von Veranlassungen darbieten, welche dem an sich nicht durch sie erklärten Bewußtsein der Seele seine Richtung auf bestimmten Inhalt zuweisen; und auch hier würde das Gehirn nicht sowohl als Organ erscheinen, durch welches die Seele denkt, sondern einem Steuerruder vergleichbar sein, das dem Schiffe, ohne es fortbewegen zu können, seinen Lauf bestimmt. Anderseits aber liegt in dieser Ansicht, wenn man sie consequent durchführen wollte, und dies vermöchte, dasselbe Zugeständniß, welches der vollkommenste Materialismus verlangt, selbst wenn man will, ein Schlimmeres. Wer Geist und Materie amalgamiren möchte, hat dann wenigstens Grund zu behaupten, daß jener nicht ohne diese bestehen und leben kann, wer aber beide trennt, und dennoch jenen von dieser in solcher Weise gängeln läßt, construirt dadurch nur eine Maschine, und betrügt sich selbst durch die Hoffnung, durch ein Wunder des Glaubens diese Misgeburt des Wissens wieder zu beseelen.

50. Die zweite Frage ist in Bezug auf unsern jetzigen Gegenstand durch das Vorige eigentlich schon mitbeantwortet. Wie viele ungeahnte Kräfte in der Nervensubstanz noch verborgen liegen mögen, wissen wir freilich nicht; aber schwerlich werden sie diese besitzen, das Unmögliche möglich zu machen. Zu dem Unmöglichen gehört aber dies, daß irgend eine Veränderung eines Nervenelementes, bestehe sie, worin sie wolle, selbst in einer Vorstellung, die dieses Element in seinem Bewußtsein etwa hätte, der Seele die Fähigkeit des Wissens erst mittheile, wenn sie diese nicht von selbst schon besäße. Wie irgend eine Masse, wie selbst irgend eine von mir unterschiedene Seele mir als Werkzeug dienen könnte, vermittelst dessen ich des Vorstellens überhaupt erst fähig würde, läßt sich gar nicht begreifen; ob zwar sich sehr wohl begreifen läßt, wie diese vorhandene allgemeine Fähigkeit durch solche äußerliche Einflüsse ihre bestimmten Anwendungspunkte erhalten kann. Nur dann, wenn die Einheit der Seele uns gestattete, die Nervenelemente sogleich als die denkenden Theile selbst zu betrachten, könnten wir ihnen eine solche nähere Beziehung zu dem Charakteristischen dieser Function zutrauen; aber dann würden sie eben nicht Organe, sondern gleich Subjecte des Denkens sein. Um in einer an sich nicht schwierigen, aber oft misverstandenen Sache möglichst deutlich zu sein, erwähnen wir noch folgendes. Die meisten werden zwar zugeben, daß die eiweißartige Nervensubstanz noch Kräfte enthalten kann, die uns unbekannt sind, aber sie werden von diesen Kräften nichts Außerordentliches erwarten; es ist eine schlechte Ausflucht theoretischer Untersuchungen, den geringsten dunklen

Fleck, den die Wissenschaft noch hat lassen müssen, zu occupiren und in ihn hinein die unwahrscheinlichsten Hoffnungen ganz ungeahnter Geheimnisse zu verlegen, in dem Gefühl der Sicherheit, daß man aus diesem Dunkel für den Augenblick wenigstens nicht vertrieben werden könne. Welches nun auch jene innere Beschaffenheit der Nervenelemente sein mag, die Wirkungen jedes einzelnen auf ein anderes werden gewiß für die Erwartung jedes Verständigen in den Kreis von Wirkungsformen mit eingeschlossen sein, der den Kräften der Natur überhaupt zukommt, und es wird sich daher nie begreifen lassen, wie diese physikalischen Massen für die Seele als Organe der idealen Vorgänge dienen sollen, aus denen ihr inneres Leben besteht. So wenig als aus dem Stocke zu begreifen ist, warum die damit berührte Saite tönt, während ein Wollsack stumm bleibt, so wenig ist aus den Veränderungen, die dem Centralorgane zustoßen können, zu begreifen, warum sie Vorstellungen erzeugen. Nur unter der Voraussetzung der Gegenwart eines Subjectes, in dessen Natur es liegt, auf äußere Anregungen Vorstellungen zu entwickeln, kann man einsehen, wie die Mannigfaltigkeit und Abwechselung dieser Hirnprocesse eine ähnliche Form in dem Ablauf der Gedanken zu Wege bringen kann. Die Summe also von dem allen ist dies: nothwendig ist die Annahme, daß jede erste Wahrnehmung eines Gegenstandes, jedes erste Vorstellen eines Inhaltes allerdings der Seele durch eine vorhergegangene Veränderung der Centralorgane abgenöthigt werde; weder nothwendig noch wahrscheinlich, aber nicht unmöglich die zweite, daß alles Bewußtsein und Bewußtwerden überhaupt ein erzwungener Seelenzustand sei, erzwungen durch die fortwährende Aufstachelung von Seiten der veränderlichen Nervenprocesse, ohne welche die Seele in einen unbewußten Zustand wieder übergehen würde; unmöglich die dritte, das Gehirn als ein Organ zu betrachten, dessen die Seele sich bediene, um sich zum Vorstellen überhaupt fähig zu machen; nur durch die Herbeischaffung des Materials, über welches das Denken stattfinden soll, kann überhaupt das Centralorgan den Zwecken des Denkens Vorschub leisten, aber die Nothwendigkeit des Zusammenhanges in einem logischen Schlusse, die einer ästhetischen oder moralischen Beurtheilung kann, wenn einmal die Kenntniß des Gegenstandes vorausgesetzt ist, durch irgend eine körperliche Mitwirkung nie gefördert werden. Hieraus ergiebt sich zugleich die Antwort auf unsere dritte obige Frage; es ist überhaupt hier gar kein Organ vorhanden, dessen die Seele sich bediente, sondern nur Bedingungen, von denen die Richtung ihrer Thätigkeit abhängt. Aus diesen Gründen habe ich bereits früher die Meinung ausgesprochen, daß es für alle höheren geistigen Thätigkeiten kein körperliches Organ gebe, daß vielmehr die Seele nur in denjenigen ihrer Verrichtungen und grade so weit an leibliche Mitwirkung gebunden sei, als sie Aeußeres in sich aufzunehmen, Inneres aus sich äußerlich zu gestalten hat. Die Misbilligung, die diese Ansicht von vielen Seiten erfahren hat, veranlaßte mich, diese Betrachtungen noch einmal aufzuführen, denn der Grund meiner Annahme war keineswegs nur der, daß ohne sie der Würde der Seele zu nahe getreten würde, sondern bestand hauptsächlich in der Ueberzeugung, daß, wenn es auch tausend zuvorkommende Seelenorgane gäbe, sie doch sämmtlich ganz ungeschickt sein würden, jene höheren Thätigkeiten der Seele zu begründen; sie könnten weder urtheilen noch schließen helfen, sie würden weder das Schöne noch das Gute schätzen lehren. Dennoch darf auch ich behaupten, daß der Einfluß derjenigen Organe, die ich allerdings annehmen zu müssen glaube, sehr bedeutend ist, und daß die Masse des Gehirnes nicht zu groß ist, um ihm allein gewidmet zu sein. Ich habe früher ein Sensorium und ein Motorium commune angenommen; eine dritte Organenclasse können wir vielleicht noch hinzufügen.

51. Sinneseindrücke und ihre Verbindungen sind das Material, über welches die Seele das Netz ihrer Vorstellungen hinzieht. Schon bei der ersten Wahrnehmung verlangt jeder einzelne Theil der geringsten Empfindung unvermischt mit andern bis zu den Centralorganen fortgeleitet zu werden, um überhaupt zum Bewußtsein zu kommen, eine Vorbedingung des bewußten Seelenlebens, über deren Bedeutung später zu sprechen sein wird. Aber jeder Theil verlangt zugleich in seinen bestimmten Verhältnissen zu den übrigen wahrgenommen zu werden; damit die Seele das, was an einem Körper rechts ist, auch in gleicher Lage und Nachbarschaft, das linke nach entgegengesetzter Richtung fortgehend vorstelle, damit sie den Widerstand, den der Körper dem Getast entgegenstellt, in denselben Raum versetze, welchen das Object der Gesichtsempfindung füllt, damit wir eine Localkenntniß unseres eigenen Körpers gewinnen, zu dem allen bedarf es, wie früher auseinandergesetzt wurde, mannigfaltiger Apparate, durch welche jedes einzelne Empfindungselement nach Maßgabe seiner Eintrittsstelle mit bestimmten Nebenumständen verkettet wird, aus denen später erst die Auslegung der allerdings vielfach mit helfenden Vorstellungsassociationen möglich wird. Man schätzt die Wichtigkeit dieser Aufgabe der Centralorgane zu gering; wenn sie auch klein ausfällt bei Gehör, Geruch und Geschmack, die keine Ortsbestimmung kennen, so ist sie desto verwickelter bei Gesicht- und Hautgefühl; noch übler aber thut man gewiß, wenn man bei diesen Processen die unbedingt nothwendige Mitwirkung körperlicher Organe durch nicht zureichende Associationen der Vorstellungen zu ersetzen sucht, um dafür den höheren geistigen Thätigkeiten den Ballast eines ihnen unnützen Organes anzuhängen. Denken wir uns nun die Aufgabe des Sensorium während der Wahrnehmung beendigt, wenn es der Seele diese geordnete Reihe von Anstößen überliefert hat, um sie in eine räumliche Welt wieder auseinanderzubreiten, so mag es eine nicht weniger wichtige im Verlaufe der Erinnerungen zu erfüllen haben. Der Lauf der Gedanken besteht nicht blos in dem Auf- und Absteigen der Vorstellungen, sondern in einer mannigfaltigen Unterordnung ihres Inhaltes unter metaphysische Begriffe, unter ästhetische und ethische Werthbestimmungen. Diese Gewohnheiten des Geistes betrachten wir als etwas, bei welchem direct keine körperliche Thätigkeit das Mindeste leisten könnte; jene Ideen bilden vielmehr das eigenthümlichste Besitzthum des Geistes, dessen Leben nur in der Bestrebung besteht, ihren Gesetzen das Material der Vorstellungswelt zu unterwerfen. Allein es ist ein großer Unterschied zwischen dem einfachen Besitze jener ursprünglichen Ideen und der Fähigkeit, ihnen das Passende unterzuordnen, und grade hierin, in der Zubereitung des Materials, über welches geurtheilt werden soll, werden auch die körperlichen Processe eine wesentliche Verrichtung zu erfüllen haben. Zwar glauben wir nicht, daß um ein logisches, ästhetisches oder moralisches Urtheil zu Stande zu bringen, eine Mitwirkung der Centralorgane um deswillen nöthig sei, um überhaupt den zu beurtheilenden Inhalt zum Bewußtsein zu bringen, wohl aber deswegen, weil ohne sie der Kreis von Gefühlen verschwinden würde, der fast in allem unsern selbst abstracten Denken eine wesentliche Mitbedingung für die Unterordnung eines Gegebenen unter höhere Gesichtspunkte ist. Ueberall, wo eine ästhetische oder moralische Werthbestimmung über einen Inhalt festgestellt werden soll, da soll nicht blos ein abstractes Bewußtsein die gleichgültige Kenntniß dieses Werthes in sich entwickeln, eine Aufgabe, die näher betrachtet in sich selbst widersprechend sein würde, sondern ein theilnehmendes Gefühl soll diese Bestimmung zugleich als in das eigene Ich eingreifende und für dieses bedeutungsvolle erfassen. In der That beurtheilen wir moralisch jede Handlung doppelt, einmal

theoretisch sie unsern allgemeinen Grundsätzen unterordnend, auf denen absoluter Werth für sich schon ruht, anderntheils aber auf die Gefühle lauschend, welche die Vorstellung der als geschehend gedachten Handlung in uns hervorruft, und die nicht selten ihren Ursprung aus körperlichen Quellen verrathen. Der Mangel der Bildung läßt dieser sinnlichen Beurtheilung die Oberhand, und während sie durch Lust und Abscheu die an sich nicht durch sie bedingten moralischen Ueberzeugungen unterstützt, verfälscht sie ebenso oft den Thatbestand dessen, was zu beurtheilen war, und lehrt wilde, ihres sinnlichen Kraftgefühls frohe Völker die Martern ausüben und glorreich finden, deren Abscheulichkeit andere aus dem gleich schlechten Grunde der Feigheit eher entdeckt haben würden. Aesthetische Gefühle sind noch weniger, vielleicht nie von diesem leisen Nebenherspielen sinnlicher Gefühle zu trennen, und schwerlich läßt sich ein Kunstgenuß denken, der nur in einer rein geistigen Beurtheilung bestände, und nicht wie alle intellectuellen Gefühle und Stimmungen den größten Theil seines innerlichen Glückes der vollkommenen Euphorie verdankte, in welche der Anblick des Kunstwerkes theils unmittelbar, theils durch Erweckung zahlreicher Erinnerungen und sie begleitender Gefühle versetzte. Wenn nun schon diese nicht zunächst auf das individuelle Leben sich beziehenden Acte der Geistesthätigkeit, zwar nicht ihre volle Begründung, wohl aber ihre lebendige Eindringlichkeit solchen Gefühlen mit verdanken, so ist dies in höherem Maße bei allen Gedanken der Fall, die wirkliche Lebenserinnerungen enthalten, und die niemals von intellectuellen Gefühlen aller Arten und Grade entblößt sind. Zwar kann man die Gefühle der Freude und der Trauer sich auch aus einem Gewebe von Vorstellungen entstanden denken, die zunächst nicht durch körperliche Functionen gestützt werden; allein die Veranlassungen dieser Gefühle ruhen doch zuletzt in Erfahrungen des Lebens, die nicht ihrem bloßen theoretischen Inhalte nach, sondern durch ihr Verhältniß zu einer bestimmten Lage grade dieses empfindenden Individuums als Quellen von Gefühlen überhaupt gelten können. Es scheint daher nicht hinzureichen, daß die Vorstellung dieser Veranlassungen allein producirt werde, sondern um ein Gefühl zu erwecken, müssen sie in der Art auch in die körperlichen Thätigkeiten mit eingreifen, daß auch jene körperlichen Rückwirkungen wieder, obwohl in niederem Grade, erregt werden, die früher im Augenblicke des wirklichen Leidens oder Genusses stattfanden. Eine solche Begleitung der Vorstellungen durch Gefühle findet übrigens auch bei dem abstractesten Denken statt. Eine beliebige Menge einzelner Elemente, die in irgend einer Art zusammengefaßt werden sollen, werden wir uns immer zunächst in einen Raum einordnen, um ihre gegenseitigen Verhältnisse mit eben der Ruhe überblicken zu können, mit welcher der Gesichtssinn seine Objecte betrachtet. Jede Operation einer Verknüpfung dieses Inhaltes selbst werden wir uns immer symbolisch durch eine räumliche Bewegung vergegenwärtigen, und selbst wenn wir die ärmlichste Rechnung vollziehen, können wir uns das hier befolgte Zusammenfassen des Einzelnen unter die Regel einer Verbindung nicht zum Bewußtsein bringen, ohne daß das Zusammenziehen der in einem eingebildeten Raume zerstreuten Elemente uns eine Reihe von Bewegungsgefühlen, Gefühlen der Kraft und des Widerstandes zubrächte. Irgend eine wissenschaftliche Gedankenkette geht nicht abstract durch unsern Kopf, ohne eine Erinnerung an uns selbst zu erregen, oder mit dem Bilde unseres eigenen Ich vollkommen zu verschmelzen; wer sich selbst beobachtet, wird leicht finden, daß auch hier die einzelnen Glieder der Kette eine gewisse gegenständliche Anschaulichkeit für uns erhalten, und daß wir unter ihnen hin und her gehen, nicht ohne ein Gefühl der Leichtigkeit oder der Hemmung, der Freiheit oder Ungelenkigkeit unserer

Bewegungen. Und so begleitet überhaupt, was hier zu zeigen unmöglich ist, auch unsere abstractesten Begriffe und Gedankenzüge eine fortwährende Symbolisirung, in welcher wir die Bedeutung derselben durch sinnliche Gefühle uns so zu eigen machen, daß ihre Ausführung nicht mehr als eine That des reinen Denkens in uns, sondern als eine des vollen, individuellen und concreten Ich erscheint. Beobachtungen dieser Art sind leichter zu machen, als zu beschreiben; wir beschränken uns daher hierauf, und erwähnen nur, daß wir grade in dieser Umwandlung rein geistiger Thätigkeiten in solche, welche nicht blos den abstracten Geist, sondern die concrete Gesammtheit des Individuums erregen, einen Wahrscheinlichkeitsgrund für die Annahme finden, daß auch während der Erinnerung die Vorstellungen fortwährend von einem schwächeren Nervenproceß begleitet werden, dem ähnlich, den sie bei ihrer ersten äußerlichen Wahrnehmung erzeugt haben würden. Aber wir müssen hinzufügen, daß diese Wahrscheinlichkeit weit entfernt von der Gewißheit ist, und daß selbst die letztere angenommen, doch nicht die Vorstellung durch die Nervenprocesse, sondern umgekehrt diese von jener zuerst ihre Anregung erhalten. Auch meinen wir, wie gesagt, gar nicht sowohl, daß etwa die Vorstellung des Rothen den Zustand des Opticus oder des optischen Centralorganes reproducire, durch den die Empfindung des Rothen entstehen würde (obwohl auch dies nicht unmöglich ist); vielmehr erweckt die Vorstellung die Nervenwirkungen, die auch sonst ihre Consequenzen waren. Und grade in diesem Sinne würde sich das Sensorium als ein Organ der höheren geistigen Thätigkeiten beweisen, als ein Werkzeug nämlich, dessen jene sich bedienen, um ihren Vorstellungen einen höhern Grad der Klarheit und des Interesses zu geben. Wir sehen daher auch, wie sehr die Leichtigkeit der Auffassung und des Nachdenkens durch körperliche Leiden gemindert werden kann; überall wo es, wie z. B. bei mathematischen Untersuchungen, auf eine Combination verschiedenartiger Elemente und Festhaltung verwickelter Relationen ankommt, da kann eine leichte katarrhalische Affection die Thätigkeit der Nervenmassen so umändern, daß jene nachbildende, schematisirende Einbildungskraft ihre Dienste versagt, und die Ausführung einer Rechnung beschwerlich wird, obwohl keine der Regeln, nach denen sie geschehen muß, dem Verstande entfallen ist. Wir haben hier nur eine Trägheit in den Verrichtungen derjenigen Organe anzuklagen, die dem Flusse der Vorstellungen anschauliche Bilder räumlicher Gestalten oder Bewegungen unterlegen sollten, um die aus dem Innern des Geistes heraus sich gestaltende Production gewissermaßen äußerlich zu fixiren, und so dem Denken von Zeit zu Zeit feststehende Ruhepunkte, von denen aus es weiter schreiten kann, zu gestatten. In der That finden wir, daß die einfachen logischen Grundsätze, die ästhetischen und moralischen Beurtheilungsgründe nie Jemandem abhanden kommen, sondern daß nur die Anwendung, die ihnen das Mannigfaltige der Vorstellungswelt unterwirft, bis zu den äußersten Graden des Wahnsinnes verdorben werden kann. Geschieht nun selbst im abstracten Denken jene Bezwingung des Inhaltes nur vermittelst jener Symbolik durch Anschauungen des Raumes und der Bewegung, geschieht ferner ästhetische und moralische Beurtheilung nicht leicht ohne den mitbestimmenden Einfluß sinnlicher Gefühle, so ist hier dem Einflusse der körperlichen Organe ein weites Feld geöffnet, und man bedarf der Annahme nicht, daß außer der wirklichen Anwendung auch noch die ganze Möglichkeit der höheren Geistesfunctionen auf ihnen beruhe.

52. Daß der Zusammenstimmung der körperlichen Bewegungen ein großer Theil der Gehirnmasse gewidmet sei, läßt sich nicht nur vorhersehen, sondern ist einer der Punkte, die auch empirische Beobachtungen sehr wahrschein-

lich machen. Wir haben hierüber nur wenige Bemerkungen hinzuzufügen. Zuerst wird aus allem Vorigen hervorgegangen sein und kann augenblicklich durch Beobachtungen an vielen neugebornen Thieren bestätigt werden, daß der gewöhnliche Gebrauch der Glieder, der überall in gruppenweis combinirten Bewegungen der Muskeln besteht, kein Product der allmälig wachsenden Erfahrung und der Vorstellungsassociationen ist, sondern durch diese nur einer Verfeinerung fähig, ursprünglich auf einem vielfältig verschlungenen Mechanismus beruht. Wollen wir das verbrauchte Gleichniß von der Claviatur eines Instrumentes anwenden, so liegen der Seele nicht die Enden isolirter Nervenfasern als Tasten vor, auf denen sie zu spielen hätte, sondern wir können mit Grund vermuthen, daß viele Primitivfasern nicht blos in eine, sondern wechselnd selbst in mehrere untergeordnete Gruppen verflochten sind, zu deren jeder nur ein Verbindungsweg weiter nothwendig sein würde. Bewegungen aber sollen auf verschiedene Weise angeregt werden; einmal als Rückwirkungen von Zuständen, deren Eintreten ins Bewußtsein nicht nothwendig, sondern nur zufällig ist, und in diese Klasse der Reflexbewegungen im weitesten Sinne gehören alle diejenigen, welche zum Schutze des Körpers gegen schädliche Einflüsse verwendbar sind; sie bilden die einfachste Klasse; aber auch ihre Mittelpunkte, d. h. die Punkte, an denen der aufregende Reiz den Anstoß zur Rückwirkung auslöst, werden großentheils in den Centralorganen zu suchen sein. Eine andere Klasse umfaßt die Bewegungen, als deren ausgebildetstes Beispiel die mimischen gelten können, d. h. diejenigen, die von einem intellectuellen Zustande erregt werden, ohne daß eine Vorstellung von ihnen, als von einem beabsichtigten Erfolge, vorhergegangen wäre. Analysiren wir z. B. das Lachen bei der Wahrnehmung eines komischen Vorfalles. Es mögen hier die Centralorgane der sinnlichen Auffassung in ihren einzelnen Theilen noch so mannigfaltige verschiedene Nervenprocesse erleiden, so kann doch offenbar nicht in ihnen und ihren gegenseitigen Verhältnissen der Grund des Lächerlichen liegen, so wie etwa der Grund des Misbehagens an einer Dissonanz in den sich störenden Processen im Acusticus liegt. Denn das Komische beruht nicht auf constanten wahrnehmbaren Formen und Verhältnissen, sondern auf der verstandenen Bedeutung des Wahrgenommenen. Insofern wird mithin das ästhetische Urtheil, welches der wahrnehmende Geist fällt, ihm durchaus allein angehören und nicht durch die Processe in den körperlichen Organen motivirt sein können. Man kann nun hier annehmen, daß mit diesem bestimmten wie auch immer erregten Gemüthszustande die unwillkürliche Bewegung des Lachens direct verbunden sei; man kann aber auch im Gegentheil voraussetzen, daß diese Rückwirkung erst dadurch entstehe, daß von dem Gemüthszustande aus sich eine Affection des Sensorium ausbilde, die nun erst nach Art der Reflexbewegungen die Erschütterung des Lachens nach sich zieht. Hier, wie fast überall, bleibt mithin zwar die beständige Mitwirkung der Centralorgane eine sehr wohl mögliche, aber durchaus unerweisbare Hypothese. Denn selbst wenn sich z. B. nachweisen ließe, daß das sogenannte krampfhafte Lachen in manchen Krankheiten mehr als eine Verzerrung der zum Lachen dienenden Gesichtsmuskeln wäre, würde sich doch diese Anregung desselben ohne Vorausgehen jenes Gemüthszustandes nur den Beispielen von Functionsäußerungen anschließen, die so oft in Nerven von unregelmäßig intercurrirenden Reizen entstehen; aber es wäre nicht nöthig, dem ganzen Processe selbst in jener vorausgesetzten Affection des körperlichen Sensorium eine größere Breite der Angriffspunkte zu geben. Die dritte Klasse der Bewegungen enthält die, denen die Vorstellung ihres Effectes vorangeht. Unter ihnen erwähnen wir besonders das Sprechen. Es zeigt sich bei ihm sehr deutlich jene früher erwähnte Neigung, allen Inhalt des reinen Gedankens in Vorstellungen von sinnlicher Art sich zu objectiviren; die Schnelligkeit, mit der wir unsere Gedanken vollkommen klar zu entwickeln im Stande sind, ist nicht größer als die, mit der wir in der Erinnerung den Klang der ihnen entsprechenden Wortreihe successiv zu reproduciren vermögen, und die Geschwindigkeit dieses inneren Hörens ist selbst nicht größer als die, mit welcher unser Sprachorgan dieselben Laute wirklich produciren könnte. Dieses Verhältniß scheint auf eine Mitwirkung körperlicher Organe hinzudeuten. Die Verknüpfung einer Vorstellung mit dem bezeichnenden Worte ist, da es viele Sprachen giebt, natürlich Gewinn der Erfahrung und Association; über das Aussprechen des Wortes aber lassen sich verschiedene Ansichten fassen. Man kann zuerst jeden einzelnen Laut als bloße Vorstellung betrachten, die ohne weitere Vermittelung eine bestimmte Lage der Stimmorgane hervorbringt; so daß die Abwechselungen dieser Lagen sich parallel mit dem durch Associationen geregelten Ablauf der Lautvorstellungen entwickelten. Man kann zweitens meinen, daß die Vorstellung des Gegenstandes zunächst das Centralorgan des Gehörsinnes zu der Production eines Lautbildes anrege, von dem aus erst später der Mechanismus der Stimmmuskeln in Bewegung gesetzt wird. Man kann endlich drittens bemerken, daß wir zwar Vorstellungen von Farben, zu deren wirklicher Erzeugung unser Nervensystem kein Mittel hat, in der Erinnerung produciren, ohne uns dabei eigener Thätigkeit bewußt zu sein, daß wir aber nicht ebenso passiv eine Vorstellung von einem Laute in uns finden, wir stellen vielmehr jederzeit uns zugleich die Thätigkeit unseres Stimmorganes vor, und reproduciren die Tonvorstellungen gewissermaßen durch eine Reihe intendirter, nicht zum Vollzug kommender Bewegungen desselben. Deswegen gelingt es uns zwar gut, die feinsten Nüancen des Lautes, nicht aber Vorstellungen eines Schalles mit gleicher Deutlichkeit zu bilden, der über die Leistungsfähigkeit unseres Stimmorganes hinausgeht; so wie es uns auch immer unmöglich fällt, in Gedanken eine Musik in einem Tempo vorzustellen, in welchem unsere Stimme sie nicht ausführen könnte, während das Gehör doch der durch die Instrumente wirklich executirten Musik recht wohl folgen kann. Ich glaube, daß man die Richtigkeit dieser Bemerkungen nicht leugnen kann, obwohl schwer zu sagen ist, was daraus zu folgern sein wird. Eben indem wir uns bemühen, lebhaft uns an einen Schall zu erinnern, den unser Stimmorgan nicht produciren kann, müssen wir, wie es scheint, eine Vorstellung desselben schon besitzen; aber sie, sowie alle übrigen, wird nur in dem Grade klar und deutlich, als eine Affection in dem Centralorgane des Gehörsinnes reproducirt wird; diese nun scheint nicht leicht für sich selbst erweckbar zu sein, sondern erst zum Vorschein zu kommen, indem die Gefühle intendirter Bewegungen des Stimmorganes sie verstärken. Bei dem wirklichen Sprechen wird der producirte Laut selbst diese Rolle übernehmen; bei der stummen Erinnerung an Laute dagegen wird erst durch diesen Kreislauf gegenseitiger Anregungen die vollkommene Deutlichkeit der Lautvorstellungen erreicht werden. Würde dieser Zusammenhang der Processe krankhaft verändert, so daß, wie in einem neulich aus England erzählten Beispiele, das Vermögen, die Sprachorgane zum Aussprechen eines bestimmten Lautes zu disponiren, verloren ginge, so würden wir auch die Klarheit der Vorstellung von diesem Laute bestreiten müssen. Die Krankheitsfälle dieser Art sind so wenig bekannt, daß wir aus ihnen noch keine Schlüsse ziehen können. Wahrscheinlich aber kommt es uns vor, daß für diese gegenseitige Accommodation der Vorstellung und der Bewegung die fortwährende Mitwirkung eines sensiblen Centralorganes eine wesentliche Bedingung enthalte. — Zu dieser dritten

Klasse der Bewegungen gehört nun noch die große Menge derer, denen nicht immer eine ebenso detaillirte Vorstellung ihrer nächsten Effecte, sondern nur ein Bewußtsein ihres letzten Zieles vorhergeht, und bei denen wir deshalb um so mehr ein fein organisirtes Centralorgan voraussetzen müssen, auf welches die kleinsten Modificationen des Bewußtseins in entsprechender Weise einwirken. Diesen Betrachtungen über die motorischen Fähigkeiten mag nun noch eine problematische Annahme hinzugefügt werden. Daß geistige Stimmungen, die keineswegs aus sinnlichen Ursachen hervorgegangen sind, indirect einen großen Einfluß auf die vegetativen Verrichtungen äußern, ist bekannt. Theils indem sie Bewegungen veranlassen, theils indem sie Trieb und Interesse für solche schmälern, verändern sie jene, bald durch die Bewegung und Ruhe selbst, bald durch die sympathischen Effecte, welche diese in den dem Willen nicht unterthänigen Nervengebieten hervorbringen. Man könnte jedoch noch an einen directeren Einfluß des Geistes denken und einen Theil des Centralorganes, der ihm diente. Die Gestalt des Körpers ist nicht allein bestimmt, als Mittel zu zufälligen Zwecken des Individuums zu dienen, sondern wie sie in ihrer allgemeinen Bildung die ästhetische Bedeutung des menschlichen Lebens ausdrückt, so könnte der specifische Charakter und die herrschende Stimmung jedes individuellen Geistes auch Wege finden, direct auf die Gestaltung des Körpers einzuwirken, und das, was die mimischen Bewegungen für einen vergänglichen Zustand leisten, durch eine langsamere, nachhaltigere Formveränderung für einen beständigeren versuchen. Die Annahme einer Seele als Baumeisterin des Körpers ist zwar eine ebenso unmögliche als fruchtlose, nicht ebenso verhält es sich aber mit der anderen, daß unter all den Substanzen, aus deren festgesetzten Gegenwirkungen die Gestalt des lebendigen Körpers entsteht und unterhalten wird, auch die Seele mitzähle. Aus einer willkürlich und zweckmäßig schallenden Macht würde sie dann freilich zu einer mechanisch bedingten und bedingenden Substanz geworden sein, eine Rolle, welche sie ohnehin dem sensiblen und dem motorischen Nervensysteme gegenüber spielt. In wie weit nun bei den Menschen diese Gewalt der Seele über die Vegetation anzunehmen möglich sei, lassen wir dahingestellt, und wollen am wenigsten unsere Meinung durch Berufung auf die scheinbaren Thatsachen etwa des Versehens der Schwangern u. s. f. stützen, obwohl nur ein thörichtes Zutrauen zu durchaus nicht unfehlbaren Theorien die Unmöglichkeit dieser Erscheinung aussprechen konnte, deren Unwirklichkeit höchstens wir empirisch kennen lernen können. In dem Thierreich, wo überhaupt die Gestalt des Nervensystemes so sehr von der des menschlichen abweicht, sind dagegen solche Verhältnisse viel bedeutender zu erwarten. Den höheren Geschöpfen, in denen die Thätigkeit der Seele zu besserer Ausbildung gelangt ist, wird die Kenntniß der vegetativen Vorgänge, auf denen ihre Existenz beruht, durch die Verschwiegenheit des Sympathicus entzogen und eben dadurch dem Seelenleben die Möglichkeit verschafft, seine Kraft auf die Wahrnehmung der Außenwelt und höhere Interessen zu richten; bei vielen der niederen Thiere dagegen füllen Umwandlungen der Gestalt, große Veränderungen des Stoffwechsels, Handlungen, die nicht ohne Kenntniß der materiellen Veränderungen des Aeußeren unternommen werden können, die ganze Aufgabe des Lebens aus, und eine Menge ihrer Instincthandlungen wird sich nur unter der Voraussetzung denken lassen, daß für sie ein großer Theil der vegetativen Verrichtungen Gegenstand des Bewußtseins wird, so wie daß die Zustände der Seele in ausgedehnterer Weise als bei uns, auf die Gestaltbildung und den Stoffwechsel zurückwirken.

53. Außer diesen angeführten Aufgaben, und solchen, die sich ihnen un-

mittelbar anschließen, sehen wir nichts, was durch die Centralorgane für die Seele geleistet werden könnte, und so wird sich hieraus auch leicht ergeben, wie wir über die Bemühungen der Phrenologie zu urtheilen haben. Es war ein wesentlicher Vorzug der ursprünglichen Gallischen Lehre, daß sie den höhern Geistesthätigkeiten kein besonderes Organ zuschrieb, sondern nur diejenigen Thätigkeiten, in denen die Seele Aeußerliches verinnerlicht oder Inneres zur Aeußerung bringt, an bestimmte Centralorgane zu fesseln suchte. Man begeht in diesen phrenologischen Erklärungen gewöhnlich mehrere Fehler. Man betrachtet zuerst fast jede Thätigkeitsäußerung der Seele isolirt für sich und weist ihr irgend ein Organ zu; verwechselt mithin leicht solche Functionen, die in der That ganz direct von Nervenprocessen abhängen, mit andern, die nur sehr indirect durch dergleichen Processe begünstigt oder gehemmt werden, in der That aber nur in ihrer Anwendung, in dem Reichthum der Gelegenheiten zur Ausübung von ihnen abhängen. Die Classificationen der Seelenvermögen, wie sie noch immer von der Phrenologie vorgebracht werden, bilden zu häufig ein chaotisches Aggregat, in dem alles coordinirt erscheint, was auf die mannichfaltigste Weise subordinirt, selbst entgegengesetzt ist. Anstatt so specielle Vermögen anzunehmen, und die ganze Ausbildung eines Charakters, so wie sie in einem Augenblicke vorliegt, als fixirt in einer Bildung der Centralorgane anzusehen, würde man in dieser nur wenige einfachere Prädispositionen der Art voraussetzen dürfen, wie wir sie geschildert, und aus der Combination dieser mit den einwirkenden Umständen des Bildungsganges dieses Ergebniß eines entwickelten Charakters zu erklären suchen. Auch wir können annehmen, daß jene Talente, die nur in der Verknüpfung von Sinneselementen sich äußern, an angeborenen Dispositionen der Centralorgane haften. Daß der Sinn für Musik, Malerei, selbst für die Uebersicht und Anordnung mathematischer Größen und Formeln, die Leichtigkeit des Ortsgedächtnisses ebenso, wie anderseits die Stimmungen des Geistes überhaupt, die Größe einzelner sinnlicher Triebe, die Lebhaftigkeit und Zartheit der Empfindungen und die Gelenkigkeit, selbst der Trieb zu einzelnen Bewegungen an körperlichen Dispositionen hafte, wird Niemand bezweifeln, und gerade dies ist der Kreis von Thätigkeiten, den nicht nur unsere Annahme von ihnen abhängig macht, sondern in welchem uns auch die Erfahrung die häufigsten und deutlichsten Beispiele erblicher Fortpflanzung der Geistesrichtungen zeigt. Einzelne Volksstämme, die sich lange unvermischt erhalten, pflegen in diesem Kreise auch einen nationalen Typus zu bewahren, und es ist die Frage, ob nicht ohne die fortwährende Kreuzung der Racen, die in den Mischlingsvölkern gewöhnlich die kräftigsten Fermente neuer Bildung erzeugt, das menschliche Geschlecht in eine Reihe von Varietäten zerfallen würde, deren jede wie die einzelnen Thierklassen, wenn auch begreiflich nicht in dem Maße, sich durch angeborene Instincte auszuzeichnen scheinen würde. Die weiteren Nachwirkungen, welche solche Anlagen für das ganze geistige Leben hervorbringen müssen, sind nicht gering; denn obwohl wir dieselben allgemeinen höhern Geistesthätigkeiten überall voraussetzen müssen, so geht doch aus jenen eine so bestimmte Steigerung und Schmälerung des Interesses für einzelne Gebiete der Handlungen hervor, daß dadurch allein schon bei der Beobachtung so umgebildeter Gemüther es schwer wird, dieselben höheren Functionen überall wiederzufinden. Bei anderen Richtungen der geistigen Thätigkeit täuscht man sich offenbar, wenn man eine besondere Anlage für sie nöthig meint. Der Sinn für Sprachen, für Philosophie, für Geschichte wird jedenfalls auf einem Zusammenfluß mehrerer geistiger Bedingungen beruhen, theils einer vorwiegenden Fähigkeit zur sinnlichen Vorstellung und Gestaltung nach einer besondern Richtung hin, theils einer eigenthümlichen allgemeinen Stimmung des Geistes, die ohne neue Fähigkeiten zu geben, die überall vorkommenden vielmehr zusammenhält und einem bestimmten Ziele zulenkt. Nächst diesen Irrungen nun über den Zusammenhang der Geistesfunctionen selbst, überläßt man sich noch in der Phrenologie und Kranioskopie einer zweiten Klasse ganz unmotivirter Gedanken. Man stellt gewöhnlich eine viel zu geringe Anzahl möglicher Hypothesen auf und beschränkt die Erfahrung gewaltsam auf eine einzige Richtung, als könne nur in ihr die Wahrheit liegen. Gewiß ist unter allen Theilen des Körpers das Gehirn dasjenige, in dessen Functionen die geistigen Thätigkeiten den nächsten Anhalt haben; aber viele Zustände des Gemüthes, namentlich jene allgemeinen Stimmungen, deren Einfluß größer ist, als zugestanden, können ebensowohl auf der Eigenthümlichkeit des Einflusses beruhen, den die chemische Natur des Blutes z. B. auf die Centralorgane fortwährend ausübt, oder auf den Anregungen sensibler Nerven, die von irgend einem vorzugsweise reizbaren Theile ausgehen. Beschränkt man sich aber auf das Gehirn, so ist es hier wieder eine ganz ungegründete Annahme, daß die verschiedenen sogenannten Vermögen der Seele jedes in einer besondern Gegend desselben seinen Sitz haben solle, eine Hypothese, welche die unendlich mannichfaltige Verbindung der verschiedenen Vermögen, die fast in jedem Acte des Seelenlebens vorkommt, ganz bei Seite läßt. Hier hätte auch die zweite Annahme eine Berücksichtigung verdient, daß die verschiedenen Thätigkeiten der Seele an verschiedenen Faserbündeln oder Primitivfasern haften, die durch höchst mannichfache Verschlingungen an vielen Punkten verbunden, durch Verschiedenheit ihrer Lagerungsverhältnisse zu den verschiedenen letzten Gestalten der Seelenthätigkeit beitragen. Außer der Analogie dieser Annahme mit den sensiblen und motorischen Nerven böte sie noch den Vortheil, daß durch diese Anordnung die Vorstellung, das Gefühl, der Wille, überall geregelte Uebergänge in einander finden können. Allein auch diese Ansicht ist willkürlich; ebenso wie die verschiedenen Farben ihren Grund in verschiedenen Bewegungen desselben Aethers haben, so könnten sich auch die Seelenthätigkeiten nicht nach dem Organe, sondern nach den Processen unterscheiden, die in den gleichgebauten Nervenfasern überall vorgehen können, eine Ansicht, deren Princip höchst einfach und doch der mannichfaltigsten Ausbildung fähig sein würde. Die theoretischen Grundlagen der Kranioskopie, abgesehen noch ganz von den bekannten Einwürfen wegen der Structur der äußeren Bedeckungen, sind mithin sehr schwankend; welche von diesen Hypothesen mehr Wahrscheinlichkeit habe, müßten wir von den Erfahrungen erwarten. Da aber wäre es zu wünschen, daß man einstweilen sich auf Constatirung der augenfälligsten und unverkennbarsten Facta beschränkte, anstatt sich mit einer neugebornen Wissenschaft auf Feinheiten einzulassen, die in diesem Gebiete am wenigsten controlirt werden können.

54. Wir haben bisher die Bedürfnisse körperlicher Mitwirkung kennen gelernt, welche die Seele überhaupt haben kann; es fragt sich noch, auf welchem Wege sie befriedigt werden, und zwar in der doppelten Rücksicht, daß wir zuerst die muthmaßliche Einrichtung und Structur der Centralorgane überlegen, dann aber die allgemeine Möglichkeit der Einwirkung zwischen Seele und Gehirn. Was das erste betrifft, so müssen wir gestehen, daß wir darüber nicht nur außerordentlich wenig wissen, sondern daß man sich auch selten darüber klar ist, welche Erwartungen man sich eigentlich bilden soll. Die Erfahrungen stellen die Thatsache fest, daß wenigstens bei höheren Thieren jede be-

wußte Empfindung, jede willkürliche Bewegung, überhaupt jede Aeußerung des Seelenlebens an die Integrität des Centralorganes geknüpft ist, so daß äußere Reize erst dann, wenn sie mit ihren Nachwirkungen dieses erreichen, eine Empfindung hervorrufen, Bewegungen der Willkür aber ihren Impuls von demselben erhalten. Diese Thatsachen haben zunächst dazu geführt, der Seele einen bestimmten Wohnsitz in dem Gehirne anzuweisen, und die Erfahrungen, daß nach stückweiser Ablösung anderer Glieder das Seelenleben keine Abnahme erleidet, bestätigen die Meinung, daß die Seele in dem Gehirne in eminenterem Sinne wohne, als im übrigen Körper. An und für sich nun hat diese Ansicht auf diesem Standpunkte wenigstens keine theoretischen Schwierigkeiten gegen sich, denn wie sehr wir auch jedes Prädicat räumlicher Ausdehnung von der Seele leugnen mögen, einen bestimmten Ort können wir auch dem anweisen, das keinen Raum erfüllt; einen punctuellen Ort allerdings, der nur die Stelle im Raume bezeichnet, bis zu welchem Einwirkungen dringen müssen, um es zu erreichen, und von welchem aus die Rückwirkungen desselben in die räumliche Welt ausstrahlen. Man würde dann Recht haben, den Ort, an welchem die sensiblen und motorischen Centralfasern sich zusammenfinden, in diesem Sinne für das Centrum aller Wirkungen anzusehen, und die Existenz eines Centralorganes wäre aus dem doppelten Grunde nothwendig, weil einerseits vielleicht nur in räumlicher Berührung die Wechselwirkung zwischen Seele und Körper stattfinden könnte, und weil außerdem nicht das Rohproduct der einzelnen zerstreuten Nervenprocesse, sondern geordnete Combinationen derselben der Seele als leibliche Anregung überliefert werden sollen. So würde mithin eine solche Ansicht ein sehr leicht anschauliches Bild ergeben, und wir könnten es den vervollkommneten Beobachtungen überlassen, den Ort zu bestimmen, der in diesem Sinne Sitz der Seele sein könnte, und der ebenso wohl fest, als in gewissen Grenzen veränderlich sein könnte. Es läßt sich nun zwar über die feinere Structur der Centralorgane nichts Gewisses sagen, aber so weit wir sie jetzt kennen, ist es gar nicht sehr wahrscheinlich, daß eine solche Zusammenkunft aller erregenden und erregbaren Nervenwurzeln an derselben Stelle stattfinde. Auch die gewöhnliche Nervenphysiologie sucht hier zwei widersprechende Wünsche zu vereinigen; einmal soll jede Nervenfaser ihren Eindruck isolirt zum Gehirne fortpflanzen und dort sich in einer Art Claviatur einreihen, die der Seele vorliegt; anderseits soll doch das Centralorgan eben centralisiren, mithin müßte es eine Verschmelzung der Eindrücke unter einander geben. Ist die Seele genöthigt, sich im Gehirn von einem Nervenende zum andern auch nur um den tausendsten Theil einer Linie zu bewegen, so war diese Versammlung gesonderter Fasern sehr unnöthig, so wie das ganze Nervensystem; nach demselben Princip mit etwas größerer Anstrengung lernte die Seele auch an jeden gereizten Ort hineilen und dort empfinden; denn wollte man hier sagen, daß ohne zuleitendes System sie nicht wissen könne, wohin sie eilen solle, so weiß sie eben so wenig, zu welchem centralen Faserende sie sich wenden soll, wenn es nicht noch ein zweites zuleitendes System zwischen diesen Enden und ihr giebt, das sich zuletzt in einen untheilbaren Punkt vereinigte. Wäre dies aber der Fall, daß zuletzt alle Anstöße sich in einem einzigen Nervenelemente versammelten, so würden sie sich hier entweder stören oder nicht; im letztern Falle begriffe man die Nothwendigkeit der feinen Organisation des Nervensystemes nicht; eine einfache continuirliche Flüssigkeit wäre für solche Impulse, wie für die Schall- oder Lichtwellen, ein ebenso guter Leiter gewesen, und man sieht nicht, warum jeder Eindruck durch einen besondern isolirten Kanal bis zur allgemeinen

Sammlungsstelle hätte geleitet werden müssen. Endlich ist die Annahme, daß nur bei räumlicher Berührung die Nervenelemente auf die Seele, diese auf jene wirken könne, keine, deren Nothwendigkeit sich von selbst versteht, und wir können den philosophischen Ansichten nicht beistimmen, welche jede Causalität nur in räumlichem Contact für möglich halten. Dies vorausgesetzt, wird die Bedeutung der Centralorgane etwas anders aufgefaßt werden müssen. Daß alle Reize erst nach Erreichung des Gehirnes Empfindung erwecken, ist für uns nur eine vorgefundene Thatsache; dagegen ist nicht an sich begreiflich, warum die Seele dann besser soll percipiren können als vorher; wir müssen vielmehr anerkennen, daß wir hier eine factische Bedingung vor uns sehen, von der wir nicht sagen können, auf welchem Wege sie ihr Bedingtes bedingt. Dagegen können wir leichter die Zweckmäßigkeit und Vernünftigkeit dieses causal nicht weiter zu erklärenden Verhältnisses begreifen. Wir haben hinlänglich gesehen, daß die Seele allein nicht zu Stande kommen würde, wenn sie eine Menge zerstreuter einzelner Empfindungen zu dem anschaulichen Gesammtbilde einer äußern Welt vereinigen sollte, der ganze Kreis ihrer Gefühle, sofern sie irgend eine empirische Anregung voraussetzen, ist nur möglich, wenn die verschiedenen sich störenden oder begünstigenden Processe noch auf physikalischem Grund und Boden sich an einander messen können; die Leichtigkeit aller Bewegungen wird nur dadurch erzielt, daß schlagfertige Mechanismen vorhanden sind, denen ein einziger Anstoß zur Entwickelung einer zweckmäßigen Gruppe von Bewegungen genügt. So wird mithin das Centralorgan nicht dazu dienen, der Seele sonst unerreichbare Processe räumlich anzunähern, sondern überhaupt die ganze Welt der Anregungen erst zu bilden, deren Einfluß die Seele empfinden soll. Hierzu wird es nicht nöthig sein, daß das Nervensystem sich in irgend einen Centralknoten oder Punkt vereinige; dies unserm Auge vorliegende mannichfache Geflecht von Fasern und Kügelchen wird Wege genug darbieten, auf denen die verschiedenen Processe einander inducirend verändern oder bestimmen können; das Resultat aber wird nicht noch einmal räumlich bis zu den Pforten der Seele geleitet zu werden brauchen, sondern sein Dasein wird genügen, um in ihr eine bestimmte Welt der Anschauungen und Zustände zu erwecken. Allerdings wird daher die Seele in Bezug auf diese Thatsachen eine Art unmittelbaren Wissens zu besitzen scheinen, weil der Vermittlungsgang, durch den diese Zustände des Centralorganes jene der Seele hervorrufen, wenigstens kein Gegenstand sinnlicher Erfahrung oder auch nur Vorstellung ist und insofern ist es unmöglich, diejenigen durch theoretische Gründe zu überzeugen, die von diesem unmittelbaren Wissen, wie sogleich zu erwähnen sein wird, über die Grenzen hinaus Gebrauch machen, in denen die Erfahrung es vorauszusetzen befiehlt. Die Beiträge übrigens, die die einzelnen Nervenorgane zu dem ganzen Seelenleben liefern, sind an Werth verschieden; daher wird auch für unsere Ansicht dieses Leben vorzugsweise an bestimmten Gehirntheilen zu haften scheinen, während ihm die Zerstörung anderer nur eine Fähigkeit gewisser Aeußerungen entzöge.

55. Eine Frage, die wir noch zu berühren haben, ist diese, wie überhaupt in allen bisher erwähnten Fällen einer Wechselwirkung zwischen Seele und Körper der Hergang derselben zu denken sei. Ich bin es müde, hierüber Ansichten zu wiederholen, die ich nicht ändern kann, und begnüge mich, auf früheres verweisend, mit einigen Worten noch rückständige Mißverständnisse zu berühren. Es ist ohne Zweifel ein künstlicher und nicht der vollkommen natürliche Standpunkt für die Betrachtung dieser Dinge, von wel-

chen aus wir eine scharfe Trennung von Körper und Seele voraussetzend, nach deren gegenseitigem Einfluß fragen. Allein dieser Umstand hat kein Gewicht bei der Auflösung dieser Frage. Die ganze Schwierigkeit derselben rührt vielmehr davon her, daß diejenigen, die so viel von der Einführung physikalischer und mechanischer Erklärungsweisen in die Physiologie sprechen, und sich doch wenig die Mühe genommen haben, die Grundlagen dieser physischen Mechanik zu überdenken, den Fall von der Wechselwirkung zwischen Seele und Körper für einen exceptionellen gehalten haben, d. h. für ein Beispiel der Causalität, dessen innern Zusammenhang sie ausnahmsweise ein Mal nicht verständen, während ihnen der Nerv der gegenseitigen Abhängigkeit zwischen zwei Naturprocessen sonst ganz offen vorliege. Deswegen möchten sie lieber einen so ganz abnormen Fall für unwirklich erklären, und alle Thätigkeiten der Seele in Nervenprocesse verwandeln, mit denen sie dann besser fertig zu werden denken. Es ist jedoch gar nicht so, obwohl man dem gewöhnlichen unwissenschaftlichen Bewußtsein es nicht verdenken kann, wenn es diesen Fall bedeutungsvoll verschieden von andern findet. Die alltägliche Anschauung ist gewohnt, zusammengesetzte Processe in ihre einfacheren Bedingungen aufzulösen, das Triebwerk eines Mechanismus zu betrachten, und hier überall nur von Gleichartigem zu Gleichartigem überzugehen; kommt es auch ein Mal zu der Ahnung, daß den Leistungen dieser mechanischen Theile bedingende Gesetze und Kräfte zum Grunde liegen müssen, so macht es sich doch kein Kopfbrechen darüber, giebt ihnen Namen und hält sie für bekannt. Darin ist großentheils auch die mechanische Physik nachgefolgt, ohne damit übrigens, da sie die Gewißheit ihrer Lehren allerdings zu zeigen weiß, einen Fehler zu begehen. Aber gerade das achten die Bewunderer dieser Wissenschaft zu gering, daß eben ihre Principien, jene Begriffe der Trägheit, der Mittheilung der Bewegung, der Grundkräfte sämmtlich in demselben Sinne unerklärt sind, wie unser Problem. Es ist noch nicht vergessen, welcher Streit über den Stoß geführt worden ist, über dieselbe craß mechanische Wirkungsweise, mit deren zu Grundlegung man früher alle verborgenen Qualitäten zu eliminiren und der Wissenschaft zur Exactheit zu helfen suchte. Die Sache ist jetzt beschwichtigt, aber nicht erledigt. Auf die Frage, wie ein Körper es anfange, um einem andern im Stoße eine Geschwindigkeit mitzutheilen, wird man schwerlich eine detaillirtere Antwort wissen, als auf die nach der Art der Causalität zwischen Körper und Seele. Man hat sich viel zu sehr gewöhnt, den reinen Begriff der Wechselwirkung unter dem Bilde irgend einer zusammengesetzten physikalischen Kraftäußerung zu denken, weiß ihn deshalb nicht mehr auf zwei Substanzen als solche anzuwenden, und vergißt ganz, daß in jeder solchen physikalischen Erscheinung dasselbe Räthsel auch verborgen liegt, wenn man nur sie weit genug analysirt, um es sehen zu können. Was man also bei unserm Problem nicht weiß, weiß man nirgends. Es ist uns immer möglich, zusammengesetzte Effecte aus ihren einfachen Componenten zu construiren, dann setzen wir diese letztern als klare Größen voraus; bei näherer Betrachtung ist aber die Art ihres Zustandekommens wieder nur unter Voraussetzung noch einfacherer zusammensetzender Processe erklärbar. So gelangen wir zuletzt immer dahin, als äußerste Grundfäden dieses ganzen Gewebes gewisse thatsächlich vorhandene Verkettungen zwischen mehreren Ereignissen in den Händen zu halten, in denen keine Analyse mehr die Nothwendigkeit des Zusammenhanges verstehen kann. Dies Verhältniß ist es, wofür ich den Namen einer occasionalistischen Theorie gewählt habe. Nur eine sehr unbesinnliche

Gewöhnung an den Gebrauch mechanischer Grundsätze ohne ein Bewußtsein über ihre Rechtfertigung, kann miskennen, daß aller Mechanismus zuletzt auf solchen Proportionen beruhen muß, deren Glieder nicht selbst wieder durch mechanische Verkettung zusammenhalten. Bei solchen Grundphänomenen angelangt, müssen wir unsere causalen Untersuchungen einstellen, denn sie haben kein Object mehr; es ist nicht blos Schwäche unseres Erkenntnißvermögens, daß wir hier den Mechanismus der Bewirkung nicht durchdringen, sondern es ist keiner da und keiner nöthig; gäbe es nicht einen Punkt, wo aus der bloßen Gegenwart zweier Substanzen, die nach irgend einem Gesetze gegenseitig einander bestimmen sollen, diese Wirkung auch wirklich einträte, ohne daß es eines besondern Impulses bedürfte, so wäre jede auch weiter zusammengesetzte mechanische Action sammt all den scheinbaren Kräften unmöglich, durch die sie zu Stande kommt. Diesem an sich so klaren Gegenstande ist nur noch eine Verwahrung hinzuzufügen. Die Naturwissenschaft hat, wenn sie vollständig sein soll, zweierlei zu berücksichtigen; sie soll zuerst niemals die höchsten primären Ursachen hervorkehren, um die secundären nächsten übergehen zu können; sie soll aber ebenso wenig unwissend darüber sein, daß es solche letzte Ursachen giebt, die nicht selbst wieder nach der Weise der untergeordneten gemessen werden können, daß überhaupt alles mechanisch in der Natur ist, mit Ausnahme der Principien des Mechanismus. Ich hoffe beiden Anforderungen genügt zu haben. Der Wille Gottes ist kein Erklärungsprincip der Naturwissenschaft; die Erklärung beginnt erst, wo aus den Principien, die man immerhin auf jenen Willen zurückführen mag, durch mannichfaltige Combination die näheren untergeordneten Ursachen entwickelt werden, die der Erscheinung ihre bestimmte Stelle anweisen; dieser Gedanke ist das wesentliche Regulativ meiner frühern Polemik gegen die Lebenskraft, die eine ähnliche höchste Ursache für alle Erscheinungen des Lebens in Bausch und Bogen an die Stelle der besondern bewirkenden Ursachen jeder einzelnen Erscheinung setzte. In der Aufsuchung der letzteren und in der Abmessung ihrer Wirkungen nach allgemeinen Gesetzen besteht überall die mechanische Naturwissenschaft. Meint daher ein sonst einsichtsvoller Beurtheiler, daß man mit demselben Rechte, mit dem man eine unmittelbare Verknüpfung geistiger Zustände mit körperlichen annimmt, auch etwa die elliptische Planetenbewegung von einem Immediatbefehl Gottes ableiten könne, der zu dem Planeten gesagt habe: nun laufe du um die Sonne, so ist dies eine sehr unzureichende Widerlegung eines Princips dadurch, daß man ihm eine absurde Anwendung giebt. Daß die Centralbewegung eine zusammengesetzte sei, ist eine sehr einfache Kenntniß; aber die Grundsätze, auf denen sie beruht, das Gesetz der Trägheit und hier das Gesetz der Gravitation entgehen allerdings jeder weitern causalen Erklärung, das letzte wenigstens für diesen Augenblick; eine dialektische Interpretation freilich, die die Vernünftigkeit ihrer Existenz nachwiese, ist ein möglicher Versuch. Ich muß daher bei der Meinung beharren, daß in der Wechselwirkung zwischen Körper und Seele durchaus kein größeres Räthsel liegt, als in irgend einem andern Beispiele der Causalität, und daß nur die Einbildung, bei diesen andern mehr zu wissen, die Verwunderung erzeugt hat, daß man hier nichts weiß. So wenig wir wissen, wie ein Ding es anfängt, um zu sein, so wenig kann man es sagen, wie es zu wirken im Stande ist. — Es hängen mit dieser gesammten Ansicht noch zwei Punkte zusammen. Erstens können einmal vorhandene Zustände der Centralorgane nicht von selbst aufhören; sondern müssen ausgeglichen werden; dies aber kann sehr leicht durch die fortwährende Ernährung geschehen; zweitens werden neue Processe in denselben durch Einwirkung der Seele entstehen, und diese werden sich, da ihnen keine andere Veränderung der Massen als Ursache voranging, wie Effecte einer an sich oder spontan veränderlichen Kraft ausnehmen. Mit diesem Ausdruck sollte nichts Neues gelehrt, sondern nur darauf hingewiesen werden, daß die von der Seele neu erregten Körperzustände am leichtesten sich als Größenveränderungen einer wirkenden Kraft fassen lassen, die dann vermöge der Verbindungsweise der Massen und Kräfte unter sich zu sehr verschiedenen qualitativen Effecten führen können. Dieser Ansicht steht die andere gegenüber, daß keine einmal im Nervensysteme entstandene Wirkung absorbirt werde, daß vielmehr die Nervenprocesse in der Empfindung beginnend, als Gedächtniß fortwogend, sich verschmelzend, modificirend, zuletzt in motorische Anregungen ausbrechen, mithin die Größe der Bewegungen in diesem Gebiete der Massen gleich bleibe, und keine physikalische Veränderung anders als durch Mittheilung der Bewegung aus einer früheren entstehe. Wir haben früher uns vorbehalten, der Freiheit des Willens das Wort zu reden. Ihren positiven Begriff zu bestimmen, gehört nicht in eine physiologische Psychologie; aber abwehren müssen wir Annahmen, die sie unmöglich machen würden, worin sie auch bestehen möchte. Nach jener Ansicht wäre der Mensch nur der bewußte Zuschauer seines eignen körperlichen Mechanismus; neugierig würde ich wenigstens sein, wie man auch mit dieser materialistischen Theorie jene moralischen Anforderungen vereinigen würde, die man im Leben doch anerkennt, wenn man sie freilich auch mit doppelter Rechnung in der Wissenschaft als Phantasien behandelt.

56. So viel von jener Ansicht, welche das Centralorgan für ein Werkzeug ansieht, dem die Seele an sich selbstständig gegenübersteht, und mit dem sie nach allgemeinen Bestimmungen zu einem Mechanismus der Wechselwirkung verbunden ist. An diese Theorie, die unter allen für den weitern Gebrauch die einfachste und anschaulichste ist, weil sie sich ganz in dem Begriffskreise bewegt, dessen leichte Anwendbarkeit auch in der Physik so schöne Früchte erzeugt hat, schließen sich die beiden letzten der früher erwähnten vier Ansichten an. Die eine, schwer charakterisirbar, benutzt die Unmöglichkeit, den Causalzusammenhang zwischen Körper und Seele anschaulich zu machen, und ihn a priori auf eine gewisse Anzahl von Gegenwirkungen zu beschränken, dazu, theils ein physikalisch unvermitteltes Wissen, theils eine ebenso unvermittelte Herrschaft des Geistes über das Aeußere anzunehmen. Es ist die Reihe jener bunten Theorien, die man den Erscheinungen des thierischen Magnetismus zu Liebe ersonnen hat. Sie sind theils von der Art, daß sie noch einen Schein des Zusammenhanges mit der physikalischen Naturwissenschaft bewahren, in dem sie alle wirklich gegebenen Thatsachen benutzen, um sie nach allerdings nicht unmöglichen, aber höchst unwahrscheinlichen Analogien so auszuspinnen, daß sie bis an das Land dieser Wunder hinanreichen. Mit der Annahme uns sonst unbekannter Sinnesempfindungen, durch unbegreiflich feine Medien geleitet, mit der Voraussetzung von Nervenatmosphären, die die Intentionen des Willens ohne sichtbare Brücke doch auf die Objecte übertragen, läßt sich viel bestreiten, ohne daß man aus den Grenzen des logisch-, ja selbst des mechanisch-Möglichen erweisbar heraustritt. Diese Theorien benutzen mithin unsere natürliche Unfähigkeit, die Existenz dessen zu widerlegen, was an sich möglich, seinem Wesen nach aber unserer jetzigen Beobachtungskunst unerreichbar sein würde. Ein anderer Theil dieser Ansichten, Ahnungen, vorhersagende Träume, gegenseitigen Rap-

port der Geister annehmend, sieht von aller physikalischen Vermittelung ab und glaubt in einem substantielleren Bande, welches das Geisterreich als solches verknüpft, die Quelle der Erklärung mancher Erscheinungen zu finden, die wir nur deshalb mit Mißtrauen betrachten, weil wir uns ganz mit Unrecht gewöhnt haben, das Factum der gewöhnlichen physischen Vermittlung unsers Wissens und Handelns für sich von selbst verstehend und für nothwendig zu halten. Und hierin haben diese Ansichten Recht; die Physiologie täuscht sich, wenn sie meint, diejenigen Erscheinungen des Wissens, deren Dasein sie anerkennt, erklären zu können; in jeder Empfindung liegt wirklich jenes unvermittelte Wissen vor; nur das Object, worauf es sich bezieht, ist durch mancherlei Vermittelungen zu einer resultirenden Gestalt gebracht, in der es erst Object sein soll. So ist mithin das unmittelbare Wissen vorhanden, aber in der Regel eingeschränkt auf einen bestimmten Kreis von Gegenständen, deren Wirkungen das Nervensystem berühren. Wer behaupten will, es könne sich über diese gewöhnlichen Grenzen erweitern, sagt nichts von der Physiologie Widerlegbares, sondern etwas Unbeurtheilbares. Alle solche magnetische Erscheinungen muß man erst selbst sehen und dann seinen Augen nicht trauen; ihre Wahrscheinlichkeit wird immer von den Gedanken abhängen, die wir uns über die Stellung der Seele in der Welt, ihre Bedeutung und Bestimmung machen; diese Gedanken aber sind schwer einer andern allgemeinen, als einer ästhetischen, etwas unbestimmten Beurtheilung zu unterwerfen. Die letzte, vierte Ansicht entdeckt uns die Schwächen jener Organenlehre. So lange wir blos das gegenwärtige Spiel der Wechselwirkung zwischen Seele und Körper betrachten, wie es allgemeinen Gesetzen folgt, genügt jene mechanische Aneinanderkettung beider; fragen wir, wie diese entstanden sei, wie sich in jeden Keim eines lebenden Geschöpfes eine Seele hineinfinde, wie die Seelen verschiedener Thierklassen ihre bestimmten, respectiven Wohnstätten finden, was aus den Seelen vergangener Körper, verkommener Keime wird, wo die Seele, wenn unvergänglich, vorher war, nachher sein wird, oder wenn sie nicht ewig ist, wie ihr Entstehen zu denken sei, so gelangen wir zu Theorien, welche den künstlichen, in gewissen Grenzen brauchbaren Standpunkt jener Organenlehre verlassen müssen, um diese einzelnen widerstrebenden Erscheinungen und mit ihnen alle übrigen aus einer umfassenderen Ueberzeugung über den Zusammenhang der Welt zu betrachten.

VII. Aphorismen über psychologische Theorien.

Die Punkte zu beleuchten, in denen Physiologie und Psychologie sich berühren, war die bereits in der Einleitung ausgesprochene Aufgabe dieser Betrachtungen. So lange nur der Zusammenhang körperlicher und geistiger Ereignisse, wie er sich allenthalben als Gegenstand der Erfahrung zeigt, der Untersuchung vorliegt, reichen die früheren Auseinandersetzungen hin, um unsere Begriffe hierüber zu klären und festzustellen; in dem eben Erwähnten haben wir indessen die Fragen hervorgehoben, die über diese Ansichten hinauszugehen gebieten, und die von einer umfassenderen Theorie über die Natur der Seele ihre Beantwortung verlangen. Nur in Beziehung auf dieses Verhältniß des Seelenlebens zu dem körperlichen wollen wir hier einige aphoristische Bemerkungen über die verschiedenen psychologischen Theorien hinzufügen; was diese außerhalb des Gebietes jener Fragen in der Erklärung der reinen psychischen Processe leisten, kann wenig berührt werden; ein Theil eines physiologischen Werkes kann von der Psychologie nur verlangen, daß sie Rede stehe über ihr eigenes Verhältniß zu physiologischen Thatsachen. Auch diese beschränkte Aufgabe ist indessen schwierig genug, denn die erwähnten Probleme gehören grade zu denjenigen, auf welche nur von dem Standpunkte einer in sich concentrirten Weltansicht ein befriedigendes Licht fallen kann, und so sind wir genöthigt, Ergebnisse kurz einzuleiten, deren Vorbedingungen durch sehr langwierige Untersuchungen allein vollständig dargestellt werden können.

57. Will man den gesammten Reichthum der inneren Erfahrungen einer Erklärung näher bringen, so ist es ein sehr natürlicher Gedanke, zunächst zu einer Theorie von Seelenvermögen zu greifen. Der Auslegung bestimmterer Probleme geht voran die Vergleichung der Thatsachen, die Sammlung des Gleichartigen und seine Beziehung auf gemeinschaftliche, die Trennung des Ungleichartigen und seine Zurückführung auf verschiedene Erklärungsquellen. Und da man bald sieht, daß von den so gewonnenen Klassen der Seelenerscheinungen keine einzige eine unwandelbare Eigenschaft oder ein nie fehlendes Product innerer Thätigkeit ist, so konnte man der Seele nicht ohne weiteres Thätigkeiten oder Kräfte, sondern nur erregbare Vermögen zuschreiben, so daß das Auftreten der inneren Ereignisse zwar von fremdher gegebenen Anstößen ausging, die bestimmte Gestalt der Reaction aber von diesen Reizen doch nur grade in diesem dazu fähigen Substrat, in der Natur der Seele erregt werden konnte. So gefaßt sind diese Vermögen, so viele man ihrer auch annehmen möchte, der Einheit der Seele nicht widerstreitend, denn sie kommen genau genommen der Seele nicht allein oder schlechthin zu, sondern gehören ihr nur unter der Bedingung, auf gewisse Weise gereizt zu sein, und so wie diese Bedingungen wechseln, wird auch das der constanten Seele und jenen variablen Elementen zugleich angehörige Product verschiedene Formen zeigen. Allerdings ist von den Seelenvermögen sehr häufig so gesprochen worden, als wären sie in der Seele schon fertig vorhandene, auf einen Gegenstand, den sie ergreifen könnten, lauernde Mächte, deren Thätigkeit, wie etwa die der physikalischen Kräfte, der Schwere, in stetigem Ablauf zu denken wäre, und nur aus Mangel an Gelegenheit, sich in Producten zu äußern, bisweilen latent schiene. Man behandelte überhaupt diese Vermögen oft als Werkzeuge, die wir den Objecten entgegenstrecken, um diese durch sie aufzufassen und zu gestalten: in der That aber beruhen sie nur auf dem Gedanken, daß jeder wirkliche Effect seine Möglichkeit voraussetzt, ganz unentschieden noch, ob die Gestaltbarkeit der Seele zu einem Erfolge auch noch von einer ausdrücklich für ihn berechneten Zusammenstellung ihrer Kräfte zu einem Werkzeuge unterstützt werde. Die ganze Ansicht, von früheren Philosophien festgehalten, ist bekanntlich jetzt in Ungunst gefallen, aus guten Gründen zum Theil, aber zum Theil auch mit Vernachlässigung eines richtigen Gedankens, den sie enthält. Das Richtige dieser Ansicht nämlich besteht ohne Zweifel darin, daß sie das eigenthümliche, von ihr freilich selbst als unbekannt vorausgesetzte Wesen der Seele für den einzigen Real- und Erklärungsgrund der allgemeinen Phänomene des Seelenlebens ansieht. Als Erklärungsgrund freilich kann sie dasselbe, da sie seinen Inhalt nicht kennt, auch nicht benutzen, die Anerkennung desselben aber als Realgrund giebt ihr die Weisung, hier zunächst nur empirisch zu verfahren, und abzuwarten, welche bestimmten Reactionen sich an bestimmte Anregungen knüpfen werden. Findet sie auf diese Weise mit einer Bedingung eine bestimmte Erscheinung des Seelenlebens verbunden, so schreibt sie zu der letzteren der Seele ein Vermögen zu, d. h. sie enthält sich durchaus, aus einem gegebenen Zustande der Seele und einer

neu hinzugekommenen Anregung den zu erwartenden Erfolg nach irgend welchen allgemeinen logischen oder metaphysischen Regeln zu construiren, sondern ist überzeugt, daß auch diese Summe von Bedingungen nur durch nochmalige Anregung der eigenthümlichen Natur der Seele ihre Wirkung zugemessen erhält. Da diese Natur uns nicht offen vorliegt, können wir mithin den Bedingungsnexus so wenig als bei vielen anderen Beispielen der Reizbarkeit übersehen, und wir betrachten daher die einzelnen Grunderscheinungen des Seelenlebens als Ausflüsse von Vermögen, welche in der einen Natur der Seele begründet sind, und von deren einem zum andern wir nur durch diesen Mittelpunkt hindurchgelangen können, während uns ohne Zuziehung dieses Punktes eine unmittelbare Berechnung ihres wechselseitigen Einflusses ebenso wenig möglich ist, als ein solcher auf diese unmittelbare Weise stattfindet. Dieser Zug ist nicht ohne Werth, und andere Ansichten haben eben darin geirrt, daß sie glaubten, nur einer einzigen Grunderscheinung des Seelenlebens zu bedürfen, um aus ihren Modificationen, Schicksalen und Gegenwirkungen ihrer verschiedenen Beispiele unter einander das Ganze zu construiren, ein Unternehmen, das nicht viel sicherer ist, als wenn man die Gesetze des Stoßes für Körper berechnen wollte, die bis zu dem Grade unbekannt sind, daß man nicht einmal weiß, ob sie undurchdringlich sind oder nicht. Wenn wir z. B. mehrere Vorstellungen im Geiste betrachten, so reichen durchaus alle allgemeinen Grundsätze nicht hin, um voraus zu bestimmen, daß aus irgend einer Art ihrer Verflechtung ein Gefühl entstehen werde; dies ist nur unter der Voraussetzung begreiflich, daß ein gewisser Zustand der Seele, eben nur so fern er Zustand dieser Substanz ist, andere, und zwar grade diese anderen Zustände nach sich zieht; und so ist im Grunde alles, was im Seelenleben begegnet, Anregung der psychischen Natur durch ihre früheren Zustände, nicht aber ist der eine Zustand Folge des andern, diesen für sich betrachtet und abgesehen von dem Subjecte, dem er zugestoßen ist. Mit diesem Guten hängen aber auch die Mängel der Ansicht zusammen, von denen wir zwei hervorheben. Ein bleibender Gewinn zwar ist ihre Aufstellung der drei Grundvermögen des Vorstellens, Fühlens und Strebens, die allerdings nie für unsere Erkenntniß eine analytische Herleitung aus einander gestatten werden; aber in der weiteren Classification ist nicht genug zwischen Vermögen, deren stabil gewordenen Producten und den Bewegungen der Seele unterschieden, und so für jede geringe secundäre Erscheinung, deren Ableitung aus höheren Quellen allerdings noch möglich wäre, ein besonderes Vermögen angenommen worden. Es ist nicht genug daran gedacht, daß nicht bloß die qualitative Eigenthümlichkeit der einzelnen Vorgänge als Product eines Seelenvermögens zu fassen ist, sondern daß auch gewisse allgemeine Formen der Schicksale, die jenen Vorgängen zustoßen, von der Natur der Seele bestimmt werden; die Hervorhebung dieser concreten Gesetze würde die Annahme mancher eigenthümlichen Vermögen unnöthig gemacht und der wissenschaftlichen Erklärung nicht so sehr den ihr gebührenden Spielraum geschmälert haben. Dies führt zu dem zweiten Mangel. Dem Begriffe der Seelenvermögen fehlt alles das, was dem physikalischen Begriffe der wirkenden Kraft so große Fruchtbarkeit giebt. Der letztere ist immer zugleich der Begriff eines Gesetzes, nach welchem eine qualitativ constante Wirkung mathematischen Modificationen unterliegt. Die Seelenvermögen dagegen sind nur hypothetische Quellen in der Natur der Seele, aus denen die Qualität der ihnen zugeordneten Erscheinungen fließt, während sie nichts über die Richtung und die übrigen Gesetze ihres Verlaufes bestimmen. Ein Vorstellungsvermögen sagt bloß, daß alle seine Effecte Vorstellungen sein werden; aber so wenig wir wissen, wie sich die Thätigkeit dieses Vermögens während der einen Vorstellung von der während der andern unterscheidet, so wenig wissen wir auch, was daraus wird, wenn mehrere Anregungen desselben sich folgen oder kreuzen. So ergiebig daher der Begriff der Kraft, so unergiebig der dieser Vermögen. Allein der Werth der ganzen Ansicht scheint mir auch hauptsächlich auf jener oben erwähnten Enthaltsamkeit von jeder Construction zu beruhen; sie ist eine Vorarbeit, die nach zwei Seiten hin weiter ausgeführt werden kann. Entweder nämlich man unternimmt es, jene Vermögen, die scheinbaren Werkzeuge, in der That aber die Producte der Seele, selbst zu erklären, und sie aus jenem hier noch unaufgeschlossenen Grunde der psychischen Substanz abzuleiten, oder man begnügt sich, den inneren Zusammenhang ihrer Bedeutung aufzuweisen und den vernünftigen Sinn in der Existenz desjenigen nachzuweisen, dessen Entstehungsweise man den Hilfsmitteln der Erkenntniß vielleicht überlegen findet. In diese beiden Aufgaben hat sich die Psychologie unserer Zeit getheilt; wir werden die erste die mechanische, die zweite die dialektische nennen und die Grundlagen beider kurz durchgehen. In Bezug auf die Zusammenhänge des Körpers mit der Seele ist nur hinzuzufügen, daß die Lehre von den Seelenvermögen hierüber keinen Aufschluß giebt; das Wesen der Seele als unbekannt und sie selbst der Körperwelt gegenüberstellend, könnte sie am wenigsten jene Fragen beantworten, wie beide zusammengekommen sind und im Laufe der Generationen sich zusammenfinden.

58. Die beiden erwähnten Versuche zu psychologischen Theorien beruhen auf allgemeineren Ueberzeugungen, die auch unseren übrigen philosophischen Untersuchungen zu Grund liegen und in der neuesten Zeit entschiedener als in früheren Perioden einen Kreis realistischer Ansichten einem anderen idealistischen gegenüberstellen. Beide freilich werden die mannichfaltige und widerspruchreiche Welt der Erfahrung als Erscheinung oder Consequenz an den feststehenden Hintergrund einer wahrhaft und absolut seienden Welt zu knüpfen suchen; aber sie weichen ab in der Bestimmung desjenigen, dem sie diese unveränderliche und nicht wieder zurücknehmbare Existenz zuschreiben. Der gewöhnliche Verstand, wenn er sich Rechenschaft zu geben sucht über die Grundlage, welche diese Welt der Erscheinungen fixirt, ist immer geneigt, sich dieselbe sogleich als D i n g oder als ein Reich der D i n g e vorzustellen. Genau genommen aber hatte die Erkenntniß eigentlich nur das Bedürfniß, i r g e n d e i n e n Grund aufzusuchen, dessen Natur eine Frage nach weiteren Bedingungen auch für ihn, einestheils unnöthig, anderntheils unmöglich macht; ob aber dieser Grund sich nur in Gestalt eines Dinges werde darstellen können, und ob er nicht vielmehr unter eine andere allgemeinere Kategorie für uns zu subsumiren sein würde, diese noch obschwebende Frage wird gewöhnlich übergangen und stillschweigend für die alleinige absolute Existenz der Sachen, der Dinge entschieden. Und hierzu wird leicht ein Denken getrieben, das von der Erfahrung und von der Gewöhnung an die Betrachtung einer sinnlichen Welt beherrscht wird. In dieser nämlich ist der Gang unserer Erkenntniß der, daß wir als relativ Unveränderliches und zu Grund Liegendes überall Dinge finden, deren Begriff, wenn wir ihn von allen wechselnden Eigenschaften befreien, für unsere Anschauung, die eben nur diese Eigenschaften durchdringt, die Eigenthümlichkeit eines völlig undurchsichtigen Kernes annimmt. Wollen wir dann die Gesammtheit der Erfahrung von einem übersinnlichen Grunde abhängig machen, so bietet sich solcher Gewöhnung dieser Begriff der absoluten Dinge am leichtesten dar, und realistische Ansichten liegen daher der

gewöhnlichen Auffassung am nächsten. Verfolgen wir aber diesen Begriff weiter, so zeigt sich doch bald, daß wir nie etwas erreichen, dessen Inhalt bloße Realität wäre, wie dies die gewöhnlichen Gedanken, die von dem dunklen Begriffe des handgreiflichen Stoffes herkommen, gern möchten, um an einen solchen unzersprengbaren Kern, der allem die Festigkeit der Existenz gäbe, die Mannichfaltigkeit der Erscheinungen sicher anzuknüpfen. Alle Realität ist nur eine Form des Daseins, die einem an sich nur durch Gedanken charakterisirbaren Inhalte zukommt. So wenig, als Materie für sich da ist, sondern nur irgend ein concret bestimmter Inhalt, der um seiner Natur willen jene Summe der Eigenschaften entfaltet, welche wir Materialität nennen und der um deswillen hinterher Materie **genannt** werden mag, ebenso ist nicht etwas absolut Reelles vorhanden, welches durch sein Eingehen in eine Mannichfaltigkeit der Attribute dieser Combination reelles Dasein mittheilt, wie ein ätherisches Oel der Wolle den Geruch, sondern ein Inhalt, der an sich wesentlich ideell ist, heißt für uns ein Ding, sofern er diese bestimmte Form der Realität erlangt. Auch der bestimmteste Realismus kann sich dieser Consequenz nicht entziehen, und wenn er über sich selbst aufgeklärt ist, kann er es auch nicht wollen. Er kann das absolute Sein stets nur an einen Inhalt knüpfen, der nicht selbst schon real ist, und es ist von Wichtigkeit, diese erste Dunkelheit des gewöhnlichen Meinens überwunden zu haben, das an dem Begriffe des absoluten Dinges, wie an einem für sich verständlichen, haftet. Jetzt erst läßt sich der Unterschied zwischen realistischer und idealistischer Ansicht deutlicher herausstellen. Die erste behauptet, man habe der Erklärung der Erscheinungen nur die Anerkennung der factischen Existenz einer Welt realer Dinge vorauszuschicken, deren Inhalte, obwohl dieser zuletzt nur durch ideelle Bestimmungen charakterisirt werden kann, doch jenes absolute, unveränderlich und daher beziehungslose Dasein ein für allemal und unzurücknehmbar zugehöre; sie findet einen Widerspruch darin, daß dasjenige, was einmal wahrhaft sei, einer Veränderung oder Vernichtung unterliege; und da die Welt der Erscheinungen zur Annahme nicht eines, sondern unbestimmt vieler realer Wesen dränge, so liege mithin ein Reich unter sich ihrem Begriffe nach isolirter, auf sich nicht nothwendig bezogener, unveränderlicher und einfacher Wesen der Welt der Erfahrung zu Grunde. Alles, was geschieht und erscheint, wird daher nur aus der Natur desjenigen erfolgen, was ist, dasjenige aber, was ist, ist absolut, und durchaus underivirbar aus irgend einem Anderen. Soll nun unsere Erkenntniß beurtheilen, was eigentlich aus den zufälligen Beziehungen erfolgen wird, die zwischen jenen Wesen eintreten können, und auf denen alle wahrnehmbare Erscheinung beruht, so kann sie dies nicht anders, als daß sie die einfachsten Gesetze des Denkens auf jenen Begriff der Realität anwendet, in welchem allein das den verschiedenen supponirten Wesen Gemeinschaftliche besteht. Und hier unternimmt mithin der Realismus, nicht aus dem wahrhaft qualitativen und concreten Inhalte der Wesen, sondern aus der Form ihrer Existenz allgemeine Gesetze zu entwickeln, denen Alles Reale unterworfen sein soll, ein allgemeines Recht der Substanzen als solcher. Nach einem Geburtsrechte gewissermaßen trotzt jede Substanz auf ihre Ewigkeit, die nicht besonders verdient zu werden braucht, nach demselben Rechte, gleichviel, welches der Charakter des Würdenträgers ist, regelt sich das Verhalten gegen andere, und die ganze Welt wird ein Beispiel dessen, was als Consequenz in dem Begriffe der Realität liegt. Wie nominalistisch diese Wendung ist, ist nicht schwer zu sehen. Dem gegenüber macht der Idealismus den Grundsatz geltend, daß zwar das, was geschieht, zunächst aus dem zu erklären sei, was ist; dasjenige aber, was ist, stehe nicht auf eigenen Füßen, sondern erhalte Form und Werth seines Daseins allein von dem, was gleichzeitig ist und um seines inneren Werthes willen sein soll, oder mit anderen Worten von demjenigen, dessen Dasein anzunehmen wir nicht nur durch irgend eine Forderung der Erfahrung, sondern zugleich durch die Würde seines eigenen Inhaltes aufgefordert werden. Es ist unmöglich, hier, wo es auf kurze Darstellung ankommt, die Einwürfe weitläuftig zu erwägen, die man gegen diese vermeintlich widerrechtliche Vermengung der Werthbegriffe mit denen des Daseins zu machen pflegt; wir können nur andeuten, daß sie uns nicht unbekannt sind, indem wir aussprechen, daß diese idealistische Ansicht allerdings auf einem ästhetischen oder ethischen Bedürfniß beruht, das für den unbefangenen Verstand eine breite Basis von hinlänglicher Tragkraft darbietet, während es allerdings den Bedenken der Schule gegenüber besonders gerechtfertigt werden müßte. Daß in der Welt überhaupt Vernunft herrsche, daß nicht das Gleichgiltige sei, sondern nur das durch einen Werth bestimmte, daß überhaupt das Substrat, oder Subject, dem eine Position des Daseins zukomme, nie durch theoretische Begriffe einer Qualität oder dergleichen, sondern nur durch die Ahnung eines in sich werthvollen Inhalts, durch ästhetische Ideen gefaßt werden könne, dies ist jene Grundvoraussetzung, die sich in einer idealistischen Ansicht ausprägt. Sie befriedigt sich nicht damit, der Welt unbestimmt viele Anfänge zu geben, deren jeder ist, was er ist, deren jeder so viel zum Geschehen beiträgt, als er seiner zufälligen Natur nach muß, so daß alle Wirklichkeit unserer Wahrnehmung nur ein parasitisches Gewächs an dem versteinerten Stamme absoluter Dinge wäre, die gleichgiltig gegen Alles das sind, was sie durch zufälliges Gerathen in Beziehungen zu einander hervorbringen. Zwar auch sie wird für unsere Erkenntniß die Welt der Erscheinungen auf eine solche Welt der Dinge zurückführen und sich so alle jene Anschaulichkeit sichern können, die der realistischen Ansicht, dieser verklärten Sinnlichkeit, zukommt; aber sie wird diese ganze Welt der Dinge nur in einer relativen Position fassen, die allerdings zurücknehmbar ist, und abhängt von der einzigen absoluten Position, die dem ertheilt wird, was ist und um seines Wesens willen sein muß. Nicht die Dinge werden durch eigene Machtvollkommenheit ewig, unveränderlich sein, sondern selbst wenn wir zu der Erkenntniß kämen, daß ihre Position im Laufe der Welt nie wieder zurückgenommen wird, und daß körperliche Massen, wie Geister, unendlicher Dauer sich erfreuen, so ist doch auch diese factische Ewigkeit nur eine von der beherrschenden Idee der Welt gewährte, nicht ein den Substanzen unvordenklich zuständiges Recht, sondern eine der Gnade, von der sie getragen werden, verdankte Gunst. Mit solchen Voraussetzungen löst sich jenes allgemeine Recht der Dinge auf, nicht mehr werden wir aus der Natur der Realität allein die höchsten Gesetze ableiten können, welche das Verhalten der Dinge zu einander regeln, sondern was im Falle irgend eines Zusammenstoßes der Bedingungen geschehen wird, läßt sich nur aus dem Inhalte jener Idee begreifen, die daran das Bedingte geknüpft hat. Die Aufgabe, die eine solche Ansicht sich stellen müßte, würde allerdings darin bestehen, von dem Mittelpunkte dieses Inhaltes aus jene nothwendigen Gesetze zu construiren; sie wird kaum je gelingen; denn obgleich wir nicht so rathlos über die Natur jenes Inhaltes sind, als es vielleicht scheinen kann, so ist doch seine theoretische Fassung zu schwer, um darauf zweifellose Deductionen zu gründen. Aber formell werden wir davon den Nutzen haben, manche Gesetze der Natur, die jetzt als a priori gewisse Wahrheiten der

Erkenntniß gelten, für absolute Thatsachen zu erkennen, deren Richtigkeit zwar feststeht, deren Gründe aber anderswoher zu suchen sind. Nur dies ist das Wesentliche, was wir festhalten müssen, daß der Begriff eines Realen, so wenig er überhaupt unsere Sehnsucht nach einem letzten unwandelbaren Grunde befriedigt, auch ebenso wenig irgend eine innere Kraft besitzt, durch die er zu den nothwendigen Formen des Geschehens etwas beitragen, oder den Geboten der Idee Widerstand zu leisten vermöchte; das Reale wirkt überall so viel, als es Auftrag hat. Die Welt der Natur ist abhängiger Widerschein einer Welt der Gnade. Diesen Auftrag aber verstehen wir freilich nicht so, als könnte er in diesem Augenblicke dieser, in dem nächsten ein anderer sein; wir können vielmehr uns die höchste Idee gar nicht anders als so denken, daß sie sogleich selbst allgemeine nie veränderte Gesetze des Daseins und Werdens, ein Reich absoluter Wahrheit fordert, ohne welches sie nicht das wäre, was sie ist, und auf welcher später der gesammte Weltlauf mit seiner nothwendigen und mechanischen Verkettung ebenso fest ruhen kann, als wenn er durch die eigensinnige Natur ewiger realer Dinge gestützt würde. Diese Bemerkungen haben nun bisher jenen höchsten Grund der Dinge nur von Seiten seines Inhaltes berührt; daneben steht eine andere Untersuchung, die hier auch nur andeutungsweise zu führen unmöglich ist, über die Verträglichkeit der Idee und der absoluten Position, die ihr von uns zuertheilt ist. Es muß genügen, an das Dasein einer solchen Frage erinnert zu haben. Andererseits aber geht aus dem Vorigen hervor, wie idealistische Ansichten natürlich zu einer dialektischen Auffassung der Psychologie getrieben werden, in der sie die einzelnen Erscheinungen des Seelenlebens in einem Systeme abgestufter Werthverhältnisse und gegenseitiger Abhängigkeit darzustellen suchen, so daß die Bedeutung der Vorgänge klar wird, nach deren Verwirklichungsweise zu fragen öfters unnöthig, oft unmöglich ist, da nur das Zusammengesetzte eine Construction aus bewirkenden Ursachen erlaubt, die einfachsten Erfolge aber der nie nachlassenden Herrschaft der Idee ohne Zwischenmechanismus folgen. Die realistische Ansicht dagegen wird ebenso natürlich zu einer mechanischen Auffassung getrieben; und da alles, was geschieht, in ihr von der Natur des Seienden abhängig ist, so mußte sie, die Bedeutung der psychischen Vorgänge bei Seite lassend, diese aus einer Mannichfaltigkeit sich durchkreuzender Bedingungen abzuleiten suchen.

59. Die realistische Ansicht hat zuletzt in Herbart's System culminirt, mit aller der überredenden Kraft ausgerüstet, die ihr ein reicher und ernster Geist geben konnte. Ich theile seine Ueberzeugungen in keinem ihrer wesentlicheren Punkte; da jedoch dieser Ort einer Polemik gegen sie nicht angemessen ist, begnüge ich mich, der Relation derjenigen Gedanken, die für unsern Zweck von Interesse sind, die Fragen beizufügen, die Jeder in Betreff derselben sich selbst beantworten mag. Wir kennen die Natur der realen Wesen nur so weit, um behaupten zu können, daß sie schlechthin einfach, von gänzlich positiver Qualität, unabhängig von allem Anderen, untheilbar, daher unräumlich und unveränderlich sind. An sich völlig beziehungslos gegen einander, können sie doch in Beziehungen gerathen, in denen der eventuelle Gegensatz ihrer Qualitäten sie nicht mehr gleichgiltig neben einander bestehen läßt, sondern zur Wechselwirkung drängt. Unveränderlich aber ihrer Natur nach können sie nichts leiden oder thun, als gegen jede drohende Störung sich selbst erhalten. Wie aber die Weise des Angriffs wechselt, so die Selbsterhaltung. Diese metaphysischen Grundlagen lassen noch zweifelhaft, wie hieraus ein Geschehen entstehen könne. Geschieht die Störung wirklich, wo

bleibt die Unveränderlichkeit der realen Wesen? Existiren sie unbeirrt von aller Störung ihrer Natur nach fort, woher dann das Motiv zur Selbsterhaltung bei mangelnder Gefahr? Und wollte man zugeben, daß in der That zwischen den realen Wesen keine Wirkungen ausgetauscht werden, daß jedes ungestört fortexistirt, und die Gegensätze der Qualitäten sich nicht wirklich aufheben, daß vielmehr nur für unsere Ansicht sich aus ihnen ein drittes Resultirendes zu bilden scheine, so fragt sich doch, wie nun in uns dieser Schein entstehe, der doch wirklich da ist, und nicht für einen dritten Beobachter dazusein scheint? So daß, wenn auch die betrachteten Dinge mitten im Geschehen unverändert bleiben, doch der betrachtende Geist nothwendig Schauplatz eines wirklichen Vorganges wird, der sich mit der Unveränderlichkeit nicht verträgt, welche auch ihm als einfachen Wesen zukommen soll. Die Anwendung nun dieser metaphysischen Vorbegriffe auf die Psychologie geschieht durch eine Hypothese. Wir wissen nicht, welche Gestalt die Selbsterhaltungen in irgend einem andern realen Wesen annehmen mögen; die der Seele aber bestehen in Vorstellungen, die entweder direct von einem Zusammensein der Seele mit anderen realen Wesen hervorgerufen werden, oder einem Gesetze der Trägheit nach, einmal entstanden, in's Unendliche in ihr fortdauern, aber durch andere mannichfach verdrängt, bedrückt oder begünstigt, in einem wechselvollen Spiele der Latenz und Reproduction begriffen sind. Alle übrigen Phänomene des geistigen Lebens sollen nun aus einer Verkettung von Vorstellungen allein, ohne noch einmal auf das Wesen der Seele zurückzukommen, durch bloß mechanische Gründe hervorgerufen werden. Jene Hypothese aber, daß alle Selbsterhaltungen der Seele Vorstellungen sind, ist nicht nothwendig, und der Erfolg hat gezeigt, daß dieser Ansicht gegenüber die Theorie der Seelenvermögen Recht behielt; weder Gefühl noch Strebungen hat Herbart in der That aus seinen Principien deduciren können. Wenn eine Vorstellung steht im Bewußtsein, so ist ein Unterschied, ob sie selbst mit den hemmenden Kräften im Gleichgewichte ruht, oder ob sich an ihr eine hemmende und eine emportreibende Kraft das Gleichgewicht halten. Keiner von beiden Fällen ändert den Inhalt des Vorstellens, dennoch muß sich die Verschiedenheit beider durch ein Phänomen im Bewußtsein darstellen. Wie anders werden wir den zweiten, gepreßten Zustand der Vorstellungen bezeichnen, als durch den Namen eines mit der Vorstellung verbundenen Gefühles? [1]) Wenn eine Vorstellung im Bewußtsein steigt, so ist ein Unterschied, ob sie sich selbst überlassen steige, oder gegen den Widerstand anderer ankämpfend. Mit welchem Namen sollen wir nun die fortlaufenden Uebergänge aus einer Gemüthslage in die andere bezeichnen, deren hervorstechendes Merkmal eine sich gegen Hindernisse aufarbeitende Vorstellung ist? Man wird keinen anderen Namen finden, als den des Begehrens [2]). — Wir werden uns doch nach einem andern Namen umsehen müssen, denn weder das erste ist Gefühl, noch das zweite Begehren. Beide Darstellungen erwecken zunächst nur den Gedanken, daß jene Klemme, in der sich eine Vorstellung befindet, ihr selbst, wenn wir sie personificiren und ihr ein Vermögen des Gefühls schon beilegen, unangenehm sein mag; warum aber die individuelle Seele sich dies zu Herzen nimmt und ein Gefühl davon hat, wird dadurch nicht klarer; wir sehen vielmehr recht deutlich, daß man in dem Wesen der Seele eine von ihrer Vorstellungsfähigkeit noch sehr unterschiedene Empfänglichkeit voraussetzen muß, um zu begreifen, warum sie von einer Klemme ihrer Vorstellungen

[1]) Herbart, Psychologie. Bd. II. S. 71. [2]) Daselbst.

eben ein Gefühl erlange. Höchstens könnte mithin diese Darstellung als Angabe der factischen Bedingungen angesehen werden, die jedem Gefühle vorangehen, und bei der man noch dahin gestellt ließe, wie diese Bedingungen ihr Bedingtes, das Gefühl vermitteln. Allein auch dies ist unthunlich; ich wüßte wenigstens nicht, wie das einfachste Schmerzgefühl eines Nadelstiches von einer Klemme der Vorstellungen abhängen sollte. Die Beschreibung paßt nur auf die Bedingungen intellectueller Gefühle, hebt also eine Veranlassung von Gefühlen, die neben anderen steht, generalisirend hervor. Arbeitet sich ferner die Ueberzeugung, daß der Mond die Ursache einer am Horizonte aufgehenden Helle sei, allmälig gegen die frühere Befürchtung einer Feuersbrunst empor, so sehe ich doch nicht, wie dies ein Streben des Ich werden solle; der aufsteigenden Vorstellung höchstens könnte man Bewegung und Impuls zuschreiben. Diese Deductionen verfehlen nicht bloß ihren Zweck, sondern sie bringen die üble Angewöhnung hervor, unseren Fragen andere Subjecte unterzuschieben und dann doch die Beantwortung als eine Antwort auf unsere Fragen zu geben. Dies zeigt sich auch in der Betrachtung der verschiedenen Entwicklungsstufen des Vorstellungslebens. Jede Vorstellung ist eine Selbsterhaltung der Seele, die Einheit der Seele (worin sie bestehe, bleibt nominalistisch unbestimmt) verlangt aber, daß alle ihre inneren Zustände in eine intensive Einheit zusammenschmelzen. Die Vorstellungen würden dies thun, wenn nicht ihre Gegensätze wären. Diese Gegensätze hindern mithin, daß eine Bedingung erfüllt werde, unter der die Seele allein ihrem Wesen gemäß existiren könnte; sie existirt jedoch nichts destoweniger, und dies erweckt ein gewisses Mißtrauen gegen die Kraft jener Einheit, diese verschiedenen Zustände so zusammenzuschließen, daß sie nothwendig auf einander wirken müssen. Die Wechselwirkung solcher Gegensätze besteht nun sonst nach allgemeinen metaphysischen Voraussetzungen Herbart's in der Tendenz gegenseitiger Aufhebung des Entgegengesetzten; hier aber nöthigt die Erfahrung, daß unsere Vorstellungen keine qualitativen Resultanten geben, zu der Annahme, daß die Qualität der entgegengesetzten Vorstellungen erhalten werde, ihre Stärke dagegen einen Verlust durch wechselseitige Hemmung erleide. Da jedoch die Einheit der Seele nur an dem Qualitätsgegensatze der Vorstellungen einen Grund hatte, sie zu gegenseitiger Einwirkung zusammenzudrängen, so begreift sich nicht, wie sie nun besser dabei fährt, wenn sie ohne den Gegensatz in ein Mittleres aufzulösen, nur die Intensität seiner beiden Glieder mindert. Ueber die sehr zweifelhafte Berechtigung der Begriffe von einem an sich bestimmten Grade der Stärke und des Gegensatzes der Vorstellungen haben wir schon früher gesprochen; aber auch die Annahme, daß Vorstellungen aus einem Continuum, z. B. verschiedene Farben unter sich, sich hemmen, dagegen solche aus verschiedenen Continuis, z. B. Farben mit Tönen sich ungehemmt verbinden sollen, scheint uns vielmehr der Erfahrung zuwider, als ihr gemäß. Durch jene Einheit der Seele also, welche den verschiedenen Zuständen in ihr nicht gleichgiltig neben einander zu sein verstattet, werden die Vorstellungen zu hemmenden und sich drückenden Kräften, und aus diesem Spiele entstehen die Verdunkelungen, welche die Vorstellungen aus dem Bewußtsein treiben und sie in unbewußte Zustände verwandeln, so wie die Wiederaufsteigungen des früher Gehemmten im Gedächtnisse; durch die mannichfaltigste Verschmelzung dieser Processe entstehen ferner jene allgemeinen Begriffe, die immer als Ferment wieder von der Erinnerung in die Haufen neuer Wahrnehmungen geworfen, diesen jene Ordnung mittheilen, die man früher von eingeborenen Thätigkeiten des Verstandes ableitete. Es thut uns leid, von diesen Untersuchungen, in welchen Herbart allerdings eine große Fülle schöner und immer fruchtbar bleibender Bemerkungen über die Entstehung mancher scheinbaren Vermögen des Geistes entfaltet hat, keine kurze Darstellung geben zu können; wir können vielmehr nur eines hinzufügen, was uns als ihr allgemeiner Mangel erscheint. Die Einheit der Seele als Substanz begründet noch lange keine Einheit des Bewußtseins. Wäre sie allein dasjenige, was die verschiedenen Vorstellungen zusammenhält, so würde nur für einen zweiten besser organisirten Beobachter in der Mannichfaltigkeit ihrer inneren Zustände eine Beziehung und Einheit zu entdecken sein, sie selbst würde davon so wenig wissen, als irgend eine Substanz von dem Zusammenklange ihrer Eigenschaften; wir würden, mit Kant zu reden, noch immer ein so vielfarbiges Subject sein, als wir einzelne Vorstellungen haben, und nichts würde es uns nützen, daß diese Vorstellungen in der Einheit unserer psychischen Substanz sich vertragen. Zwei Vorstellungen, wenn sie der Hemmung um ihres Gegensatzes willen genug gethan, würden gleichzeitig dasein, aber so durchaus eins man sich auch die Seele denken mag, so folgt doch daraus noch nicht, daß nach der Erfüllung der Bedingungen, welche ihre Einheit als Substanz vorschrieb, sich noch umsonst ein Bewußtsein von dem gegenseitigen Verhältnisse ihrer Zustände einstellte und jene beiden Vorstellungen mithin in Einem Bewußtsein stattfänden. Eine Reihe von Vorstellungen mag successiv auftreten, so werden die mechanischen Gesetze des Vorstellungsverlaufes ihre Ordnung bestimmen; aber wer sieht die Ordnung dieses Wechsels? Nur ein Wechsel des Bewußtseins, kein Bewußtsein des Wechsels wird unmittelbar gegeben sein. Und auf dieselbe Art sind alle jene Apperceptionen einer Vorstellungsmasse durch die andere, die Beobachtung einer Vorstellung durch eine zweite, paradoxe und schädliche Ausdrücke für Umstände, die gewissen Erscheinungen des Bewußtseins vorangehen oder sie begleiten; wie sie aber ihr Bedingtes hervorbringen, ist nicht zu begreifen, wenn man nicht die richtige Ansicht, die in der Lehre von den Seelenvermögen liegt, hier adoptiren will. Jeder einzelne Schritt in dem psychischen Mechanismus ist eine neue Gestaltung der Reize, die auf das Eine Wesen der Seele einwirken und in ihm die Thätigkeit bald dieses, bald jenes erregbaren Vermögens erwecken, ohne dessen Begründetsein in dem allerdings einfachen Sinne der Seele jenen mechanischen Bedingungen nie diese Folgen zustehen würden. Bestände der Charakter der Seele wirklich darin, sich nur durch einfache Vorstellungen primitiv zu erhalten, und könnten die Producte des Vorstellungslaufes zurückkehrend zu ihr nicht noch andere Saiten ihres Wesens anschlagen, so würde sie nie zu Gefühl und Strebungen, sie würde nicht einmal zu wirklichem Bewußtsein kommen; sie wäre kein Subject, sondern nur eine Substanz, an der für einen dritten Beobachter eine durch die Natur der Substanz an sich gebotene Regelmäßigkeit in dem Ablaufe von Zuständen bemerklich würde. Wollten wir Herbart's Ausdrucksweise beibehalten, so würde die Qualität der Seele, obwohl unbekannt, doch immer von Neuem in Rechnung zu bringen sein. Primitive Selbsterhaltungen entständen aus den Vorgängen während der Empfindung; die mancherlei Verhältnisse zwischen den daraus entstandenen Vorstellungen bildeten für die Seele selbst einen zweiten Kreis von Störungen höherer Ordnung, gegen die sie sich vielleicht nicht durch Vorstellungen, sondern durch Gefühle erhält, und wie Strebungen fast immer aus deutlichen Gefühlen entspringen, so könnten diese zweiten Selbsterhaltungen, als Zustände, die das reine Gleichgewicht der Seele stören, selbst wieder die dritte Weise der Selbsterhaltung durch Strebungen bedingen. Dies ist im Wesentlichen das, was die Vermögenstheorie durch ihren Begriff eines nur erregbaren Vermögens ausdrücken wollte. Was endlich die mathematische Ausbildung der psychischen Mechanik betrifft, so müßte sie nach dem Bisherigen ohnehin ganz anders ausfallen; sie scheint mir indessen überhaupt ein undankbares Unternehmen. Zwar dies ist kein Einwurf, daß wir keine Maße für die einzelnen psychischen Vorgänge haben; denn auf Berechnung einzelner Revolutionen eines individuellen Gemüthes ist die Absicht der Lehre nicht gerichtet; sie will nur allgemeine Gesichtspunkte und Gesetze durch Hilfe der Rechnung finden. Aber jeder Theorie muß eine bis zu gewissem Grade ausgebildete Erfahrung zur Seite gehen, damit man durch Vergleichung wenigstens wisse, ob die gefundenen Gesetze, weil sie allein die Erfahrungen decken, auch vorwiegende Wahrscheinlichkeit haben. Dies ist hier jedoch nicht der Fall; unsere innere Beobachtung zeigt uns nur so grobe Umrisse des Vorsichgehenden, daß diese Data freilich im Ganzen von dieser Theorie bestritten werden können; daneben aber kann man sich beliebig viele von ganz verschiedenen Gesichtspunkten ausgehende Hypothesen denken, die ungefähr das Nämliche leisten. Kommt dagegen die Theorie auf ganz specielle interessante Gesetze, die entscheidend beweisen könnten, so sind sie der Art, daß man sie nie durch Erfahrung controliren kann; man weiß daher immer noch nicht, ob nicht Princip wie Consequenz gleich irrthümlich ist.

60. Sehen wir nun nach, in welchem Verhältnisse nach dieser Theorie die Seele zum Körper steht, so sind beide zuerst nicht durch eine absolute Verschiedenheit ihres Wesens getrennt; auch der Körper ist nur ein System realer Wesen, die den Schein der Materialität durch ihre Verhältnisse um sich erzeugen, deren innere Zustände uns zwar unbekannt sind, aber nicht durchaus unähnlich den Vorstellungen der Seele zu sein brauchen. Nichts desto weniger ist doch die Seele ewig ein Anderes, als der Körper; denn nie werden reale Wesen unter einander sich irgendwie zu einem Neuen vermischen. Sie steht als eine herrschende Monade an dem glücklichsten Orte der körperlichen Organisation, in ewiger Wechselwirkung mit allen sie berührenden Theilen. Doch ist ihr Sitz im Gehirne nicht nothwendig fest; in der Gegend der Brücke des Varolius wandelt sie, wohl nicht an dem anatomisch passendsten Orte. In der Wechselwirkung zwischen ihr und dem Körper ist keine Schwierigkeit; es ist Wirkung von Substanz zu Substanz; und wie die Theile des Körpers sich berühren, geht eine Reihe von Veränderungen von außen nach innen, von innen nach außen. Wie aber die Seele vorstellt, fühlt, strebt, das wird ihr nicht von außen gegeben; alle äußeren Einflüsse sind vielmehr nur Reize, auf welche sie durch Selbsterhaltungen antwortet, die nur in ihrer Natur möglich sind. So läuft die innere Wahrnehmung zwar proportional mit den Anstößen, ist ihnen aber nicht ähnlich. Diese Wechselwirkung ist nicht auf Empfindung und Bewegung beschränkt, auch die Gestaltbildung des Körpers kann von der Seele mitbedingt werden; denn die äußeren Zustände der realen Wesen richten sich nach den inneren; in hohem Maße also auch nach denen der Seele, die am meisten vorgebildete Zusammenhänge mit allen Theilen des Körpers durch die regelmäßige Verbreitung des Nervensystemes besitzt. Trotz dem Allen bleibt doch die Seele ihrem Wesen nach unabhängig vom Körper; durch ihre Unveränderlichkeit als Substanz ist ihr Unsterblichkeit, durch das Gesetz der Trägheit ewiger Besitz früherer Erinnerungen gesichert. Dies sind die Vortheile der Ansicht; sie hängen, genau genommen, wenig mit den metaphysischen Grundlagen

zusammen, deren einige, wie die behauptete Unveränderlichkeit, sogar mit ihnen unverträglich sind. Im Allgemeinen wird aber eine ähnliche Ansicht der Physiologie bis zu einer gewissen Grenze immer nutzen, denn sie giebt anschauliche Vorstellungen und brauchbare Abbreviaturen für den wahren Zusammenhang der Dinge. Jene Grenze aber ist nicht weniger sichtbar, sie wird gezogen durch den metaphysischen Grundsatz der gegenseitigen Beziehungslosigkeit der realen Wesen und durch den Mangel einer andern metaphysischen Grundlage für die Erklärung der Beziehungen, in die sie doch, obwohl gleichgiltig dagegen, gerathen. Man möchte zuerst fragen, ob denn kein Unterschied zwischen Seele und Seele sei; woher die nominalistische Annahme rührt, daß es eine Gattung von Substanzen gebe, deren Wesen nur in dem Vorstellen bestehe? Das große Gewicht, das Herbart auf die Mitwirkung des Körpers und der Erfahrung bei der Ausbildung der Seelen legt, scheint eine ähnliche Fassung zu verrathen; auch sehen wir nie in der Rechnung einen specifischen Coëfficienten, der das Concrete repräsentirte, von dem das Vorstellen ausgeht. Aber diese Meinung würde unerträglich sein. Würde denn wirklich ein Mensch zum Menschen, der Mann zum Manne, das Weib zum Weibe, weil ein reales Wesen den Weg in diese oder jene Complexion anderer realer Wesen gefunden hat, die sich als Keim in den Ovarien eines weiblichen Wesens finden? Wird ein anderes, übrigens gleiches zum Affen, weil der Zufall es in einen Affenkeim führte? Dies ist Herbart schwerlich zuzutrauen; aber er läßt uns im Dunkeln über seine sonstige Ansicht. Denn läge es sonst in der Natur eines realen Wesens, nur in einer bestimmten Organisation sich seinem Begriffe gemäß entwickeln zu können, so ist ihm doch auch diese Rücksicht eigentlich gleichgiltig; es hat genug an seinem Sein, sucht keine Beziehung, keine Entwicklung, kann höchstens in sie hineingerissen werden. Es fehlt aber an einem solchen günstigen Schicksale, das alle realen Wesen grade so führte, wie es ihnen gut wäre. Fragt man also, wie kommt die Seele in den Körper, da es ihr doch ganz gleichgiltig ist, wo sie ist, so ist dies schwer zu beantworten, man müßte denn annehmen, daß ein sich bildender organischer Keim eine irgendwo zufällig befindliche Seele anzöge, indem er Punkt für Punkt in allem Zwischenliegenden innere Zustände erweckt, die allmälig die äußeren ändern, bis es zu einer Bewegung der Seele nach jenem Keime kommt. Genug davon; die Räthsel der Generation sind unlösbar, wenn Seele und Körper so selbstständig gegenüber stehen und die Metaphysik sich sogar jede nothwendige Beziehung der realen Wesen versagt, die ganze Frage nach einer Weltordnung lediglich einem Glauben anheimstellend, dem sie in allen Punkten im Voraus widerspricht. Auch die Unsterblichkeit der Seele nützt nicht viel, wenn sie auf diesen Prinzipien beruht; wir wissen nicht, wie die Seele sich aus dem Gehirne wieder herausarbeitet, innerhalb dessen sie, Substanz gegen Substanz in Wechselwirkung mit dem Körper stand, und was nützte es ihr, herauszugehen, da sie in eine Welt wieder geriethe, in der ihr keine Bahn zu etwas Besserem vorgeschrieben ist, in der vielmehr ein ihr sehr gleichgiltiges Zusammen mit anderen sie vielleicht bald zwingen könnte, mit allen ihren Erinnerungen sich in eine ihr ganz unadäquate Form des Organismus wieder zu versenken? Freilich kann man sagen, daß jede Seele, die einmal menschliches Leben genossen hat, durch ihre Erinnerungen etwas so Anderes geworden sei, daß sie weder in einer niederen, noch in einer zweiten gleichen Organisation mehr festgehalten werden könnte; allein man setzte damit den Charakter der Entwicklung an die Stelle der Unveränderlichkeit.

Wir brechen hiermit ab; denn es würde eine gewisse Ungerechtigkeit darin liegen, mehrere dieser Consequenzen zu ziehen. Sie sind von Herbart nicht gezogen worden und fallen ihm nur insofern zur Last, als man in seiner Metaphysik keinen hinlänglichen Schutz vor ihnen und doch auch keine andere Beantwortung der Frage findet. Allerdings betrifft diese Frage keine Objecte der Erfahrung, wohl aber solche, auf welche die Erfahrung beim ersten Schritte führt, und insofern bedurften wir Aufklärung unserer Begriffe. Herbart's Philosophie, die so fest am Gegebenen haften will, sieht nur einen Theil des Gegebenen. Die Erfahrung zeigt nicht bloß Aggregate realer Wesen, sondern Organismen mit bestimmter Form, nicht bloß diese, sondern eine aufsteigende Stufenreihe derselben; nicht bloß Seelen hier und da, sondern ein Reich der Seelen, sich den verschiedenen Entwicklungsstufen der Organisation anschließend; nicht bloß Seelen dann und wann, sondern für die Beobachtung entstehend und vergehend im Wechsel der Generationen. Um dies Material zu beherrschen, reicht es nicht hin, die Atome anzugeben, aus denen das Alles gemacht werden kann, die realen Wesen, sondern auch die nothwendigen Beziehungen in ein Prinzip der Weltordnung zu vereinigen; denn dadurch allein wird die wirkliche, d. h. die von concreten Formen des Daseins durchdrungene Erfahrung gefunden, während realistische Theorien zu oft nur die allgemeine Möglichkeit der Erscheinungen auf die unwahrscheinlichste Weise construiren.

61. Man kann nicht sagen, daß die idealistische Richtung ebenso deutlich von Hegel, wie die realistische von Herbart, repräsentirt werde: sein System ruht jedoch auf ihr, obwohl es ihre Grundlage etwas verzerrt. Auch für Hegel ist die Idee das Einzige, dem das Prädicat absoluter Realität zukommt, und bei ihm so wenig, als in irgend einer gesunden Philosophie, hat die Form der Realität, für sich zum Reellen als solchen hypostasirt, weitere Bedeutung. Aber der andere Gedanke, daß ihr gegenüber auch Idealität nur die Form eines Inhaltes ist, der durch sie allein nicht gegeben ist, wurde von ihm zuerst wohl übersehen, dann beharrlich geleugnet. Jener Proceß der Reinigung des Gedankens, welcher zuerst den absurden Gedanken der unumstößlichen primitiven Sache oder Sachlichkeit vernichtete, und zeigte, daß nicht Dinge an sich, sondern daß nur Ideen Dinge sein können, wurde so weit fortgesetzt, daß auch aus der Idee jeder concrete Inhalt verschwand, und »die« Idee überhaupt allein übrig blieb; oder er wurde nicht so weit fortgesetzt, um zu bemerken, daß so wenig Sache an sich, so wenig Idee an sich gedacht werden könne. Dieser Mangel wird nicht ersetzt, sondern vergrößert dadurch, daß auf sehr natürliche Weise sich nun an die leere Hülse der Idee der Begriff einer gewissen Realität verstohlen wieder anknüpfte; um die Macht begreifen zu können, die eine inhaltlose Idee über die Welt ausübt, neigt sich der Gedanke wieder dazu, jener Inhaltslosigkeit durch Mitgabe einer wirkenden Kraft zu Hilfe zu kommen, die eigentlich aus der Natur der concreten Idee hätte fließen sollen. Will man nun nicht völlig ungerecht sein gegen das, was Hegel für die Psychologie geleistet hat, so muß man wohl erwägen, daß causale Untersuchungen nie in der Richtung seines Philosophirens lagen, und daß die Absurditäten, die so zahlreich entstehen, wenn man seine Constructionen der Erscheinungen für Angaben ihrer Verwirklichungsweisen ansieht, nur aus einem Mißverstande seiner Ansicht hervorgehen, dessen er sich freilich einige Male selbst schuldig gemacht hat. Ausgegangen von dem festen Grunde, daß die Welt ein Ganzes sei, dessen alle Theile sich als zusammenstimmende Glieder erweisen, und in dem guten

Glauben, in seinem Begiffe der Idee jenes an sich Werthvolle, keines weiteren Beweises Bedürfende, sondern schlechthin Existirende gefunden zu haben, konnte es ihm nur darauf ankommen, alle Thatsachen im Absoluten anzuschauen, d. h. die Bedeutung zu suchen, die sie für die Realisirung jener Idee besitzen, und um welcher willen allein ihr Dasein von derselben gefordert werden oder begründet worden sein kann. In diesem Werthe lag ihm das Wesen der Sache; er entwickelte gewissermaßen das Einzelne nach seinen Folgen, d. h. nach dem Beitrage, den es zur ideellen Bedeutung der Welt giebt, nicht nach der Art, wie es entsteht oder entstanden ist. Ueber das Verhältniß der causalen Entstehung zur dialektischen Construction in's Klare zu kommen, verhinderten ihn zwei Umstände. Erstens die Undeutlichkeit, die wegen der innerlichen Leerheit der absoluten Idee über dem Uebergange von ihr zur wirklichen Natur schwebt; dann der Nachklang jener Ansichten, die dem Ideellen eine gewisse reelle, wuchernde Schöpferkraft zuschrieben, was ihn nicht zu der Ueberzeugung gelangen ließ, daß aus der Idee, ehe von der Mannichfaltigkeit der Erscheinungen die Rede sein kann, erst die allgemeinen abstracten Gesetze zu entwickeln sind, auf denen sie ruhen soll; daß die Idee erst Wahrheit sein muß, ehe sie schöpferisch wird. Seine Logik nimmt zwar den Anlauf zu solchen Gesetzen, aber sie wird sehr bald zur Phantasmagorie von Phänomenen. So erkannte er nicht, daß, wenn es zur Naturphilosophie kommen soll, aus seiner Idee vor Allem wieder die Totalität der mechanischen Gesetze fließen muß, als eine um der eigenen Natur der Idee willen ihr nothwendige, unverbrüchliche Grundlage ihres Schaffens. Abgeneigt aller regressiven empirischen Untersuchung, desorientirt über die Epoche der Naturwissenschaften seit Newton, ging er darauf aus, sogleich einzelne Formen der Naturerscheinungen zu expliciren; versuchte nicht, die Grundregeln des gesammten mechanischen Calcüls auf einmal der Idee abzugewinnen, sondern stückte lieber aus der Idee einige Erklärungen einzelner abgerissener Phänomene ohne Hilfe der Mechanik zusammen. Daraus entstanden die grausenvollen Folgen, die jetzt in seiner Naturphilosophie vorliegen. Diese Dinge tragen nun die Schuld, daß Hegel zuweilen dialektische Entwicklung mit causaler, Postuliren eines Phänomens mit der Construction seines Substrats verwechselte: er würde dem nicht unterlegen haben, wenn er sich deutlicher bewußt gewesen wäre, daß in einer Welt, die auf allgemeinen Gesetzen ruht, die Verwirklichungsweise zweier Erscheinungen oft so verschiedene Mittel erfordert, daß sie weit in dieser Hinsicht differiren, während sie nach ihrem Sinne nächste Glieder in der Entwicklung der Idee sind. Hätte sich freilich die absolute Idee jenes Recht, daß sie gebeut und es da steht, ohne daß Zwischenmittel nöthig sind, für alle Fälle vorbehalten, ohne sich an irgend einem allgemeinen Gesetze ein Hinderniß dieser Allgewalt zu schaffen, wäre sie mit einem Worte nicht eine wirkende, sondern eine hexende Idee, so würde dann natürlich causale Entstehung und dialektische Dependenz überall Hand in Hand gehen. In der Psychologie nun kommt außerdem, wie schon angedeutet wurde, noch dies Zweite in Betracht, daß eigentlich nur Phänomene gefordert werden, aber die Natur ihres Trägers nicht näher bestimmt; Hegel's Aufgabe ist, zu zeigen, welchen Werth und welche Bedeutung die Formen des geistigen Lebens für die Realisirung der Idee haben; wer oder was es ist, an dem diese Lebenserscheinungen stattfinden, die Natur der Seele, ist für ihn kein Gegenstand ernstlicher Nachfrage; es ist natürlich keine Substanz, die unabhängig von der Idee bestände, da aber die Idee selbst keinen Inhalt hat, so läßt sich auch der Seele kein besonderer zuschreiben;

ihr Begriff ist ausgefüllt, wenn man sie als Subject zu diesen Erscheinungen faßt. Wie dies zu thun möglich sei, braucht nicht gezeigt zu werden, denn es ist ewig vergeblich, den Zusammenhang der Momente in der Idee durch Verstandesbegriffe oder Anschauungen zu verdeutlichen. Unter diesen Voraussetzungen läßt sich nun behaupten, daß allerdings Hegel's Psychologie über den beschränkten Kreis von Aufgaben, die sie sich stellt, eine große Menge nicht bloß anregender, sondern genialer Conceptionen zu Tage gefördert hat, und da dieses Gebiet der Frage immer das größte Interesse erregen wird, so wird auch trotz aller sehr fühlbaren Mängel der wissenschaftlichen Ausführung dieser Plan immer mit größtem Gewichte auf unsere Bildung einwirken. Wir können hiervon nur den äußersten Umriß andeuten. Welches auch Natur und Inhalt der absoluten Idee sein mag, nie wird sie diesem ihrem eigenen Begriffe gemäß existiren, wenn nur eine seiende Welt vorhanden wäre, ohne den Genuß des Seins. Ueber alles Sein und Erscheinen strebt daher die Idee in ihrer Entwicklung zum Fürsichsein, und inwiefern dieses Sichselbstbesitzen den Grundzug aller geistigen Organisation ausmacht, der in alle einzelnen Erscheinungen des geistigen Lebens eindringt und sie zu dem macht, was sie sind, insofern ist das Dasein geistigen Lebens überhaupt eine absolute Forderung, welche die Idee stellt: oder die Entwicklung ihres eigenen Begriffes wird uns nothwendig auf diese höchste Form des Daseins führen. Die Psychologie erscheint daher hier nicht als eine vom Zweifel über eine gegebene Thatsache der Erfahrung zu deren Erklärung fortschreitende, empirisch angeregte Wissenschaft, die es auch möglich fände, daß ihr ganzer Gegenstand gar nicht existirte, sondern als Theil einer umfassenderen Weltansicht, welche den Begriff eines Lebenskreises erzeugt, der in der Erfahrung nur seine Bestätigung findet. Wie die Idee vom Sein zum Genuß des Seins, so schreitet auch innerhalb der Psychologie die dialektische Entwicklung der einzelnen Ausbildungsstufen des Geistes vom unmittelbaren Dasein der früheren zu deren Genuß und Verwendung zu höheren, vom Befangensein in ihnen zum Bewußtsein über sie fort, so daß die treibende Aufgabe des Geistes ist, Nichts bloß zu sein, oder für andere zu sein, sondern jede Form seines Daseins zum Gegenstande eines sich in sich zurücknehmenden Genusses des Wissens zu machen. Hierdurch dehnt sich die Betrachtung, nicht von der Seele als Substrat, sondern als Phänomenologie von den nothwendigen Formen des Seelenlebens sprechend, über die Grenzen der persönlichen Psychologie aus: was in dem einzelnen subjectiven Geiste nicht realisirt werden kann, wird ausgeprägt und verwirklicht in der Gestalt des allgemeinen objectiven Geistes, der die Gesellschaft verbindet, und die Zerstreutheit dieser Lebendigkeit soll wenigstens, wenn es auch mißlingt, in dem absoluten Geiste eine Vereinigung finden, die wohl nur zu erreichen ist, wenn der phänomenologische Gang der Betrachtung zur Untersuchung des die Erscheinungen tragenden Subjectes überlenkt. Daß nun solche Ansichten, so geistreich sie ausgefallen sind, nicht alle Aufgaben lösen, ist schon bemerkt; das Seelenleben besteht nicht in einer Reihenfolge von Erscheinungen, deren jede immediat von einem Momente der Idee abhinge; nur in diesem Falle aber könnte neben der Interpretation des Sinnes die Aufgabe einer mechanischen Psychologie ganz verschwinden. Nur die Principien des Wirkens können hier als unmittelbare Ausflüsse der Idee betrachtet werden, und so bliebe für Hegel das Problem übrig, zu zeigen, wie aus der Idee des Geistes sich mit Nothwendigkeit als abstracte Grundlage seiner inneren Ereignisse die Gesetze des psychischen Mechanismus niederschlagen. Er hat es so wenig gelöst, als das analoge in der Naturphilosophie, und so bietet seine Psychologie die unerquickliche Seite, nur das ästhetische, aber kein praktisches Bedürfniß der Erklärung zu befriedigen; sie führt uns die Reihe der Wunder, die das Seelenleben bilden, in großen Verhältnissen vor, aber läßt Physiologie, Pädagogik, Psychologie rathlos, die alle wissen wollen, wodurch die psychischen Phänomene bedingt und bewirkt werden, damit man auf den Grund dieser Kenntniß auf sie einwirken könne. Was endlich nun jene Fragen unseres sechsten Abschnittes betrifft, wie der allgemeine Zusammenhang des geistigen Lebens mit der concreten Naturordnung zu denken sei, so ist auch über sie eine deutliche und befriedigende Auskunft bei Hegel nicht zu finden. So wie andere Systeme durch den Ausspruch, daß alles Räumlichzeitliche eben nur Erscheinung des wahren Wesens der Dinge sei, ein Aversionalquantum entrichtet zu haben glauben, welches der Stellung jeder bestimmteren Frage über die Art dieses Zusammenhanges vorbeugt, so machen auch bei Hegel zwei durch Alles sich hindurchziehende ähnliche Gedanken die Antwort unmöglich. Zuerst die Verurtheilung der Natur als bloßer Aeußerlichkeit der Idee, ein Ausdruck, der jede Bestimmtheit in der Fassung des Verhältnisses zwischen beiden ausschließt, und leider nicht bloßer flüchtiger Ausdruck geblieben ist, daneben aber jene absolute Autokratie der Idee, die in jedem Augenblicke das unmittelbar Schaffende, Erhaltende, Leitende ist; eine Gewöhnung der Gedanken, die, indem sie überall die letzte und höchste Ursache an die Stelle der nächsten abgeleiteten Bedingungen setzt, die nützliche Beantwortung jeder mechanischen Frage hintertreibt. Und dieser Tadel fällt nicht allein auf Hegel, sondern auf eine sehr ausgebreitete Schule, die von der allerdings vollkommen richtigen Erkenntniß, daß die Welt nicht in letzter Instanz auf absolutem Mechanismus beruhen könne, ausgehend, sich zum Schaden aller Wissenschaft kopfüber in jene Träume stürzte, denen in jedem geringfügigen Ereigniß die persönliche nicht bloß formbestimmende, sondern auch formerzeugende Gegenwart der absoluten Idee erscheint. Vergleichen wir, was die gewöhnliche Ansicht in jenen Problemen Räthselhaftes findet, und was die speculative Auffassung als Lösung darbietet. Man hat zuerst Gründe gefunden, Körper und Seele zu trennen und sie einander scharf gegenüberzustellen: schon hier giebt indessen die gewöhnliche Ansicht zu, daß dieser Gegensatz nicht so unüberwindlich ist, um beide als zwei Sorten von Substanzen behandeln zu können, die höchstens in der gleichzeitigen Erschaffung durch einen höheren Geist etwas Gemeinsames hätten. Sie giebt dies zu, weil sich ihr der Begriff der Materie unter den Händen auflöst, und sie ihn entweder atomistisch als den Begriff eines Systemes realer Wesen fassen muß, zu dessen äußerer Erscheinungsweise für uns räumliche Ausdehnung gehört, während die inneren Zustände der realen Wesen denen der Seele sehr ähnlich, wenigstens nicht nothwendig mit ihnen disparat sind. Oder sie kann auch, wenn sie weiß, wie dies zu rechtfertigen ist, Materie als stetig theilbare Erscheinung eines an sich einigen Wesens zu fassen suchen. Aber dabei bleibt sie stehen, daß die Seele jederzeit ein Individuelles, mit jener materiellen Erscheinung nie in ein Wesen Verschmelzendes sei, ihre einzige Sehnsucht ist, daß es in einer Weltansicht irgend eine Wurzel gebe, aus der beide zu begreifen sind, und zugleich ihr gegenseitiges Verhältniß. Dies Verhältniß wird sie sich als nach allgemeinen Gesetzen geregelt denken und den lebendigen Organismus als ein Ganzes betrachten, das entstanden aus Theilen der mechanischen Natur, auch seine Theile wieder in sie zurückgehen läßt, und welches mit der

Seele selbst nur nach irgend welchen mechanischen Gesichtspunkten in Wechselwirkung treten kann. Auf der Grundlage solcher Voraussetzungen wirft nun diese Ansicht jene vielfach berührten Fragen auf, wie die von den hier getadelten Systemen richtig erkannte Bedeutsamkeit des geistigen Lebens sich mit dem Naturgange vereinigen lasse. Und darauf antworten jene speculativen Träume, indem sie eben die eigenthümliche Berechtigung dieses Naturganges leugnen. Körper und Seele sind ihnen Eins; ein ideal-reales Absolute bringt im Laufe seiner Verwirklichung nicht bloß die endlichen Geister hervor, sondern wie es immer zugleich Reelles ist, entwickelt es sich zugleich in einer materiellen Form, die nicht ein Zweites, sondern dasselbe ist, wie der Geist, nur dasjenige materiell, was jener ideell ist. Das geistige Wesen und die körperliche Erscheinung stehen einander nicht gegenüber wie zwei verschiedene Dinge, deren eines nur das Instrument für das andere wäre, sondern in dem Leiblichen ist das Geistige völlig immanent, ohne den Körper würde der Geist ein unwirklicher Schatten sein. Solche Aussprüche, welche Organismus und Seelenleben ganz und gar zusammenfallen lassen, würden Jemanden, der empirisch noch gar nichts vom Leben wüßte, auf den Gedanken bringen, daß jedes lebendige Geschöpf in heiterer Luft sich plötzlich aus Nichts krystallisirte, und wenn es verginge, spurlos wieder in das Nichts verschwände; dann allein ließe sich mit dieser schaffenden Idee eine Vorstellung verbinden, denn es liegt offenbar in dieser Ansicht, daß das organische Individuum zu seiner Existenz keine Voraussetzungen natürlicher Art, sondern bloß das Gebot der Idee brauche. Wie aber, wenn der lebendige Leib einzelne seiner Glieder einbüßt und nicht nur selbst zu leben fortfährt, sondern wenn auch die Bestandtheile der verwesenden Gebilde mit ihren Wirkungen sich durch die ganze äußere Natur verbreiten? Wie, wenn diese Grundlage des Körpers, die mit der Seele so identisch ist, durch die Nahrung auf allen Feldern der schon bestehenden Natur zusammengesucht wird und selbst während des Lebens in ewigem Wechsel begriffen ist; wie, wenn überhaupt nur in Processen der Generation die Entstehung der Seele für unsere Beobachtung stattfindet? Dann, wenn dies Alles ist, antworten wir, kommen diese Theorien nichts weniger als in Verlegenheit. Denn erstens zeigen sie sogleich, wie es eben für die Idee, die Bestimmung des geistigen Lebens nothwendig ist, daß diese Abhängigkeit des endlichen Geistes vom Processe der Gattung u. s. w., stattfinde; und da es grade das eigenthümliche, von uns gern zugestandene Verdienst dieser Ansichten ist, lebhaften Sinn zu haben für die gewaltige ästhetische und speculative B e d e u t s a m k e i t dieser Verhältnisse, so eröffnet sich ihnen hierbei allemal die beste Gelegenheit, durch sehr schätzenswerthe, geistreiche, oft in der That erhebende Gedanken uns eine Frage zu beantworten, die wir gar nicht gestellt hatten. Dann aber führen sie, um doch etwas auf unsere Zweifel einzugehen, an, es folge aus dem Begriffe und der immanenten Entwicklungsweise der Idee, daß, wo der Naturlauf eine organisirte Schöpfung hervorbringe, sich damit, als mit der reellen Seite eines ihrer Momente, auch die ideelle, nie von ihr trennbar, verknüpfe, daß sie ebenso mit ihrer Zertrümmerung verschwinde, daß überall ferner mit diesem bestimmten Naturgeschöpfe auch nur diese bestimmte Seele verbunden sein könne, die s e i n e ideale Bedeutung ausmache; d. h. mit anderen Worten: e s l i e g t n u n e i n m a l i m L a u f e d e r D i n g e, daß Körper und Seele zusammen in passender Verbindung vorkommen und sich entwickeln. Und diese Auskunft ist denn ganz natürlich in einer Ansicht, welche alle solche Thatsachen durch die Vorerklärung eines in jedem einzelnen

Falle passenden Zusammenstimmens des Idealen und Realen vorwegnimmt, und das Verhältniß zwischen beiden, dessen Feststellung eines der philosophischen Probleme ist, durch den flachen Gedanken einer ursprünglichen, absoluten Identität beider erschöpfend auszudrücken meint. Und hierbei ist das Widrigste dies, daß in dieser Verkehrtheit keineswegs baarer Unsinn steckt, sondern daß sie jederzeit auf die Güte eines Instrumentes pochen kann, ohne einzusehen, daß sie es nicht zu führen versteht; ein solches ist diese Zusammenstimmung des Ideellen und Reellen allerdings, wo sie am Platze ist. Ich will mich hiermit nicht länger herumschlagen. Alle diese Ansichten schweben wie leichte Wölkchen, glänzend allerdings von tiefen Ahnungen beleuchtet, in einer sicheren Höhe über allen den dornigen Verwicklungen, welche die Probleme unten darbieten; kommt man hier nicht fort, so mag man sich an ihrem Anblicke trösten und erheben; aber den Weg durch das Gestrüpp hindurch weisen sie nicht, sondern nur einen der Resignation darüber hinaus.

62. Vorhandene Ansichten, deren Kenntniß man voraussetzen kann, sind kürzer kritisch zu überblicken, als eigne noch unbekannte anzudeuten. Ich muß mich daher begnügen, einige vielleicht für sich verständliche Punkte anzuführen, die Ziel und Weg der psychologischen Untersuchungen bezeichnen sollen, im Geiste der Ansicht, die ich im Allgemeinen die idealistische nannte. Nicht die Idee überhaupt, sondern die concrete Idee, deren Inhalt der höchste und absolute Werth ist, bildet für uns das Letzte und nicht weiter Abzuleitende; selbst der arme und unentwickelte Gedanke des Empedokles, der Liebe und Haß als Principien des Geschehens faßte, scheint uns insofern Vorahnung einer besseren Wahrheit, als er im Gegensatze zu nihilistischem Idealismus eine concrete inhaltvolle Idee an die Spitze stellte. Unnöthig ist es für unseren Zweck, sowohl den Inhalt der Idee zu bestimmen, den man Seligkeit, Liebe, Heiligkeit nennen mag, als auch die Gestalt der Existenz, in der derselbe vorausgesetzt werden muß, ob in einem höchsten persönlichen Subject concentrirt, ob, wie die angeführten Systeme lieber wollen würden, als diffuse, unpersönliche Idee das All durchdringend. Die Beantwortung dieser schwierigen Fragen ist hier deswegen völlig gleichgiltig, weil wir zunächst nur phänomenologisch aus dem Inhalte dieser Idee nothwendige Formen des Daseins und Geschehens entwickeln wollen, die Frage aber, wie diesen Postulaten die Wirklichkeit zukommt, allenthalben, wo es sich um das Einfachste handelt, thöricht ist; denn nur das bedingte Sein des Einzelnen hat eine Entstehungsgeschichte; die Existenz des zu Grunde liegenden Reiches der Wesen und Gesetze folgt ohne Zwischenmechanismus aus den Geboten der Idee selbst und theilt ihre ursprüngliche Realität und Wirklichkeit. Nicht das mithin ist die Frage, wie Sein und Wirklichkeit gemacht wird, denn es wird nicht gemacht; nur darum handelt es sich, welcherlei Wesen und Gesetzen diese unerklärliche Wirklichkeit wegen des Inhaltes der sie begründenden Idee zukommen muß. Hier würde nun die Philosophie zuerst zu zeigen haben, daß eben das innerlichste Wesen jener Idee nie seinem eigenen Begriffe gemäß gedacht werden würde, wenn wir in ihm nicht sogleich den Trieb voraussetzten, allein seinen weiteren Entwicklungen ein Reich absoluter, nie erschütterter, nie übertretener Gesetze zu Grunde zu legen, sich überhaupt zuerst einen Boden der Wahrheit zu schaffen, welcher der innerlichen Freiheit seines Schaffens Schranken setzt. Man ist gewohnt, in der Metaphysik solche absolute, nicht hinweg, und nicht anders zu denkende Gesetze aufzustellen, denen der Lauf der Dinge folgen muß, man betrachtet sie aber häufig als eine blinde für sich bestehende Nothwendigkeit, einen fremden durch ein unbedingtes Schicksal gegebenen Bedin-

gungskreis, in dessen unabwendbare Gewalt sich der höchste concrete Inhalt der schaffenden Idee fügen muß. Wir substituiren dieser Ansicht die andere, daß es nicht zuerst nothwendige conditiones sine quibus non giebt, und daß dann erst das Seiende auf sie von einer inhaltvollen Idee erbaut werde; daß vielmehr diese Idee, um das zu sein, was sie ist, selbst diese abstractesten Gesetze aus ihrem eigenen Wesen sich niederschlagen läßt, als die in allen ihren späteren Productionen erkennbare, unverbrüchliche Basis, auf der allein sie ihren eigenen Begriff bewähren kann. Daß aber überhaupt die Idee nicht ruhendes Sein, sondern Entwicklung ist, ein Zug, der die Unerläßlichkeit jener Welt der Gesetze hervorbringt, beruht nicht minder in dem Inhalte ihres Wesens, der nicht in Ruhe, sondern nur in Entwicklung und lebendigem Werden das sein kann, was er ist, obwohl er nicht, wie man es mißverstanden hat, durch sie ist, was er ist. Alles Werthvolle, Gutes und Schönes hat sein Dasein nur in Beziehungen, in Handlungen, in Entwicklung, aber freilich sind die letzteren nur die nothwendigen Formen für diesen Gehalt, nicht er selbst. Unter jenen Formen des Zusammenhanges nun, welche den Dingen, sofern sie Verwirklichungen der Idee sein sollen, grade durch den Inhalt dieser Idee selbst vorgezeichnet werden, ist eine die hauptsächliche, alle anderen als Momente in sich aufhebende oder als weitere Entwicklungen begründende, nämlich die des teleologischen Nexus. Die Idee, behauptet sie, eben weil sie nicht der Gedanke eines ruhenden, absoluten Seins, wie etwa bei den Eleaten, sondern weil sie concrete, werthvolle Idee ist, kann auch nicht mit ihrem ewigen unvermittelten Dasein sich begnügen, sondern muß sich selbst zum wiederzugewinnenden Ziele einer Entwicklung machen, eine innere Unruhe des absoluten Grundes, die unmotivirt, wie bei Hegel, angenommen, höchstens wie eine Krankheit des Absoluten erscheint, aus der freilich die Perle der Welt hervorgeht. Sie muß aber ferner auch, um das zu sein, was sie ist, sich selbst in den allgemeinen, abstracten, für jeden bestimmten einzelnen Erfolg gleichgiltigen Gesetzen der Welt Widerstände schaffen, die sie nur überwindet, indem sie zugleich eine concrete Welt des relativ Realen setzt, das auf den Grund dieser Gesetze hin combinirt und zusammenwirkend, die der Idee entsprechenden Gestalten als letzte Resultate hervorgehen läßt. Diese Nothwendigkeit des teleologischen Zusammenhanges, in welchem causale Wirkungsweise nach allgemeinen Gesetzen, also die Idee des Mechanismus in weitester Bedeutung das größte Gewicht erhält, ist bei Hegel fast völlig durch eine luxuriirende Lebenskraft des Absoluten verdrängt, die keiner Gesetzlichkeit mehr offen steht; und doch hätte Hegel in seiner Sinnesart Grund genug gefunden, die wesentliche Bedeutung dieses retardirenden Motivs hier ebensowohl wie in dem Geiste der Kunst zu verstehen. Der Mechanismus ist daher das Verhängniß der Welt, aber kein fremdes, sondern eine Last, ein Kreuz, welches die Idee ihrer eigenen Natur gemäß auf sich nehmen muß, und das außer ihrer Natur weder ein ewiges Dasein an sich, noch irgend eine andere Begründung hat.

63. Fügen wir nun einen andern Punkt hinzu. Ein wissenschaftliches Lehrgebäude, wie das System der mathematischen Wahrheiten, enthält eine Menge einzelner Sätze, die in den mannichfaltigsten Abstufungen näherer oder entfernterer Abhängigkeit sich um ein Princip gruppiren und untereinander eine noch vielfältigere Menge von Verwandtschaften der Coordination und der mannichfachsten Grade der Verschiedenheit zeigen. Eine eben so reiche und vielgegliederte Organisation müssen wir jener Welt zuschreiben, die durch den Inhalt der Idee als ihr vollständiger Ausdruck gefordert wird; auch in

ihr werden nicht nur zahllose Abstufungen der Abhängigkeit, sondern auch des Werthes vorkommen; dennoch können wir diese ganze Welt, sowie jenes Lehrgebäude, in ihrem innersten Wesen, d. h. in ihrem ästhetischen Werthe auffassen, ohne noch die Formen des Raumes und der Zeit mit einzumengen, sowie wir auch die Verwandtschaft und die innere Bedingtheit der Melodien unter einander als die simultane Organisation eines Kunstwerkes später uns vorstellen können, obwohl seine wirkliche Wahrnehmung nur in einer successiven Entwicklung stattfindet. Der wahre wesentliche Gehalt der Welt ist abtrennbar von dieser Form der natürlichen Aeußerlichkeit, wenigstens, wenn wir uns für die Deutlichkeit dieser kurzen Andeutungen darauf beschränken wollen, von der des Raumes. Es ist zwar nicht völlig richtig, indessen aus demselben Grunde für unsern Zweck dienlich, wenn wir analog der Kantischen Ansicht, Räumlichkeit als eine Auffassungsform jeder erkennenden Subjectivität fassen, nur daß aus obigem Vergleiche die Art ersichtlich ist, wie die mannichfaltigen Beziehungen, die zwischen den Wesen obwalten, ihnen ihre bestimmten Oerter auch in dieser Anschauung anweisen. Die Seele nun betrachten wir als eine jener Realitäten, die von der absoluten Idee als wesentliche Glieder ihrer eigenen Entwicklung gefordert werden; erschöpfbar ihrem Inhalte nach nur durch eine in theoretischen Begriffen unausdrückbare ästhetische Idee, wird jede Seele nur den Grad der Realität besitzen, der ihr um ihrer Bedeutung im Ganzen der Welt willen zukommt, und weit entfernt, daß sie als absolut reales Wesen nach einem Rechte der Natur Unsterblichkeit verlangen könnte, hat sie die Bestimmung ihrer Schicksale nur von einer ethischen Weltordnung zu erwarten. Obwohl aber die höchste der realen Gestalten, welche die ewige Idee verlangt, findet doch die Seele den nach allgemeinen Gesetzen geordneten Naturgang schon vor, auf dessen unverbrüchlicher Basis allein jene die Entwicklung ihrer weiteren Entfaltungen begründet hat; was ihr mithin zu empfangen, zu leiden und zu thun vergönnt ist, kann ihr nur noch gewährt werden, so weit sie mit natürlichen Mitteln im Gange natürlicher Wirkungen sich geltend zu machen weiß; sie wird nicht als Seele allein, sondern als beseelter Organismus leben. Zweierlei bemerken wir hierüber. Nicht das, was dem inneren Wesen der Seele allein angehört, jene allgemeinen Weisen ihres Lebens und ihrer Reaction gegen äußere Einflüsse, soll materialistisch ihr durch die Organisation gegeben werden, sondern nur die Fähigkeit, dies innere Wesen in Uebereinstimmung mit dem ihr fremden Gange natürlicher Ereignisse wirken zu lassen, das Aeußere zu gewahren, nach ihm hinaus zu handeln. Die Organisation ist insofern nicht ein neue Fähigkeiten erzeugendes, sondern ein einschränkendes Princip. In einer Welt, deren beherrschende Idee sich nicht dem Verhängnisse ihrer eigenen Verwirklichung durch den Mechanismus eines Naturganges hingegeben hätte, wäre unmittelbares, Alles durchdringendes Wissen und allmächtiges mittelloses Gebieten denkbar, so wie wir es dem ewigen Wesen Gottes zuschreiben; von solcher Natur ist an sich die Seele, und die Organisation verschafft ihr nicht ein Wissen und eine Kraft des Wirkens, sondern schränkt beides auf den Leib, als den Mikrokosmus ein, in welchem gebietend, die Seele allem Aeußeren nur nach Gesetzen des Zusammenhanges der Dinge verwandt ist. Wir haben früher gesehen, wie Ansichten, denen die abstracte Möglichkeit allein etwas, die Begrenzung der Möglichkeiten durch eine durchdringende Weltordnung nichts galt, dieses überall sich hervordrängende unmittelbare Wissen und Wirken zur Annahme phantastischer Verknüpfungen der Wesen unter einander benutzten, welche zwar zwischen ihnen als Erzeugnissen der Idee denkbar sind, aber durch den Geist der Naturordnung ewig verneint werden. Wir betrachten mithin den Körper zwar als Organ der Seele, zugleich aber als retardirendes Gewicht, das sie im Gebiete der Endlichkeit reifen und die Frucht der Entwicklung nicht voreilig pflücken läßt. Das Zweite ist, daß Seele und Körper uns auch hier geschieden bleiben, und daß das, was sie sind, in keine Identität zusammengeht, außer der gemeinschaftlichen Wurzel, die sie in dem höchsten Weltinhalte haben. Das Verhältniß des Idealen zum Realen ist in der Natur nie ein Identitätsverhältniß, sondern stets ein teleologisches. Die gesammte Natur hat nicht Bilder des Uebersinnlichen zu liefern, sondern Mittel seiner Realisirung; auch der organische Körper ist wesentlich nur solches Mittel. Hiermit ist nicht geleugnet, daß nicht eine ästhetische Bedeutsamkeit auch ihm zukäme, noch abgesehen von der mechanischen Kraft oder den empfindsamen Organen, die er der Bestimmung des Geistes zu Gebote stellt; vielmehr ist die Aeußerung des innerlichen Geistes auch hier die Bedeutung der Erscheinung. Allein man faßt den Gedanken der Erscheinung im Allgemeinen viel zu oberflächlich, wenn man nichts in ihr sieht, als ein idem per aliud, ein Spiegelbild, das die abstracten Formen des Zusammenhanges im Inneren durch eben solche Formen des Aeußeren darstellen sollte; sie ist vielmehr jederzeit zugleich ein unvermeidliches Mittel der Realisirung des Zweckes, und hierin allein besteht ihre Bedeutung für das Wesen, dem sie nothwendig ist. Kein Maler wird je auf den Einfall kommen, Geist oder Dummheit eines Charakters durch einen Zug ausdrücken zu wollen, der an sich, überall, wo er in der Natur vorkäme, Geist oder Dummheit bedeutete; Jeder weiß, daß ein Zug nur bedeutsam wird, sofern er als Mittel zur Ausführung einer That durch seine Ausbildung die Intensität und Richtung der geistigen Kräfte zeigt, aller physiognomische Ausdruck, alle Schönheit ist nur unter der Voraussetzung des Verständnisses einer organischen Gestalt möglich; dieses allein lehrt uns die Theile als Mittel zu Zwecken kennen. Die Erscheinung eines Idealen in dem Realen ist die Sammlung und gelenkige Concentration aller der Gestalten und Kräfte, die ihm in der bestehenden Naturordnung Macht geben, sich völlig seinem Begriffe gemäß zu entwickeln; in dieser außerordentlichen Harmonie liegt der Grund, warum wir Seele und Körper gern zu einem ästhetischen Ganzen verschmelzen möchten. Betrachtungen dagegen, die mit nüchternem Parallelismus den Körper den Affen des Geistes sein lassen und ihm einen Stoffwechsel geben, weil die Gedanken wechseln, ein Arterien-, Venen- und Lymphgefäßsystem, weil auch aus centrifugalen Handlungen, centripetalen Empfindungen und einer hin- und herwogenden Verdauung der Gedanken der Kreislauf der geistigen Ereignisse immer neu erwächst, oder die mit drei Nervengattungen die drei Hauptsphären der Seelenthätigkeit umsäumen, mögen sich der einen schaffenden Kraft immerhin erfreuen, die mit einem Schlage so seltsame Harmonien des Idealen und Realen erklingen läßt. — Die Entwicklung der organischen Körper aus einander hat auch das Leben der Seelen an den Proceß der Gattung geknüpft. Wir übergehen die ideale Bedeutung dieser Thatsache, die mit ihrem ungeheuren Gewichte alle Schicksale und Verhältnisse des Lebens durchdringt und mit deren Hinwegnahme uns das menschliche Geschlecht mit all dem Dichten und Trachten seiner Geschichte unverständlich sein würde, wie ein Traum. Wir haben hier nur jene physiologischen Schwierigkeiten der Generation zu betrachten, zu deren Hinwegräumung Systeme der Einschachtelung, der Epigenese, des Traducianismus ohne Noth erfunden worden sind. Was unräumlich ist, ist jedem Punkte des Raumes eben so nahe, wie jedem andern, so lange es beziehungslos ist; es hat ein Motiv an einem Orte zu sein, wenn Beziehungen ihm denselben anweisen. Nicht, als wäre es an diesem Orte des Raumes, der selbst nicht ist, aber in dem Systeme der Erscheinungen, das auf der Form der Räumlichkeit ruht, hat es nicht minder eine bestimmte Stelle, als alles andere Reale, das an sich eben so unräumlich, durch seine inneren Beziehungen unter einander bewegt und entwickelt, das Schauspiel der veränderlichen Raumwelt entfaltet. Hat das dem scheinbaren Naturlaufe dieser Welt zu Grunde liegende wahre Geschehen die Bedingungen vollständig entwickelt, die die Erscheinung eines organischen Körpers darstellen, so hat es zugleich auch die zwingende Bedingung gesetzt, die die Seele nöthigt, innerhalb dieser Organisation zu wirken und zu erscheinen; beides wird nie getrennt sein, sobald der Naturlauf seine Schuldigkeit that und nicht in verfehlte Producte sich verlief. Es ist nun schwer, sich hier eines sehr nahe liegenden Irrthumes zu entschlagen; man wundert sich nämlich sogleich noch einmal, wie nur, wenn es auch so sein soll, doch die Seele wirklich in den Körper gelange, d. h. man setzt voraus, daß ein unräumliches Wesen einen gewissen Weg mit allerhand Mühseligkeiten überstehen müsse, um aus dem Gebiete des Unräumlichen in den Raum zu gelangen, und daß noch seltsamer es sei, wie es in der Unendlichkeit desselben den kleinen Punkt finde, an dem der Mechanismus der Natur ihm den Keim seiner Organisation niedergelegt hat. Der erste Theil des Irrthums nun ist, nachdem er aufgedeckt ist, wohl so deutlich, daß er keine Widerlegung verlangt; und mit ihm fällt auch der zweite, weil kein Verstand sich eine Vorstellung von der Möglichkeit jenes Irrthums machen kann. Zu sagen nun, welches der Zustand der Seele vor diesem Punkte, welches der spätere nach dem Tode sein wird, ist nicht meine Aufgabe; die physiologische Psychologie hat nur die Probleme aufzuhellen, welche der Beantwortung dieser Fragen durch eine Wissenschaft von ethischem Charakter Hindernisse in den Weg zu legen drohen. Nur eine Erscheinung ist noch übrig; die auffällige Theilbarkeit niederer Thiere mit selbstständiger psychischer Entwicklung der Theilstücke. Sollen wir mit einigen Franzosen behaupten, dergleichen Thiere seien Maschinen mit Reflexbewegungen, die sich so oft vervielfältigen können, als die physiologische Regeneration die Stücke zu Ganzen ausbildet? Gewiß nicht; obwohl der Werth ihres Seelenlebens nicht bedeutend sein mag. Die Thatsache selbst kommt am meisten bei Thieren vor, deren normale Fortpflanzungsart die durch Theilung ist; sie fiele insofern unter die vorige Erklärung, und man würde wissen mögen, durch welcherlei Schnitte und wie oft überhaupt diese Theilung bewirkt werden kann. Andere pflanzen sich nicht normal durch Theilung fort; allein die Arten der Zeugung sind hier so vielfach in einander laufend, daß wir uns die Verhältnisse, ähnlich wie bei den Pflanzen, denken können, so daß sehr viele an Structur gleiche Theile dasselbe Recht haben, eine Seele mit sich zu verknüpfen, und man könnte die mechanische Theilung als eine künstlich beschleunigte Fortpflanzung ansehen. Dies läuft, nur in idealistischer Weise der Auffassung, ziemlich auf die realistische Ansicht Herbart's hinaus, daß in jenen niederen Thieren überhaupt nicht bloß eine, sondern viele Seelen sind; eine Betrachtungsweise, die sich für diesen Fall durch die sehr nahestehende Erscheinung der Korallencolonien wahrscheinlich macht. Soll ich endlich denen, die sich für eine pantheistisch die Welt durchwogende, gewissermaßen continuirliche Idee oder Kraft interessiren, gefällig sein, so will ich noch andeuten, daß man sich allerdings wohl eine Vorstellung von einem Wesen machen kann, das eines ist, während seine Erscheinungen für unsere Betrachtung mannichfache Individualitäten scheinen. Theilen wir einen räumlichen Schein, so liegt das Wesen nicht wie eine entsprechende Glastafel dahinter, in welche die Theilstriche ritzten; es wird gar nicht getroffen. Die Zerstreuung seiner Theile an verschiedene Orte wird nur das Ganze seiner Beziehungen zu den übrigen Wesen ändern und dieser Vielfältigkeit seiner Verhältnisse wird die Vielköpfigkeit seiner Erscheinung entsprechen. Wer diese Vorstellung hier möglich findet, mag sie sich als ein substantielles Band, als eine Collectivpersönlichkeit denken, die in allen diesen theilbaren Organismen lebt und denselben Grad von Persönlichkeit oder vielmehr Unpersönlichkeit behält, mag man die Punkte ihrer Erscheinung vervielfältigen, wie man will. Das ganze Interesse dieser Abhandlung lag in der Betrachtung menschlicher Natur; daß wir in der Psychologie des Thierreiches, bei der Charakteristik von Entwicklungen, die unseren Zuständen so ganz unvergleichbar sind, auf scheinbar so widersprechende Begriffe, wie jene, kommen, will ich nicht leugnen; aber hierauf weiter einzugehen, hindert die Rücksicht auf die große Frist, um welche dieses Unternehmen das Ende meiner Arbeit hinausrücken würde.

Eine vollständige Psychologie müßte folgende Aufgaben sich stellen und lösen: 1) Eine dialektische Ableitung der Phänomene des Seelenlebens und eine Interpretation ihrer idealen Bedeutung für die Gesammtheit des Sinnes der Welt. 2) Eine zugleich empirische, zugleich speculativ auslegende Betrachtung über die Entwicklungsstufen des Seelenlebens in der Thierwelt und dem menschlichen Geschlechte, zugleich mit Beantwortung der Frage nach den Grenzen des Reiches der Seele, verbunden. Man würde zu untersuchen haben, ob überhaupt ein Reales denkbar sei, dessen innere Natur nicht wesentlich psychisch wäre, so daß vielleicht alle Natur nur die äußerliche mechanische Gestaltung eines Reiches der Seelen und die concreten Gesetze der Natur aus dem Wesen psychischer Wirkungen ableitbar würden. 3) Eine Darstellung der physikalischen und mechanischen Verhältnisse, an welche das Leben der Seele in unserer Beobachtung gebunden ist, Physiologie der Seele. 4) Eine Nachweisung, wie aus dem wesentlichen Inhalte der Idee jeder Seele die specifischen, für sie überall giltigen Gesetze ihrer Wirkungen folgen; die Grundlegung einer Mechanik des geistigen Lebens, von der wenigstens zweifelhaft ist, ob sie für alle Geschöpfe die nämliche und nicht wenigstens durch bedeutend einwirkende specifische Coëfficienten verschieden sein würde. 5) Eine Psychologie der Individualitäten, die bisher den Werken der Dichter überlassen blieb. 6) Eine nur mit Hilfe der höchsten Theile der Philosophie zu erreichende Begründung unserer Ahnungen über das Schicksal der Seelen im Ganzen der Welt. Von diesen Aufgaben ist nur die dritte der Gegenstand dieser Abhandlung gewesen; was ihr außerdem beigefügt wurde, hat nur Entschuldigung zu hoffen, sofern es zur Aufklärung des Uebrigen beitrug, muß sich aber dem Tadel entziehen, nicht mehr gesagt zu haben, als an gegenwärtigem Orte seine Pflicht wär [1]).

[1]) Ist es mir möglich, einen mir noch aufgetragenen Artikel über Methodologie und Aufgaben der allgemeinen Physiologie auszuführen, so werde ich darin durch möglichst vollständige Besprechung der hier kurz berührten naturphilosophischen Verhältnisse die bisher von mir gelieferten Artikel zu einem Ganzen abzurunden suchen.

Hermann Lotze.

Göttingische
gelehrte Anzeigen
unter der Aufsicht
der Königl. Gesellschaft der Wissenschaften.

100. Stück.

Den 21. Juni 1852.

Leipzig

Weidmannsche Buchhandlung 1852. Medicinische Psychologie oder Physiologie der Seele. Von Dr. Rud. Hermann Lotze, Professor in Göttingen. VIII und 632 S. in Octav.

Der allgemeinen Physiologie des körperlichen Lebens, die im vorigen Jahre veröffentlicht wurde, lasse ich hier die Physiologie des geistigen Lebens folgen, als Abschluß der Darstellungen, durch welche ich hoffte, dem medicinischen Studium von Seiten philosophischer Betrachtung einige Vortheile zu bereiten. Dieselben Zwecke, dieselbe Darstellungsweise theilt dieses Buch mit dem vorerwähnten; indem es sich auf die Wechselverhältnisse zwischen Körper und Seele beschränkt, und die Gegenstände ausschließt, die einer speculativen Psychologie allein zugänglich sind, macht es nicht den Anspruch, eine philosophische Untersuchung zu sein, sondern ist gleich seinem Vorgänger zur Entwicklung anwendbarer Anschauungen über die Beziehungen des geistigen Lebens zu den körperlichen

Thätigkeiten bestimmt. Daß solche Anschauungen nur aus vorausgesetzten philosophischen Ueberzeugungen entspringen können, habe ich hierbei freilich als gewiß annehmen müssen, wenig bekümmert um den vielfachen Widerspruch, den meine Arbeit um deswillen sogleich hervorrufen wird. Zu oft schon sind die bekannten Einwürfe wiederholt worden, daß nur von der Erfahrung aus sich die Wissenschaft vom Wirklichen gestalten könne, und zu oft und zu fruchtlos ist dieser einseitigen Wahrheit ihr nothwendiges Gegengewicht in Erinnerung gebracht worden, daß nämlich jede Erfahrung, um zur Wissenschaft zu werden, Principien ihrer Beurtheilung voraussetzt, welche nicht wieder die Erfahrung und das Mikroskop, sondern nur die metaphysische Erkenntniß der Dinge darbieten kann. Diese Discussion von Neuem hier zu eröffnen, kann nicht in meiner Absicht liegen; der Streit zwischen Erfahrung und Specülation ist für jeden Unbefangenen ein so einfaches Räthsel, daß seine Lösung zu wiederholen nur langweilig sein kann. Ueberall werden wir den vorhandenen und den noch zu suchenden Thatsachen der Erfahrung jene Wichtigkeit einräumen, die ihnen, als dem extensiv unverhältnißmäßig größeren Theile alles wissenschaftlichen Inhaltes stets zukommen muß; einen gleichen Werth aber haben wir jenen einfachsten Principien der Beurtheilung zuzugestehen, von denen die Richtung immer abhängen wird, in welcher wir jenen zerstreuten Inhalt zu dem Ganzen einer abgeschlossenen Ansicht vereinigen. Zwischen beiden liegt das noch ungewisse Gebiet der schwebenden Untersuchung, die Kenntniß der concreten Gesetze nämlich, nach denen der Zusammenhang der Erscheinungen, hier des geistigen und des körperlichen Lebens verläuft;

Gesetze, die weder die Speculation für sich, noch jemals eine bloß beschauliche, mikroskopirende Erfahrung, sondern nur eine reflectirende Beobachtung finden wird, die von richtigen speculativen Vordersätzen ausgehend, Etwas besitzt, dem sie die Thatsachen des Augenscheins zu subsumiren vermag. Allerdings wird man die Existenz dieser richtigen Grundsätze selbst in Zweifel ziehn; man wird auf die Unvollendung der Metaphysik und ihre widersprechende Ausbildung hinweisen, um ihre Unfähigkeit zu zeigen, psychologischen Untersuchungen zur Basis zu dienen. Auch dies kann uns wenig erschüttern. Ohne Zweifel ist alle unsere Metaphysik unvollendet und gewiß nie so vollendbar, daß alle ihre Theile gleiche Festigkeit und Evidenz ihrer Wahrheit erlangen könnten; wo sie jedoch diesem Mangel unterliegt, da theilt ihn mit ihr auch stets die concrete Wissenschaft, und es wird nie andere Hülfsmittel geben, der letzteren eine größere innere Nothwendigkeit zu verleihen, als ihr nach ihrer Anknüpfung an die Philosophie zukommen würde. Die Widersprüche der verschiedenen Philosophien endlich können die schwere Bedeutung, mit der sie uns eingewandt zu werden pflegen, doch nur für den haben, dessen ganze Kenntniß der Philosophie auf jenem tändelnden Herumkosten an verschiedenen Systemen beruht, an welches sich unser Zeitalter immer mehr gewöhnt. Gewiß, sobald die Philosophie einzelne Thatsachen oder umfängliche Bruchstücke der Wirklichkeit aus Begriffen zu construiren unternimmt, verläßt sie ihr eigenes Gebiet und ist einer Mannichfaltigkeit der Irrthümer und Widersprüche stets ausgesetzt. So weit sie sich dagegen auf jene allgemeinen Ueberzeugungen über den Zusammenhang der Dinge beschränkt, die hier allein in Betracht kommen, weil sie allein zur Basis concreter wissenschaftlicher Untersuchungen dienen können, da ist schon ihr Gegenstand viel zu fest in sich selbst, als daß er Auffassungsweisen von mehr als scheinbarem Widerspruche auch nur mit der leidlichen Consequenz durchzuführen verstattete, die jeder, trotz der Vorliebe für seine eigenen Gedankenproducte, doch von ihnen zu verlangen pflegt. Was wir in dieser Beziehung als die härtesten Widersprüche der neuern Philosophie zu tadeln gewohnt sind, das sind in der That fast nur verschiedene Formen, unter denen sich derselbe Gedanke von verschiedenen Ausgangspunkten her darstellt, oder mißverständlich für identisch gehaltene Bestrebungen, die in der That auf verschiedene Ziele gehn, und deren abweichende Erfolge deshalb einander nicht widersprechen. Ein Ueberblick über die Geschichte der Philosophie scheint mir weit weniger auf eine Fülle von Widersprüchen als vielmehr auf die Wahrnehmung einer gewissen Monotonie zu führen. Es ist der menschlichen Phantasie lange nicht möglich, so viele Originalität zu entfalten, als die productiven Talente sich schmeicheln; trotz allen Differenzen verhalten sich die verschiedenen Systeme nur etwa wie Geometer, die an demselben unverwüstlichen Weltall, dessen Hauptzüge ihnen allen klar sind, bald mit rechtwinkligen, bald mit schiefwinkligen, bald mit polaren Coordinaten herum hantieren.

Unter dem Einflusse dieser paradoxen Ueberzeugung, deren Begründung hier freilich unmöglich fallen würde, habe ich es unternommen, in dem ersten Buche meiner Arbeit die allgemeinen Grundbegriffe der physiologischen Psychologie zusammenzustellen und zu erläutern. Ich hoffe, daß es gelungen ist, die Sätze, auf die es mir ankam, zu verdeutlichen, ohne die genauere Kenntniß irgend eines der neueren philosophischen Systeme vorauszusetzen. Daß ich dennoch bei der Ausarbeitung einiges Mißtrauen gefühlt habe gegen die Geduld der Leser, auch nur diesen möglichst popularisirten Darstellungen zu folgen, kann ich nicht leugnen, doch hat mich die Wahrnehmung ermuthigt, wie oft wir in den Einleitungen medicinischer Schriften über ähnliche Gegenstände noch viel weiter in die Tiefen einer ganz individuellen, und mein Verständniß weit übersteigenden Philosophie hineingeführt werden. Es kam zuerst natürlich auf die Entscheidung der Frage an, ob die psychischen Erscheinungen uns berechtigen und nöthigen, sie zusammengefaßt von einem ihnen eigenthümlichen Princip, einer Seele abzuleiten, oder ob sie Hoffnung geben, aus einem Zusammenwirken der physischen Kräfte des Körpers erklärbar zu werden, an welchen wir erfahrungsmäßig alles uns beobachtbare Seelenleben gebunden finden. Das erste Kapitel, von dem Dasein der Seele, beschäftigt sich mit dieser Frage, und sucht in § 1, von den Gründen für die Bildung des Begriffs der Seele, die Voraussetzung dieses eigenthümlichen Princips aus der Natur des Bewußtseins als nothwendig, und jede Hoffnung, Psychologie den reinen Naturwissenschaften einzureihen, als unerfüllbar nachzuweisen. Ein anderer Paragraph, 2, von wahrer und falscher Einheit, ist zur Widerlegung und Berichtigung jener seltsam desorientirten Ansichten bestimmt, welche eine anzuerkennende Sehnsucht nach Einheit in der Welt durch die ungehörigste Vermischung dessen, was beständig zu scheiden ist, und in unserm Falle durch eine undeutliche und unvorstellbare Verschmelzung des Körperlichen und des Geistigen zu befriedigen suchen. Den gewöhnlichen Einwürfen des Materialismus ist § 3 gewidmet, und zwar sind besonders jene methodologischen Bedenken zurückgewiesen, welche eine unklare Begeisterung für die Methode der Naturwissenschaften gegen die Annahme einer Seele erhebt, in welcher sie gleichzeitig eine ungerechtfertigte Vervielfältigung der Erklärungsprincipien und die Wahl eines an sich unmöglichen zu erblicken glaubt. Aesthetisirende Ansichten von einer Einheit des Idealen und Realen, die in Deutschland in großer Ausdehnung herrschend sind, nöthigten in § 4 unter bereitwilliger Anerkennung des wahrhaften geistigen Bedürfnisses, aus dem sie hervorgehen, doch auf ihre völlige praktische Untauglichkeit zu wissenschaftlicher Erklärung der einzelnen psychologischen Thatsachen hinzuweisen. Hatte nun der Materialismus die vielersehnte Einheit der Welt durch die feste Ueberzeugung von der alleinigen Realität der Materie und durch völlige Aufopferung des selbständigen geistigen Daseins zu erreichen gesucht, so war diese zweite Gruppe von Ansichten dem Seelenleben günstiger gesinnt und sah dieselbe Einheit in der beständigen Verknüpfung des Ideellen und Reellen. Eine dritte Ansicht ist denkbar, welche auch über dieses Gleichgewicht noch hinausgeht, und indem sie den Schwerpunkt in das Geistige verlegt, gerade das Materielle, dessen ursprüngliche Realität beide vorige Auffassungen unangetastet ließen, als das Secundäre und Abhängige betrachtet. Diese spiritualistische Lehre, zu der ich mich ohne Rückhalt bekenne, habe ich in § 5 nur kurz ihrem Sinne nach zu verdeutlichen gesucht; ich habe angeführt, warum sie nur als ein höchster Zielpunkt unserer Ansichten, aber nicht als eine zum praktischen Gebrauch in der Erklärung des Einzelnen nützliche Formel angesehen werden kann. Ihre Erwähnung würde deshalb nur um der Vollständigkeit willen nothwendig sein, die mir in der Uebersicht möglicher Standpunkte an sich unumgänglich schien; doch hatte sie auch den Grund, den folgenden Abschnitt auf eine Basis zurückverweisen zu können, die manchem darin auszusprechenden Gedanken sein Befremdliches nahm.

Dieser Abschnitt, das zweite Kapitel, handelt von dem physisch-psychischen Mechanismus, d. h. von der Art und Form der gegenseitigen Einwirkung, die wir zwischen Körper und Seele vorauszusetzen haben. Es kam in § 6, vom Zusammenhang zwischen Leib und Seele überhaupt, vor Allem darauf an, nachdrücklich einzuschärfen, daß der Hergang der Causalität in allen Fällen aller Anschauung und Erklärung entrückt ist, und daß die Wirkung von Stoff zu Stoff, die wir als klar und selbstverständlich anzunehmen pflegen, durchaus an derselben Unbegreiflichkeit leidet, welche wir ganz irrthümlich als besonderen Fehler der Annahme einer Wechselwirkung zwischen Körper und Seele betrachten. Zuzugeben haben wir dagegen, daß die Unvergleichbarkeit psychischer und physischer Ereignisse die Construction der einen aus den andern nicht in der Weise gestattet, wie sie in der Naturwissenschaft da möglich ist, wo wir nur vergleichbare Bewegungen zu combiniren haben. Dieser Mangel hebt jedoch nicht überhaupt die Möglichkeit jeder wissenschaftlichen Forschung auf, sondern er verbietet uns nur, in Bezug auf die ersten Elemente der physiologischen Psychologie die construirende Form der Wissenschaft zu versuchen; er nöthigt uns, eine occasionalistische Ansicht formell zum Grunde zu legen und erst in den weiteren Combinationen dieser an sich unerklärbaren Elemente zu jener ableitenden und aus Einzelnem das Ganze aufbauenden Art der Untersuchung zurückzukehren. Ich habe nicht unterlassen, noch einmal S. 78 die ausdrückliche Verwahrung hinzuzufügen, daß ich diesen weitschichtigen und vorurtheilslosen Namen der Veranlassung wähle, um eine Schranke der Erkenntniß anzuerkennen, und daß man den Sinn dieser occasionalistischen Ansicht gänzlich mißversteht, wenn man sie als eine positive Theorie über die Natur des Gegenstandes faßt; sie negire vielmehr dessen Kenntniß und sei lediglich eine methodologische Theorie darüber, wie man trotz dieser Unkenntniß seine Grundbegriffe auszubilden habe, um eine Untersuchung wenigstens über die Zusammensetzung der Elemente möglich zu machen, die man an sich und einzeln unverstanden hinnehmen muß. Da eine ganz gleichbedeutende Erklärung schon in der ersten Auflage meiner allgemeinen Pathologie (1842) gegeben ist, so begreife ich in der That nicht, wie man dazu gekommen ist, jene Ansicht für eine Theorie zu halten, und sich theils damit zu befriedigen, theils weil man dies natürlich nicht kann, sie zu tadeln, daß sie eine Aufgabe verfehlt habe, deren Lösung sie niemals beabsichtigte. Worauf eigentlich die wahre Theorie zurückkommen müßte, habe ich diesmal im Rückblick auf die früher erwähnten spiritualistischen Lehren anzudeuten versucht, S. 78. 79, woraus sich zugleich ergeben wird, daß die wahre Ansicht dieser Verhältnisse dennoch nicht die brauchbare ist, so wie nicht jede mathematisch exacte und vollständige Formel geeignet ist, in der Praxis verwandt zu werden.

(Schluß folgt).

Göttingische
gelehrte Anzeigen
unter der Aufsicht
der Königl. Gesellschaft der Wissenschaften.

101. 102. Stück.

Den 24. Juni 1852.

Leipzig

Schluß der Anzeige: „Medicinische Psychologie oder Physiologie der Seele. Von Dr. R. H. Lotze.“

Vom psychologischen Werthe des Leibes handelt § 7. Zwei extreme Ansichten stehen einander gegenüber, die eine, die wenigstens zeitweilig das geistige Leben ohne alle Zwischenglieder körperlicher Wirkungen thätig sein läßt und einen unmittelbaren Rapport an die Stelle des natürlich vermittelten setzt; die andere, welche von aller inneren selbständigen Wirksamkeit der Seele gänzlich abstrahirt, und für jede ihrer Fähigkeiten und Aeußerungen nach körperlichen Organen und nervösen Impulsen sucht. Die Betrachtung dieser Verhältnisse hat zu der Ueberzeugung geführt, daß körperliche Functionen die eigenthümliche und specifische Qualität der geistigen Verrichtungen nicht aus sich erzeugen, daß sie vielmehr die Fähigkeit zu ihnen als das ursprünglichste Eigenthum der Seele in dieser selbst voraussetzen; ihre Eindrücke geben jedoch diesen unentschiedenen Fähigkeiten Gegenstände der Anwendung und bestimmen die Richtung, in welcher die einzelnen Acte derselben combinirt werden. Auch dies jedoch nicht durchgängig. Abgesehn vielmehr von dieser Verarbeitung der Eindrücke durch den Körper, wird das Resultat dieser Arbeit noch einer selbständigen Behandlung von Seiten der Seele unterworfen und großentheils erst dann, wenn die Summe der Eindrücke dieser inneren psychischen Umformung unterlegen hat, tritt sie wieder als Anreiz für die Erzeugung physischer Processe in dem Körper hervor. Deshalb ist der physisch-psychische Mechanismus nicht eine stetige Reihe physischer Processe, von einer ebenso stetigen Reihe psychischer nur begleitet, sondern die physischen Ereignisse brechen ab und gehen in ein Gebiet rein geistiger Vorgänge über, die eine Zeitlang nach eignen Gesetzen fortlaufen, und später eine mechanische Kraft zur Erzeugung neuer physischer Veränderungen ausüben. Nach diesen Grundlagen stellt § 8 die verschiedenen Formen zusammen, in welchen die geistigen Verrichtungen der Empfindung, der Anschauung, so wie des höheren intellectuellen Lebens eine Unterstützung von Seiten des Körpers erfahren, indem bald die eigenthümliche Functionsform einzelner histiologischer Elemente, bald die Verbindung mehrerer zu einem Organe, bald die Proportionen, welche zwischen verschiedenen Organen obwalten, endlich die Successionsform der Reize und der physischen Entwicklungszustände des Körpers die Combination der einzelnen Seelenäußerungen leiten und mannichfache Fähigkeiten zu weiteren Leistungen in der Seele entwickeln. Die Verschiedenartigkeit dieser Wechselverhältnisse gestattete in § 9 nicht, den gewohnten Principien der Phrenologie beizutreten, deren theoretische

Schwierigkeiten hier angedeutet worden sind, ohne die mögliche Wahrheit ganz zu verkennen, die in dem empirischen Material liegen kann, über welches sie speculirt. Der § 10, von dem Sitze der Seele handelnd, schließt dieses Kapitel, und ist aus begreiflichen Gründen am meisten von allen nur eine provisorische Darstellung, die sich den gewohnten Vorstellungsweisen anschließt. Es würde unabsehbare Schwierigkeiten verursacht haben, philosophische Theorien über die Idealität des Raumes hier zu besprechen, deren Berücksichtigung natürlich die Frage nach einem Sitze des Uebersinnlichen in einer räumlichen Welt gänzlich umgestaltet haben würde. Doch läßt sich, wie mir scheint, für alle anschauliche Abrundung unserer Vorstellungen die Sache so erledigen, wie ich es hier versucht habe. Man würde darnach immerhin nach einem Sitze der Seele im Gehirn, d. h. nach der Localität jenes Theiles von Gehirnsubstanz fragen können, dessen Zustandsänderungen unmittelbar mit Aenderungen in dem Zustande der Seele verknüpft sind. Ich habe zu zeigen versucht, daß dieser Sitz der Seele nicht nothwendig einen anatomischen Centralpunkt aller Nervenfasern vorstellen müsse, sondern daß er wahrscheinlicher in ungeformtem Parenchym oder in Zellenmassen zu suchen sei, welche sich zwischen den Fasern gelagert finden, endlich daß die Annahme einer beweglichen Seele die Vortheile nicht gewähren kann, die man zuweilen von ihr für die Erklärung der Empfindungen und der Bewegungen erwartet hat.

Das dritte Kapitel, vom Wesen und den Schicksalen der Seele, vereinigt einige allgemeine Betrachtungen, deren unmittelbarer Werth für die physiologische Psychologie nicht eben ent-

[76 *]

scheidend ist; doch gehören sie nicht nur zur Vollendung der Gesammtauffassung des Seelenlebens und seiner Beziehungen zur Natur, sondern sie geben nebenher Veranlassungen genug zur Hervorhebung einzelner Punkte, deren Berichtigung für den Inhalt des zweiten Buches voraus zu wünschen war. In § 11, von der Ausdehnung der Beseelung, sind die Formen des psychischen Lebens besprochen, die wir da noch vermuthen können, wo uns zwingende Gründe zu ihrer Annahme fehlen. Zu ihnen gehört die bildende Kraft der Seele, die **anima vegetativa**, und andrerseits die Beseelung der Pflanzen und der unbelebten Körper (§ 12), Gegenstände der Phantasie, deren etwas consequente Durchführung nicht unnütz schien, um zu zeigen, welche Bedingungen gegeben sein müssen, um aus der Annahme einer psychischen Lebendigkeit die Früchte ziehen zu können, die man gewöhnlich viel zu leicht zu gewinnen glaubt. Der § 13 von dem Wesen und dem Vermögen der Seele hat nur die Aufgabe, neben Berichtigung einzelner Mißverständnisse diese Frage auf die formelle Weise zu erledigen, die für den Fortgang der weiteren Untersuchungen nothwendig war, und auch die kurze Contrastirung realistischer und idealistischer Lehren in § 14 soll hauptsächlich nur dienen, die verschiedenen Ziele anzudeuten, welche diese beiden Gruppen von Ansichten verfolgen, und die Möglichkeit ihrer widerspruchslosen Coexistenz zu zeigen. Ohne diese Gegenstände, die dem eigentlichen Gebiete der Philosophie angehören, weiter zu verfolgen, war doch ihre kurze Erwähnung nothwendig, um in § 15, von der Entstehung und dem Untergange der Seelen jene Thatsachen beurtheilen zu können, die dem Gebiete der Physiologie zum Theil anheimfallen und deren unrichtige Deutung am meisten Gefahr bringt, die naturwissenschaftlichen Anschauungen in einen widersinnigen Streit mit der ethischen Weltauffassung zu verwickeln. Natürlich wird man auch über diese Frage hier nicht mehr erwarten, als hinreicht, die Anknüpfbarkeit der empirisch vorliegenden Erscheinung an diese Weltansicht anzudeuten, deren Ausführung gänzlich außerhalb des Gebietes unserer jetzigen Untersuchung liegt.

Das zweite Buch meiner Arbeit ist den Elementen und dem physiologischen Mechanismus des Seelenlebens gewidmet. Obgleich es unmöglich war, die zahlreichen Streitpunkte, die sich hier zeigen, und deren jeder eine eigene monographische Darstellung rechtfertigen würde, bis in ihre feinsten Einzelheiten zu verfolgen, so hoffe ich dennoch, daß die Hauptfragen nicht ohne die hinlängliche Specialität der Erörterung behandelt sind. Das erste Kapitel beschäftigt sich mit den einfachen Empfindungen und erwähnt in § 16 zuerst die verschiedenen Vermittlungsglieder der ganzen Proceßreihe, als deren letztes Ergebniß die bewußte Perception einer einfachen Sinnesqualität erscheint. Die Vertheilung der Empfindungen an verschiedene Sinnesorgane wird in § 17 motivirt und gibt Veranlassung, auf den Satz der specifischen Energien noch einmal mit der Ausführlichkeit zurückzukommen, die dieser wichtige und noch immer nicht vollkommen aufgeklärte Punkt verlangte. In § 18 von den Formen der Reize, der Nervenprocesse und der Empfindungen überhaupt sind einige theoretische Speculationen über das enthalten, was eigentlich von allen physischen Reizen als nutzbares Motiv für die Erzeugung der Empfindungen und ihrer Unterschiede angesehn werden kann. Hiervon wird No 183 besonders dem Mißverständniß ausgesetzt sein, als solle alles innere Geschehen in der Seele nur als ein quantitativ, aber nicht qualitativ Veränderliches gelten; ein Mißverstand, den zwar No 184 bemerklich macht, ohne ihn jedoch so kräftig, als ich es jetzt bei der Durchsicht meiner Arbeit wünsche, zurückzuweisen. Die Proportionen, welche zwischen der Stärke, Dauer und den Verwandtschaften der Reize einerseits und den entsprechenden Modificationen der bewußten Empfindung andrerseits obwalten, bilden den Gegenstand der Besprechung in § 19.

Die Lehre von den Gefühlen ist im zweiten Kapitel dieses Buchs ausführlicher vorgetragen, als dies sonst in physiologischen Schriften zu geschehen pflegt, in denen das Gefühl fast durchweg als unbedeutender Anhang der Empfindung erscheint. Ich habe in § 20 eine früher bereits von mir mehrfach aufgestellte Ansicht von der Bedeutung der Gefühle im Allgemeinen gegen die Einwürfe zu rechtfertigen gesucht, die ihr von mehreren Seiten gemacht worden sind. Davon unabhängig ist in § 21, von dem Mechanismus der Entstehung der Gefühle, eine weitere Frage über die Organe und die Functionen aufgeworfen, denen die Hervorbringung der Gefühle obliegt, und ausführlich erwogene Gründe haben zu der Verwerfung der Annahme eines eigenthümlichen Centralorgans für diese geistige Aeußerung geführt. Die Ursachen der Verschiedenheit der Gefühle aufzuklären unternimmt § 22, und hierbei war es nothwendig, neben der quantitativen Stärke der Eindrücke auch die harmonischen oder widerstreitenden Formen ihrer Combination und Aufeinanderfolge zu berücksichtigen. Eine Erörterung des Gemeingefühls beschließt in § 23 dieses Kapitel und schließt selbst mit einem Blicke auf eine mechanische Frage, die weiterer Untersuchung bedarf und deren unvollständige Beantwortung uns zeigt, wie wenig ausgebildet noch die Abstractionen sind, mit denen man so häufig in der Nervenphysiologie, sowie in der physiologischen Psychologie auszureichen meint.

Das dritte Kapitel, von den Bewegungen und Trieben stellt zuerst in § 24 die verschiedenartigen Anfangspunkte zusammen, von denen Bewegungen im Körper, bald völlig automatisch bedingt, bald mit einem vielfach abgestuften Antheil des Bewußtseins und des Willens entstehen; eine Betrachtung, welche für das Verständniß des Gebrauchs, den die Seele von ihren organischen Hülfsmitteln macht, unentbehrlich ist. Der Begriff der Triebe und im Gegensatz zu ihnen der der willkürlichen Handlungen wird in § 25 anders als es üblich ist, bestimmt, und die Principien angegeben, auf welchen die Möglichkeit eines freien und intellectuellen Zwecken dienenden Verfügens über die Combination der Muskelbewegungen beruht. Die Bewegungsgefühle, ein so großes und zugleich in manchem Betracht sehr überschätztes Hülfsmittel unserer Weltauffassung, beleuchtet § 26. Ich habe der Ansicht von Spieß hierüber mich insoweit anschließen zu müssen geglaubt, daß ich die qualitativen Differenzen des Bewegungsgefühles nicht auf ein ursprüngliches Muskelgefühl, sondern auf Hautempfindungen beziehe, während ich die Perception der Größe der Bewegung allerdings von einem unmittelbaren Eindrucke, der auf die Muskeln geschieht, ableite. Es würde jedoch zu weitläufig sein, die Gründe hier zu repetiren, die sowohl zu dieser Annahme als zu meiner überhaupt veränderten Auffassung des Bewegungsgefühles veranlaßten. In § 27, von den Systemen der Bewegungen ist der Hauptgesichtspunkt die Frage, welche zusammengehörige Bewegungen ein besonderes combinirendes Centralorgan bedürfen, welche andern dagegen unmittelbar aus den Rückwirkungen eines bewegten Elementes auf andere, oder aus den directen Impulsen der Seele zu erklären sind.

Das vierte Kapitel, umfänglicher als alle übrigen, behandelt die Entstehung der räumlichen Anschauungen. Ich befinde mich hier im Widerstreit mit den besten physiologischen Autoritäten; aber eben weil dieser Gegenstand überaus wichtig ist und nur durch eine Reihe sorgsam unter einander verbundener Gedanken aufgeklärt werden kann, finde ich es unmöglich, hier mehr als den äußerlichen Zusammenhang meiner Betrachtungen anzuführen, und muß im Uebrigen auf das Buch selbst verweisen, das, wenn es irgend einen Nutzen haben soll, gerade in diesen Abschnitten mit consequenter Berücksichtigung jedes gethanen Schrittes gelesen werden muß. Um dies möglichst zu erleichtern, habe ich zwei einleitende Paragraphen vorangeschickt. Vorbemerkungen über den Sinn der Aufgaben enthält der erste von beiden, § 28. Sie waren durchaus nothwendig, um die überall in der Physiologie noch weit verbreiteten Vorurtheile zu widerlegen, welche das räumliche Aeußere in eine Anschauung des Raumes übergehn lassen, ohne zu bedenken, daß es vorher nothwendig in eine Summe intensiver und unräumlicher Zustände der Seele sich verwandeln muß, aus der sie alles Räumliche erst wiederzuerzeugen hat. Räumliche Anschauungen entstehen daher nie durch einfache Auffassung existirender Verhältnisse, sondern durch eine Reproduction derselben. Wie sehr diese nothwendige Voraussetzung die physiologischen Fragen, die man hier zu stellen pflegt, umgestalten muß, ist nicht schwer zu sehn; nicht minder bekannt ist es, daß die Ansicht, die ich hier in das einzelne Detail der physiologischen Vermittlung durchzuführen suche, stets die gemeinschaftliche Aussage jeder philosophischen Bildung gewesen ist, die nicht bei der naiven Vorstellung von den Bildern stehn blieb, welche von den Gegenständen sich ablösen und durch die Fenster der Seele einziehn, um in ihr Platz zu nehmen. Der zweite jener beiden §§, 29, spricht von der Bedeutung der Nervenfaserung. Die Betrachtung des Gesichtssinns und des Tastsinns führte sehr natürlich zu der Vermuthung, die isolirten Fasern seien dazu bestimmt, gesonderte Perceptionen gesonderter Reize zu sichern. Diese Hypothese war in einer Hinsicht völlig falsch, in einer andern wenigstens ganz unberechtigt. Falsch nämlich, wenn man glaubte, das Factum, daß ein Nervenproceß sich in einer isolirten Bahn nach der Seele hin bewege, schließe an sich schon die Nothwendigkeit ein, daß die Seele ihn als verschieden von andern auffassen müsse. So lange wir die Seele als eine Substanz betrachten, können in ihr die Resultate jener Processe nicht durch Scheidewände getrennt bleiben, die gleich dem Neurilem ihre Vermischung hindern, wenn eine solche sonst aus andern Gründen möglich oder nothwendig ist. Steht daher die Isolation der Fasern in einer Beziehung zur Unterscheidung der Perceptionen, so kann ihr Nutzen doch nur als eine organische Vorbereitung gedacht werden, ohne welche auf irgend eine erst noch zu erklärende Weise für die Seele eine nothwendige Vorbedingung der Sonderung der Eindrücke fehlen würde. Andrerseits war jene Vermuthung ganz unberechtigt, weil dieselbe Isolation der Fasern in allen Nerven vorkommt, sowohl in den Sinnesnerven, die wie der Olfactorius, gar keine geometrische Auffassung verschiedener Eindrücke bewirken, als auch in den motorischen, obgleich die einzelnen Primitivfäden der letzten im natürlichen und gesunden Zustande stets nur gemeinschaftlich und simultan ihre gleichartigen Functionen ausführen. Die Isolirung der Fasern muß daher eine viel allgemeinere Bedeutung haben und ich habe hierüber meine Ansicht ausgesprochen, für die ich auf Billigung der Mitwelt gar keine, auf Bestätigung durch die Zukunft desto mehr Hoffnung habe. Die andere Frage, auf welche Weise nun die Isolirung der Fasern, die aus andern Gründen nothwendig sein mag, zugleich für die Sonderung der Eindrücke, da wo eine solche Statt finden soll, benutzt werden könne, wird durch die Theorie der Localzeichen begreiflich, die ich in diesem und dem vorhergehenden § entwickelt habe, deren Wiederholung jedoch hier zu weit führen würde.

Der fernere Verlauf dieses Kapitels führt zuerst zu den Raumanschauungen durch das Auge. In § 30 ist die Entstehung des Sehfeldes, d. h. die Möglichkeit der räumlichen Nebeneinanderordnung der empfundenen Farben in Uebereinstimmung mit der Lage der Farbenpunkte auf der Netzhaut erklärt, ein Punkt, den man sonderbarer Weise ganz mit Stillschweigen übergeht, obgleich er die natürliche Einleitung zu der Frage über das Aufrechtsehn bei verkehrtem Netzhautbilde ist. Diese letzte Frage selbst bildet den

Schluß dieses Paragraphen und ist wesentlich in derselben Art beantwortet, wie ich es bereits früher in dem Artikel über Seelenleben in Wagners HWBch gethan habe. Es kam bei ihr viel mehr auf die Zerstreuung gemachter, als auf die Ueberwindung natürlicher Dunkelheit an. Die optische Wahrnehmung der Größen, Formen und Bewegungen ist in § 31 untersucht, wie ich hoffe, mit hinlänglichem Reichthum des Details, um an ihm meine etwas von den gewöhnlichen abweichenden Ueberzeugungen zu rechtfertigen.

Zu den anatomischen und physiologischen Hülfsmitteln des Tastsinns übergehend, war ich in § 32 genöthigt, einen Gegenstand sehr kurz zusammenzufassen, über den die umfängliche Arbeit von E. H. Weber kürzlich einige neue und sehr interessante Thatsachen mitgetheilt hatte. In Folge einmal feststehender Ueberzeugungen, welche die früheren Abschnitte meines Buches entwickelten, habe ich es jedoch unmöglich gefunden, mich den jetzt herrschenden Ansichten über den Mechanismus des Tastsinnes anzuschließen, und habe deshalb diese Gegenstände in einer entsprechenden Weise, wie die Raumanschauungen des Gesichtssinnes neu zu behandeln versuchen müssen. Ziemlich dasselbe gilt von § 33, in welchem die Totalanschauung des Raums und die Objectivirung unserer Eindrücke hauptsächlich mit Rücksicht auf die Hülfsmittel untersucht ist, welche dem Blinden zur Bildung eines Urtheils über Formen, Größen, Entfernungen, Richtungen, Massen und Bewegungen der Objecte zu Gebote stehen. Der letzte §, 34, fügt eine Betrachtung der Sinnestäuschungen, und im Anschluß an Purkinje's schöne Beobachtungen eine Darstellung der mannichfachen Schwindelphänomene hinzu.

Das dritte Buch, von der gesunden und kranken Entwicklung des Seelenlebens holt Einiges nach, was unter andern Gesichtspunkten auch dem zweiten zuzutheilen gewesen wäre, hier aber passender seine Stelle fand, wo es möglich war, die Resultate zu verfolgen, die aus dem Zusammenwirken der mannichfachen geistigen Verrichtungen hervorgehn. Das erste Kapitel, von den Zuständen des Bewußtseins handelnd, bemüht sich in § 35, vom Bewußtsein und der Bewußtlosigkeit, und in § 36, vom Verlaufe der Vorstellungen, hauptsächlich um den Nachweis, daß beide Reihen von Phänomenen nebst ihren krankhaften Abweichungen erklärbar sind, ohne das Bewußtsein materialistisch als eine Function der Centralorgane zu fassen und ohne daß jeder Schritt des Gedankenlaufes nur das Echo eines ihm vorangehenden Wechsels physischer Processe in den Nervensubstraten bildete. Wie ausgedehnt trotzdem die Beihülfe der körperlichen Organe ist, die auch nach dieser Ansicht zur Ausbildung und Leitung des Vorstellungsverlaufes geleistet werden kann, wird die ausführliche Darstellung ebenso zeigen, wie in dem folgenden § 37, welcher das Selbstbewußtsein und die Aufmerksamkeit in ihrer Abhängigkeit von der durch körperliche Einflüsse bedingten Bewegungsform der Vorstellungen untersucht. Die Gemüthszustände sind endlich in § 38 weniger geschildert, was wohl überflüssig gewesen wäre, als in ihre Wechselbeziehungen zu den Körperzuständen verfolgt worden, eine Aufgabe, die noch von vielen Schwierigkeiten gedrückt, dennoch durch manche schätzbare Arbeit der neueren Zeit lösbarer zu werden beginnt.

Das zweite Kapitel betrachtet die Entwicklungsbedingungen des Seelenlebens und zwar in § 39 die Verschiedenheit der Thierseelen und die Instincte, in § 40 die angebornen individuellen Anlagen. Die allgemeinen Ueberzeugungen, welche über die Begründung der geistigen Thätigkeiten durch den Körper im ersten Buche bereits ausgesprochen wurden, sind hier wieder aufgenommen und auf das sehr spärliche Material angewandt, welches uns in dieser Beziehung vergleichende Physiologie und pathologische Anatomie darbieten. Im Ganzen würde es noch immer ein sehr verfrühtes Unternehmen sein, die einzelnen Partien des Gehirns und die Specialitäten seines Baues auf sehr bestimmte geistige Verrichtungen zu deuten; den Versuch, den ich in dieser Beziehung selbst gemacht habe, halte ich deshalb für weit minder wichtig, als die Aufstellung einiger allgemeinen Gesichtspunkte über die Verflechtung und somatische Begründung der Geistesfunctionen, nach denen man die eventuellen Resultate einer weiter fortgeschrittenen Encephalotomie würde zu beurtheilen haben.

Das letzte Kapitel des Ganzen ist den Störungen des Seelenlebens gewidmet; nicht um den unmöglichen Versuch zu machen, den Gesammtumfang der an Controversen noch so reichen Psychiatrie hier zu erschöpfen, sondern um die Möglichkeit und die Methode einer Erklärung nachzuweisen, welche die geistigen Krankheiten nach den allgemeinen Sätzen unserer hier vorgetragenen Ansichten zu betrachten unternimmt. Von geistiger Gesundheit und Krankheit im Allgemeinen sind in § 41 einige Vorbemerkungen vorangeschickt, nach welchen § 42 zur Darstellung der psychischen Symptome körperlicher Krankheiten, den mancherlei intercurrirenden Störungen des Bewußtseins übergeht, die sich im Verlaufe fieberhafter und krampfhafter, nervöser Krankheiten einfinden. Die Entstehung und die Formen der Seelenstörungen sind in § 43 weniger im Interesse einer übersichtlichen Classification, obwohl auch diese berücksichtigt worden ist, als mit der Absicht untersucht, ihre Pathogenese mit den Grundsätzen des ersten Buches in Einklang zu bringen. Der letzte § 44 endlich sucht den Fragepunkt festzustellen, der in Betreff der Zurechnung für die medicinische Diagnostik beantwortbar ist.

Mit dieser kurzen Verzeichnung der Gegenstände, welche meine Schrift behandelt, muß ich mich begnügen. Im vollkommnen Gegensatze zu den meisten der jetzt in der Medicin überhand nehmenden Ansichten würde ich den Sinn und die Bedeutung meiner Behauptungen um so weniger hier kurz verdeutlichen können, je mehr es mein Bemühen gewesen ist, eine in sich zusammenhängende und abgeschlossene Ueberzeuguug zu entwickeln. Ich muß deshalb hoffen, daß meine Arbeit, gleich den früheren über verwandte Gegenstände, einen Kreis von Lesern findet, welche durch eigene ausführliche Kenntnißnahme sich für oder wider die mitgetheilten Meinungen entscheiden.

H. Lotze.